KB135578

〔증보판〕
자치통감16

〔증보판〕
자치통감16(권091~권096)

2021년 7월 10일 개정증보판 1쇄 찍음
2021년 7월 18일 개정증보판 1쇄 펴냄

지은이　　사마광
옮긴이　　권중달
펴낸이　　정철재

펴낸곳　　도서출판 삼화
등　록　　제320-2006-50호
주　소　　서울 관악구 남현1길 10, 2층
전　화　　02)874-8830
팩　스　　02)888-8899
홈페이지 www.samhwabook.com

도서출판 삼화, 2021, Printed in Seoul Korea

ISBN 979-11-5826-366-9 (94910)
　　　979-11-5826-498-7 (세트)

〔증보판〕
자치통감16

권091~권096

들어가면서

증보판《자치통감》출판에 붙여

《자치통감》을 완역해서 세상에 내놓은 다음부터 많은 독자로부터 원문도 함께 읽고 싶다는 요구가 있었다. 그러나 원문 작업이 그리 만만한 일은 아니었을 뿐만 아니라 그보다도 《자치통감》에 대한 이해를 돕기 위한 책들을 정리하는 것이 먼저라고 생각하였다.

그래서 탄생한 책이 《자치통감》에 실린 사론을 정리하여 해설한 《자치통감사론강의》이고, 중국 역사의 전체적인 흐름을 보려는 새로운 시도가 《중국분열》이며, 복잡하여 이해하기 힘들다는 위진시대를 쉽게 이해하도록 사상사적 측면에서 접근해 본 것이 《위진남북조 시대를 위한 변명》이고, 황제제도의 구조적인 모습을 보기 위한 작업이 《황제뽑기》였다. 그 외에도 《자치통감》을 좀 더 깊이 이해하고자 하는 독자를 위하여 《평설자치통감》을 집필해야 했고, 대중들을 위하여 명언을 모아 설명한 《촌철활인》, 입문서 《자치통감 3번 태어나다》, 《생존》, 《3권으로 읽는 자치통감 294》 같은 일반인들의 교양물도 출간하였다.

물론 이러한 작업을 하면서도 눈에 띄는 대로 이미 출간한 원고의 보정 작업을 계속하면서 번역문에도 조금씩 수정을 가한 부분이 있게 되었다. 이러는 동안에도 많은 독자가 원문을 볼 수 없는 아쉬움을 표하는 경우를 접하면서 이왕 이 작업을 하는 바에야 독자들에게 원문을 제공하는 것이 옳을 것 같다는 생각을 하였다.

그러나 원문을 교정 보는 작업은 그리 간단하지가 않았고 많은 시간이 필요하였다. 그러나 '자치통감 행간읽기'를 마친 독자라면 좀 더 깊이 알고자 할 것이고, 따라서 번역문과 원문이 동시에 필요할 것이라는 데까지 생각이 미쳤다. 그리하여 작업이 끝나는 대로 번역과 원문을 붙여 증보판이라는 이름으로 출간하기로 하였다.

증보판을 내는 또 다른 이유는 우리가 그동안 익숙하게 아시아의 역사를 '중국사 프레임'으로 보는 것을 깨 보고자 하는 생각도 있다. 즉 중국 문화는 아시아 문화의 중심이며 중국 문화의 동심원적 확산이 바로 아시아 문화인 것처럼 이해하였다. 그뿐만 아니라 중원 대륙의 주인은 한족(漢族)이고, 언필칭 정사라고 하는 25사가 마치 한족 왕조의 면면히 이어졌다는 오해를 풀어야 하기 때문이다.

《자치통감》은 사마광이 역사 사실을 객관적으로 정리한 역사책이다. 이 책의 집필 의도가 황제나 집정자에게 교육시키려는 것이었으므로 '있는 사실 그대로'를 전하려고 하였던 것이었다. 편견 없는 역사 사실만이 진정으로 자신을 돌아보고, 새로운 방향을 설정할 수 있기 때문이었다. 역사적 진실만이 가치가 있는 것으로 생각한 사마광은 한족(漢族)임에도 한족의 단점과 실패의 사실도 집어낼 수 있었고, 이른바 이적의 장점도 은연중에 드러나게 하였다. 그러한 점에서 《자치통감》은 '중국사'가 아니라 '아시아사'이다.

그런데 숙황(叔皇) 금(金) 왕조에 쫓기어 남쪽으로 내려온 남송의 질황(侄皇) 치하에 살았던 주희는 몰락해 가는 한족을 목도하면서 한족에게 애국심을 고취하여야 했던 당시 시대적 상황에 맞추어 역사를 혈통중심의 정통론이라는 허구적 이념을 세워 《자치통감》을 《자치통감강목》으로 만들어 중국 중심으로 역사를 보려고 하였다. 물론 이것은 시대적 상황에서 필요하였던 것이고 이념을 주장하기 위하여 역사를 이용한 것일 뿐이다.

그런데 우리나라에서는 주자학을 정치이데올로기로 받아들이고 이념서인 《자치통감강목》을 역사라고 오도함으로써 부지불식간에 아시아 역사를 중국 중심으로 보는 왜곡된 시각이 형성되었다. 그리하여 우리도 모르는 사이에 '혈통'이라는 편견을 가지고 역사를 본 《자치통감강목》의 영향으로 500여 년간 '중국사 프레임'에 갇히게 되었고, 그 영향은 오늘에까지도 미치고 있다.

'중국사 프레임'으로 보는 아시아 역사는 중원에 있는 나라는 한족(漢族)이 중심이고, 중원의 우수한 문화가 동심원적으로 사방으로 펴져

나가 교화시킨 것이 아시아 문화이고, 화이(華夷)는 당연히 구별되고 이적은 배척되어야 하며, 중원에 세워진 왕조가 면면히 이어져 왔다는 것을 실재하였던 현실로 받아들였던 것이다.

《자치통감》은 주희가 이념으로 가공하기 전의 원본으로 '역사를 사실 그대로 이해할 수 있는' 것이 가능하지만 아직도《자치통감》을 '중국사'로 생각하고 있는 사람이 대부분이다. 이제부터라도《자치통감》을 1,362년간의 '아시아 역사'로 인식하기를 바란다.

대방재(待訪齋)에서
권중달 적음

목차

권092
진기14 : 동진의 실권자 왕돈

권093
진기15 : 지지부진한 동진

권094
진기16 : 소준의 패망과 황제 석륵

권095
진기17 : 분열을 거듭하는 중국판도

권096
진기18 : 강성해지는 후조

부록

《자치통감》 구성 : 총 294권 1,362년간

권차	기년 왕조	기록 기간	중 요 사 건
001~005	전국 주	기원전 403 ~256년 (148년간)	■ 주나라의 권위가 무너지고 제후국들이 통일을 위해 각축전을 벌인 전국시대.
006~008	진(秦)	기원전 255 ~207년 (49년간)	■ 전국시대에 진나라가 통일을 준비하고, 통일을 완성하였다가 망하는 과정.
009~068	한	기원전 206 ~서기 219년 (425년간)	■ 진의 해체와 유방의 한 왕조가 중국을 재 통일한 과정. ■ 황제체제의 성립과 왕망의 찬탈과정. ■ 왕망의 몰락하는 전한시대와 왕망의 멸 망과 유수의 후한이 재통일한 과정. ■ 호족들의 등장과 후한의 몰락과정.
069~078	위	220~264년 (45년간)	■ 후한의 멸망과 위·오·촉한의 삼국시대 와 위의 촉한 정벌과정.
079~118	진(晉)	265~419년 (155년간)	■ 위의 몰락과 진의 등장과 삼국 통일과정. ■ 북방 오호의 남하 북방의 분열과 진의 남 천과 남북 대결과정.
119~134	남북조 송	420~478년 (59년간)	■ 남조의 송 왕조와 북방민족이 중국 유입 하여 이룩한 남북조시대.
135~144	남북조 제	479~501년 (23년간)	■ 남조 송의 멸망과 제의 건국, 북조와의 대결과정.

권차	기년 왕조	기록 기간	중 요 사 건
145~166	남북조 양	502~556년 (55년간)	■ 남조 제의 멸망과 양의 건국, 북조와의 대결과정.
167~176	남북조 진(陳)	557~588년 (32년간)	■ 남조 양의 멸망과 진의 건국, 북조와의 대결과정.
177~184	수	589~617년 (29년간)	■ 수 왕조의 중국 재통일과 멸망과정.
185~265	당	618~907년 (290년간)	■ 당 왕조의 성립과 중국 고대문화의 완성 과정과 당말 절도사의 발호와 당의 멸망 과정.
266~271	오대 후량	908~922년 (15년간)	■ 당의 멸망과 후량의 건설 및 오대십국의 진행과정.
272~279	오대 후당	923~935년 (13년간)	■ 후량의 멸망과 후당의 건설 및 오대십국 의 진행과정.
280~285	오대 후진	936~946년 (11년간)	■ 후당의 멸망과 후진의 건설 및 오대십국 의 진행과정.
286~289	오대 후한	947~950년 (4년간)	■ 후진의 멸망과 후한의 건설 및 오대십국 의 진행과정.
290~294	오대 후주	951~959년 (9년간)	■ 후한의 멸망과 송 태조 조광윤의 등장 및 오대십국의 진행과정.

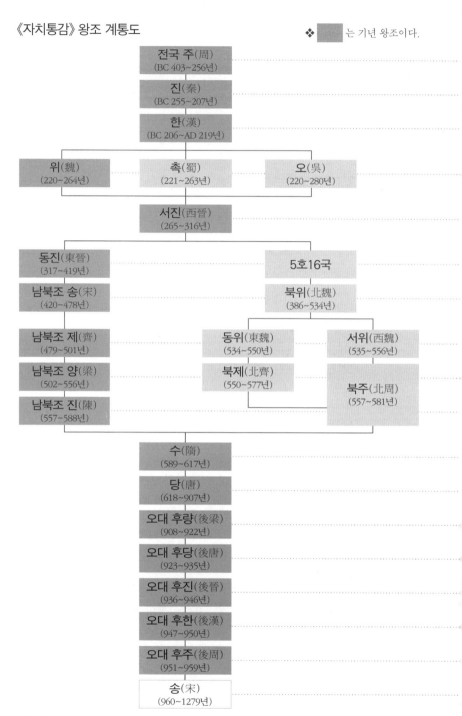

《자치통감》 왕조 계통도

❖ ▨ 는 기년 왕조이다.

전국 주(周)
(BC 403~256년)

진(秦)
(BC 255~207년)

한(漢)
(BC 206~AD 219년)

위(魏)
(220~264년)

촉(蜀)
(221~263년)

오(吳)
(220~280년)

서진(西晉)
(265~316년)

동진(東晉)
(317~419년)

5호16국

남북조 송(宋)
(420~478년)

북위(北魏)
(386~534년)

남북조 제(齊)
(479~501년)

동위(東魏)
(534~550년)

서위(西魏)
(535~556년)

남북조 양(梁)
(502~556년)

북제(北齊)
(550~577년)

북주(北周)
(557~581년)

남북조 진(陳)
(557~588년)

수(隋)
(589~617년)

당(唐)
(618~907년)

오대 후량(後梁)
(908~922년)

오대 후당(後唐)
(923~935년)

오대 후진(後晉)
(936~946년)

오대 후한(後漢)
(947~950년)

오대 후주(後周)
(951~959년)

송(宋)
(960~1279년)

❖ 전국·진시대(★은 기년 왕조임)

★주(周, ~BC 256년)   노(魯, ~BC 249년) ★진(秦, ~BC 207년)
정(鄭, ~BC 375년)   송(宋, ~BC 287년)   초(楚, ~BC 223년)
제(齊, ~BC 221년)   진(晉, ~BC 376년)   위(魏, ~BC 225년)
한(韓, ~BC 230년)   조(趙, ~BC 222년)   연(燕, ~BC 223년)
위(衛, ~BC 209년)

❖ 5호16국시대(★은 16국에 포함하지 않음)

■ 흉노(匈奴)
전조(前趙·漢, 304~329년) 북량(北涼, 397~439년) 하(夏, 407~431년)
■ 갈(羯)
후조(後趙, 319~350년)
■ 선비(鮮卑)
전연(前燕, 384~409년) 후연(後燕, 337~370년) 남연(南燕, 398~410년)
서진(西秦, 385~431년) 남량(南涼, 397~414년) ★서연(西燕, 384~394년)
★요서(遼西, 303~338년) ★대(代·魏, 315~376년)
■ 저(氐)
성한(成漢, 302~347년) 전진(前秦, 351~394년) 후량(後涼, 386~403년)
★구지(仇池, 296~371년)
■ 강(羌)
후진(後秦, 384~417년)
■ 한(漢)
전량(前涼, 301~376년) 서량(西涼, 400~420년) 북연(北燕, 409~436년)
★위(魏, 350~352년) ★후촉(後蜀, 405~413년)

❖ 오대의 십국

■ 십국
전촉(前蜀, 891~925년) 후촉(後蜀, 925~965년) 오(吳, 892~937년)
남당(南唐, 937~975년) 오월(吳越, 893~978년) 민(閩, 893~945년)
초(楚, 896~951년) 남한(南漢, 905~971년) 형남(荊南, 907~963년)
북한(北漢, 951~979년)

〔일러두기〕

· 이 책은 사마광의 《자치통감》의 고힐강(顧頡剛) 외의 표점본을 저본으로 하여 전국 시대부터 오대후주시대까지의 전권(294권)을 완역한 것이다.

· 번역의 기본 원칙은 원전이 갖고 있는 통감필법의 정신을 최대한 살린다는 의미에 서 직역하되 의미가 불분명한 경우는 역자의 역주로 설명했다.

· 역자가 내용과 분량을 감안하여 문단을 나누고 각 문단마다 제목을 달았다.

· 필요한 한자어는 괄호 속에 병기했다.

· 인명, 지명, 관직명 등 고유명사는 외래어 표기법을 따르지 않고 한글 발음대로 표 기했다. 인명 가운데 원문에 성이 기록돼 있지 않은 것도 이해를 돕기 위해 성을 추가 하였다. 지명은 괄호 속에 현재의 지명을 넣었고, 주(州)·군(郡)·현(縣) 등 행정 단 위가 생략되었지만 필요한 경우 이를 추가하였다. 관직명은 길고 그 업무가 생소하고 길게 느껴질 경우 관직명 자체를 우리말로 풀어주고 원 관직명은 각주로 설명을 보충 했다.

· 간지로 된 날짜는 괄호 속에 숫자로 표시했다.

· 본문의 '帝'는 '황제'로, '上'은 '황상'으로 번역했다.

· 책이름이나 출전은 《 》, 편명은 〈 〉로 했다.

· 본문에서 전후관계를 알아야 할 사건이나 내용, 용어, 고사 등 설명이 필요한 경우 각주로 설명을 보충했다.

· 독자들의 이해를 돕기 위해 각주의 설명이 다소 중복 되게 하였다.

· 주어가 생략된 경우는 해당 연도의 기준을 삼은 황제가 주어이다.

· 음은 호삼성의 음주를 따랐다.

· 사마광의 평론은 사마광이 황제에게 아뢰는 것이므로 경어체로, 사마광 이외의 평 론은 사마광이 인용한 것이므로 원전의 표현의 살려 평상체로 번역했다.

· 한글로 번역하여 말뜻이 분명하지 않을 경우 〔 〕 안에 한자를 넣었다.

권091

진기13

각지의 독립정권들

원제 태흥 2년(己卯, 319년)¹

1 봄, 2월 유하(劉遐)·서감(徐龕)²이 한산(寒山, 강소성 서주시 동남
쪽)에서 주무(周撫)³를 공격하여 격파하고 그의 목을 베었다. 애초에,
액(掖, 산동성 액현) 사람 소준(蘇峻)이 향리에 있는 수천 가구를 인솔하
여 보루를 만들고 스스로 지키고 있자, 원근에 있는 많은 사람들이 그
에게 귀부하였다. 조억(曹嶷)⁴은 그가 강해지는 것을 싫어하여 장차
이를 공격하려고 하였는데, 소준이 무리를 인솔하여 바다로 나가서 도
망해왔다.⁵

---

1 성(成, 前蜀) 옥형 9년, 한(漢, 前趙) 유요 광초 2년, 조(趙, 후조) 조왕(趙王) 원
 년이다.
2 유하는 진나라의 하비내사이고, 서감은 태산태수이다.
3 반란을 일으킨 팽성내사이다.
4 청주(산동반도)자사이다.
5 진(晉)이 남쪽으로 피난 와서 역사에서는 동진이라고 구분하고 있지만《자치
 통감》에서는 진(晉, 동진)의 기년을 중심으로 써 나가기 때문에 온다는 것은

　황제가 소준을 응양(鷹揚)장군으로 삼고 유하를 도와 주무를 토벌하게 하였더니 공로를 세우자, 조서를 내려 유하를 임회(臨淮, 강소성 우태현)태수로 삼고, 소준을 회릉(淮陵, 강소성 우태현 서북쪽)내사로 삼았다.[6]

2　석륵이 좌(左)장사 왕수(王脩)를 파견하여 한에 승리한 소식을 바치게 하였는데, 한의 주군 유요가 겸(兼)사도[7] 곽사(郭汜)를 파견하여 석륵을 태재·영(領)대장군으로 하였으며, 작위를 올려 조왕(趙王)으로 삼고, 특별한 예우를 더하여주어서 나갈 때는 경(警)을 하고, 들어올 때에는 필(驛)[8]을 하도록 하였는데, 조공(曹公)[9]이 한을 보필하였던 옛날 일의 경우처럼 하게 하였고, 왕수와 그의 보좌역 유무(劉茂)를 모두 장군으로 삼고, 열후(列侯)에 책봉하였다.

　왕수의 사인(舍人) 조평락(曹平樂)이 왕수를 좇아서 속읍(粟邑, 섬서성 백수현)[10]에 왔다가 그로 인하여 그곳에 머물며 한에서 벼슬을 하였는데, 유요에게 말하였다.

－－－－－

　　동진으로 왔다는 것이며, 동진이 강남지역에 있기 때문에 육지로 오지 못하고 바다로 온 것이다.

6　회릉군은 진 혜제 7년(297년)에 임회군을 나누어서 회릉군을 설치하였고, 당나라시대의 기주(沂州)이다.

7　사도의 직책을 겸직하고 있는 것을 말한다.

8　합하여 경필(警驛)이라고 하는데, 제왕이 출입할 때에 출입하는 길에 경계하는 것을 말한다.

9　후한 말에 활동한 조조를 말한다.

10　유요는 속읍에 도읍하고 있었다.

"대사마[11]가 왕수 등을 파견해 와서 겉으로 지극한 정성을 하고 있지만 안으로는 대가(大駕)께서 강한지 약한지를 엿보고서 그가 돌아가서 보고하기를 기다렸다가 장차 승여(乘輿)[12]를 습격하려고 하는 것입니다."

그때 한의 군사들이 실제로 피폐하여 있어서 유요는 이 말을 믿었다. 마침내 곽사를 뒤쫓아 가서 돌아오게 하고, 저자에서 왕수의 목을 베었다.

3월에 석륵이 돌아와서 양국(襄國, 하북성 형태시)에 이르렀다. 유무는 도망하여 돌아와서 왕수가 죽었던 상황을 말하였다. 석륵이 크게 화가 나서 말하였다.

"고(孤)[13]는 유(劉)씨를 섬기면서 신하 된 사람의 직분으로서 해야할 일보다 더하였다. 저 사람의 기초가 되는 일은 모두 고가 이룩한 것인데, 지금 이미 뜻을 얻었다 하여 돌이켜 나를 도모하려고 하는구나. 조(趙)의 왕이든 조의 황제든 나 스스로 할 수 있는 것이지 어찌 저 사람이 시켜줄 것을 기다리겠는가!"

마침내 조평락의 삼족을 죽였다.

3   황제는 여러 신하들에게 교사(郊祀)[14]하는 문제를 논의하게 하였

---

11 유요가 처음 즉위하였을 때 석륵이 대사마의 직책을 가졌으므로 석륵을 가리킨다.

12 대가와 승여는 모두 황제의 탈 것으로 유요를 지칭한다.

13 석륵이 자기 자신을 가리키는 말이다.

14 교외에서 천지신명에게 제사지내는 것을 말한다.

는데 상서령 조협(刁協) 등이 의당 낙양으로 돌아가서 이것을 수리할 때까지 기다려야 한다고 하였다.

사도 순조(荀組) 등이 말하였다.

"한의 헌제(獻帝)가 허(許, 하남성 허창시)에 도읍을 하자 즉각 교사를 시행하였는데[15] 어찌 반드시 낙읍이어야만 하겠습니까?"

황제가 이 말을 좇아서 교구(郊丘)[16]를 건강(建康, 남경)성의 사지(巳地)[17]에 세웠다. 신묘일[18]에 황제가 친히 남교(南郊)에서 제사를 지냈다. 아직 북교(北郊)가 만들어지지 않았으므로 지기(地祇)를 아울러 합쳐서 제사지냈다.[19]

조서를 내렸다.

"낭야공왕(琅邪恭王)을 의당 황고(皇考)[20]라고 불러야 할 것이다."

하순(賀循)이 말하였다.

---

15 범엽의 《후한서》에는 한 헌제 건안 원년(196년)에 상제에게 교사하였고, 다시 이 해 7월에 낙양에서 상제에게 교사하였으며, 8월에 허로 천도하고 제사를 지낸 것이 《진서》 〈예지〉에 기록되어 있다.

16 교외에 세운 제단을 말한다.

17 예전에는 간지로 방향을 표시하였는데 사(巳)는 방위로 동남쪽이다.

18 이날은 통감필법으로 보아 3월이어야 하는데, 3월 1일이 임인일이므로 3월 중에는 신묘일이 없다.

19 교사를 지낼 때 남교에서는 천신에게, 북교에서는 지신에게 제사를 올리는데, 지신에게 제사지낼 북교가 만들어지지 않았으므로 남교에서 천신과 지신에게 함께 제사지냈다는 것이다.

20 동진의 황제가 된 사마예의 아버지는 낭야왕 사마근(司馬覲)이었고, 죽은 뒤에 시호를 공왕이라고 했다. 사마예는 자기가 황제가 되었으므로 자기 아버지를 황제의 아버지라는 의미로 황고라는 용어를 쓰려고 한 것이다.

"예(禮)에 따르면 아들은 감히 자기의 작위를 가지고 아버지에게 덧붙이지 아니하게 되어 있습니다."[21]

마침내 중지하였다.

4   애초에, 봉피(蓬陂, 하남성 개봉시 남쪽)의 오주(塢主)[22] 진천(陳川)이 스스로 진류(陳留, 하남성 진류현)태수라고 하였다. 조적(祖逖)이 번아(樊雅)를 공격하면서[23] 진천이 그의 장수 이두(李頭)를 파견하여 그를 돕게 하였다. 이두가 힘껏 싸워서 공로를 세우자 조적이 그를 후하게 대우하였다.

이두는 매번 탄식하며 말하였다.

"이런 사람을 만나 주군으로 모시면 나는 죽어도 여한이 없겠다."

진천이 이 말을 듣고 그를 죽였다. 이두의 무리 풍총(馮寵)이 그의 무리를 인솔하고 조적에게 항복하니, 진천이 더욱 화가 나서 예주(豫州, 하남성 동부지역)에 속한 여러 군을 크게 노략질하였고, 조적은 군사를 파견하여 그를 격파하였다. 여름, 4월에 진천이 준의(浚儀, 하남성 개봉시)를 가지고 반란하여 석륵에게 항복하였다.

5   주무(周撫)가 패배하여 달아나면서 서감(徐龕)의 부장 우약(于藥)

---

21 아들인 사마예는 황제이고 그 아버지는 왕이었는데, 황고라고 하면 황은 아들의 작위이고 고는 아버지를 뜻하는 것이므로 아버지의 앞에 아들의 작위를 올려놓는 결과가 되므로 이러한 말을 하였다.

22 주민들이 스스로 만든 작은 보루의 수령을 말한다.

23 조적(祖逖)은 진나라 예주자사이고 번아(樊雅)는 유민반란집단의 수령이며 조적이 공격한 것은 진 원제 건무 원년(317년)에 있었던 일이다.

이 쫓아가서 그의 목을 베었는데 조정에서 공로를 평가하게 되자 유하(劉遐)²⁴를 그 앞에 놓았다. 서감이 화가 나서 태산(泰山, 산동성 태안현)을 가지고 반란을 일으켜서 석륵에게 항복하고 스스로 연주(兗州, 산동성 서부지역)자사라고 하였다.

6   한의 주군 유요가 돌아와서 장안에 도읍을 하고, 비(妃) 양씨(羊氏)를 황후²⁵로 세우고, 아들 유희(劉熙)를 황태자로 삼았다. 또 아들 유습(劉襲)을 책봉하여 장락왕(長樂王)으로 삼고, 유천(劉闡)을 태원왕(太原王)으로 삼고, 유충(劉沖)을 회남왕(淮南王)으로 삼고, 유창(劉敞)을 제왕(齊王)으로 삼고, 유고(劉高)를 노왕(魯王)으로 삼고, 유휘(劉徽)를 초왕(楚王)으로 삼았다. 여러 종실 사람들을 모두 군왕(郡王)으로 올려 책봉하였다.

양씨는 바로 옛 혜제(惠帝)의 황후였다. 유요가 일찍이 그에게 물었다.

"나를 사마씨 집안사람들과 비교하면 어떠한가?"

양씨가 말하였다.

"폐하께서는 나라의 기초를 여신 성스러운 군주이십니다. 저 사람은 망한 나라의 아둔한 남자인데 어찌 함께 놓고 말을 하겠습니까? 저 사

24 주무(周撫)는 진나라의 장수로 반란한 사람이고, 서감(徐龕)은 태산태수이며, 유하(劉遐)는 하비내사였다.

25 유요의 황후가 된 양씨는 진나라 혜제 사마충의 황후였던 양헌용(羊獻容)이었다. 중국 역사에서 한 왕조의 황후였던 사람이 다시 다른 왕조의 황후가 된 예는 극히 드문 일이었다. 한의 유요가 양후를 받아들인 것은 진 회제 영가 5년(311년)의 일이고, 그 내용은《자치통감》권87에 실려 있다.

람은 귀하게 태어나 제왕이 되었지만 한 명의 지어미·한 명의 아들 그리고 자기 자신 세 사람뿐이었는데도 일찍이 이를 비호할 수 없었습니다.

첩은 그 시절에 실제로 살고 싶지가 않았으며 속으로 세상의 남자란 모두 그러할 것이라고 생각하였습니다. 건즐(巾櫛)을 받들게[26] 된 다음부터 비로소 천하에는 대장부도 있다는 것을 알았습니다."

유요는 그를 심히 총애하였는데 자못 나라의 일에도 간여하였다.

7   남양왕 사마보(司馬保)가 자칭 진왕(晉王)이라고 하고, 연호를 건강(建康)이라고 고치고, 백관을 두며, 장식(張寔)을 정서(征西)대장군·개부의동삼사로 삼았다. 진안(陳安)[27]이 스스로 진주(秦州)자사라고 하다가 한에 항복하였고, 또 다시 성(成)에 항복하였다. 상규(上邽)에 큰 기근이 들어서 병사들이 피곤하고 압박을 받자 장춘(張春)이 사마보를 받들고 남안(南安, 감숙성 농서현의 동북쪽)에 있는 기산(祁山)으로 갔다.

장식은 한박(韓璞)을 파견하여 보병과 기병 5천 명을 인솔하고 이를 구원해 주게 하였는데, 진안이 면제(縣諸, 감숙성 청수의 서남쪽)로 물러나서 지키자, 사마보는 상규로 돌아왔다. 얼마 안 있다가 사마보는 다시 진안의 압박을 받고, 장식은 그의 장수 송의(宋毅)를 파견하여 그를 구원하게 하자, 진안이 마침내 물러났다.

---

26 건이란 수건이며, 즐은 머리빗을 말한다. 여기서는 황제인 유요의 머리 매무새를 맡아 준다는 말로 아내가 되었다는 뜻이다.

27 사마보(司馬保)는 이때 상규(감숙성 천수현)에 있었고, 장식(張寔)은 양주(涼州)자사였고, 진안은 원래 사마보에게 속한 사람이었다.

8   강동에 대기근이 들어서 백관들에게 조서를 내려 각기 봉사(封事)[28]를 올리게 하였다. 익주(益州)자사 응첨(應詹)이 상소문을 올렸다.

"원강(元康)[29] 이래 유가 경전을 천하게 생각하고 도가(道家)를 숭상하여 가물가물하고 헛되며 널리 놓아버리는 것을 활달하다고 생각하고, 유가 학술 속에 있는 깨끗하고 검소한 것을 누추하고 속되다고 하니, 의당 유학(儒學)을 공부한 관리를 높이 장려하여 세속화된 것을 새롭게 하여야 할 것입니다."

9   조적(祖逖)이 진천(陳川)[30]을 봉관(蓬關, 하남성 개봉시 남쪽)에서 공격하자, 석륵이 석호를 파견하여 군사 5만 명을 거느리고 이를 구원하게 하여 준의(浚儀)에서 싸웠는데, 조적의 군사가 패배하여 물러나서 양국(梁國, 하남성 상구시)에 주둔하였다.

석륵이 또 도표(桃豹)를 파견하여 군사를 거느리고 봉관에 가게 하니, 조적이 물러나서 회남(淮南, 안휘성 수현)에 주둔하였다. 석호는 진천에 소속되었던 무리 5천 호를 양국(襄國, 하북성 형태시)으로 옮겨놓고 도표를 남겨두어 진천의 옛 성[31]을 지키게 하였다.

10   석륵이 석호를 파견하여 선비족(鮮卑族)인 일육연(日六延)을 삭

---

28 강동이란 양자강의 동남쪽으로 사마예의 동진이 근거한 지역이며 봉사란 황제에게 봉함하여 글을 올리는 것을 말하므로 상서 등 다른 사람이 보지 못하게 한 것이다.

29 서진시대 혜제의 연호이고, 291년부터 9년간 사용하였다.

30 조적은 진나라 예주자사이고, 진천은 배반하여 성나라로 간 장수이다.

31 봉관을 말한다.

방(朔方, 하투)에서 공격하게 하여 그들을 대파하고 목을 벤 것이 2만 급(級)이고 포로가 3만여 명이었다. 공장(孔萇)이 유주(幽州)에 속한 여러 군을 공격하여 이들을 모두 빼앗았다.

단필제(段匹磾)의 군사와 무리들은 주려서 흩어지는데 상곡(上谷, 하북성 회래시)으로 옮겨서 보호받고자 하니 대왕(代王) 탁발울률(拓跋鬱律)이 군사를 챙겨 장차 이들을 공격하려고 하자 단필제는 처자를 버리고 낙릉(樂陵, 산동성 낙릉현)으로 달아나서 소속(邵續)[32]에게 의지하였다.

11 조억(曹嶷)이 사자를 파견하여 석륵에게 뇌물을 주면서 황하를 경계로 하여달라고 청하니 석륵이 이를 허락하였다.[33]

12 양주(梁州)자사 주방(周訪)이 두증(杜曾)을 공격하여 대파하였다. 마준(馬雋) 등이 두증을 잡아서 항복시키니, 주방은 그의 목을 베고, 아울러 형주(荊州)자사 제오의(第五猗)를 붙잡아서 무창(武昌, 호북성 악성현)으로 호송하여 보냈다. 주방은 제오의가 본래 중앙정부에서 임명한 사람이고, 더욱이 당시 명망도 있어서 왕돈(王敦)[34]에게 죽여서는

---

32 단필제(段匹磾)는 진나라의 유주자사이고, 소속(邵續)은 기주자사이다.

33 조억은 한의 청주(산동성 북부)자사였는데, 호삼성은 '조억은 이때 이미 황하 연안까지가 있었으나, 이렇게 한 것은 석륵이 공격할 것을 두려워 한 것이다.' 라고 해설을 붙였다.

34 두증(杜曾)은 반란 유민의 수령이고, 마준(馬雋)은 두증의 부하장수로 두증의 세력 내에서 반란한 것이며, 왕돈(王敦)은 진나라의 대장군이다. 제오의가 두증을 좇은 일은 민제 건흥 4년(316년)부터이고, 이 일은 《자치통감》 권87에 실려 있다.

안 된다고 말하였으나, 왕돈이 이 말을 안 듣고 목을 베었다.

애초에, 왕돈은 두증을 제압하기 어려울 것을 걱정하여 주방에게 말하였다.

"만약에 두증을 사로잡는다면 마땅히 형주(荊州)를 맡을 정도의 공로로 평가될 것이오."

두증이 죽자 왕돈은 그를 채용하지 않았다.

왕이(王廙)[35]가 형주에 있으면서 도간[36]의 장군과 보좌역들을 많이 죽이니, 황보방회(皇甫方回)는 도간이 공경하는 사람이었는데, 그가 자기를 찾아오지 않았다고 책망하며 잡아들여서 목을 베었다. 병사와 백성들은 원망하고 화가 났고, 윗사람이나 아랫사람이나 불안하였다.

황제가 이 말을 듣고, 왕이를 징소하여 산기(散騎)상시로 삼고, 주방을 왕이 대신 형주자사로 삼았다. 왕돈은 주방이 위엄 있다는 명성을 갖는 것을 꺼려서 속으로 곤란하다고 생각하였다.

종사중랑 곽서(郭舒)가 왕돈에게 유세하였다.

"저의 주(州)[37]는 비록 거칠고 피폐하였지만 마침내 무력을 사용할 수 있는 나라이니 다른 사람에게 빌려줄 수는 없을 것이고, 의당 스스로 이곳을 관장해야 하며, 주방은 양주(梁州)자사 정도면 충분할 것입니다."

왕돈이 이 말을 좇았다.

---

35 왕돈의 사촌동생으로 형주자사이다.

36 형주자사였던 사람이다.

37 곽서는 전에 형주에 있으면서 유홍과 왕징을 섬긴 일이 있다. 그러므로 형주를 자기 주라고 한 것이다.

6월 병자일(7일)에 조서를 내려 주방에게 안남(安南)장군을 덧붙여 주고, 나머지는 옛날대로 그대로 두었다. 주방이 화를 내자, 왕돈이 손수 편지를 써서 이해시키려고 하면서 아울러 옥으로 만든 반지와 옥으로 만든 사발[38]을 보내 후하게 대우한다는 뜻을 표시하였다.

주방이 이를 땅에다 던져 깨뜨리고 말하였다.

"내가 어찌 장사치처럼 보배를 받고 기뻐할 수 있단 말인가?"

주방은 양양(襄陽, 호북성 양번시)에서 농사에 힘쓰고 군사를 훈련시키면서 몰래 왕돈을 도모하려는 뜻을 갖고 있어서 수재(守宰) 가운데 결원[39]이 생기면 즉시 보충하고 그런 다음에 상부에 말씀을 올렸다. 왕돈이 이를 걱정하였으나 통제할 수는 없었다.

위해(魏該)는 흉노[40]의 침입으로 압박을 받아서 의양(宜陽, 하남성 의양현)에서부터 무리를 인솔하고 남쪽으로 내려와 신야(新野, 하남성 신야현)로 옮겨왔다가 주방을 도와서 두증을 토벌하는데 공로를 세우자 순양(順陽)태수로 삼았다.

조고(趙固)가 죽자 곽송(郭誦)이 양적(陽翟, 하남성 우현)에 머물며 주둔하고 있었는데, 석생(石生)[41]이 이를 누차 공격하였지만 이길 수가 없었다.

---

38 반지는 環으로 이는 還과 같은 발음이어서 歸還이라는 의미를 상징하고, 사발은 椀으로 完과 같은 발음이어서 完整이라는 의미를 상징한다.

39 수재는 지방수령인데, 따라서 결원이라 함은 양주에 소속된 군현의 태수나 현령에 결원이 생기는 경우를 말한다.

40 위해(魏該)는 자위집단의 수령이고, 흉노란 유씨의 한을 말한다.

41 조고는 진나라의 하남태수였고, 곽송은 양위장군이고, 석생(石生)은 한의 장수이다.

전조의 유요와 후조의 석륵, 그리고 모용외

13 한의 주군 유요가 장안에 종묘·사직단·남교와 북교[42]를 세우고
조서를 내렸다.

"나의 선조께서는 북방에서 일어나셨다. 광문(光文)황제께서 한의
종묘를 세우시고[43] 백성들이 바라는 것을 좇으셨다. 지금 의당 국호를
고쳐서 선우(單于)를 조상으로 하여야 할 것이니, 급히 논의하여 보고
하라."

여러 신하들이 상주문을 올렸다.

"광문황제께서 처음으로 노노백(盧奴伯)[44]에 책봉되셨고, 폐하께서
는 또한 중산(中山)에서 왕 노릇 하셨는데, 중산지역은 조(趙)에 해당

---

42 종묘는 조상신에게, 사직은 곡식신에게, 남교는 하늘신에게, 북교는 지신에게
   제사를 지내는 곳이다.

43 광문(光文)황제란 한의 창업주인 유연이며, 그 해는 진 혜제 영흥 원년(304년)
   의 일로,《자치통감》권85에 실려 있다.

44 노노는 중산국의 도읍지로 하남성 정형이다. 진나라 8왕의 난 때 여섯 번째
   성도왕 사마영이 혜제 영흥 원년(304년)에 유연을 승제하여 노노백으로 책봉
   하였다.

하니, 청컨대 국호를 조(趙)라고 고치십시오."

이 말을 좇았다. 난제묵돌(欒提冒頓)⁴⁵을 하늘에 배향하고, 광문황제를 상제(上帝)에 배향하였다.

14   서감(徐龕)⁴⁶이 제수(濟水)와 대(垈, 태산)를 침략하여 노략질하고 동완(東莞, 산동성 기수현)을 깨뜨렸다. 황제는 서감을 토벌할 수 있는 장수가 누구인지를 왕도(王導)에게 물었더니, 왕도는 태자좌위솔(太子左衛率)인 태산(泰山, 산동성 태안현) 사람 양감(羊鑑)이 서감과 같은 고향의 으뜸가는 종족이어서 반드시 그를 제압할 수 있을 것이라고 말하였다.

양감이 깊이 사양하면서 자기의 재주는 장수감이 아니라고 하고, 치감(郗鑑)⁴⁷도 역시 표문을 올려 양감은 그러한 재주를 갖고 있지 않아서 부릴 수 없을 것이라고 하였지만 왕도가 이 말을 좇지 않았다. 가을, 8월에 양감을 정로(征虜)장군·정토(征討)도독으로 삼고, 서주자사 채표(蔡豹)·임회(臨淮, 강소성 우태현)태수 유하(劉遐)·선비족인 단문앙(段文鴦)⁴⁸ 등을 감독하여 그를 토벌하게 하였다.

15   겨울에 석륵의 좌·우(左·右)장사인 장경(張敬)과 장빈(張賓), 좌·

---

45 흉노한국의 1대 가한이다.

46 유요는 조나라로 바꾸기 전인 한의 연주(산동성 서부)자사이다.

47 황제란 동진의 황제 사마예를 말하며, 왕도(王導)는 중서감이고, 치감은 진나라의 연주자사이다.

48 단문앙은 이때 그의 형인 단필제를 좇아서 염차(厭次, 산동성 혜민현)에 있었다.

우(左·右)사마인 장굴육(張屈六)과 정하(程遐) 등이 석륵에게 존호(尊號)[49]를 사용하도록 권고하였는데, 석륵이 허락하지 않았다.

11월에 장군들과 보좌하는 사람 등이 다시 석륵에게 대장군·대선우·영(領)기주목·조왕(趙王)이라고 호칭하도록 청하면서 한(漢)의 소열제(昭烈帝)가 촉(蜀, 사천성)에 있을 때와 위(魏)의 무제(武帝)가 업(鄴, 하북성 임장현)에 있을 때의 고사[50]에 의거하여 하내군(河內郡) 등 24개 군을 조국(趙國)이라 하면서 태수는 모두 내사(內史)라고 하며 《우공(禹貢)》에 준거하여 기주(冀州)의 강역[51]을 회복시키고, 대선우로서 많은 만족(蠻族)들을 진압하고 위로하며 병주(幷州, 산서성)·삭주(朔州, 하투)·사주(司州, 하남성 중부) 세 주를 철폐하고 전체적으로 관청을 설립하여 이를 감독하자고 하니, 석륵이 이를 허락하였다.

무인일[52]에 조왕의 자리에 올라[53] 크게 사면하였는데, 춘추시대의 열국이 하였던 예[54]에 의하여 원년이라고 호칭하였다.

---

49 높은 칭호라는 말로 현재 석륵은 유요가 조왕으로 임명하려고 하였다가 취소된 바 있는 상태이다. 현재의 직위보다 높은 직위를 말하므로 왕이라는 칭호를 사용하라는 의미이다.

50 삼국시대의 상황을 말한다. 소열제는 한을 세운 유비, 무제는 위나라의 조조를 말한다.

51 우공에 있는 기주지역의 강역은 남쪽으로는 맹진에 이르고, 서쪽으로는 용문까지, 동쪽으로는 황하까지, 북쪽으로는 요새 지역까지이다.

52 통감필법으로 무인일은 11월이어야 하지만 11월 1일은 무술일이므로 11월에는 무인일이 없다.

53 이때 중국의 판도에는 사마예의 진(동진)과 이웅의 성(전촉)과 유요가 한을 개칭한 조(전조)와 석륵이 세운 조(후조) 등 네 나라가 각축하게 되었다.

54 춘추시대가 되자 주나라 왕의 연호를 통일적으로 사용하지 않고 각 제후국

애초에, 석륵은 세상이 혼란하며 율령이 번잡하고 많으므로 법조영사(法曹令史)[55] 관지(貫志)에게 명령을 내려서 그 요점을 채집하여 5천 조목으로 된 '신해제(辛亥制)'[56]를 만들게 하였는데, 10여 년간 시행한 다음에 마침내 율령(律令)으로 사용하였다. 이조(理曹)참군인 산당(山黨, 산동성 장치현) 사람 속함(續咸)을 율학좨주(律學祭酒)[57]로 삼았더니 속함이 법을 적용하는데 자세하고 공평하여서 나라 사람들이 그를 칭찬하였다.

중루(中壘)장군 지웅(支雄)과 유격(游擊)장군 왕양(王陽)을 영문신(領門臣)좨주로 하여 오직 호인(胡人)들의 송사문제만을 주관하게 하였는데, 호인들을 거듭 금지시켜서 의관을 제대로 갖추어 입고[58] 있는 화족(華族)들을 능욕하지 못하게 하고, 호인들을 국인(國人)이라고 불렀다.

사자를 파견하여 주와 군을 순행하면서 농업과 잠상(蠶桑)을 열심히 하도록 권고하였다. 조회에서 처음으로 천자의 예악을 사용하고, 의관·의물(儀物)은 엄숙하며 볼만하게 하였다. 장빈에게 대집법(大執法)

들이 각기 자기 나라의 연호를 사용하였다.

55 법무를 책임지는 부서의 책임자에 해당하는 관직이다.

56 신해란 간지의 신해일 것이므로 신해년 혹은 신해월, 또는 신해일에 내린 명령이라는 뜻일 것이다.

57 이조(理曹)참군은 군사에 관한 일을 논의하는 일에 참여하며 법률을 담당하는 직책이어서 마치 군대의 법무참모와 같고, 율학좨주(律學祭酒)는 사법담당 책임자이다.

58 영문신(領門臣)좨주는 보안책임자에 해당하는 직책이고, 의관을 제대로 갖추어 입는 다는 것은 사대부를 형용하는 말이다.

을 덧붙여주어 오로지 조정의 정치를 총괄하게 하고, 석호를 선우·원보(元輔) 도독금위(禁衛)제군사[59]로 삼고, 조금 뒤에 표기(驃騎)장군·시중·개부(開府)의 직책을 덧붙여주고, 중산공(中山公)의 작위를 내려주고, 나머지 여러 신하들에게 직위를 주고 작위를 올려주었는데 각기 차등 있게 하였다.

장빈의 임무와 대우는 넉넉하고 드러났는데, 여러 신하들이 그에 미칠 수가 없었지만 그러나 겸허하고 공경하고 신중하며, 아래 선비들에게도 마음을 열어 품어주고, 아부하고 사사롭게 하려는 짓을 잘라버리면서 몸으로 솔선하니 들어가서는 규칙을 다 잘 지키고, 나와서는 아름다움을 황제에게 돌렸다.

석륵이 그를 심히 중히 생각하며 조회를 열 때마다 항상 그 때문에 얼굴과 모습을 올바로 하였으며, 자기의 말을 간단히 하고, 그를 부를 때 우후(右侯)라고 하였지 감히 이름을 부르지 아니하였다.[60]

16   12월 을해일(9일)에 크게 사면하였다.

17   평주(平州, 요령성과 한반도 북부)자사 최비(崔毖)가 스스로 중주(中州, 중원지역)에서 명망 있는 사람이라고 생각하면서 요동지역을 진무(鎮撫)하였는데, 병사와 백성들이 대부분 모용외(慕容廆)에게 귀부하자 마음이 평안하지 아니하였다.

자주 사자를 보내어 그들을 불러오려 했으나, 모두 오지 않자 속으

---

59 금위(禁衛)의 업무를 맡은 모든 군사에 관한 업무를 총감독하는 직책이다.
60 장빈이 대신으로서의 절도를 지키니 석륵도 체모를 지킨 것이다.

로 모용외가 그들을 억지로 머물러 있게 한다고 생각하고, 마침내 몰래 고구려·단씨(段氏)·우문씨(宇文氏)[61]에게 유세하여 함께 그를 공격하게 하고, 모용외를 멸망시키면 그 땅을 나누어주겠다고 약속하였다. 최비와 친하게 지내는 발해(渤海, 하남성 남피현) 사람 고첨(高瞻)이 힘써 간언하였으나, 최비가 좋지 않았다.

삼국이 군사를 합하여 모용외를 정벌하자 제장들이 그들을 치자고 청하니, 모용외가 말하였다.

"저들은 최비에게 유혹되어 모든 이익을 얻으려고만 하고 있다. 군사 세력이 처음으로 합쳐져서 그 칼끝이 아주 예리할 것이니 그들과 싸우는 것은 옳지 않으며 마땅히 굳게 지키면서 그들을 좌절시켜야 할 것이다.

저들은 까마귀가 모여서 오는 것과 같아 이미 하나로 통일된 것이 없으니 서로 복종하지 못할 것이고, 오래되면 반드시 두 가지 문제를 갖게 될 것인데, 그 하나는 내가 최비와 더불어 그들을 속여서 뒤엎어버리려고 한다고 의심할 것이고, 두 번째는 세 나라가 스스로 서로 시기하게 될 것이다. 그 사람들의 마음이 두 개로 흩어지기를 기다렸다가 그 다음에 그들을 공격하면 격파할 것이 분명하다."

세 나라가 나아가서 극성(棘城, 요녕성 금주시의 서북쪽)을 공격하니 모용외는 문을 닫고 스스로 지키고, 사자를 파견하여 소고기와 술로 우문씨에게만 주면서 위로하니 나머지 두 나라에서는 우문씨와 모용외가 모의한 것이 있다고 의심하고 각기 군사를 이끌고 돌아갔다. 우문씨의 대인(大人)[62]인 우문실독관(宇文悉獨官)이 말하였다.

---

61 고구려는 길림성 집안현에 있고, 우문부락은 요녕성 조양시에 있었다.

"두 나라가 비록 돌아가 버렸지만 우리는 마땅히 홀로라도 이것을 빼앗아야 한다."

우문씨의 사졸들이 수십만 명이어서 군영(軍營)이 이어있는 것이 40리였다. 모용외의 사자가 그의 아들 모용한(慕容翰)을 도하(徒河, 요녕성 금주시)에서 오도록 불렀다. 모용한이 사자를 파견하여 모용외에게 말하였다.

"우문실독관이 나라 전체를 들어서 침략하였으니, 저들의 숫자는 많고 우리는 적어서 계책을 세워 격파하는 것은 쉬워도 힘으로 승리하기는 어렵습니다. 지금 성 안에 있는 무리는 충분히 침략을 방어할 수 있으니, 저 모용한이 청컨대 밖에서 기습병이 되어서 그들의 틈을 보다가 치게 하며, 안팎에서 모두 분발하여 저들을 놀라게 하여 방비할 곳을 알지 못하게 하면 그들을 깨뜨리는 것은 분명합니다.

지금 병사를 합쳐서 하나로 하면 저들은 오로지 성을 공격하는 것에만 마음을 두고 다른 걱정을 다시 하지 않아도 되게 하는 것은 계책 가운데 제대로 된 것은 아닙니다. 또 많은 무리들에게 겁먹은 것을 보이는 것은 싸우지 않고도 사기가 먼저 상하게 될까 걱정입니다."

모용외는 그래도 오히려 이를 의심하였다.

요동(遼東, 요녕성 요양시) 사람 한수(韓壽)가 모용외에게 말하였다.

"우문실독관은 상대방을 능멸하는 뜻을 갖고 있어서 장군은 교만하고 졸병은 게으르며 군사는 단단하거나 조밀하지 않으니 만약에 기습하는 병사를 갑자기 일으켜서 그들이 아무런 방비가 없는 곳 한쪽씩을 잡아당기는 것이 반드시 격파할 계책입니다."

---

62 호족을 말한다.

모용외는 마침내 모용한을 도하에 머물러 있도록 허락하였다.

우문실독관이 이 소식을 듣고 말하였다.

"모용한은 평소 날래고 과감하다는 명성을 갖고 있었는데, 지금 성으로 들어가지 아니하여 혹 화(禍)가 될 수도 있겠으니, 마땅히 먼저 그것을 빼앗아야 할 것이고, 성은 걱정할 것이 못 된다."

마침내 수천 기병을 나누어 파견하여 모용한을 공격하였다.

모용한이 이를 알고, 거짓으로 단씨(段氏)의 사자가 되어 길에서 그들을 맞이하며 말하였다.

"모용한은 오랫동안 나의 걱정거리였는데, 듣건대 그들을 마땅히 치려고 하신다 하여 내가 이미 군사를 엄히 다스려 기다리고 있으니, 의당 속히 나가십시오."

사자는 이미 떠났는데, 모용한도 바로 성을 나와서 군사를 매복시켜 놓고 그들을 기다렸다.

우문씨의 기병이 사자를 보자 크게 기뻐하며 말을 달려갔고, 또다시 방비 대책을 세우지 않고 매복한 지역 안으로 들어갔다. 모용한이 분발하여 쳐서 그들을 다 잡고 이긴 기세를 타고 지름길로 진격하면서 간사(間使)[63]를 파견하여 모용외에게 말하여 군사를 내보내어 크게 싸우게 하였다.

모용외는 그의 아들 모용황(慕容皝)과 장사 배억(裴嶷)에게 정예의 군사를 거느리고 선봉에 서게 하고 스스로 대병을 거느리고 뒤를 이었다. 우문실독관은 처음에 아무런 대비를 하지 않다가 모용외가 도착한다는 소식을 듣고 놀라서 모든 무리를 내보내어 싸우게 하였다. 선봉에

---

63 틈이 있는 곳으로 보내는 사자를 말한다.

섰던 군사가 싸움을 시작하자, 모용한은 1천 기병을 거느리고 옆에서 곧장 그의 진영으로 들어가서 그곳에 멋대로 불을 지르니, 무리들이 모두 당황하고 소란스러워 어찌할 바를 몰랐고, 드디어 대패하였으며, 우문실독관은 겨우 몸만 죽음을 면하였다. 모용외가 그의 무리를 전부 포로로 잡았고, 황제의 옥새(玉璽) 세 개를 얻었다.[64]

최비가 이 소식을 듣고, 두려워서 그의 조카 최도(崔燾)에게 극성(棘城)에 가서 거짓으로 축하하게 하였다. 마침 세 나라의 사자가 또한 도착하여서 화의를 청하며 말하였다.

"우리의 본래 뜻이 아니며 최 평주(崔 平州)[65]가 우리를 교사한 것일 뿐입니다."

모용외가 이것을 최도에게 보여주면서 무기를 들이대니 최도가 두려워서 스스로 자복하였다.

모용외가 마침내 최도를 돌려보내어 최비에게 말하였다.

"항복하는 것이 상책이고, 달아나는 것이 최하의 계책이다."

군사를 인솔하고 그 뒤를 좇았다. 최비는 수십 기병과 더불어 집을 버리고 고구려로 달아났고, 그의 무리들은 모두 모용외에게 항복하였다. 모용외는 그의 아들 모용인(慕容仁)을 정로(征虜)장군으로 삼아 요동지역을 진무하게 하니, 관부와 저자 그리고 마을은 옛날처럼 안도하게 하였다.

고구려의 장수 여노자(如奴子)가 우하성(于河城, 요녕성 요양시의 동북

---

64 호삼성은 우문씨의 대인인 우문보회(宇文普回)가 사냥을 나가서 얻은 것이라고 해설하였다.

65 최비를 말한다. 최비가 평주자사이므로 이렇게 부른 것이다.

쪽)을 점거하니, 모용외는 장군 장통(張統)을 파견하여 습격하게 하여 그를 사로잡고, 그의 무리 1천여 호를 포로로 잡고, 최도·고첨(高瞻)·한항(韓恒)·석종(石琮)을 극성으로 돌아가게 하여 손님에 대한 예의로 대우하여주었다. 한항은 안평(安平, 하북성 안평현) 사람이고, 석종은 석감(石鑒)[66]의 손자이다.

모용외가 고첨을 장군으로 삼았으나 고첨이 병이 들었다며 나아가지 아니하자 모용외가 자주 그에게 가보면서 그의 마음을 위로하며 말하였다.

"그대의 병은 여기[67]에 있지 다른 곳에 있지 않소. 지금 진의 황실은 다치고 혼란하여서 고(孤)가 여러분들과 함께 세상의 어려움을 깨끗이 하여 황제의 집안을 도와 추대하려고 하오.

그대는 중원지역에서 명망 있는 족속으로 의당 이러한 소원을 함께 가져야 할 것인데 어찌하여 화·이(華·夷)가 다르다는 것을 가지고 개연(介然)히[68] 이를 멀리 하려는 것이오? 무릇 공로를 세우고 일을 하면서는 오직 뜻과 책략이 어떠한지를 물어야 할 뿐이지 화족이냐 이족이냐가 물을 만한 것이겠소?"

오히려 고첨이 일어나지 않자 모용외는 자못 불평하였다.

용상(龍驤)장군부의 주부(主簿) 송해(宋該)는 고첨과 틈이 있어서

---

66 진나라 초기의 고관으로 무제와 혜제를 섬겼었다.

67 고첨은 중원지역의 명망 있는 한족(漢族)이어서 동이족인 모용외를 얕보았는데, 결국 얕보는 이족(夷族)에게 잡혀서 그 밑에서 일하라고 하는 것을 가리키는 말이다.

68 고첨은 화족이고, 모용외는 이족이다. 개연은 굳고 올바르며 옮겨지지 않는 모습을 말한다.

모용외에게 그를 제거하라고 권고하였지만 모용외가 좇지 않았다. 고첨이 걱정을 하다가 죽었다.

처음에, 국선(鞠羨)이 죽자 구희(苟晞)[69]는 다시 국선의 아들 국팽(鞠彭)을 동래(東萊, 산동성 황현)태수로 삼았다. 마침 조억(曹嶷)[70]이 청주(靑州, 산동반도)를 경략하면서 국팽과 서로 공격하게 되고, 조억의 군사가 비록 강하기는 했지만 그 군에 사는 사람들이 모두 국팽을 위하여 싸우다 죽으려 하니 조억이 이길 수가 없었다.

오래 있다가 국팽이 탄식하며 말하였다.

"지금 천하가 크게 혼란하니 강한 사람이 영웅이 되는 것이다. 조억도 또한 고향 사람[71]인데 하늘이 서로 돕는 바가 되어 만약에 그에게 의지할 수가 있다면 바로 백성들의 주인이 될 것인데, 왜 반드시 그와 더불어 힘껏 싸워서 백성들의 간과 뇌가 땅에 뒹굴게 해야 하겠는가! 내가 이곳을 떠나기만 한다면 화란은 스스로 없어질 것이다."

그 군에 사는 사람들이 안 된다고 말하고 다투어 조억을 막을 계책을 바쳤지만 국팽은 하나도 사용하지 않고 고향에 사는 사람 1천여 집과 더불어 바다로 나가서 최비에게 귀부하였다.

북해(北海, 산동성 창락현) 사람 정림(鄭林)이 동래에 손님으로 와 있었는데, 국팽과 조억이 서로 공격하니 정림은 마음속으로 '저편이다. 이편이다.'라는 생각을 갖지 않았다. 조억은 그가 똑똑하다고 생각하고

---

69 국선(鞠羨)이 죽은 것은 진 회제 영가 원년(307년)이고, 동래태수였던 국선이 자칭 정동대장군이라고 하는 반란세력의 수령인 왕미(王彌)에게 죽었고, 이 사건은 《자치통감》 권86에 실려 있으며, 구희(苟晞)는 진나라의 연주자사였다.

70 반란세력인 왕미의 부장이었다.

71 국팽과 조억은 모두 제(齊) 사람이다.

감히 침략하지 않았는데, 국팽이 그와 더불어 가버렸다. 요동에 도착할 즈음에 최비가 이미 패배하였으므로 모용외에게 귀부하였다. 모용외는 국팽을 참용상장군사(參龍驤將軍事)[72]로 삼았다.

송해가 모용외에게 강동(江東)에다 승리한 소식을 바치라고 권고하니 모용외는 송해로 하여금 표문을 만들게 하고, 배억(裴嶷)이 받들고 가게 하였는데, 얻었던 세 개의 옥새를 아울러 가지고 건강까지 가서 이를 바치게 하였다.

고구려가 자주 요동을 노략질하니 모용외는 모용한과 모용인을 파견하여 그들을 쳤고, 고구려왕 을불리(乙弗利)[73]가 거꾸로 와서 맹약을 맺자고 청하였으므로 모용한과 모용인이 돌아왔다.

18   이 해에 포홍(蒲洪)[74]이 조(趙)[75]에 항복하였는데, 조의 주군 유요는 포홍을 솔의후(率義侯)로 삼았다.

19   도각(屠各)[76]부락의 사람인 노송다(路松多)가 신평(新平, 섬서성 빈현)·부풍(扶風, 섬서성 흥평현)에서 군사를 일으켜서 진왕 사마보(司馬保)[77]에게 붙으니, 사마보는 그의 장수 양만(楊曼)과 왕련(王連)에

---

72 용상장군부의 군사에 관한 일을 결정할 때 참여할 수 있는 직책이다.

73 동진은 강동지역에 있었기 때문에 동진조정을 강동(江東)이라 한 것이고, 배억(裴嶷)은 모용외의 장사이고, 을불리(乙弗利)는 고구려의 15대 미천왕이다.

74 저족(氐族)의 수령이다.

75 전조(前趙)를 말한다.

76 흉노가 사는 부락의 이름이다.

게 진창(陳倉, 섬서성 보계시)을 점거하게 하고, 장의(張顗)와 주용(周庸)이 음밀(陰密, 감숙성 영태현)을 점거하고, 노송다는 초벽(草壁, 영태현의 동쪽)을 점거하자, 진(秦)과 농산(隴山, 감숙성과 섬서성)에 사는 저족(氐族)과 강족(羌族)들이 대부분 그에게 호응하였다.

조의 주군 유요가 제장를 파견하여 그들을 공격하였으나 이기지 못하자 유요가 스스로 군사를 거느리고 그들을 공격하였다.

---

77 이때 사마보는 진주(秦州, 감숙성 천수시)에 있었다.

다섯 왕조의 병립

원제 태흥 3년(庚辰, 320년)[78]

1   봄, 정월에 유요가 진창을 공격하니 왕련(王連)이 싸우다 죽었고,
양만은 남저(南氐)[79]로 달아났다. 유요가 초벽으로 진격하여 뽑아버
리자, 노송다는 농성(隴城, 감숙성 장가천에 있는 회족자치현)으로 달아나
고, 또 음밀을 뽑아버렸다. 진왕 사마보(司馬保)는 상성(桑城, 감숙성 임
조현 남쪽)으로 옮겼다. 유요는 장안으로 돌아와서 유아(劉雅)를 대사
도로 삼았다.

장춘(張春)이 진왕 사마보를 받들어 양주(涼州, 치소는 감숙성 무위현)
로 달아나자고 모의하니, 장식(張寔)[80]이 그의 장수 음감(陰監)을 파
견하여 군사를 거느리고 그를 영접하게 하고 말로는 도와서 보위하겠

---

78 이 해는 진왕 사마보 건강 2년이고, 성[전촉] 무제 옥형 10년[대진왕국 평월 원
    년]이며, 전조 조왕 광초 3년, 후조 명제 원년[연호임] 2년, 전량 성왕 영원 원년
    이다. 이 해에 독립된 왕조가 중국에 최소한 5개가 병립한 셈이다.

79 남쪽의 저족이라는 말로 구지(仇池, 감숙성 서화현의 서남쪽)를 말한다.

80 장춘(張春)은 사마보의 부장이고, 장식(張寔)은 양주목이었다.

다고 하였지만 실제로는 그들을 막는 것이었다.

2   단말배(段末柸)가 단필제를 공격하여 이를 격파하였다. 단필제가 소속(邵續)[81]에게 말하였다.

"나는 본래 이적(夷狄)이었으나 의(義)를 사모하다가 집안을 부셔버리게 되었습니다. 그대가 오래된 약속을 잊지 않으셨다면 청컨대 서로 더불어 단말배를 칩시다."

소속이 이를 허락하고 드디어 서로 더불어 단말배를 추격하여 대파하였다.

단필제와 동생 단문앙(段文鴦)이 계(薊)[82]를 공격하였다. 후조[83]의 왕 석륵이 소속의 세력의 고립되었다는 것을 알고, 중산공(中山公) 석호를 파견하여 군사를 거느리고 염차(厭次, 산동성 혜민현)를 포위하게 하였고, 공장(孔萇)[84]이 소속의 별도의 군영 11개를 공격하여 모두 떨어뜨렸다.

2월에 소속이 스스로 나아가서 석호를 쳤지만 석호가 기병을 매복시켰다가 그 후방을 끊어놓고서 드디어 소속을 붙잡고, 그의 성을 항복

---

81 단말배(段末柸)는 진나라의 요서공(遼西公)이고, 소속(邵續)은 진나라의 기주자사이다. 단필제는 진나라의 유주자사였는데, 기주자사인 소속에게로 도망 온 사실은 원제 태흥 2년(319년)의 일이었다.

82 지금의 북경이다. 단필제가 원래 계에 근거를 두고 있었는데, 단필제가 성을 버리고 소속에게로 도망할 때 계는 석륵의 후조에게 점령되었다.

83 이때 유(劉)씨와 석(石)씨가 사용하는 국호는 모두 조(趙)였는데, 이를 구별하기 위하여 역사에서는 먼저 한(漢)이라고 하다가 조(趙)로 고친 유씨(유연이 건국)의 조나라는 전조라 하고, 석륵이 세운 조나라는 후조라고 하였다.

84 석륵이 왕인 후조의 다른 장군이다.

시키려 하였다. 소속이 조카 소축(邵竺) 등을 부르며 말하였다.

"나의 뜻은 나라에 보답하려고 하였는데, 불행하게도 이 지경에 이르렀다. 너희들은 노력하여 단필제를 받들어 수장으로 삼고 두 마음을 품지 마라."

단필제가 계에서부터 돌아오다가 아직 염차에는 이르지 못하였는데, 소속이 이미 멸망하였다는 소식을 듣자 무리들이 두려워서 흩어지고 길은 다시 석호에게 차단되었으며, 단문앙이 친병 수백 명을 가지고 힘껏 싸워서 드디어 성 안으로 들어갈 수가 있었고, 소속의 아들 소집(邵緝)과 조카 소존(邵存)·소축(邵竺) 등과 더불어 농성하며 굳게 지켰다.

석호가 소속을 양국(襄國, 하북성 형태시, 후조의 도읍지)으로 보내니 석륵이 충성스러운 사람이라고 생각하여 그를 풀어주고 예의로 대하면서 종사중랑으로 삼았다. 이어서 명령하였다.

"지금부터 적을 이기고 선비를 붙잡으면 멋대로 죽이지 말고 반드시 산 채로 데리고 오라."

이부랑(吏部郎) 유윤(劉胤)이 소속이 공격을 받았다는 소식을 듣고, 황제에게 말하였다.

"북방에 있는 번진(藩鎭)들이 다 없어지고 오직 남은 것은 소속뿐인데, 만약에 다시 석호에게 멸망된다면 외롭고 의로운 선비의 마음이 본래로 돌아갈 길이 막히게 될 것이니, 어리석은 저는 의당 군사를 발동하여 그를 구원해야 할 것이라고 생각합니다."

황제는 이 말을 좇을 수가 없었다. 다시 소속이 이미 멸망하였다는 소식을 듣자 마침내 조서를 내려서 소속의 지위와 임무를 그의 아들 소집에게 주었다.

3   조의 장수인 윤안(尹安)·송시(宋始)·송서(宋恕)·조신(趙愼)의 네 부대(部隊)가 낙양에 주둔하였다가 배반하고 후조[85]에게 항복하였다. 후조의 장수 석생(石生)이 군사를 이끌고 그곳으로 달려갔는데 윤안 등이 다시 배반하고 사주(司州, 하남성 남부)자사 이구(李矩)[86]에게 항복하였다.

이구는 영천(潁川, 하남성 우현)태수 곽묵(郭默)에게 병사를 거느리고 낙양으로 들어오게 하였다. 석생이 송시의 한 부대를 포로로 잡아 가지고 북쪽으로 가서 황하를 건넜다. 이에 황하 남쪽에 사는 백성들은 모두 서로 인솔하며 이구에게로 돌아가니 낙양이 드디어 텅 비었다.

4   3월에 배억(裴嶷)이 건강에 도착하여 모용외의 위엄과 덕을 대단히 칭찬하고, 똑똑하고 뛰어난 사람들은 모두 그에게 임용된다고 하니, 조정에서는 그를 비로소 중시하기 시작하였다. 황제가 조억에게 말하였다.

"경은 중조(中朝)의 이름난 신하이니 마땅히 강동에 머무르면 짐이 별도로 용상장군[87]에게 조서를 내려 경의 가족들을 호송해 오게 하겠소."

배억이 말하였다.

---

85 '조'란 유연이 세운 한의 국호를 조로 바꾼 전조이며, 후조는 스스로 조왕이 된 석륵의 조정을 말한다.

86 하남성 신정현에 있었다.

87 중조(中朝)란 중원에 있는 조정이라는 의미로 진나라 중앙조정을 말하며, 이름난 신하란 배억을 말하며, 배억은 민제 건흥 원년(313년)에 창여태수로 임명되었고, 강동이란 사마예의 동진이 근거로 하고 있는 장강의 도부지역을 말하고, 용상장군은 모용외를 말하는데, 모용외는 진나라로부터 용상장군으로 임명되었었다.

"신은 젊어서 나라의 은혜를 입었고, 궁정을 출입하였으니 만약에 다시 연곡(輦轂)[88]을 받들어 모실 수만 있다면 신의 지극한 영광입니다. 다만 옛날의 도읍이 망해 없어졌고 황제의 능묘(陵墓)는 뚫리고 헐어졌는데 비록 이름난 신하이며 오래된 장수라도 이 치욕을 깨끗하게 갚을 수 없었지만, 다만 모용 용상장군만이 왕실에 충성을 다하였고, 속으로 흉악한 역적을 제거하겠다고 생각하고 있으니, 그러므로 신에게 만 리나 되는 길을 달려오게 하여 정성을 말씀드리게 하였습니다.

지금 신이 왔다가 돌아가지 않으면 반드시 조정에서 그를 편벽(偏僻)하고 비루(鄙陋)하다[89] 하여 이를 버리는 것이라고 생각할 것인데, 그가 가진 의로움을 향하는 마음을 외롭게 하여 그에게 도적을 토벌하는 일을 게으르게 한다면 이는 신이 심히 애석하게 생각하는 바이며, 이리하여서 감히 사사로운 것을 좇지 않으며 공적인 것을 잊지 못하는 것입니다."

황제가 말하였다.

"경의 말이 옳다."

마침내 사자를 파견하여 배억을 좇아가서 모용외에게 안북(安北)장군·평주(平州, 치소는 襄平, 요녕성 요양시)자사의 벼슬을 주었다.

5 윤달(윤3월)에 주의(周顗)를 상서좌복야로 삼았다.

---

88 배억은 낙양시대에 중서시랑과 급사황문랑을 역임한 바 있고, 연곡이란 황제가 탄 수레를 말한다. 따라서 황제를 간접적으로 이렇게 표현한 것이다.

89 모용외는 화족(華族)이 아니고 이족(夷族)이므로 중앙정부에서 그를 얕잡아 보고 무시한다고 볼 수 있다는 말이다.

6 진왕 사마보의 장수인 장춘(張春)과 양차(楊次)가 별장(別將) 양도(楊韜)와 불화하여 사마보에게 그를 죽이라고 권고하고 또 진안(陳安)[90]을 치게 해달라고 청하였지만 사마보가 이 말을 좇지 않았다. 여름, 5월에 장춘·양차가 사마보를 유폐시켰다가 죽였다.

사마보는 몸이 비대하여 무게가 800근이나 되었는데, 잠자기를 좋아하고 독서를 좋아하였으며, 아둔하고 약하며 결단성이 없어서 어려움에 이른 것이다. 사마보에게는 아들이 없어서 장춘이 종실의 자제 사마첨(司馬瞻)을 세자로 삼고 대장군이라 불렀다. 사마보의 무리들 가운데 흩어져서 양주(涼州)로 달아난 사람이 1만여 명이나 되었다.

진안은 조나라의 주군 유요에게 표문을 올려서 사마첨 등을 토벌하게 해달라고 청하였다. 유요가 진안을 대장군으로 삼아 사마첨을 쳐서 죽이니, 장춘은 부한(枹罕, 감숙성 임하현)으로 달아났다. 진안은 양차를 붙잡아 사마보의 영구 앞에서 목을 베고 이어서 사마보에게 제사지냈다. 진안은 천자의 예의로 사마보를 상규(上邽, 감숙성 천수시)에 장사지내고 시호를 원왕(元王)이라고 하였다.

7 양감(羊鑒)이 서감(徐龕)을 토벌하면서 군사를 하비(下邳, 강소성 수녕현)에 주둔시키고 감히 앞으로 나아가지 아니하였다. 채표(蔡豹)가 서감을 단구(檀丘, 산동성 사수현)에서 패배시키니 서감이 후조에게 구원해줄 것을 요청하였다. 후조의 왕 석륵이 그의 장수 왕복도(王伏都)를 파견하여 그를 구원하게 하였고, 또 장경(張敬)[91]에게 군사를 거느

---

90 전조의 진주(秦州, 감숙성 동부)자사이다.

91 양감(羊鑒)은 진나라의 정로(征虜)장군이고, 서감(徐龕)은 지난해에 태산태

리고 그를 위하여 뒤를 이어주게 하였다.

석륵은 많은 것을 요구하고, 왕복도는 음란하고 포악하니[92] 서감은 이것을 근심하였다. 장경이 동평(東平, 산동성 동평현)에 도착하자 서감은 그가 자기를 습격할 것이라고 의심하고, 마침내 왕복도 등 300여 명을 죽이고 다시 와서 항복하기를 청하였다. 석륵이 크게 화가 나서 장경에게 험한 곳을 점거하고 그곳을 지키라고 명령하였다.

황제도 또한 서감이 반복하는 것을 미워하여 그의 항복을 받지 않고 양감과 채표에게 칙령을 내려 때에 맞추어 나아가 토벌하라고 하였다. 양감이 오히려 의심하고 꺼리면서 진격하지 아니하자 상서령 조협(刁協)이 양감을 탄핵하는 상주문을 올리니 사형은 면제시키지만 명적(名籍)에서 제명시키게 하고,[93] 채표에게 그의 군사를 대신 관장하게 하였다. 왕도(王導)는 추천한 사람이 적당하지 못하였으므로 스스로 직위를 깎아달라고 청하였으나, 황제가 허락하지 않았다.

8   6월에 후조의 공장(孔萇)이 단필제를 공격하였는데, 승리했던 것을 믿고 방비를 만들어두지 아니하다가 단문앙이 습격하여 그를 대파하였다.

9   경조(京兆, 서안) 사람 유홍(劉弘)이 양주(涼州, 감숙성 서중부)의 천

수였을 때 반란을 일으켰으며, 장경은 석륵의 부장이다.

92 왕복도는 심지어 서감의 처자에게도 음란한 짓을 했다.

93 이름을 등록하는 것으로 만약에 이 명적에서 제명되면 정치적인 모든 권리를 박탈당하는 것이다.

제산(天梯山, 감숙성 무위현에서 남쪽으로 40km)에서 손님 노릇을 하면서 살고 있었는데, 요사스러운 술법으로 무리들을 유혹하니 그를 좇아 도(道)를 믿는 사람이 1천여 명이었으며, 서평원공(西平元公) 장식(張寔)의 주위 사람들도 모두 그를 섬겼다.

장하리(帳下吏) 염섭(閻涉)과 아문리(牙門吏) 조앙(趙卬)이 모두 유홍의 고향사람이어서 유홍이 이들에게 말하였다.

"하늘이 나에게 신의 인새(印璽)를 주었으니, 응당 양주(涼州)에서 왕 노릇해야 할 것이다."

염섭과 조앙이 이를 믿고 비밀리에 장식의 주위 사람 10여 명과 더불어 장식을 죽이고 유홍을 받들어 수령으로 삼으려고 모의하였다. 장식의 동생 장무(張茂)가 그들의 모의를 알아내서 유홍을 죽이라고 청하였다. 장식이 아문장 사초(史初)에게 그를 잡아들이게 하였지만, 아직 도착하지 아니하였는데, 염섭 등이 칼을 품고 들어가서 밖의 침실에서 장식을 죽였다.[94]

유홍이 사초가 도착한 것을 보고 말하였다.

"사군이 이미 죽었는데, 나를 죽여서 무엇 하겠는가?"

사초는 화가 나서 그의 혀를 자르고 잡아 가두었다가 고장(姑臧, 감숙성 무위현)의 저자에서 거열(車裂)하였고, 그 무리 수백 명을 죽였다.[95] 좌사마 음원(陰元) 등이 장식의 아들 장준(張駿)이 아직 어리다는 이유로 장무를 추천하여 양주자사·서평공으로 하고, 그 경내에 사

---

94 장식이 이때 50세였다.

95 장식이 유홍을 잡아 죽였다는 기록도 있으나 사마광은 《진춘추》의 기록에 의거하여 이렇게 썼다.

면령을 내리고, 장준을 무군(撫軍)장군으로 삼았다.[96]

---

96 이러한 조치는 완전히 독립된 정권이 할 수 있는 조치이다. 그러나 명목상으
　로는 중앙 조정과의 관계를 끊지 않고 있었지만 이때부터 전량(前涼)이 건립
　된 것이다. 따라서 이제 중국에는 동진·전조·후조·성한과 함께 다섯 나라가
　병존하게 된다.

전조의 유요와 유자원

10   병진일(23일)에 조의 장군 해호(解虎)와 장수(長水)교위 윤차(尹車)가 모반하여 파(巴)의 추장 구서(句徐)와 사팽(厙彭) 등이 서로 결합하였는데, 사건이 발각되어 해호와 윤차는 모두 주살(誅殺)되었다.

조의 주군 유요는 구서와 사팽 등 50여 명을 아방(阿房)[97]에다 가두고 장차 이들을 죽이려고 하는데 광록대부 유자원(游子遠)이 간하였다.

"성스러운 왕이 형벌을 사용할 때에는 오직 으뜸가게 악한 사람만을 죽일 뿐이니 마땅히 많이 죽여서는 안 됩니다."

이를 가지고 다투듯 하면서 머리를 조아리다가 피가 흘렀다.

유요는 화가 나서 역적을 돕는다고 생각하여 그를 가두고, 구서와 사팽 등을 다 죽여서 시체를 저자에 10일간이나 두었다가 마침내 물에다 던졌다. 이에 파에 사는 무리들이 모두 반란하여 파의 추장 구거지(句渠知)를 추대하여 주군으로 삼고 스스로 대진(大秦)이라고 하고 기원을 고쳐서 평조(平趙)라고 하였다.

---

97 파(巴)의 추장은 파서(사천성 양중현)에 사는 저족을 말한다. 아방(阿房)은 진나라 때 아방궁의 옛터이다.

네 산[98]에 사는 저족(氐族)·강족(羌族)·파(巴)에 사는 사람·갈족(羯族)으로 이에 호응하는 사람이 30여만 명이어서 관중(關中)[99]은 크게 혼란하였고, 성문을 낮에도 걸어 잠갔다. 유자원이 또 옥중에서 표문을 올려 간쟁(諫爭)하니 유요가 손으로 그 표문을 찢어버리고 말하였다.

"대여노(大荔奴)[100] 녀석이 목숨이 경각에 달려 있는데도 오히려 감히 이와 같이 말을 하니, 너무 늦게 죽이는 것을 싫어하는군."

주위 사람들을 나무라며 그를 속히 죽이라고 하였다.

중산왕 유아(劉雅)·곽사(郭汜)·주기(朱紀)·호연안(呼延晏) 등이 간하였다.

"유자원은 갇혀 있는 죄수로 화가 언제 닥칠지 추측할 수 없는데도 오히려 간쟁하는 것을 잊지 않았으니, 그 충성스러움이 지극합니다. 폐하께서 설사 그의 의견을 채용하지 않는다고 하더라도 왜 그를 죽이기까지 해야 합니까? 만약에 유자원이 아침에 죽는다면 신 등은 또 마땅히 저녁에 죽어서라도 폐하의 허물을 드러낼 것입니다. 천하 사람들이 장차 모두 폐하를 버리고 가게 되면 폐하는 누구와 더불어 사실 것입니까?"

유요의 마음이 풀어져서 마침내 그를 사면하였다.

유요는 안팎에 엄히 경계하도록 칙령을 내리고 장차 스스로 구거지를 토벌하려고 하였다. 유자원이 또 간하였다.

---

98 네 개의 산이란 네 개의 관문을 가리키는 것일 것이다. 동쪽의 함곡관·남쪽의 무관·서쪽의 소관·북쪽의 금쇄관인데, 이것은 모두 험한 산에 있기 때문에 이처럼 말한 것이다.

99 이 네 관문으로 둘러싸인 섬서성 중부지역을 말한다.

100 대여는 융족(戎族)이 사는 부락 이름이다. 유자원은 융족 출신이다.

"폐하께서 진실로 신의 계책을 채용하실 수 있다면 1개월이면 안정될 수 있으니 대가(大駕)[101]가 친히 정벌을 할 필요는 없습니다."

유요가 말하였다.

"경은 시험 삼아 말해 보라."

유자원이 말하였다.

"저들이 큰 뜻을 가지고 있어서 바랄 수 없는 것을 도모하려는 것이 아니며 다만 폐하께서 위엄으로 형벌을 시행하는 것을 두려워하여 죽음을 피해 보고자 하는 것뿐입니다. 폐하께서는 가슴을 활짝 열고 크게 사면하시어 그들에게 다시 시작할 기회를 주는 것만 못합니다. 응당 전에 해호와 윤차 등의 사건에 연좌되어서 그 집안의 노약자들 가운데 해관(奚官)[102]으로 몰입된 사람들은 모두 놓아서 보내주시고, 그들에게 스스로 불러들여서 그들이 직업을 복구하는 것을 허락하여 주십시오.

저들이 이미 살길을 얻을 수만 있다면 어찌 항복하지 않겠습니까! 만약에 그들 가운데 스스로 죄가 무겁다는 것을 알고, 결탁하여 한곳에 몰려서 흩어지지 아니하는 사람들이 있다면 바라건대 신에게 약한 군사 5천 명을 빌려주시면 반드시 폐하를 위하여 그들의 목을 효수(梟首)하겠습니다. 그렇지 아니하면 지금 반란한 사람들이 산과 골짜기를 덮고 있으니, 비록 하늘과 같은 위엄을 가지고 그들에게 다가선다 하여도 아마도 상당한 세월 동안을 지내도 제거할 수 있는 것이 아닐까 걱정됩니다."

유요가 크게 기뻐하여 그날로 크게 사면하고 유자원을 거기(車騎)대

---

101 황제의 수레로 여기서는 유요를 가리킨다.

102 노예를 처리하는 기관이다.

장군·개부의동삼사·도독옹진정토제군사(都督雍·秦征討諸軍事)[103]로
삼았다. 유자원이 옹성(雍城, 섬서성 봉상현)에 주둔하니 항복한 사람이
10여만 명이고, 옮겨서 안정(安定, 감숙성 경천현)에 진을 치니 반란을 일
으켰던 사람들이 모두 항복하였다. 오직 구씨(句氏) 종족의 무리 5천여
가구만이 음밀(陰密, 감숙성 영태현)에서 지키고 있어서 나아가 공격하
여 이들을 없애고 드디어 군사를 이끌고 농우(隴右)[104]를 순회하였다.

이보다 먼저 저족과 강족 10여만 락(落)[105]이 험한 곳을 점거하고 복
종하지 아니하고 그 수령 허제권거(虛除權渠)[106]가 스스로의 호칭을
진왕(秦王)이라고 하였다. 유자원이 나아가서 그가 있는 성에 가니 허
제권거가 군사를 내서 이를 막았지만 다섯 번 싸워서 모두 패배하였다.

허제권거는 항복하려고 하였지만 그의 아들 허제이여(虛除伊餘)가
무리들에게 큰 소리를 쳐서 말하였다.

"과거에 유요가 스스로 왔을 때에도 오히려 우리를 어찌하지 못하였
는데, 하물며 이들은 일부의 군사인데 어찌 항복을 생각하겠는가?"

굳센 병졸 5만 명을 인솔하고 새벽에 유자원이 있는 보루의 문을 압
박하였다.

제장들이 이들을 치려고 하였으나 유자원이 말하였다.

"허제이여는 용감하고 사나우니 지금은 대적할 자가 없고, 거느리는

---

103 옹주와 진주지역의 모든 군사에 관한 일을 총감독하는 직책이다.

104 농산의 서부지역을 말한다.

105 유목민족은 이동을 하기 때문에 옮겨 다니며 천막을 치게 되고, 그 단위를
락(落)이라고 하는데, 농경족의 호와 같은 단위이다.

106 허제가 성이다.

병사들도 우리보다 정예이며 또 그의 아버지가 방금 패배하여 노기가 바야흐로 왕성하니 그 칼끝을 감당할 수 없다. 그들을 이완시켜서 기세가 다 없어진 다음에 치는 것만 못하다.”

마침내 성벽을 굳게 지키면서 싸우지 아니하였다.

허제이여는 교만한 기색을 갖게 되었는데, 유자원은 그들이 무방비인 것을 엿보다가 밤중에 군사를 챙겨 욕식(蓐食)[107]을 하였는데, 새벽에 마침 큰바람이 먼지를 일으켜서 어두워지니, 유자원이 모든 무리를 내보내서 그들을 습격하여 허제이여를 산 채로 사로잡고 그의 무리들을 다 포로로 잡았다.

허제권거는 크게 두려워하여 머리를 풀어헤치고 얼굴을 칼로 긁어서[108] 항복을 받아달라고 청하였다. 유자원이 이를 유요에게 보고하고 허제권거를 정서(征西)장군·서융공(西戎公)으로 삼고, 허제이여의 형제와 그의 부락 사람 20만여 명을 장안으로 나누어 옮겼다. 유요는 유자원을 대사·녹상서사로 삼았다.

유요는 태학(太學)을 설립하고, 백성들 가운데 정신과 뜻은 가르쳐 줄만한 사람 1천5백 명을 선발하고, 유신(儒臣)을 골라서 이들을 가르치게 하였다. 풍명관(酆明觀)과 서궁(西宮)을 짓고 호지(滈池, 서안의 서남쪽)에 능소대(陵霄臺)를 지었으며, 또 패릉(霸陵, 섬서성 서안시의 동쪽)의 서남쪽에 수릉(壽陵)[109]을 만들었다.

---

107 잠자리를 정리하지 않고 밥을 먹는 것을 말하는데, 급하게 서두르는 것을 의미한다.

108 이러한 것은 유목민족이 굴복하거나 애통해 하는 표시이다.

109 풍명관(酆明觀)의 관이란 높이 지은 건물이나 대를 말하며, 수릉(壽陵)은 유요가 죽은 다음에 묻힐 능을 말한다.

시중인 교예(喬豫)와 화포(和苞)가 상소문을 올려서 간하였다.

"위문공(衛文公)은 혼란스럽고 망하였던 뒤를 잇자 쓰는 것을 절약하고 백성을 아껴서 궁실을 세우는 것도 그 당시의 제도에 맞도록 하였으니 그러므로 강숙(康叔)[110]이 세운 큰 업적을 일으킬 수 있었고, 나라를 900년간 이어갔습니다.[111]

전에 조서를 받들고서 풍명관을 짓는데, 저자와 길거리에서 보잘 것 없는 백성들이 모두 그것의 사치함을 비난하면서 말하기를 '이 관(觀) 하나를 짓는 노역을 가지면 충분히 양주(涼州)를 전부 평정할 것이라.' 고 하였습니다.

지금 또 아방궁(阿房宮)을 모방하여 서궁을 세우고, 경대(瓊臺)를 본받아 능소대를 시작하려 하니, 그 노역과 비용은 풍명관보다 억만이나 더 많으므로 만약에 군사를 움직이는 자본으로 삼는다면 마침내 오(吳)와 촉(蜀)지역을 합칠 수 있고, 제(齊)와 위(魏)[112]지역을 하나로 할 수 있을 것입니다.

또 듣건대 수릉을 만드는데 주위를 40리로 하고 깊이를 35장(丈)으

---

110 위문공(衛文公)은 춘추시대의 위나라 21대 위훼(衛毁)를 말하고 강숙(康叔)은 위(衛)나라의 1대 군주이다.

111 위나라의 19대 군주인 의공(懿公 ; 赤)은 학을 사람보다 더 좋아하였다. 기원전 660년에 북적(北狄)이 위나라를 침입하여 의공을 죽이니, 그의 사촌동생 재공(載公 ; 申)이 뒤를 이었다가 곧 죽고, 다시 그 동생 문공(21대, 毁)이 뒤를 이었다. 그는 검소한 생활을 하면서 산업을 일으켜서 위나라를 다시 부흥시켰는데, 위나라는 기원전 1112년에 건립되어 기원전 209년까지 904년간 계속 나라를 유지하였다.

112 당시의 지역 분포 상황으로 보면, 오는 동진을 말하고, 촉은 이웅의 성한이며, 제는 조억의 세력을, 조는 석륵의 세력을 의미한다.

로 하며 구리로 곽(槨)[113]을 만들고 황금으로 장식을 한다고 하는데, 노역과 비용이 이와 같다면 아마도 나라 안에 있는 것으로는 처리할 수 없을 것입니다. 진 시황(秦始皇)을 장사지내며 삼천(三泉)을 굳게 막아버렸지만 장사지낸 흙이 다 마르기도 전에 파헤쳐져서 훼손되었습니다.[114]

예로부터 망하지 않은 나라와 파헤쳐지지 않은 무덤이 없으니, 그러므로 성스러운 임금은 검소하게 장사를 지내서 마침내 깊이 먼 장래까지를 염려하는 것입니다. 폐하께서 중흥하는 시절에 나라를 망칠 일을 뒤좇아 하시려고 합니까?"

유요가 조서를 내려서 말하였다.

"두 분 시중의 간절함이 옛 사람의 기풍을 가졌으며 사직(社稷)을 지키는 신하라고 생각할 수 있을 것이니, 궁실을 짓는 여러 작업을 모두 그만두고, 수릉을 만드는 규모도 한 가지로 패릉을 만들었던 법과 같게 하라. 교예를 안창자(安昌子)로, 화포를 평여자(平輿子)[115]로 책봉하여 나란히 간의대부(諫議大夫)의 직책을 관장하게 하라. 이어서 천하에 널리 알려서 보잘것없는 우리 조정은 그 허물을 듣고 싶어 한다는 것을 알게 하라."

또 풍수유(酆水囿)[116]를 줄여서 가난한 백성들에게 주었다.

---

113 무덤을 만드는데, 관의 겉에 있는 외곽(外槨)을 말한다.

114 이는 한(漢)의 성제 영시 원년(기원전 16년)에 유향이 봉사를 올린 가운데 있는 내용이며, 그 내용은《자치통감》권31에 실려 있다.

115 자작(子爵)의 작위를 준 것이다.

116 풍수는 황실 소유의 어장(漁場)이며, 유는 원유(園囿)이므로 풍수 옆에 있는 동산을 말한다.

11   조적(祖逖)[117]의 장수 한잠(韓潛)이 후조의 장수 도표(桃豹)와 진천(陳川)에 있는 옛 성을 나누어서 점거하여[118] 도표는 서대(西臺)에 있고 한잠은 동대(東臺)에 있는데, 도표는 남쪽에 있는 문으로, 한잠은 동쪽에 있는 문으로 출입하면서 서로 지키기를 40일간 계속하였다.

조적이 포대에 흙을 채워 마치 쌀부대처럼 만들어서 1천여 명에게 이것을 대(臺)로 올려놓게 하고, 또 몇 사람에게 쌀을 짊어지고 가다가 길에서 쉬게 하였다. 도표의 군사들이 이들을 쫓으니 짐을 버리고 달아났다. 도표의 병사들은 오래 주렸는데 쌀을 얻게 되었지만 조적의 병사들이 풍족하고 배가 부를 것이라고 생각하고, 더욱 두려워하였다.

후조의 장수 유야당(劉夜堂)은 노새 1천 마리로 양식을 운반하여 도표에게 공급하는데, 조적이 한잠과 별장(別將) 풍철(馮鐵)에게 이들을 변수(汴水)에서 맞아 싸우게 하여 이것을 모두 노획하였다. 도표는 밤중에 숨어 도망하여 동연성(東燕城, 하남성 연진현 동쪽)에 가서 주둔하였는데, 조적이 한잠에게 봉구(封丘, 하남성 봉구현)에 주둔하면서 그를 압박하게 하였다.

풍철이 두 대(臺)[119]를 점거하고 조적이 옹구(雍丘, 하남성 기현)를 진수하며 자주 군사를 파견하여 후조의 군사를 맞아 싸우니, 후조에서 진을 치고 막고 있던 사람들 가운데 조적에게 귀부하는 사람이 아주 많았고, 그 경계 지역도 점차 오그라들었다.

---

117 동진의 예주자사이다.

118 봉관(蓬關, 하남성 개봉시)을 말한다. 지난해(319년) 진천에서 진나라에 대한 반란이 일어나서 그 무리들은 전부 석륵의 양국으로 옮겨갔다.

119 진천에 있는 동대와 서대를 말한다.

이보다 먼저 조고(趙固)·상관사(上官巳)·이구(李矩)·곽묵(郭默)[120]
이 서로 공격하였는데, 조적이 사자를 보내서 이들을 화해시키며 화
(禍)가 되는지 복이 되는지를 보여주니 드디어 모두가 조적의 통제를
받게 되었다.

가을, 7월에 조적에게 진서(鎭西)장군을 덧붙여주었다. 조적이 군대
에 있으면서 장사(將士)들과 즐거움과 괴로움을 함께 하고 자기를 절
제하고 힘써 베풀고, 농업과 잠업을 힘써 권고하고 새로이 귀부한 사람
들을 위로하며 받아주었는데, 비록 관계가 소원하고 천한 사람일지라
도 모두에게 은혜와 예의로써 교제하였다.

황하의 연변에 있는 여러 보루[121]에 있는 사람들은 먼저부터 아들
을 후조에 인질로 보낸 사람들이 있었지만 모두에게 양쪽에 소속되어
도 좋다고 허락하였는데, 때로 유격부대를 파견하여 거짓으로 그들을
노략질하는 척하여 그들이 아직 귀부하지 않았음을 밝혀 주었다.[122]
오주(塢主)들은 모두 은혜를 주고 있다고 느끼게 하여 후조에서 어떤
이상한 모의가 있을 것 같으면 번번이 비밀리에 알려주니 이로 말미암
아서 이겨서 얻은 것이 많아 황하 이남은 대부분 후조를 배반하고 진
(晉)으로 귀부하였다.

---

120 조고는 하남태수, 상관사는 옛날 동해왕 사마월의 부장, 이구는 사주자사,
   곽묵은 하내태수였다.

121 오(塢)라고 하는데, 사람들이 자위(自衛)의 목적으로 마을 단위로 작은 보루
   를 쌓아 놓고 있었다.

122 조적은 이들 오주(塢主)들이 인질을 후조에 보내어 안전을 도모하는 뜻을 인
   정하고, 이들이 진나라에 귀부하였다는 것을 후조에서 알게 되면 그들이 보
   낸 인질이 위험에 빠질 것이므로, 진나라에 귀부하지 않았다는 것을 후조에
   서 알게 하려고 거짓으로 이들을 공격하는 척하였다는 것이다.

조적은 군사를 훈련시키고 곡식을 쌓아놓고서 하북지역을 탈취할 계책을 만들었다. 후조의 왕 석륵이 이를 걱정하여 마침내 유주(幽州)[123]에 명령을 내려서 조적을 위하여 그의 할아버지와 아버지의 묘를 수리하고 이 무덤을 지키는 두 집[124]을 두고, 이를 통하여 조적에게 편지를 보내고 사자를 교환하며 호시(互市)[125]를 하자고 하였다.

조적이 회보하는 편지를 보내지는 않았지만 그들이 호시하자는 것은 들어주었는데, 그 이익이 열 배나 되었다. 조적의 아문(牙門) 동건(童建)이 신채(新蔡, 하남성 신채현)내사 주밀(周密)을 죽이고, 후조에 항복하니 석륵이 그의 목을 베어 그의 머리를 조적에게 보내며 말하였다.

"반역한 신하와 도망한 관리는 내가 깊이 원수처럼 생각하는데, 장군이 싫어하는 것은 내가 싫어하는 것과 같소."

조적은 이것을 대단한 덕(德)이라고 생각하고 이로부터 후조 사람 가운데 배반하고 조적에게 귀부한 사람이 있으면 조적은 모두 받아들이지 않고 제장들에게 후조의 백성들을 침탈하거나 포학하게 굴지 못하게 금지시키니 변경에서 조금 휴식을 얻게 되었다.

12 8월 신미일[126]에 양주(梁州)자사 주방(周訪)이 죽었다. 주방은 병사들을 위무하는 일을 잘하였으므로 무리들이 모두 목숨까지 바치고

---

123 조적은 유주 범양현(范陽縣, 하북성 탁현) 사람이므로 그 조상들의 묘가 모두 그곳에 있었다.

124 이 두 집은 분묘를 관리하는 대신 정부에 세금을 내지 않는 것이다.

125 통상무역인데 주로는 국경에서 이루어진다.

126 8월 1일이 계사일이므로 8월에는 신미일이 없다.

자 하였다. 왕돈(王敦)[127]이 신하가 되지 않으려는 마음을 갖고 있음을 알고, 개인적으로 항상 이를 갈았으며 왕돈이 이로 말미암아서 주방이 죽을 때까지는 감히 반역하지 못하였다.

왕돈이 종사중랑 곽서(郭舒)를 파견하여 양양(襄陽, 호북성 양번시)의 군사를 감독하게 하였는데, 황제가 상주(湘州, 치소는 호남성 장사)자사 감탁(甘卓)을 양주(梁州)자사로 삼고 독면수북제군사(督沔水北諸軍事)[128]로 삼아 양양을 진수(鎭守)하게 하였다. 곽서는 이미 되돌아 왔고[129] 황제는 징소하여 우승(右丞)을 삼았지만 왕돈이 그를 머물게 하고 보내지 않았다.

---

127 진나라의 대장군 겸 강주목이다.

128 면수 이북지역의 모든 군사에 관한 일을 감독하는 직책이다.

129 감탁이 양양을 진수하게 되었으므로 왕돈으로부터 양양의 군사를 감독하라는 일을 수행할 수 없게 된 것이며, 왕돈이 주방을 꺼려서 감히 반역을 못하였지만 그가 군사를 일으킬 때에는 감탁을 걱정거리로 보지 않은 것이므로 호삼성은 왕돈을 간웅이라고 평가하였다.

13   후조의 왕 석륵이 중산공(中山公) 석호를 파견하여 보병과 기병 4만 명을 인솔하고 서감(徐龕)을 공격하게 하니, 서감이 처자를 보내어 인질로 삼게 하고 항복을 받아달라고 빌자 석륵이 이를 허락하였다.[130]

채표(蔡豹)가 변성(卞城, 산동성 사수현)에 주둔하자 석호가 이를 공격하려고 하니, 채표는 물러나서 하비(下邳, 강소성 수녕현)를 지키다가 서감에게 패배하였다. 석호가 병사를 이끌고 봉구(封丘, 하남성 봉구시)에 성을 쌓고 돌아가서 선비의 가족 300호를 옮겨 양국(襄國, 하북성 형태시)의 숭인리(崇仁里)에 두고, 공족대부(公族大夫)[131]를 두어 이를 관장하게 하였다.

---

130 서감은 자칭 연주자사라고 하는 사람인데, 석륵이 서감의 항복을 받아주었지만 후에 서감을 죽인 것으로 보아 석륵이 아직 힘으로 서감을 이길 수 없었던 것으로 보인다.

131 채표는 동진의 서주자사이고, 공족대부란 학교 지역 담당 책임자에 해당하는 직책이다.

14   후조의 왕 석륵이 법률을 적용하는 것이 아주 엄격하고, '호(胡)'라는 글자를 기휘(忌諱)[132]하는 것이 더욱 준엄하였는데, 궁전이 이미 완성되자 처음으로 문호의 통행을 금지하는 명령을 내렸다.

어떤 술 취한 호인(胡人)이 말을 타고 지거문(止車門)으로 달려 들어왔다. 석륵이 크게 화가 나서 궁문의 소집법(小執法)[133] 풍저(馮翥)를 나무랐고, 풍저가 황공하고 두려워서 기휘하는 것을 잊고 대답하였다.

"어떤 술 취한 호인(胡人)이 말을 타고 달려 들어오는 것을 향하여 그를 막으려고 아주 심하게 소리를 질렀으나 더불어 말을 할 수가 없었습니다."

석륵이 웃으며 말하였다.

"호인(胡人)이란 바로 스스로 함께 말하기도 어렵지."

그를 용서하고 죄를 주지 않았다.

석륵이 장빈에게 관리의 선발을 관장하게 하고 처음으로 5품제도를 정하였다가 후에 다시 9품[134]으로 고쳐 정하였다. 공경(公卿)들과 주와 군에 명령을 내려서 해마다 수재·지효(至孝)·염청(廉淸)·현량(賢良)·직언(直言)·무용(武勇)[135]이 있는 인사 각 1명씩을 추천하게 하였다.

---

132 기휘란 예컨대 황제의 이름자를 사람들이 사용할 수 없게 하는 것을 말한다. 이 경우에는 흉노라는 의미의 호(胡)라는 글자를 사용할 수 없게 한 것이다.

133 집법이란 어사에 소속한 관직이다. 석륵의 후조에서는 장빈이 대집법으로 정치를 총괄했는데, 그 밑에 소집법을 두었다.

134 관직을 다섯 등급 또는 아홉 등급으로 구분한 것을 말한다.

135 지효(至孝)는 지극한 효성을 가진 사람이고, 염청(廉淸)은 염치가 있고 청렴한 사람이며, 현량(賢良)은 현명하고 훌륭한 사람이며, 직언(直言)은 곧은 말 잘 하는 사람이고, 무용(武勇)은 강하고 용감한 사람을 말한다.

15 서평공 장무(張茂)[136]가 조카 장준(張駿)을 세자로 세웠다.

16 채표(蔡豹)가 이미 패배하고 나서[137] 장차 건강으로 가서 죄를 받고자 하였는데, 북(北)중랑장 왕서(王舒)가 이를 저지하였다. 황제는 채표가 물러났다는 소식을 듣고 사자를 파견하여 그를 잡으라고 하였다.

왕서가 밤중에 군사로 채표를 포위하니, 채표가 다른 세력이 침입한 것으로 생각하고 휘하의 군사를 인솔하고 그를 공격하다가 조서를 갖고 있다는 소식을 듣고 마침내 중지하였다. 왕서가 채표를 붙잡아 건강으로 호송하였고, 겨울, 10월 병진일(25일)에 그의 목을 베었다.

17 왕돈(王敦)이 무릉(武陵, 호남성 상덕시)내사 향석(向碩)을 죽였다.

황제가 처음으로 강동지역을 진무하면서 왕돈과 그의 사촌동생 왕도(王導)가 같은 마음으로 돕고 추대하여 황제도 또 마음으로 밀어주며 그에게 일을 맡겼고, 왕돈이 정벌과 토벌하는 일을 총괄하였으며, 왕도는 기밀에 관한 정사를 오로지하였는데,[138] 여러 조카들과 동생들이 드러나고 중요한 자리에 올라 있으니, 당시 사람들이 이 때문에 말하였다.

---

136 전량(前涼)의 주군이다.

137 동진의 서주자사로 서감에게 패배하였다.

138 왕돈(王敦)은 진나라의 대사마 겸 강주목이고, 강동지역을 진무한 것은 회제 영가 원년(307년)이며, 왕돈이 정벌과 토벌한 것은 반란한 장수인 화질(華軼)·두도(杜弢)·왕기(王機)·두증(杜曾)이고, 왕도는 녹상서사의 직책을 가지고 있었다.

"왕(王)씨와 사마씨가 함께 천하를 가지고 있다."

후에 왕돈은 스스로 공로가 있다는 것을 믿고, 또 종족이 강성해지
자 조금씩 교만하고 방자하여졌고 황제가 그를 두려워하고 싫어하였
는데, 마침내 유외(劉隗)와 조협(刁協) 등을 끌어들여 자기의 심복으로
만들고 조금씩 왕씨의 권한을 누르고 덜어가서 왕도도 역시 점차로 소
외되었다.

중서랑 공유(孔愉)가 왕도는 충성스럽고 똑똑하고, 좌명(佐命)의 공
훈[139]을 갖고 있으므로 의당 그에게 일을 맡겨야 한다고 진술하였는
데, 황제는 공유를 사도부의 좌장사로 내보냈다. 왕도는 맡은 일을 잘
할 수 있고 정말로 자기 분수를 아는 것이 담백하여 식견이 있는 사람
들은 모두 그가 일어나거나 그만두는 일을 잘 처리한다고 칭찬하였다.
그러니 왕돈은 더욱 불평을 마음속에 품고 있어서 드디어 혐의와 틈이
생겼다.[140]

애초에, 왕돈은 오흥(吳興, 절강성 호주시) 사람 심충(沈充)을 벽소(辟
召)하여 참군으로 삼았는데, 심충이 같은 군 출신인 전봉(錢鳳)을 왕돈
에게 추천하고, 왕돈이 그를 개조(鎧曹)참군[141]으로 삼았다.

이 두 사람이 모두 교묘하게 아첨하고 흉악하고 교활한데, 왕돈이
다른 뜻을 갖고 있다는 것을 알고 속으로 그것을 찬성하여 그를 위하
여 계책을 만드니, 왕돈이 그들을 총애하고 믿어 그 형세는 안팎에서

---

139 사마예가 황제에 오르는데 공로를 세웠다는 말이다.

140 왕도는 복을 자손들에게까지 내려보낸 것이 왕돈이 스스로 죽게 된 이유이
며 그 결과 화가 왕함 부자에게까지 미쳤다.

141 전투 준비를 담당하는 직책이다.

그에게 기울어졌다. 왕돈이 상소문을 올려서 왕도를 위하여 억울함을 호소하였는데 그 말씨에 원망이 들어 있었다. 왕도가 이것을 봉함하여 왕돈에게 돌려보냈는데,[142] 왕돈이 다시 사람을 보내 이것을 상주하였다.

좌장군인 초왕(譙王) 사마승(司馬承)이 충성스럽고 두터우며 뜻과 행실을 갖고 있어서 황제가 그를 가까이 하며 믿었다. 밤중에 사마승을 불러 왕돈의 상소문을 그에게 보여주며 말하였다.

"왕돈이 최근 세운 공로를 가지고 보면 그 지위와 맡긴 책임이 충분하지만 그러나 요구하는 것이 그치지 않고, 말씨도 이러한 상황에 이르렀으니 장차 어떻게 하여야 하오?"

사마승이 말하였다.

"폐하께서 일찍 그를 제재(制裁)하지 않아서 오늘에 이르렀으며, 왕돈이 반드시 걱정거리가 될 것입니다."

유외(劉隗)[143]가 황제를 위하여 꾀를 냈는데, 믿을 수 있는 심복을 내보내어 여러 방면에서 진수(鎭守)하게 하자는 것이었다. 마침 왕돈이 표문을 올려서 선성(宣城)내사 심충을 감탁(甘卓)을 대신하여 상주(湘州, 호남성)자사로 삼겠다고 하자, 황제가 사마승에게 말하였다.

"왕돈의 간사한 반역이 이미 드러났으니 짐이 혜황(惠皇)[144]처럼 되는 것도 그 형세가 멀지 않았소. 상주(湘州, 호남성)는 장강 상류를 점거

---

142 이때 왕도는 녹상서였으므로 이 상소문을 먼저 보게 되었고, 보고 나서 이를 봉함하여 왕돈에게 돌려보낸 것이다.

143 단양윤으로 동진의 도읍인 건강시장에 해당하는 직책을 가졌다.

144 진 왕조의 2대 황제인 혜제를 말한다. 혜제는 강한 신하들에게 제대로 황제권을 행사하지 못하였다.

하는 형세를 가졌으므로 세 주(州)¹⁴⁵가 모이는 곳을 통제하는 곳이니, 그곳에 숙부¹⁴⁶를 있게 하고 싶은데 어떠합니까?"

사마승이 말하였다

"신이 조명(詔命)을 받든다면 오직 힘껏 보살필 것이니 어찌 감히 사양하겠습니까? 그러나 상주는 촉지역의 야만인들이 침입¹⁴⁷을 당하였던 나머지 백성들과 물자가 시들고 피폐하여 있으니, 만약에 그곳에 가게 된다면 3년의 시간에 되어서야 마침내 전쟁을 할 수 있을 것이며 만약에 여기에 이르지 못하면 비록 다시 몸을 재로 만들 정도로 노력한다 하여도 역시 아무런 이익도 없을 것입니다."

12월에 조서를 내렸다.

"진의 황실이 창업한 후에 방진(方鎭)¹⁴⁸을 맡기는 일에는 가까운 사람과 똑똑한 사람을 아울러 채용하였으니 초왕 사마승을 상주자사로 삼는다."

장사(長沙 ; 상주의 치소가 있는 곳) 사람 등건(鄧騫)¹⁴⁹이 이 소식을 듣고 탄식하여 말하였다.

"상주에서의 화란(禍亂)이 여기에 있겠구나."

사마승이 가다가 무창(武昌)에 도착하니 왕돈이 그와 더불어 연회를 열고서 사마승에게 말하였다.

---

145 형주·교주·광주를 말한다.

146 사마승은 황제 사마예의 당숙이다.

147 진 혜제 영가 5년(311년)에 일어난 두도의 반란을 가리킨다.

148 한 지역의 진수를 맞는 높은 관직을 의미한다.

149 주부(主簿)였다.

"대왕께서는 평상시에 훌륭한 선비였으므로 아마도 장수의 재주를 갖지 못했을까 걱정입니다."

사마승이 말하였다.

"공께서 아직 보지 못하였을 뿐이고, 연도(鉛刀)라 하여 어찌 한 번을 자르는 일에도 쓰이지 못하겠습니까?"[150]

왕돈이 전봉(錢鳳)에게 말하였다.

"저 사람은 두려운 것을 모르고 장담하는 말만 배웠으니, 그는 강하지 않아 아무 것도 할 수 없음을 충분히 알겠구려."

마침내 그가 진수(鎭守)하겠다는 것을 허락하였다.[151]

그때 상주의 토지는 황폐하여서 공사(公私) 간에 고단하고 피폐하여 있었지만 사마승 스스로 검약하고 마음을 기울여 사람들을 위무하니 유능하다는 명성을 얻었다.

18   고구려가 요동을 노략질하자 모용인(慕容仁)[152]이 그들과 더불어 싸워서 대파하였고, 이로부터 감히 모용인이 다스리는 경계를 침범하지 못하였다.

---

150 연도란 납같이 무른 쇠붙이로 만든 무딘 칼을 말하는데, 후한의 반초가 한 말이다.

151 왕돈은 사마승이 충성심은 있으나 재주가 모자란다고 판단하고 안심하여 그가 상주자사에 부임하는 것을 방치하고, 상주의 치소인 장사로 가는 것을 허락한 것이다.

152 고구려는 이때 요녕성 신빈현에 도읍을 두고 있었고, 요동은 치소가 요녕성 요양시이고, 모용인은 안북장군 모용외의 아들이다.

원제 태흥 4년(辛巳, 321년)[153]

1   봄, 2월에 서감(徐龕)[154]이 다시 항복하겠다고 청하였다.

2   장무(張茂)가 영균대(靈鈞臺)를 축조하는데 기지의 높이가 9인
(仞)[155]이었다. 무릉(茂陵, 호남성 상덕시)[156] 사람 염증(閻曾)이 밤중에
왕부(王府)의 대문을 두드리면서 부르짖듯 말하였다.

"무공(武公)[157]이 나를 보내서 왔는데, 말하기를 '어떠한 연고로 백
성들을 수고시키면서 영균대를 쌓는가?' 하였습니다."

유사(有司)가 요사스럽다고 생각하여 그를 죽이게 해달라고 청하였
다.

장무가 말하였다.

"나는 백성들이 수고한다고 믿는다. 염증이 먼저 돌아가신 아버지의
명령을 받들어서 나를 고치도록 권고하니 어찌하여 요사스럽다고 말
하는가?"

마침내 역사(役事)을 그만두게 하였다.

---

153 성 무제 옥형 11년, 전조 광초 4년, 후조 명제 원년[연호임] 3년, 전량 성왕 영
   원 2년이다.

154 후조의 연주자사이다.

155 장무는 전량(前涼)의 성왕(成王)이고, 인은 고대 길이의 단위이다. 일반적으로
   7~8척이 1인이라고 하지만 4척 혹은 5척, 6촌을 1인이라고 하는 설도 있다.

156 호삼성은 무릉은 무위(武威)여야 할 것으로 생각하였다. 장무가 전량왕이므
   로 전량의 근거지가 무위이므로 호삼성의 견해가 옳다고 본다.

157 장무의 아버지인 장궤(張軌)의 시호이다.

3   3월 계해일(4일)에 해의 한 가운데에 검은 것이 나타났다.[158] 저 작좌랑(著作佐郞)인 하동(河東, 산서성 하현) 사람 곽박(郭璞)이 황제가 형벌을 사용하는 것이 지나치게 합당하지 않다고 하여서 상소문을 올렸다.

"음과 양이 착란(錯亂)을 일으키는 것[159]은 모두 형벌을 번거롭게 많이 써서 온 것입니다. 죄를 사면하는 것도 자주 하고자 해서는 안 되는데, 그러나 자산(子産)[160]이 형법의 조문을 주조하는 것이 잘하는 정치가 아니라는 것을 알았지만 부득이하여 만든 것이니 반드시 폐단을 구하려고 하였던 연고였습니다.[161] 지금 의당 사면하여야 하는 것도 이치가 또 이러한 곳에 있습니다."

---

158 해 안에 검은 것이 있다는 것은 음(陰)이 양(陽)을 침범하여 이를 갈아 없앴다는 뜻이며, 이때 왕돈의 교만하고 패역한 짓이 점점 스며들었으므로 이런 모습이 하늘에 나타난 것으로 보았다.

159 해의 가운데 검은 것이 나타난 것을 말한다.

160 춘추시대의 공손교(公孫僑)를 말한다.

161 《춘추좌전》에 정(鄭)나라에서 형법조문인 정(鼎)을 만들면서 그 위에 주조하였다. 이것을 보고 숙향(叔向, 羊舌肹)이 이렇게 형법조문을 공개하여 백성들이 알게 된다면 귀족이나 정부에서도 형법조문에 의거하여 처리할 수 있기 때문에 나라가 망할 수도 있다는 뜻으로 '나라가 장차 망하게 된다면 그것은 반드시 법조문을 많이 만들어놓았기 때문일 것이다.'라고 하며 비난하였다. 그러자 자산은 이에 대하여 '나는 세상을 구하려고 했을 뿐이다.'라고 대답하였다. 이 사건은 기원전 536년에 있었던 일이다.

후조 석륵의 정치

4   후조의 중산공(中山公) 석호가 유주(幽州)자사 단필제를 염차(厭次, 산동성 혜민현)에서 공격하고, 공장(孔萇)은 그가 통솔하는 지역 안에 있는 여러 성을 공격하여 그것들을 모두 뽑아버렸다. 단문앙이 단필제에게 말하였다.

"나는 용감한 것으로 소문이 나 있으니, 그러므로 백성들이 의지하고 바라는 바가 되었지만 지금 백성들이 노략질을 당하는 것을 보고서도 구원해 주지 않으면 이는 겁쟁이입니다. 백성들이 바라는 것을 잃어버리면 누가 다시 나를 위하여 죽으려 하겠습니까?"

드디어 장사(壯士) 가운데 기병 수십 명을 인솔하고 나아가 싸워서 후조의 군사를 죽인 것이 아주 많았다.

말의 기력이 다하여 엎어져서 다시 일어날 수가 없었다. 석호가 그를 불러서 말하였다.

"형[162]과 나는 모두 이적(夷狄) 출신이고 오랫동안 형과 더불어 한 집안이 되고자 하였소. 오늘 하늘이 원하는 것을 어기지 않아서 여기에

---

162 석호가 단문앙을 형이라고 높여 부른 것이다.

서 서로 만나보게 되었는데 왜 다시 싸워야 하겠소? 청컨대 무기를 내려놓으시오."

단문앙이 욕을 하며 말하였다.

"너는 침략하는 도적놈이니 마땅히 오래 전에 죽였어야 했던 것인데, 내 형님이 나의 계책을 채용하지 않았던 고로 네가 여기에 이르게 된 것이다.[163] 나는 차라리 싸우다 죽을지언정 너에게 굴복하지는 않겠다."

드디어 말에서 내려 고생스럽게 싸우는데, 긴 창이 부러지자 칼을 들고 전투를 그치지 않기를 진(辰)시에서부터 신(申)시에 이르렀다.[164]

후조의 군사가 사방에서 말에 입혔던 보호 장구를 벗겨서 스스로 엄호하면서 앞으로 나아가 단문앙을 잡으려고 하였고, 단문앙이 힘을 다하였으나 붙잡히게 되니, 성 안에서는 기세를 빼앗겼다.

단필제가 혼자서 말을 타고 조정으로 돌아가려고 하였으나, 소속(邵續)의 동생인 낙안(樂安, 산동성 박흥현)내사 소계(邵泊)가 군사들을 챙기면서 말을 듣지 않았고, 소계가 다시 대사(臺使)[165] 왕영(王英)을 잡아서 석호에게 보내려고 하였다.

단필제가 정색을 하고 그를 나무라며 말하였다.

"경이 형님의 뜻을 준수할 수 없어서 나를 압박하여 조정으로 돌아

---

163 단문앙은 회제 영가 6년(312년)에 요서공 단질육권이 석륵을 공격하자 석륵이 사자를 보내어 화의를 구한 일이 있다. 이때 단문앙이 극력 화의를 반대하였으나, 받아들여지지 않았다. 이 사건은 《자치통감》 권78에 실려 있다.

164 옛날에는 시간을 12간으로 계산하였다. 자시(子時)는 밤1 2시(11~1시)이고, 오시(午時)가 낮 12시이다. 따라서 진시(辰時)는 오전 8시이고, 신시(申時)는 오후 4시이다. 그러므로 8시간을 계속하여 싸운 셈이다.

165 진나라 조정에서 파견한 사자를 말한다.

갈 수 없게 하는 것 또한 이미 심한 짓인데 다시 천자의 사자를 잡으려고 하고 있으니 나는 비록 이적 출신이라고 하여도 그런 짓을 아직 들어본 바가 없소."

소계와 그의 조카인 소집(邵緝)과 소축(邵竺)[166] 등은 관을 수레에 싣고[167] 나가서 항복하였다.

단필제가 석호를 보고 말하였다.

"나는 진(晉)의 은혜를 받은 사람이어서 마음속으로 너를 없애려고 하였는데, 불행하게도 이러한 상황에 이르렀지만 그대에게 공경하는 예의를 차릴 수가 없소."

후조의 왕 석륵과 석호가 평소 단필제와 형제관계를 맺었으므로 석호가 즉시 일어나서 그에게 절을 하였다.

석륵이 단필제를 관군(冠軍)장군으로 삼고, 단문앙을 좌(左)중랑장으로 삼았으며, 여러 유민 3만여 호를 흩어주어서 그들의 본업으로 복귀하게 하였으며, 수재(守宰)를 두어서 이들을 어루만져주었다. 이에 유주(幽州)·기주(冀州)·병주(幷州)가 후조로 편입되었다. 단필제는 석륵에게 예(禮)를 차리지 않았고, 항상 조복(朝服)을 착용하고 진(晉)의 부절을 갖고 있었다. 오래되어 단문앙과 소속과 더불어 모두 후조에서 죽었다.

5   5월 경신일(2일)에 조서를 내려서 중주(中州)에 사는 양민으로 어려움을 만나 양주(揚州)[168]의 여러 군으로 와서 동객(僮客)이 된 사람

---

166 소집은 소속의 아들이고, 소축은 소속의 조카이다.

167 전쟁 중에 항복할 때에는 죽여달라는 의미로 관을 싣고 간다.

을 면제하여 정역(征役)[169]에 대비하게 하였다. 상서령 조협(刁協)의 꾀였는데, 이로 말미암아서 무리들이 더욱 그를 원망하였다.[170]

6 　종남산(終南山)[171]이 무너졌다.

7 　가을, 7월 갑술일(17일)에 상서복야 대연(戴淵)을 정서(征西)장군·도독사연예병옹기육주제군사[172]·사주자사로 삼아 합비(合肥, 안휘성 합비시)에서 진수하게 하였다. 단양윤(丹楊尹)[173] 유외(劉隗)를 진북(鎭北)장군·도독청서유평사주제군사[174]·청주자사로 삼아 회음(淮陰,

---

168 이때 양주는 안휘성·절강성·강소성 남부인데, 양주부는 동진 도읍지인 건강[남경]에 있으므로 과거의 사주(司州)와 같은 역할을 맡았다고 볼 수 있다. 즉 동진의 중심부이다.

169 동객은 노복을 말하며, 정역이란 양민의 신분을 가진 사람들이 지는 것이다. 중원지역에 살았던 양민이었다가 전쟁통에 노복이 된 사람에게 노역의 신분에서 벗어나게 하는 대신 정역의 대상으로 삼은 것이다.

170 중원지역에서 살다가 양주지역으로 피난 와서 귀족이나 호족들의 노복이 된 사람들을 노복의 신분에서 해방시키는 것이므로 피난 온 사람들에게는 유리한 조치이고, 노복을 소유하였던 귀족이나 호족들은 재산을 빼앗기는 것과 같으므로 불리한 조치였다.

171 섬서성 서안시에 있는 산이다. 이때에는 장안이라고 하였는데, 여기에서는 유요가 황제로 있는 전조의 도읍지이다.

172 사주·연주·예주·병주·옹주·기주 여섯 주의 모든 군사적인 일을 감독하는 직책이다.

173 건강(建康)시장에 해당하는 직위이다.

174 관직명으로 청주·서주·유주·평주의 네 주의 군사에 관한 일을 감독하는 직책이다.

강소성 회음현)에서 진수하게 하였는데, 모두 가절(假節)을 가지고 군사를 관장하게 하고, 명목상으로는 호족을 토벌한다고 하였지만 실제로는 왕돈(王敦)을 방비한 것이다.

유외는 비록 외지에 있었지만 조정의 기밀에 관한 사항과 사대부를 채용하고 면직시키는 일에서는 황제가 모두 그와 더불어 비밀리에 모의하였다. 왕돈이 유외에게 편지를 보냈다.

"근래에 성상(聖上)께서 좌고우면(左顧右眄)하시는 뜻을 받고 있는 분이 족하(足下)이신데, 지금 큰 도적[175]이 아직 멸망되지 않아 중원은 솥에 물이 끓듯 하니, 족하와 주생(周生)[176]의 무리들과 더불어 왕실을 위하여 함께 힘을 다하여 해내를 조용하게 하고자 합니다. 만약에 그 일이 순조롭게 잘 되면 황제의 조정은 여기서부터 융성해질 것이고, 그 일이 막혀 버리면[177] 천하는 영원히 희망이 없을 것입니다."

유외가 답장을 보냈다.

"'물고기들은 강이나 호수에서는 서로 잊어버리는 것이고, 사람들은 도술(道術)에서는 서로 잊어버린다.'[178] 하였고, 또 '팔다리에 있는 힘이 다할 때까지 충성스러움과 정절을 가지고 보답한다.'[179]고 하였으

---

175 유요의 전조와 석륵의 후조를 가리킨다.

176 주의(周顗)를 말한다.

177 이것은《주역》의 태괘(泰卦)와 비괘(否卦)를 가지고 설명한 것이다. 일이 순조롭게 된다는 말을 태로, 막힌다는 말을 비로 표현하였다.

178 이 말은 장자의 대종사에 나오는 말이다. 자기의 환경이 아쉬운 것이 없어지면 상대방을 잊어버린다는 말이다.

179 호삼성은 음주에서 춘추시대 진나라 대부였던 순식(荀息)이 한 말이라고 하였다.

니, 이것이 나의 뜻이오."

왕돈이 이 편지를 받고 아주 화가 났다.

임오일(25일)에 표기(驃騎)장군 왕도(王導)를 시중·사공·가절·녹상서사·영중서감으로 하였다.[180] 황제는 왕돈 때문에 아울러 왕도까지 꺼리고 멀리하였었다.

어사중승 주숭(周嵩)이 상소하였다.

"왕도의 충성심은 평소에 정성을 다하였으며, 대업(大業)을 보필하여 완성하였으니, 의당 홀로 있는 신하의 말을 듣거나 비슷한 것 같은 의심이 드는 이야기에 현혹되어 옛날부터 덕을 쌓은 사람을 방축하고, 간사한 사람을 현명한 사람의 대열에 넣으며, 기왕에 베푼 은덕을 훼손하고 장래의 걱정거리를 불러 들여서는 안 될 것입니다."

황제가 자못 깨달음을 느끼게 되니, 왕도가 이로 말미암아서 온전하게 될 수 있었다.

8 8월에 상산(常山, 恒山, 산서성 택원현의 경계 지역)[181]이 무너졌다.

9 예주(豫州)자사 조적(祖逖)은 대연(戴淵)이 오(吳)의 인사[182]이기 때문에 비록 재주와 인망을 가졌지만 널리 다스리는 뜻과 먼 앞날

---

180 왕도의 관직은 비록 높아졌지만 표기장군이라는 실질적인 권한을 가진 직책에서 면직된 것이므로 아무런 힘이 없게 된 것이다

181 원래는 항산(恒山)인데, 한 문제의 이름이 유항(劉恒)이어서 그 이후로 항(恒)을 피휘(避諱)하여 항과 같은 뜻의 상(常)으로 고쳐서 상산으로 부르는 것이다. 이 당시에는 석륵의 후조지역이었다.

182 대연은 강소성 양주시 출신이다.

까지 보는 안목을 갖고 있지 아니하다고 하였으며, 또 자기는 가시덤불을 헤치면서 황하 이남의 땅을 수복하였으나, 대연은 유유자적하다가 어느 날 아침에 와서 그를 통제하자 마음속으로 즐겁지가 아니하였다. 또 왕돈이 유외와 조협 사이에는 틈이 생겼다는 소식을 듣고, 장차 안에서 어려운 일이 있어도 큰 공로[183] 세우는 일을 완수하기 어렵다고 알고 마음에 충격을 받아서 병이 생겼고, 9월 임인일에 옹구(雍丘, 하남성 기현)에서 죽었다.[184]

예주의 병사들과 여인들은 마치 부모가 죽은 것 같이 생각하고, 초(譙, 안휘성 박현)·양(梁, 하남성 상구현) 사이에서는 모두가 사당을 세웠다. 왕돈은 오랫동안 다른 뜻을 품고 있었으므로 조적이 죽었다는 소식을 듣고 더욱 거리끼는 것이 없었다.

겨울, 10월 임오일[185]에 조적의 동생 조약(祖約)을 평서(平西)장군·예주자사로 삼고, 조적의 무리들을 관장하게 하였다. 조약은 안무하거나 통솔할 재주를 갖고 있지 못하여 사졸들이 그에게 귀부하지 않았다.

애초에, 범양(范陽, 하북성 탁현) 사람 이산(李產)은 혼란을 피하여 조

---

183 진나라가 국토를 회복하여 중원지역을 복구하는 사업을 의미한다.

184 이때 조적의 나이는 56세였다.

185 조적이 죽은 날짜와 그의 동생 조약의 기사는 전후관계가 분명하다. 그러나 조적이 죽은 날짜가 9월 임인일로 되어 있고, 조약이 형 조적의 군사를 관장하게 된 것이 10월 임오일로 되어 있다. 그러나 이 해 9월 1일이 정사일이므로 9월 중에는 임인일이 없고, 10월 1일이 병술일이므로 10월 중에는 임오일이 없다. 그러나 이 사건의 연관성으로 보아서 만약에 조적이 죽은 것이 9월의 임오일이고 조약이 업무를 인수한 것이 10월 임인일로 한다면, 조적이 죽은 것은 9월 27일이 되고, 조약이 업무를 인수한 것은 10월 7일이 되어야 사건의 순서로 합당할 것 같다.

적에게 의지하였는데, 조약을 보니 생각과 나아가는 방향이 보통과 달라서 친한 사람들에게 말하였다.

"나는 북방지역이 물 끓는 솥과 같으니 그러므로 멀리서 이곳으로 와서 우리 종족을 온전하게 하려고 하였다. 지금 조약이 하는 짓을 보니 예측할 수 없는 생각을 갖고 있다. 나는 인척이라는 명목을 갖고 있으니, 마땅히 스스로 계책을 세워서 자신이 다시는 옳지 못한 구덩이에 빠지는 일이 없게 하여야 할 것이고, 너희들은 눈앞에 있는 이익을 가지고 오래 갈 수 있는 계책을 잊을 수는 없느니라."

마침내 자제 10여 명을 인솔하고 샛길로 고향으로 돌아갔다.[186]

10 11월에 황제의 손자 사마연(司馬衍)이 출생하였다.

11 후조의 왕 석륵이 무향(武鄕, 산서성 유사현)에 살고 있는 노인들과 친구들을 모두 불러서 양국(襄國)으로 오게 하여 그들과 더불어 같이 앉아서 즐기며 연회를 베풀었다.

애초에 석륵이 보잘 것 없었을 때 이양(李陽)과는 이웃에 살았는데, 자주 마(麻)가 있는 연못을 가지고 다투며 서로 치고 받고 하여[187] 이양이 이로 말미암아서 감히 오지 못하였다.

석륵이 말하였다.

"이양은 장사인데, 마가 있는 연못의 일은 포의(布衣)시절의 원한관

---

186 이산의 부자는 후에 모용준을 섬기게 된다.

187 석륵의 고향인 산서성 유사현에는 삼태령(三台嶺)이 있는데 이 고개의 마루에 이양의 묘가 있으며 마지(麻池)도 있다.

계이니, 고(孤)[188]가 바야흐로 천하 사람들을 다 수용하는 마당에 어찌 필부를 원수로 생각하겠는가?"

급히 그를 불러서 더불어 술을 마시고, 이양의 어깨를 끌어당기고 말하였다.

"고는 지난날에 경의 센 주먹을 싫어했고, 경도 또 고의 독한 주먹을 실컷 맞았소."

이어서 참군도위로 삼았다. 무향을 풍(豐)·패(沛)[189]의 경우에 견주어서 3세(世) 동안 부역을 면제해 주었다.[190]

석륵은 백성들이 처음으로 산업에 복귀하여 자본과 저축한 것이 풍족하지 못하였으므로 이에 엄격하게 술 빚는 일을 거듭 금지하며, 교제(郊祭)에서나 종묘에 제사지낼 때에도 모두 예주(醴酒)[191]를 사용하게 하였는데, 이를 몇 년간 시행하니 술을 빚는 사람이 없어졌다.

12 12월에 모용외(慕容廆)를 도독유평이주동이제군사(都督幽·平二州·東夷諸軍事)[192]·거기(車騎)장군·평주목(平州牧)[193]으로 삼고 요동

---

188 왕이 자기 자신을 지칭하는 말이다.

189 한 고조 유방과 후한의 광무제 유수의 고향이다. 유수의 경우에는 자기 향리의 부세를 10년간 면제시켜 주었는데, 석륵은 3세대나 면제시켜주었다.

190 유방이 자기 고향인 패(沛)에 대대로 부세를 면제해 주었던 것은 고제 12년(기원전 195년)의 일이고, 그 내용은 《자치통감》 권12에 실려 있고, 후한 유수도 자기 향리의 부세를 대대로 면제해준 것이 후한 광무제 건무 6년(30년)의 일로, 《자치통감》 권42에 실려 있는데, 석륵이 자기 향리의 부세를 면제해준 것이 3년이었다.

191 술을 담가서 하루만 익힌 것을 말한다. 이를 첨주(甛酒)라고 하여 단맛이 나는 술을 말한다.

공에 봉하고, 선우의 직위는 전과 같게 하면서 알자를 파견하여 인수
(印綬)를 수여하고, 승제(承制)[194]하여 관사(官司)와 수재(守宰)[195]를
두도록 허락하였다.

모용외는 이에 관료를 두고 배억(裴嶷)·유수(游邃)를 장사(長史)로
삼고, 배개(裴開)를 사마로 삼고, 한수(韓壽)를 별가(別駕)로 삼고, 양
탐(陽耽)을 군자(軍諮)좨주로 삼고, 최도(崔燾)를 주부로 삼고, 황홍(黃
泓)·정림(鄭林)을 참(參)군사로 삼았다.

모용외는 모용황(慕容皝)을 세자로 세웠다. 동횡(東橫)[196]을 짓고
평원(平原, 산동성 평원현) 사람 유찬(劉讚)을 좨주(祭酒)로 삼고, 모용황
에게 여러 학생들과 함께 공부하게 하였으며 모용외는 한가한 틈이면
역시 친히 그곳에 가서 강의를 들었다.

모용황은 크고 강하며 권모와 지략을 많이 갖추었으며, 경술(經術)을
좋아하여 그 나라의 사람들이 그를 칭찬하였다. 모용외는 모용한(慕容
翰)을 옮겨서 요동을 진수하게 하고, 모용인(慕容仁)은 평곽(平郭, 요녕성
개평현)을 진수하게 하였다. 모용한은 백성들과 이적들을 안무하였는
데, 대단히 위엄이 있고 은혜를 베풀었다. 모용인도 또 그 다음이었다.

---

192 유주와 평주 두 주 뿐만 아니라 요동지역에서의 모든 군사에 관한 일을 감독
하는 직책이다.

193 평주는 요녕성과 한반도의 북부를 말한다.

194 황제의 명(命)을 제(制)라고 한다. 이것은 황제의 명을 위임받아서 행정조치
를 취할 수 있는 권한을 말한다.

195 수는 태수의 준말이고, 재는 봉국의 재상(내사)를 말하므로 지방장관을 말한
다.

196 학사(學舍)를 말한다.《진서》〈모용외재기〉에는 동상(東庠)이라고 하였다.

13   탁발의타(拓跋猗㐌)의 처 유씨(惟氏)가 대왕(代王)인 탁발울률이 강한 것을 꺼렸는데, 그의 아들에게 이롭지 아니할까 두려워서 마침내 탁발울률을 죽이고,[197] 그의 아들 탁발하녹(拓跋賀傉)을 세우고 대인(大人) 가운데 죽은 사람이 수십 명이었다.

탁발울률의 아들 탁발십익건(拓跋什翼犍)은 어려서 강보에 싸여있었는데, 그의 어머니 왕씨(王氏)가 바짓가랑이 속에 숨겨두고 그를 위하여 기도하였다.

"하늘이 만약에 너를 살리려거든 울지 말게 해 주시오."

오래 지나도 울지 않게 되어 마침내 죽음을 면할 수 있었다.

유씨는 나라의 정치를 오로지하였으며 사자를 후조에 파견하니, 후조 사람들이 그를 '여자나라의 사자다.'라고 불렀다.＊

---

197 유씨는 탁발보근의 어머니이고, 탁발보근이 죽자 어린 아들을 세웠는데, 그가 죽자 다시 탁발씨의 귀족들이 탁발울률을 세웠다. 이 일은 민제 건흥 4년(316년)에 있었고, 《자치통감》 권89에 실려 있다.

권092

진기14

동진의 실권자 왕돈

왕돈의 반란

원제 영창 원년(壬午, 322년)¹

1   봄, 정월에 곽박(郭璞)이 상소문을 올려서 황제의 손자가 탄생한
것을 이용하여 사면령을 내리기를 청하니 황제가 이를 좇았다. 을묘일
(1일)에 크게 사면하고 기원을 고쳤다.²

왕돈(王敦)³이 곽박을 기실참군(記室參軍)으로 삼았다. 곽박이 복
서(卜筮)를 잘하였는데⁴ 왕돈이 반드시 난을 일으킬 것이며 자기도 그
화에 말려들 것을 알고서 이를 아주 걱정하였다. 대장군부의 연리(掾
吏)인 영천(潁川, 하남성 우현) 사람 진술(陳述)이 죽었는데, 곽박이 그
를 위하여 대단히 애달프게 곡을 하며 말하였다.

---

1   성(成, 前蜀) 옥형 12년, 조(趙, 前趙) 유요 광초 5년, 조(趙, 後趙) 명제(明帝)
5년, 전량(前涼) 성왕(成王) 영원(永元) 3년이다.
2   영창으로 고쳤다.
3   진나라의 대장군이다.
4   기실참군은 군사기밀에 관한 일에 참여하는 직책이며, 복서란 점치는 것을
말한다.

"사조(嗣祖)[5]는 어떻게 복 되지 않는다는 것을 알았소?"

왕돈이 조정과는 이미 틈이 많이 생겼는데, 이에 조정의 선비 가운데 당시에 명망 있는 사람을 얽어매기도 하고 초청하기도 하여서 자기의 막부에 데려다 두었다. 양만(羊曼)과 진국(陳國, 하남성 진류현) 사람 사곤(謝鯤)을 장사(長史)로 삼았다. 양만은 양호(羊祜)의 형의 손자이다. 양만과 사곤이 종일 술에 취하여 있었으므로 왕돈은 일을 맡기지 않았다.[6]

왕돈이 장차 난을 일으키려고 하면서 사곤에게 말하였다.

"유외(劉隗)는 간사하고 장차 사직을 위태롭게 할 것이오. 내가 임금의 옆에 있는 악한 무리를 제거하려고 하는데 어떻소?"

사곤이 말하였다.

"유외는 정말로 화를 일으키기 시작하는 사람이지만 그러나 그는 성벽에 있는 여우요, 사직단에 있는 쥐새끼입니다."[7]

왕돈이 화가 나서 말하였다.

"그대의 용열한 재주로 어찌 천하라는 큰 덩어리를 알겠소?"

외직으로 내보내 예장(豫章, 강서성 남창시)태수로 삼고서 또 계속 머물러 있게 하고 임지로 보내지는 않았다.

무진일(14일)에 왕돈이 무창(武昌)에서 군사를 일으키고 유외의 죄

---

5 진술의 자이며 왕돈의 대장군부의 요속(僚屬)이다.

6 왕돈은 명망을 가진 사람들이 자기 휘하에 있다는 명성만을 이용하려는 것이었다.

7 성벽에 있는 여우를 쫓으려고 물을 뿌리면 성이 무너질 수 있고, 사직단 밑에 있는 쥐를 잡으려고 연기를 피우면 잘못하여 제단 자체를 태울 수 있기 때문에 건드리기 어렵다는 말이다.

상을 상소문으로 올렸다.

"유외는 간사하고 사악하며 참소하는 도적인데, 위엄과 복을 마음대로 주물러 망령되게 노역할 일을 일으켜서 병사들과 백성들을 수고롭고 소란스럽게 하며, 부역을 번거롭고 무겁게 하여 원망하는 소리가 길거리에 가득 찼습니다. 신의 지위는 정치를 보필하는 자리에 있으니 앉아서 성공과 실패를 보고만 있을 수가 없어서 바로 군사를 내보내 토벌하여 유외의 머리를 아침에 매달아놓으면 여러 군사들은 저녁이면 물러납니다.

옛날에 태갑(太甲)⁸은 그 법도를 거꾸로 뒤엎어버렸지만 다행히도 이윤(伊尹)의 충성스러운 마음을 받아들여서 은(殷)나라의 도를 다시 창성하게 하였습니다.⁹ 바라건대 폐하께서 깊이 세 번 생각하신다면 천하는 편안하고 사직은 영원히 굳건하게 될 것입니다."

심충(沈充)도 역시 군사를 오흥(吳興, 절강성 호주시)에서 일으켜서 왕돈에게 호응하였는데, 왕돈은 심충을 대도독·독호동오제군사(督護東吳諸軍事)¹⁰로 삼았다. 왕돈은 무호(蕪湖, 안휘성 무호시)에 이르러 또 조협(刁協)의 죄상을 표문으로 올렸다.

황제가 크게 화를 내고, 을해일(21일)에 조서를 내렸다.

"왕돈이 나의 총애를 믿고 의지하여 감히 방자하게 미친 듯 반역을

---

8 은나라의 5대 임금인 태종을 말한다.

9 전설에 따르면 이윤이 태갑을 동읍(桐邑 ; 산서성 영하시)으로 방축하였다가 태갑이 후회하고 허물을 고치자 이윤이 다시 그를 복위시켰다고 한다.

10 독호란 원래 주군(州軍)을 지휘하기 위하여 상좌나 참군으로 임명하는 직책으로 군사를 관장한다. 여기서는 동오지역의 모든 군사에 관한 업무를 관장하는 직책이다.

하였고, 바야흐로 짐을 태갑이라 하였으니, 유폐하여 가두려는 생각을 드러냈다. 이러한 것을 참을 수가 있다면 어느 것을 참지 못할 것이냐! 지금 친히 6군(軍)을 거느리고 대역 죄인을 죽일 것이며, 왕돈을 죽이는 사람에게는 5천 호를 식읍(食邑)으로 하는 후작에 책봉할 것이다."

왕돈의 형 광록대부 왕함(王含)이 가벼운 배를 타고 도망하여 왕돈에게로 갔다.

태자궁의 중서자(中庶子) 온교(溫嶠)가 복야(僕射)[11] 주의(周顗)에게 말하였다.

"대장군의 이번 거사는 흡사 이유가 있는 것 같은데, 마땅히 남용함이 없는 것이겠지요?"[12]

주의가 말하였다.

"그렇지 않습니다. 임금 된 사람이 모두 스스로 요임금이나 순임금 같은 사람은 아니니, 어찌 아무런 실수가 없을 수 있다고 신하 된 사람이 군사를 일으켜서 그를 위협할 수 있단 말이오? 군사를 들어서 움직임이 이와 같으니, 어찌 반란이 아니라고 말할 수 있겠소? 처중(處仲)[13]은 이리와 같은 마음으로 맞서며 위에는 사람이 없는 것처럼 행동하였으니, 그 속마음이 어찌 한계[14]를 긋고 있겠소?"

---

11 중서자는 태자궁의 고급보좌관이고 복야는 국가 사무를 담당하는 부책임자에 해당하는 직책이다.

12 대장군은 왕돈을 말하고, 내용은 왕돈이 황제의 곁에 있는 간신을 제거하려고 한다고 하였으므로 일리가 있다는 말인 것이다.

13 왕돈의 자이다.

14 스스로 신하로서의 한계를 갖고 있지 않다는 말로 황제가 되어야 만족할 사람이라는 뜻이다.

왕돈이 처음에 군사를 일으키고, 사자를 양주(梁州, 치소는 호북성 양
번시)자사 감초(甘卓)에게 파견하여 그와 더불어 내려가기로 약속하
니,[15] 감탁도 이것을 허락하였다. 왕돈이 배를 타게 되자 감탁은 가지
않았고, 참군 손쌍(孫雙)에게 무창(武昌)에 가서 왕돈에게 중지할 것을
권고하게 하였다.

왕돈이 놀라서 말하였다.

"감후(甘侯)가 전에는 나와 더불어 말한 것이 무엇이었는데, 다시 다
른 말을 하니 바로 내가 조정을 위태롭게 할 것이라고 염려하기 때문
일 것이오. 내가 지금 다만 흉악한 간신들을 제거하려는 것이고, 만약
에 일이 다 끝나면 당연히 감후를 공(公)[16]으로 삼을 것이오."

손쌍이 돌아와서 보고하니 감탁은 속으로 여우같은 의심을 하였다.

어떤 사람이 감탁에게 유세하였다.

"거짓으로 왕돈에게 허락하는 말을 하였다가 왕돈이 도읍지[17]에 도
착하면 그를 토벌하시지요."

감탁이 말하였다.

"옛날에 진민(陳敏)의 난 때 내가 먼저 좇는다고 하였다가 뒤에 가서
그를 도모하였더니[18] 비평하는 사람들은 내가 겁이 나고 압박을 받자
생각을 바꾸었다고 하여서 마음속으로 항상 이를 부끄럽게 생각하였는

---

15 황제가 있는 강동지역으로 양자강을 따라 하류로 내려가자는 것이었다.

16 현재 감탁은 후작인데 작위의 등급을 올려서 공작으로 삼겠다는 뜻이다.

17 동진의 도읍지인 건강[남경]을 말한다.

18 진 혜제 영흥 2년(305년)과 진 회제 영가 원년(307년)에 있었던 일로,《자치통
감》권86에 실려 있다.

데, 지금 만약 다시 이처럼 하면 무엇으로 스스로 소명할 수 있겠소?"

감탁이 사람을 시켜서 왕돈의 뜻을 순양(順陽, 하남성 석천현의 동쪽) 태수 위해(魏該)에게 알리니, 위해가 말하였다.

"내가 군사를 일으켜서 흉노 도적들에게 항거하였던 까닭은 바로 왕실에 충성하고자 함이었을 뿐이오. 지금 왕공(王公)[19]이 군사를 일으켜서 천자를 향하니 나는 의당 그와 더불어 할 수 없소."

드디어 그와 관계를 끊었다.

왕돈이 참군 환비(桓羆)를 파견하여 초왕(譙王) 사마승(司馬承)[20]에게 유세하게 하고 사마승에게 군사(軍司)를 해달라고 청하였다. 사마승이 탄식하며 말하였다.

"나는 죽어야겠구나! 땅은 황폐하고, 백성들의 수는 적으며, 형세는 외롭고 원조는 끊어졌는데, 장차 어떻게 이를 헤쳐 나가랴! 그러나 죽어서 충성과 의로움을 얻는다면 무릇 다시 무엇을 더 찾을 것인가?"

사마승은 장사(長沙, 호남성 장사시) 사람 우괴(虞悝)에게 편지를 보내 장사(長史)로 삼았지만 마침 우괴는 모친상을 당하여 사마승이 가서 그에게 조문하고 말하였다.

"내가 왕돈을 토벌하려고 하는데, 군사는 적고 양식도 부족하고, 또 나는 새로 부임하였으므로 은혜를 베푼 것과 신용도 아직 부족하오. 경의 형제들은 상(湘, 호남성)의 영웅호걸이신데, 왕실이 바야흐로 위태롭게 되고 전쟁하는 일이 벌어지면 옛날 사람들은 사양하지 않았는데,[21]

---

19 왕돈을 말한다.

20 이때 사마승은 상주(호남성)자사였다.

21 부모상을 만나면 삼년상을 치르게 되어 있다. 그러나 전쟁시기에 국가를 위하

장차 무엇으로 가르쳐주시겠소?"

우괴가 말하였다.

"대왕께서는 저 우괴 형제를 낮고 보잘것없다고 생각하지 아니하시고 친히 굽히시고 오시니 감히 죽기를 무릅쓰지 않겠습니까? 그러나 보잘것없는 저의 주(州)는 황폐하여 나아가서 토벌하기가 어려우니, 의당 또 무리를 거두어서 굳게 지키면서 사방으로 격문을 보내면 왕돈의 형세는 반드시 나눠질 것이니, 나누어지거든 그들을 도모하면 거의 승리할 수 있을 것입니다."

사마승은 마침내 환비를 가두고 우괴를 장사(長史)로 삼고 그의 동생 우망(虞望)을 사마로 삼아서 모든 군사를 통솔하게 하고,[22] 영릉(零陵, 호남성 영릉현)태수 윤봉(尹奉)·건창(建昌, 호남성 원릉현)태수인 장사 사람 왕순(王循)·형양(衡陽, 호남성 상담시)태수인 회릉(淮陵, 강소성 우태현) 사람 유익(劉翼)·용릉(春陵, 호남성 영원현)현령인 장사 사람 이웅(易雄)과 더불어 같이 군사를 일으켜서 왕돈을 토벌하였다. 이웅이 먼 곳과 가까운 곳에 격문을 보내며 왕돈의 죄악을 열거하니, 이에 한 주(州)의 안에 있는 사람들은 모두 사마승에게 호응하였다.

오직 상동(湘東, 호남성 형양시)태수 정담(鄭澹)이 좇지 않았는데, 사마승이 우망(虞望)에게 그를 토벌하여 목을 베게 하여 사방에 그것을 돌려 보여주게 하였다. 정담은 왕돈의 자형(姊兄)이다.

사마승이 주부 등건(鄧騫)을 파견하여 양양(襄陽, 호북성 양번시)에

여 싸움에 참여하기 위하여서 삼년상을 치르지 않는 것을 말한다. 이 경우에 임금이 삼년상을 치르지 말라고 시키면 예에 맞지 않지만 신하로서 국가를 위하여 충성하려고 삼년상을 치르지 않는 것은 예법에 맞다.

22 직책은 독호(督護)이고, 직명은 독호제군이다.

가서 감탁에게 유세하게 하였다.

"유대련(劉大連)이 비록 교만하고 방종하여 무리들의 마음을 얻지 못하였으나 천하 사람들에게 해가 되지는 않습니다. 대장군[23]이 그의 사사로운 원한으로 군사를 일으켜서 대궐을 향해 오고 있으니 지금은 충성스러운 신하와 의로운 선비들이 절개를 다 바쳐야 할 시기입니다. 공께서는 방백의 직책을 맡으셔서 말씀을 받들어 죄진 사람을 토벌하면 마침내 환공(桓公)과 문공(文公)[24]의 공로를 이룰 것입니다."

감탁이 말하였다.

"환공과 문공과 같은 일은 내가 할 수 있는 것이 아니지만 그러나 뜻은 나라를 위하여 목숨을 버릴 생각을 갖고 있으니, 마땅히 함께 이 문제를 자세히 생각해봅시다."

참군 이량(李梁)[25]이 감탁에게 유세하였다.

"옛날에 외효(隗囂)가 발호할 때 두융(竇融)이 하서(河西, 감숙성 서중부)를 보존하면서 광무제를 받들었다가 끝내 그 복을 받았습니다.[26] 지금 장군께서 천하 사람들의 많은 신망을 받고 있으니, 다만 마땅히 군사를 장악하고 앉아서 기다려야 할 것입니다. 대장군의 일을 이기게

---

23 유대련(劉大連)은 유외를 말한다. 유외의 자가 대련이고, 대장군은 반란을 일으킨 왕돈의 직위가 대장군이므로 왕돈을 말한다.

24 춘추시대에 패권을 장악하여 주 왕실을 받든 제나라의 환공과 진나라의 문공을 말한다.

25 감탁의 참군이다.

26 광무제는 후한을 세운 유수이며 이 당시의 상황을 말하는 것이다. 이 사건은 《자치통감》 권41에서 권43(광무 건무 5년에서 12년, 29년에서 36년까지)에 실려 있다.

한다면 장군에게 한 쪽 방면의 일을 위임하게 될 것이고, 이기지 못하게 되면 조정에서는 반드시 장군으로 그를 대체시킬 것이니, 어찌 부귀하지 못할까 걱정하시며, 이러한 묘승(廟勝)[27]의 기회를 놓아버리고 한 번의 싸움으로 죽느냐 사느냐를 결판내려고 하십니까?"

등건이 이량에게 말하였다.

"광무제가 창업할 초기였으므로 외효와 두융은 다만 문복(文服)하는 태도로 조용히 생각하고 바라보고만 있었습니다. 지금 장군이 본 왕조에서 처한 위치는 두융에 비교할 것이 못되고, 양양에 있는 세력이 태부(太府)[28]에 대한 태도를 보아도 또 하서[29]만큼 굳건하지도 못합니다.

대장군에게 유외를 이기게 하고, 무창으로 돌아가서 석성(石城, 복주 면양현)에서의 방어를 증가시키고, 형주(荊州, 호북성)와 상주(湘州, 호남성)의 곡식이 공급되지 못하게 끊어버린다면 장군은 장차 어디로 귀부하실 것입니까? 형세는 다른 사람의 손에 있는데 나는 묘승의 자리를 차지하겠다고 하는 말은 아직 들어본 일이 없습니다.

또 다른 사람의 신하가 되어서 국가에 어려움이 있는데, 앉아서 구원하려 들지 않는다면 의라는 것이 어디에 있단 말입니까?"

감탁은 오히려 의심하였다.

---

27 묘란 묘당 즉 조정을 말하는 것으로 직접 전투에 나가서 싸우지 않고도 조정에 앉아서 계략만으로 승리하는 것을 말한다. 《손자》에 나오는 말이다.

28 문복(文服)은 마음으로는 복종하지 않고 겉으로만 복종하는 척하는 태도를 말하며, 장군이란 감탁을 말하며, 태부(太府)란 양양에서는 왕돈을 태부로 삼았으므로 왕돈을 말한다.

29 후한 초에 두융이 있었던 하서지역의 상황을 말한다.

등건이 말하였다.

"지금 의롭게 군사를 일으키지 않고, 또 대장군의 격문도 받아들이지도 않는다면 이는 반드시 화(禍)가 이른다는 것을 어리석은 사람이건 지혜로운 사람이건 아는 바입니다. 또 의논하는 사람들이 어렵게 생각하는 것은 저들은 강하고 우리는 약하다는 것입니다.

지금 대장군의 병사는 1만여 명에 지나지 않는데, 그 가운데 남아 있는 것은 5천 명이 될 수도 없습니다만 장군이 가진 현재의 무리는 그 배나 됩니다. 장군의 위엄과 명성으로 이 장군부에 있는 정예의 병사를 인솔하고 황제의 부절을 가지고 전고를 치며 조정에 순종하는 태도로 조정에 거역하는 무리를 토벌한다면 어찌 왕함(王含)[30]이 막을 수 있겠습니까?

물을 거슬러온 무리들은 형세로 보아 스스로를 구원하지도 못할 것[31]인데 장군이 무창(武昌)을 들어버리는 것은 마치 썩은 나무를 꺾어내는 것 같은데 오히려 무엇을 생각합니까?

무창이 이미 평정되고 나면 그곳에 있는 군사물자를 점거하여 두 주(州)[32]를 진무하며 은혜를 베푸는 마음을 가지고 사졸들을 불러들여 품어주고, 고향에 돌아가고자 하는 사람들에게 고향에 돌아간 것처럼 해 주시는데, 이러한 것이 여몽(呂蒙)이 관우(關羽)를 이겼던 이유입니다.[33] 지금 반드시 이길 수 있는 계책을 놓아두고 편안하게 앉아서 위

---

30 당시 무창을 지키는 책임자였다.

31 왕돈의 세력은 동쪽으로 장강을 타고 내려갔는데, 서쪽으로 장강을 거슬러 올라오게 된다면 많은 전력이 소모될 것을 말한다.

32 형주와 강주를 말한다.

태롭게 망할 것을 기다리면 지혜롭다고 말할 수 없습니다."

왕돈은 감탁이 뒤에서 변란을 일으킬까봐 두려워서 또 참군인 단양 (丹陽, 남경) 사람 악도융(樂道融)을 파견하여 그를 초청하며 반드시 그 와 더불어 동쪽[34]으로 오게 하였다. 악도융은 비록 왕돈을 섬기고 있 지만 그가 패역(悖逆)한 것에 대하여 분노하여 마침내 감탁에게 유세 하였다.

"주상께서는 친히 만 가지나 되는 기밀을 관장하시고, 스스로 초왕 (譙王, 사마승)을 상주(湘州)자사로 임용하셨으니, 전적으로 유외에게 만 일을 맡기는 것은 아닙니다. 그러나 왕씨가 권력을 멋대로 부린 지 가 오래 되었고 갑자기 나뉘어 정치를 하는 것이 보이니[35] 바로 자기 의 직책을 잃을 것이라고 말하고 은혜를 배반하고 반역하여서 군사를 일으켜서 궁궐을 향하여 오고 있습니다.

국가[36]는 그대에게 대단히 후하게 대우하였는데, 지금 그와 더불어 같이 한다면 어찌 큰 의로움을 어기고 빚지는 것이 아니며, 또 살아서 는 반역하는 신하가 되고 죽어서는 어리석은 귀신이 되어 영원히 가족 의 수치가 되는 것이니, 또 애석하지 않습니까?

그대를 위하여 계책을 세운다면 거짓으로 명령하는 것에 호응하는 것처럼 하고 말을 달려서 무창을 습격하는 것 만한 것이 없으니, 대장

---

33 이 사건은 한 헌제 건안 24년(219년)의 일로,《자치통감》권68에 실려 있다.

34 왕돈이 있는 양양을 말한다.

35 왕씨는 왕돈을 말하는데, 사마승에게 상주자사를 맡김으로써 왕돈이 전권을 휘두를 수 없게 된 것이다.

36 국가는 보통 황제나 조정을 말한다.

군[37]의 병사들은 이 소식을 들으면 반드시 싸우지 않고도 스스로 붕괴될 것이고, 큰 공훈을 세울 수 있을 것입니다."

감탁은 본디 왕돈을 좇고자 하지는 않았는데, 악도융의 말을 듣고는 드디어 결심하고 말하였다.

"내 본래의 뜻이오."

마침내 파동(巴東, 사천성 봉절시) 감군(監軍) 유순(柳純)·남평(南平, 호남성 안향현)태수 하후승(夏侯承)·의도(宜都, 호북성 의도현)태수 담해(譚該) 등이 노격(露檄)[38]을 써서 왕돈이 반역한 죄상을 헤아리고, 통솔하고 있는 사람을 인솔하여 토벌하러 나섰다.

참군 사마찬(司馬讚)과 손쌍(孫雙)을 파견하여 표문을 받들고 조정으로 가게 하고, 나영(羅英)이 광주(廣州, 광동성 광주시)에 이르러서 도간(陶侃)[39]과 함께 진격하기로 약속하였다. 대연(戴淵)[40]이 강서(江西)에 있다가 먼저 감탁의 편지를 받고 표문을 써서 이를 올려 보내니 조정에서는 모두가 만세를 불렀다. 도간이 감탁의 편지를 받고 바로 참군 고보(高寶)를 파견하여 군사를 인솔하고 북쪽으로 내려갔다. 무창성 안에서는 감탁의 군사가 도착한다는 소식을 듣고, 사람들이 모두 도망하여 흩어졌다.

왕돈이 이종(姨從) 동생인 남만(南蠻)교위 위예(魏乂)와 장군 이항(李恒)을 파견하여 갑옷을 입은 병졸 2만 명을 인솔하고 장사(長沙, 호

---

37 왕돈을 말한다.

38 봉함을 하지 않아서 누구나 볼 수 있도록 쓴 격문을 말한다.

39 광주자사이다.

40 정서장군으로 합비에 주둔하고 있었다.

남성 장사시)를 공격하게 하였다. 장사의 성곽은 완전하지 아니하고 저축된 군량도 부족하며 사람들의 마음도 떨며 두려워하였다.

어떤 사람이 초왕 사마승에게 유세하기를, 남쪽으로 가서 도간에게 몸을 의탁하던가 혹은 물러나서 영릉(零陵, 호남성 영릉현)과 계양(桂陽, 호남성 郴州市)을 점거하라고 하였다. 사마승이 말하였다.

"내가 군사를 일으킨 것은 마음속으로 충성과 의로움을 위하여 죽으려고 한 것인데, 어찌 살기를 탐내 억지로 죽음을 면하려고 도망하여 패배하는 장수가 되겠느냐! 일이 잘 넘어가지 않았다고 하여도 백성들에게 나의 마음을 알게 할 뿐이니라."

마침내 농성(籠城)하며 굳게 지켰다.

얼마 안 있어서 우망(虞望)이 싸우다 죽으니, 감탁[41]은 등건(鄧騫)을 남겨두어 참군으로 삼으려고 하였으나, 등건이 할 수 없다고 하여 마침내 참군 우충(虞沖)과 우건을 파견하여 함께 장사로 가게 하고, 초왕 사마승에게 편지를 보내 굳게 지키라고 권고하면서 마땅히 군사를 면구(沔口, 하북성 한구)로 내보내 왕돈이 돌아갈 길을 끊으면 상주(湘州, 치소가 장사이므로 장사를 말한다.)의 포위망이 저절로 풀어진다고 하였다.

사마승이 회답하는 편지를 써서 말하였다.

"강좌(江左, 강동지역)에서 중흥하여 초창기에 이처럼 시작하니 어찌 악하고 반역하는 무리들의 싹을 총애하는 신하들 가운데서 골라서 도모하였겠습니까? 내가 종실에 속한 사람으로서 책임을 받아 마음으로는 목숨을 바칠 생각이지만 내가 이곳에 부임한 것이 아직은 얼마 되지 아니하여 모든 것이 망연(茫然)합니다. 족하께서 갑옷을 말아 가지

---

41 사마승이 있는 곳에서 멀리 떨어진 양양에 있었다.

고 번개처럼 오신다면 오히려 이를 수 있을 것인데, 만약에 여우처럼 의심한다면 말라죽은 물고기 더미 속에서 나를 찾게 될 것이오."[42]

감탁은 이 말을 좇을 수가 없었다.

---

42 《장자》에 나오는 말로 급히 구하지 않으면 안 된다는 뜻이다.

건강을 점령한 왕돈

2 　2월 갑오일(10일)에 황제의 아들 사마욱(司馬昱)을 낭야왕(琅邪王)으로 삼았다.

3 　후조왕 석륵이 아들 석홍(石弘)를 세자로 세웠다. 중산공(中山公) 석호를 파견하여 정예의 병졸 4만 명을 인솔하고 서감(徐龕)[43]을 공격하니 서감이 굳게 지키면서[44] 싸우지 않자 석호가 길게 포위망을 구축하고 지켰다.

4 　조의 주군 유요가 스스로 군사를 거느리고 양난적(楊難敵)[45]을 공격하니, 양난적이 맞아 싸웠으나 이기지 못하여 구지(仇池, 감숙성 서화현의 서쪽)로 물러나서 지켰다. 구지의 여러 저족(氐族)과 강족(羌族), 그리고 옛 진왕(晉王)인 사마보(司馬保)의 장수였던 양도(楊韜), 농서

---

43 자칭 연주자사라고 한 사람이다. 원제 태흥 3년(320년)의 일이다.
44 서감은 태산(산동성 태안현)의 성원(城垣)에 있었다.
45 저족으로 저왕이라고 하였다.

(隴西, 감숙성 농서현)태수 양훈(梁勛)이 모두 유요에게 항복하였다. 유
요는 농서에 사는 1만여 호를 장안으로 이사시키고 나아가서 구지를
공격하였다.

마침 군대 안에 큰 돌림병이 돌게 되니 유요도 병을 얻어 군사를 이
끌고 돌아오려고 하였지만, 양난적이 그들의 뒤를 밟고 따라올까 두려
워서 마침내 광국(光國)중랑장 왕광(王獷)을 파견하여 양난적에게 유
세하여 어떤 것이 이롭고 손해가 되는 것인지를 알아듣게 말하였더니,
양난적이 사자를 파견하여 번신(藩臣)이라고 말하였다.

유요는 양난적에게 가황월(假黃鉞)[46]·도독익영남진양양파육주농
상서역제군사(都督益·寧·南秦·涼·梁·巴六州·隴上·西域諸軍事)[47]·상
(上)대장군·익영남진삼주목(益·寧·南秦三州牧)[48]·무도왕(武都王)으
로 삼았다.

진주(秦州)[49]자사 진안(陳安)이 유요에게 조현(朝見)하기를 청하였
으나, 유요가 몸이 아프다고 하면서 사양하였다. 진안이 화가 나서 유
요는 이미 죽었다고 생각하고 크게 약탈하고서 돌아갔다.[50] 유요의 질

---

46 황제가 주살할 때 전용으로 사용하는 구리로 된 도끼이다.

47 관직명으로 익주·영주(寧州)·남진(南秦)·양주(涼州)·양주(梁州)·파주(巴
州) 여섯 주와 농상(隴上)과 서역의 모든 군사에 관한 업무를 모두 감독하는
직책이다.

48 관직명으로 익주와 영주 그리고 남진주 등 세 주의 주목이라는 말로 원래 한
주에 한 명의 주목을 두지만 여기서는 세 주를 다 통괄하는 주목을 둔 셈이
다. 실제로는 독립을 인정한 것이다.

49 치소는 상규 즉 감숙성 천수시에 있다.

50 전조의 도읍이 장안이므로 장안으로 돌아온 것이다.

병이 심하여 말이 끄는 수레를 타고 돌아왔다.[51] 그의 장수 호연식(呼延寔)에게 뒤에서 치중(輜重)을 감독하게 하였는데, 진안이 그를 요격(邀擊)하여 붙잡고 호연식에게 말하였다.

"유요가 이미 죽었는데, 그대는 아직도 누구를 보좌하겠다는 것인가? 내가 마땅히 그대와 함께 대업을 확정할 것이다."

호연식이 그를 질책하며 말하였다.

"너는 다른 사람의 총애와 봉록을 받다가 그를 배반하였는데, 스스로 보기에 지혜가 우리 주상[52]과 비교하여 어떠한가? 내가 보건대 너는 머지않아서 상규(上邽, 감숙성 천수시)의 저자거리에서 효수(梟首)될 것인데, 어찌 대업이라는 말을 하는가? 의당 속히 나를 죽여야 할 것이다."

진안이 화가 나서 그를 죽이고, 호연식의 장사(長史) 노빙(魯憑)을 참군으로 삼았다.

진안이 그의 동생 진집(陳集)을 파견하여 기병 3만 명을 인솔하고 유요를 뒤쫓게 하였는데, 위(衛)장군 호연유(呼延瑜)가 그를 맞아 싸워서 목을 베었다. 진안이 마침내 상규로 돌아왔고 장수를 파견하여 견성(汧城, 섬서성 농현의 남쪽)을 습격하게 하여 그곳을 뽑아버렸다.

농상(隴上, 감숙성의 동부)의 저족과 강족들이 모두 진안에게 귀부하여 무리 10여만 명을 갖게 되자 스스로 대도독·가황월·대장군·옹양진양사주목(雍·涼·秦·梁四州牧)[53]·양왕(涼王)이라고 부르면서 조모(趙

---

51 유요가 몸이 많이 아파서 말을 탈 수 없게 되어 수레를 타고 왔다는 것이다.

52 유요를 말한다.

53 옹주·양주(涼州)·진주·양주(梁州) 네 주의 주목을 겸임한 직책이다.

募)를 상국(相國)으로 삼았다. 노빙이 진안을 마주하고 큰 소리로 울면서 말하였다.

"나는 차마 진안이 죽는 것을 못 보겠습니다."

진안이 화가 나서 그의 목을 베라고 명령하였다.

노빙이 말하였다.

"죽는 것은 내 스스로의 몫이니 내 머리를 상규의 저자에 걸어두어 조나라가 진안의 목을 베는 것을 보게 하시오."

드디어 그를 죽였다. 유요가 이 소식을 듣고 통곡하며 말하였다.

"현명한 사람이며 백성들이 기대하는 사람이다. 진안이 현명한 사람을 찾아야 할 시기에 현명한 사람을 많이 죽였으니, 나는 그가 아무 것도 하지 못할 것을 알겠다."

휴도왕(休屠王)[54] 석무(石武)가 상성(桑城, 감숙성 임조현)을 가지고 조[55]에 항복하니, 조는 석무를 진주(秦州, 감숙성 동부)자사로 삼고 주천왕(酒泉王)으로 책봉하였다.

5 황제가 대연(戴淵)과 유외(劉隗)를 징소(徵召)[56]하여 들어와서 건강(建康, 진의 도읍)을 보위하게 하였다. 유외가 도착하자 백관들이 길에서 그를 영접하니 유외가 관모(冠帽)를 조금 치켜 써서 이마가 좀 나오게 하고는[57] 큰 소리를 치며 의기양양하였다. 들어와서 알현하게

---

54 흉노 부락의 우두머리이다.

55 유연이 세운 한이 국호를 조라고 고쳤는데, 역사에서 전조라고 한다.

56 황제가 부르는 것을 말한다. 이에 대하여 지방장관이 부르는 것은 벽소(辟召)라고 한다.

되자 조협(刁協)과 더불어 황제에게 왕(王)씨를 다 죽이라고 권고하였지만 황제가 이를 허락하지 않으니, 유외가 비로소 두려워하는 기색을 가졌다.

사공 왕도(王導)가 그의 사촌동생인 중령군 왕수(王邃)·좌(左)장군 왕이(王廙)·시중 왕간(王侃)·왕빈(王彬)과 여러 자기 종족 20여 명을 인솔하고 매일 아침 궁궐에 나가 대죄(待罪)하였다. 주의(周顗)가 장차 들어가려고 하니 왕도가 그를 불러서 말하였다.

"백인(伯仁), 우리 집안사람들 100여 명이 모두 경에게 누를 끼치게 되었구려!"[58]

주의가 곧바로 들어가며 돌아보지 않았다.

황제를 알현하고 나서 왕도의 충성을 말하고 그를 구해 주려고 해명하는 것이 아주 지극하니, 황제가 그의 말을 받아들였다. 주의는 기뻐서 술을 잔뜩 먹고 취하여 나오는데, 왕도는 오히려 궁궐문에 있다가 또 그를 불렀다.

주의는 그와 더불어 말하지 않고 주위 사람들을 돌아보고 말하였다.

"금년에 여러 도적놈들을 죽이고 말(斗) 만한 금인(金印)을 취하여 팔꿈치 뒤에다 걸어야겠다."

나와서 또 표문을 올려서 왕도가 죄 없음을 밝혔는데 그 말이 아주 간절하고 지극하였다. 왕도는 이 사정을 알지 못하고 그를 대단히 원망하였다.

---

57 본문에는 안책(岸幘)이라고 되어 있다. 안책은 관모를 쓴 머리를 치켜들어서 이마가 약간 드러난 것을 말하는데, 옷매무새를 단정하게 입지 않은 것이고 조심하지 않는 모습이다.

58 백인은 주의의 자이다. 주의에게 자기 종족을 보호해달라고 청한 것이다.

황제가 왕도에게 조복(朝服)[59]을 돌려주라고 명령하고 그를 불러서 보았다. 왕도가 머리를 조아리며 말하였다.

"반역하는 신하와 도적놈은 어느 시대엔들 없겠습니까마는 뜻하지 않게 지금 가까이 신의 가족 가운데서 나왔습니다."

황제가 맨발로 그이 손을 잡고서 말하였다.

"무홍(茂弘),[60] 바야흐로 경에게 기대어 백리(百里)의 명령[61]을 내리고 있는데 이 무슨 말이오?"

3월에 왕도를 전봉(前鋒)대도독으로 삼고, 대연에게는 표기(驃騎)장군을 덧붙여주었다. 조서를 내려 말하였다.

"왕도가 대의(大義)를 가지고 자기의 친한 사람을 없앴으니,[62] 내가 안동장군 시절에 갖고 있던 부절(符節)[63]을 그에게 줄 것이다."

주의를 상서좌복야로 삼고 왕수를 우복야로 삼았다.

황제는 왕이(王廙)를 파견하여 왕돈에게 가서 알아듣게 말하여 왕돈

---

59 황제를 조현할 때 입는 옷이다.

60 왕도의 자이다. 황제가 신하의 자를 부르는 것은 존경의 뜻을 나타내는 것이다.

61 백리(百里)의 명(命)에 의지한다는 말은 섭군(攝君)의 정령(政令)을 말한다.

62 호삼성은 춘추시대에 대의(大義)를 위하여 친한 사람을 죽인 예를 들었다. 위(衛)나라의 석작(石碏)의 아들 석후(石厚)가 공자인 주우(州吁)와 더불어 위 환공을 시해하였다. 또 주우와 더불어 진(陳)나라에 갔는데 석작이 진나라에 위 환공을 시해한 사실을 알리게 하여 그들을 죽이게 하였다. 군자는 이를 보고 말하기를 '석작은 순신(純臣)이다. 주우를 미워하여 아들 석후도 함께 죽이게 하였으니 큰 의를 위하여 친한 사람을 죽인 것이다.'라고 하였다.

63 지금 동진의 황제인 사마예가 처음 양주를 진무하러 왔을 때 안동장군의 직책을 관장하고 있었다.

에게 군사행동을 중지하도록 하게 하였는데, 왕돈이 이 말을 좇지 않고 그를 그곳에 머물게 하니 왕이가 다시 왕돈에게 채용되었다.

정로(征虜)장군 주찰(周札)이 평소에 교만하고 음험(陰險)하며 작은 이익을 좋아하였는데, 황제가 그를 우(右)장군·도독석두제군사(都督 石頭諸軍事)로 삼았다. 왕돈이 곧 도착하게 되니 황제는 유외에게 금성 (金城, 강소성 강녕현)에 진을 치고 주찰에게 석두를 지키게 하며, 황제 는 친히 갑옷을 입고 교외에서 군사를 순시하였다. 또 감탁을 진남(鎭 南)대장군·시중·도독형양이주제군사(都督荊·梁二州諸軍事)로 삼고, 도간을 영강주(領江州)자사[64]로 삼고, 또 각자에게 통솔하는 군사를 인솔하고 왕돈의 배후를 밟아오게 하였다.

왕돈이 석두에 도착하여 유외를 공격하려고 하였다. 두홍(杜弘)이 왕돈에게 말하였다.

"유외에게는 결사대에 속한 병사가 많아서 쉽게 이길 수 없으니 석 두를 공격하는 것만 못하고, 주찰은 은혜를 베푼 일이 적어서 병사들을 사용하지 못할 것이어서 그곳을 공격하면 반드시 패배할 것이며, 주찰 이 패배한다면 유외는 스스로 달아날 것입니다."

왕돈이 이 말을 좇아서 두홍을 선봉으로 내세워 석두를 공격하니, 주찰이 과연 문을 열고 두홍을 받아들였다.[65]

---

64 관직명은 도독형양이주제군사인데 형주와 양주 두 주의 모든 군사에 관한 일 을 감독하는 직책이고, 영(領)강주자사는 강주(江州, 강서성과 복건성)의 업무 를 관장하게 하는 영직이다.

65 주찰은 일찍이 민제 건흥 3년(315년)에 반항세력의 지휘를 거절한 바 있다. 그 런데 지금은 그 반항세력을 수용하였다. 이것은 아마도 강동지역 원주민의 지 위가 개선된 것이 없기 때문일 것이다.

왕돈이 석두를 점거하고 탄식하여 말하였다.

"나는 다시 큰 덕을 베푸는 일을 할 수가 없겠구나!"

사곤(謝鯤)[66]이 말하였다.

"어찌하여 그렇게 되겠습니까? 다만 지금 이후로는 매일매일 잊어 버리게 될 것입니다."[67]

황제가 조협(刁協)·유외·대연에게 명령을 내려서 무리를 이끌고 석 두를 공격하게 하였는데, 왕도·주의·곽일(郭逸)·우담(虞潭) 등이 세 길로 나누어 나아가 싸웠으나 조협 등의 군사들이 모두 대패하였다.

태자 사마소(司馬紹)가 이 소식을 듣고 스스로 장사(將士)를 인솔하 고서 결전(決戰)하고자 하여 수레에 올라 장차 출발하려고 하는데, 중 서자(中庶子) 온교(溫嶠)가 말고삐를 잡고 간하였다.

"전하께서는 국가의 저부(儲副)[68]이신데, 어찌하여 몸소 천하를 가 벼이 생각하십니까?"

칼을 뽑아 말안장을 잡아맨 띠를 잘라버리니 마침내 멈추었다.

왕돈이 군사를 거느리고 있으면서 조현하지 않고, 사졸들을 풀어서 겁탈하고 약탈하게 하니, 궁궐과 관청에 있는 사람들은 도망하고 흩어 졌는데, 오직 안동(安東)장군 유초(劉超)만이 군사를 거느리고 곧바로 호위하였고, 시중 두 사람이 황제의 옆에서 시중을 들었다.

황제가 갑옷을 벗고 조복으로 갈아입고 돌아보면서 말하였다.

---

66 예장(강서성 남창시)태수이다.

67 호삼성은 매일매일 앞에 있었던 일을 잊어갈 것이라는 말이며, 군신 간에 있 는 간격도 날로 잊어갈 것이라고 해석하였다.

68 두 번째 가는 사람이란 말로 황제 다음의 사람 즉 후계자를 의미한다.

"나의 이 자리를 얻으려고 하였을 때 마땅히 일찍 말해 주었어야지! 어찌 백성들을 해롭게 하는 것이 이와 같은 지경에 이르렀는가?"

또 사자를 파견하여 왕돈에게 말하였다.

"공이 만약 본 왕조를 잊지 않아서 여기에서 군사를 쉬게 한다면 천하는 오히려 다 함께 편안해질 것이고, 그렇게 하지 않을 것이라면 짐은 마땅히 낭야(琅邪)로 돌아가 현명한 사람들이 나아갈 길에서 비켜 서있겠소.[69]"

조협과 유외가 이미 패배하고서 함께 궁궐로 들어와 태극전의 동쪽 계단에서 황제를 알현하였다. 황제는 조협과 유외의 손을 잡고 눈물을 흘리고 오열하면서 화를 피하도록 권고하였다. 조협이 말하였다.

"신은 마땅히 죽음으로써 지켜드릴 것이고 감히 두 마음을 품지 않겠습니다."

황제가 말하였다.

"지금 사태가 급박하니, 어찌 가지 않을 수 있겠소?"

마침내 조협과 유외에게 사람과 말을 주면서 스스로 계책을 세우게 하였다.

조협은 늙어서 말 타는 것을 견디지 못하였는데, 평소 은혜를 베풀거나 기강을 잡지 못하여 따를 사람을 모집하였지만 모두가 그를 버리자, 강승(江乘, 강소성 의징현 장강의 건너편)까지 갔다가 어떤 사람에게 살해되어 그 머리가 왕돈에게 보내졌다. 유외는 후조로 달아났고 관직이 태자태부에 이르렀다가 죽었다.[70]

---

69 황제 사마예는 원래 낭야왕이었으므로 황제 자리를 내놓고 낭야왕으로 돌아가서 현명한 사람들이 조정으로 들어와 나라를 잘 다스릴 수 있도록 길을 비켜주겠다는 말이다.

황제가 공경들과 많은 관료에게 석두로 가서 왕돈을 만나보라고 명령하니, 왕돈이 대연에게 말하였다.

"어제 전투를 하였는데, 아직 남은 힘이 있는가?"

대연이 말하였다.

"어찌 감히 남은 힘이 있겠습니까? 다만 힘이 부족할 뿐입니다."

왕돈이 말하였다.

"내가 이번에 거사하였는데, 천하 사람들은 어떻게 생각하고 있소?"

대연이 말하였다.

"드러난 형편을 보면 반역이라고 생각하지만 본래의 생각과 정성을 보면 충성이라고 생각합니다."

왕돈이 웃으면서 말하였다.

"경은 정말 말을 잘하는 사람이라고 하겠구려."

또 주의에게 말하였다.

"백인(伯仁), 경은 나에게 잘못한 것이 있지요."[71]

주의가 말하였다.

"공이 전차를 가지고 순리(順理)를 범하자 소관(小官)이 친히 육군(六軍)을 인솔하였으나 그 일을 할 수 없었고, 왕의 군대가 도망하고 패배하게 하였으니, 이로 인하여 공에게 잘못하였습니다."

---

70 호삼성이 유외에 관하여 주를 달았다. 11년 뒤인 동진 성제 8년(333년)에 유외는 석호를 좇아서 동관(潼關, 섬서성 동관현)에서 싸우다 죽었는데 이 사람이 바로 이 유외일 것이다.

71 백인은 주의의 자이고, 민제 건흥 원년(317년)에 주의가 반란세력인 두도에게 곤욕을 치르다가 예장에서 왕돈에게 몸을 의탁하였다. 그러므로 왕돈에게 은덕을 입은 셈이다.

신미일(13일)에 크게 사면하고 왕돈을 승상·도독내외제군·녹상서사·강주목으로 삼고, 무창공(武昌公)으로 책봉했으나 모두 사양하고 받아들이지 않았다.

왕돈의 전횡과 사마승의 죽음

처음에, 서도(西都)가 함락되어 무너지면서 사방에서 모두 황제에게 자리에 나아가라고 권고하였다. 왕돈이 나라의 정사를 오로지하려고 하였으므로 황제가 나이가 많아서[72] 통제하기 어려울 것을 꺼리고, 황제 세우는 일을 다시 의논하고자 하였으나 왕도가 이 말을 좇지 않았다. 왕돈이 건강[남경]에서 싸워 이기고 나서 왕도에게 말하였다.

"내 말을 채용하지 않아서 거의 종족이 다 없어지게 되었구려!"

왕돈은 태자가 용기와 지략이 있고, 조정에 있는 사람들과 민간들이 그에게 마음이 쏠려 있으므로 그를 불효한 사람이라고 무고하여 폐위시키고자 하여 백관들을 크게 모으고 온교(溫嶠)[73]에게 물었다.

"황태자[74]는 어떠한 품덕을 가졌다고 말할 수 있겠소?"

그 목소리와 안색이 모두 사나웠다.

---

72 서진의 도읍이었던 장안이 흉노에게 함락된 것을 말하며, 이때는 민제 건흥 4년(316년)이었다. 이 일은 《자치통감》 권90에 실려 있다. 여기서 황제란 지금의 황제인 사마예를 말한다. 이때 사마예는 이미 42세였다.

73 온교는 중서자 즉 태자궁의 보좌관이었다.

74 사마예의 아들 사마소(司馬紹)를 말한다.

온교가 말하였다.

"사정을 간파하는 능력은 깊어서 먼 곳까지 이르니 대개 천박한 사람이 헤아릴 수 있는 바가 아니며, 예의의 측면에서 그를 본다면 효자라고 할 수 있습니다."

무리들이 모두 그렇다고 믿었으며 왕돈의 음모는 드디어 저지되었다.

황제는 주의를 광실전(廣室殿)으로 불러서 그에게 말하였다.

"최근에 큰일이 일어났는데도 두 궁궐[75]은 무사하고 여러 사람들도 평안한 것을 보면 대장군은 정말로 그가 바라는 것을 다 이루었다고 생각하는가?"

주의가 말하였다.

"두 궁궐이 밝은 것은 말씀하신 것과 같습니다마는 신(臣) 등은 아직 알 수 없습니다."

호군(護軍)장군부[76]의 장사 학하(郝嘏)가 주의에게 왕돈을 피하라고 권고하니, 주의가 말하였다.

"내 지위가 대신의 자리에 있고 조정이 무너지고 실패하였는데, 어찌 다시금 초야로 들어가서 살기를 구하거나 밖으로 나가 호(胡)와 월(越) 사람들에게 몸을 의탁하겠는가?"

왕돈의 참군 여의(呂猗)는 일찍이 대랑(臺郞)[77]이었는데, 성품이 간사하고 아첨을 잘하여 대연이 상서가 되자 그를 미워하였다. 여의가 왕돈에게 말하였다.

---

75 태후궁과 태자궁을 말한다.
76 호군장군은 대연이었다.
77 상서대의 낭관을 말한다.

"주의와 대연은 모두 높은 명망을 갖고 있어서 충분히 무리들을 현혹시킬 수 있으며, 근래에 하는 말을 보면 일찍이 부끄러워하는 기색이 없으니, 공께서 그들을 제거하지 않으시면 아마도 반드시 다시금 들고 일어나는 근심거리가 있을까 걱정입니다."

왕돈도 평소 이들 두 사람의 재주를 꺼리고 있었으므로 마음속으로 그러할 것이라고 생각하고 조용히 왕도에게 물었다.

"주의와 대연이 남쪽이나 북쪽에서 명망을 받고 있으니, 마땅히 삼사(三司)[78]로 등용해야 함은 의심할 것이 없겠지요."

왕도가 대답하지 않았다. 또 말하였다.

"만약에 삼사에 등용하는 것이 안 된다면 영·복(令·僕)[79]에 머물게 해야 하겠지요?"

또 대답하지 않았다. 왕돈이 말하였다.

"만약에 이런 것이 아니라면 바로 목을 베어야 마땅하겠군요."

또 대답하지 않았다.

병자일(23일)에 왕돈이 부장인 진군(陳郡, 하남성 진류현) 사람 등악(鄧岳)을 파견하여 주의와 대연을 잡아들였다. 이보다 먼저 왕돈이 사곤(謝鯤)에게 말하였다.

"내가 마땅히 주백인을 상서령으로 삼고, 대약사[80]를 복야로 삼아

---

78 명망을 받는다는 것은 주의가 여남(하남성 여남현) 사람이고, 대연은 광릉(강소성 양주시) 사람인데 당시 명성이 제일 높았기 때문이다. 삼사는 태위, 사도, 사공을 말한다.

79 영은 상서령을 말하고, 복은 좌·우복야를 말한다.

80 백인은 주의의 자이고, 약사는 대연의 자이다. 그러므로 주의와 대연을 말한다.

야 하겠소."

이날 또 사곤에게 물었다.

"근래 사람들의 마음이 어떠하오."

사곤이 말하였다.

"밝으신 공께서 거사하셔서 비록 사직을 크게 보존시켰지만 그러나 유유하게 여러 사람들이 말하는 것은 실제로 높은 뜻에는 이르지 못했다고 합니다. 만약 정말로 주의와 대연을 들어 쓰신다면 여러 사람들의 마음은 안정될 것입니다."

왕돈이 화가 나서 말하였다.

"그대는 거칠고 소홀하구려! 그 두 사람은 합당하지 않아서 내가 이미 그들을 잡아들였소."

사곤이 놀라서 스스로 망연자실하였다.

참군 왕교(王嶠)가 말하였다.

"'많고 많은 인사가 있어서 문왕은 편안하였다.'[81]고 하였는데, 어찌하여 여러 명성 있는 인사들을 죽이십니까?"

왕돈이 크게 화가 나서 왕교의 목을 베려고 하자, 무리들이 감히 말을 하지 못하였다. 사곤이 말하였다.

"밝으신 공께서 큰일을 일으키면서 한 사람도 죽이지 않았습니다. 왕교가 뜻을 어기고 정책을 바쳤다 하여 북에 피를 묻히려 하시니 역시 지나치지 아니합니까?"

왕돈이 마침내 그를 풀어주고 영군(領軍)장군부의 장사로 내쫓았다. 왕교는 왕혼(王渾)의 친척 손자이다.

---

81 《시경》의 문왕편에 나오는 말이다.

주의가 잡혀가는 길에 태묘(太廟)를 지나게 되자, 큰 소리로 말하였다.

"도적 같은 신하인 왕돈이 사직을 뒤엎어버리고 충신들을 억울하게 죽이니 신령께서 영혼이 계시다면 마땅히 그를 속히 죽이십시오."

잡아가는 사람이 창으로 그의 입에 상처를 내니 피가 흘러서 발뒤꿈치에 내려왔는데도 그의 얼굴과 행동하는 모습은 태연자약하여 보는 사람들이 모두 눈물을 흘렸다. 대연을 아울러서 석두의 남문 밖에서 죽였다.

황제가 시중 왕빈(王彬)으로 하여금 왕돈에게 수고하였다고 하게 하였다. 왕빈이 평소 주의와 잘 지내던 터라 먼저 주의의 무덤에 가서 곡하고 그런 다음에 왕돈을 찾아가 만나보았다. 왕돈은 그의 얼굴이 처연(凄然)한 것을 이상하게 생각하고 물었다. 왕빈이 말하였다.

"백인에게 곡을 하였더니 마음이 안정되지 않았습니다."

왕돈이 화가 나서 말하였다.

"백인은 스스로 형벌을 받아 죽은 것이며 또 그가 너를 보통 사람으로 대우하여 주었는데[82] 너는 무엇 때문에 그를 위하여 슬퍼하고 곡을 하는가?"

왕빈이 말하였다.

"백인은 어른다운 사람이며 형[83]의 친한 친구입니다. 조정에 있을 때 비록 꺼리지 않고 바른 말을 한 일은 없지만 또 아부하는 무리를 만들지 않았습니다. 그런데 사면령을 내린 다음에 그를 극형에 처한 것을 슬프고 애석하게 생각하는 까닭입니다."

---

82 주의가 왕빈을 보통 정도의 사람으로 대우하였었다.

83 왕빈이 왕돈을 형이라고 부른 것이다.

이어서 갑자기 화가 나서 왕돈의 잘못을 헤아리며 말하였다.

"형은 조정에 대항하여 순리를 범하였고, 충성스럽고 훌륭한 사람을 죽였으며, 반란을 도모하려 하였으니, 그 화(禍)가 온 집안에 미칠 것이오."

그 말씨가 강개(慷慨)하였고 말소리와 함께 눈물이 떨어졌다. 왕돈이 크게 화가 나서 성난 목소리로 말하였다.

"네가 미치고 패역한 것이 마침내 이러한 상태에 이르렀으니, 내가 너를 죽일 수 없을 것이라고 생각하느냐?"

그때 왕도가 그 자리에 있었는데, 이 때문에 두려워하여 왕빈에게 일어나서 사과하라고 권고하였다.

왕빈이 말하였다.

"다리가 아파서 절을 할 수가 없고, 또 이런 말을 하였는데 다시 무엇 때문에 사과를 합니까?"

왕돈이 말하였다.

"다리가 아픈 것과 목이 아픈 것 가운데 어느 것이 더 아프겠는가?"

왕빈은 두려워하는 안색이 없이 끝내 절을 하려고 하지 않았다.

왕도가 후에 중서성에 있는 고사(故事)를 정리하다가 마침내 주의가 자기를 구하려고 쓴 표문을 보게 되자 이것을 잡고 눈물을 흘리며 말하였다.

"내가 비록 백인을 죽이지는 않았지만 백인이 나로 말미암아서 죽었구나. 유명(幽冥) 가운데 있지만 이 훌륭한 벗에게 잘못했구나."[84]

---

84 왕돈이 주의를 채용하는 문제를 두고 세 번이나 물었는데, 왕도는 대답하지 않았었다.

심충(沈充)[85]이 오국(吳國, 강소성 소주시)을 함락시키고 내사(內史) 장무(張茂)를 죽였다.

애초에, 왕돈은 감탁이 군사를 일으켰다는 소식을 듣고 크게 두려워 하였다. 감탁의 조카 감앙(甘卬)이 왕돈의 참군이어서 왕돈은 감앙으 로 하여금 돌아가서 감탁에게 유세하게 하였다.

"그대가 이렇게 하는 것은 스스로 신하의 절개를 지키는 것이니 책 망할 것은 없소. 우리 집안의 급한 상황을 헤아려보니 이렇게 하지 않 을 수 없습니다. 바로 군사를 돌려서 양양(襄陽, 호북성 양번시)으로 가 셔서 마땅히 다시 우호관계를 맺어야 할 것입니다."

감탁은 비록 충성과 옳은 것을 사모하지만 성품이 의심이 많고 결 단력이 적어서 저구(豬口, 호북성 면양현의 북쪽)에 진을 치고 여러 방면 에서 같이 출병하기를 기다리려고 하여 군사를 머물러 있게 하고 수십 일간을 전진하지 않았다. 왕돈이 건강[남경]을 빼앗고 나서 마침내 대 사(臺使)를 파견하여 추우번(騶虞幡)[86]을 가지고 가서 감탁의 군사행 동을 중지시켰다.

감탁이 주의와 대연이 죽었다는 소식을 듣고 눈물을 흘리며 감앙에 게 말하였다.

"내가 걱정하던 것이 바로 오늘과 같은 일이었다. 또 성상(聖上)에게 아무 일도 없으시고, 태자[87]께서도 해를 받지 않으셨는데, 내가 왕돈

---

85 오흥(절강성 호주시)에서 출병하였었다.

86 대사란 상서대의 사자라는 말로 조정에서 파견한 사자이며, 추우번은 추우를 그린 깃발로, 추우는 어진 동물의 상징이어서 황제가 전투를 중지하라는 표 시로 만든 깃발이다.

87 성상은 황제 사마예를 말하고, 태자는 그 아들인 사마소를 말한다.

을 상류(上流) 지역에 가 있게 하면 또 감히 갑자기 사직을 위태롭게 하지는 못할 것이다. 내가 지름길로 가서 무창(武昌)을 점거하게 되면 왕돈의 형세가 압박을 받아서 반드시 천자를 붙잡고 겁주어 천하의 희망을 끊을 것이니 양양으로 돌아갔다가 후일에 도모하는 것만 못할 것이다."

즉시 군사를 돌리라고 명령하였다.

도위 진강(秦康)과 악도융(樂道融)이 감탁에게 유세하였다.

"지금 군사를 나누어 팽택호(彭澤湖, 강서성 호구현)의 입구를 끊어서 왕돈의 군사가 위아래가 서로 연락하지 못하게 하면 그 무리들은 자연히 떨어지어 흩어질 것이니 한 번 싸워서 사로잡을 수 있을 것입니다. 장군께서 의로운 군사를 일으키셨다가 중간에서 그치는 것은 가만히 생각하건대 장군께서 취해서는 안 될 것입니다. 또 장군이 남쪽으로 내려올 때 사졸들은 각기 그들의 이로움을 얻고자 하였는데[88] 서쪽으로 돌아가기를 요구하니 또 그렇게 할 수 없게 될까 걱정입니다."

감탁이 좋지 않았다.

악도융이 밤낮으로 울면서 간하였으나 감탁이 말을 듣지 않으니 악도융은 걱정스럽고 분해하다가 죽었다. 감탁의 성품은 본래 관대하고 온화한 사람이었는데, 갑자기 강압적이고 꽉 막힌 사람으로 변하여 지름길로 양양으로 돌아갔는데, 의기(意氣)가 복잡하였고, 거동하는 것이 보통 때와 달랐다. 아는 사람들은 그가 곧 죽을 것임을 알았다.

---

88 이 당시의 군사들은 새로운 점령지에 가서 약탈을 통하여 재물의 이익을 얻으려고 하였다. 따라서 감탁이 남쪽으로 내려와서 왕돈을 쳐서 이긴다면 병사들은 이익을 얻을 수 있지만 다시 돌아간다면 아무런 이익을 얻을 수 없는 것이다.

　　왕돈이 서양왕(西陽王) 사마양(司馬羕)을 태재로 삼고, 왕도에게 상서령을 덧붙여주었으며, 왕이(王廙)를 형주자사로 삼고, 많은 관리들과 여러 군대의 진수하는 책임자를 고치고 바꾸어놓으니 전출되어 옮기고 쫓겨나 파면된 사람이 100명을 헤아렸다. 어떤 경우에는 아침에 시행하였다가 저녁에 고치는 일이 있었는데, 오직 마음속으로 하고자 하는 대로 하였다.

　　왕돈이 장차 무창으로 돌아가고자 하였는데, 사곤이 왕돈에게 말하였다.

　　"공(公)께서는 도읍지[89]에 도착한 이후로 몸이 아프다는 핑계를 대고 조회에 나가지 아니하였으니, 이리하여서 비록 공훈을 세웠지만 사람들의 마음은 실제로 다 알지 못하였습니다. 지금 만약에 천자를 조현하여 군신간의 문제를 푼다면 모든 일과 마음이 기뻐하며 복종할 것입니다."

　　왕돈이 말하였다.

　　"그대는 아무런 변고가 없을 것을 보장하는가?"

　　대답하였다.

　　"저 사곤이 최근에 궁궐로 들어가서 조근(朝覲)하였는데, 주상께서 옆으로 앉아서 공을 만나보기를 기다리고 있었고,[90] 궁성(宮省)이 화목하였으니 반드시 걱정할 일은 없을 것입니다. 공이 만약에 입조(入朝)한다면 저 사곤이 모시고 따르게 해 주기를 청합니다."

89　왕돈이 무창에서 동진의 도읍지인 건강[남경]까지 온 것을 말한다.

90　제왕이 된 사람은 옆으로 앉아서 현명한 사람을 기다린다는 것이다. 이는 제왕이 겸손한 태도로 현명한 사람을 기다린다는 의미인데, 사곤이 이 말을 사용하였던 것이다.

왕돈이 발끈하며 말하였다.

"바로 다시금 그대와 같은 사람 수백 명을 죽인다 한들 또 이 시대에 무슨 손해될 것이 있겠는가?"

끝내 조현하지 아니하고 돌아갔다. 여름, 4월이 왕돈이 무창으로 돌아갔다.

애초에, 의도(宜都, 호북성 의도현)내사인 천문(天門, 호북성 석문현) 사람 주급(周級)이 초왕(譙王) 사마승(司馬承)이 군사를 일으켰다는 소식을 듣고, 그의 조카 주해(周該)에게 몰래 장사(長沙)로 가서 사마승에게 자기의 충성심을 밝히게 했다. 위예(魏乂)[91] 등이 상주(湘州)를 공격하여 급하게 되자 사마승이 주해와 종사(從事)인 소릉(邵陵, 호남성 보경현) 사람 주기(周崎)를 파견하여 샛길로 가서 구원해 주기를 청하게 하였는데, 모두 순찰을 도는 사람들에게 붙잡혔다.

위예가 주기에게 성 안에다 '대장군[92]이 이미 건강[남경]을 싸워서 이기고, 감탁은 양양으로 돌아갔으며 외부로부터의 원조는 끊어졌다.'고 말하게 하였다. 주기가 거짓으로 그렇게 하겠다고 하고서 성 아래에 이르러서는 큰 소리로 외쳤다.

"원조하는 군사가 곧 도착하니 힘을 다하여 굳게 지켜라."

위예가 그를 죽였다. 위예가 주해를 고문하여 죽기에 이르렀으나, 끝내 그 연고[93]를 말하지 않았고 주급은 이로 말미암아서 죽음을 면할 수가 있었다.

---

91 남만교위로 왕돈의 세력이다.

92 왕돈을 말한다.

93 장사로 가서 사마승에게 충성을 맹세한 이유를 말한다.

위예 등이 공격하며 싸우는 것이 날로 급박하였고, 왕돈은 또 붙잡은 조정에 있던 사람들이 갖고 있던 서신과 상소문을 보내 위예에게 이것을 활에 매달아 쏘아 보내서 사마승이 보게 하였다. 성 안에서는 조정이 수비하지 못하였음을 알게 되어 슬퍼하고 놀라지 않는 사람이 없었다. 서로 대치하기를 100일이 되자 유익(劉翼)이 싸우다 죽고, 사졸들 가운데는 죽고 다친 사람이 서로 베개를 베 듯하였다.

계사일(10일)에 위예가 장사를 함락시키니 사마승 등이 모두 붙잡혔다. 위예가 장차 우괴(虞悝)[94]를 죽이려고 하니 우괴의 자제들이 그를 보고 큰 소리로 울면서 눈물을 흘렸다.

우괴가 말하였다.

"사람은 나면 마땅히 죽는 날이 있는 것이고, 지금 온 집안사람이 충성스럽고 의로운 귀신이 될 것인데 또 어찌 한스러워할 것이냐!"

위예가 함거에 사마승과 이웅(易雄)을 실어서 무창으로 호송하였다. 이때 보좌하던 관리들이 모두 달아나고 흩어졌는데 오직 주부(主簿) 환웅(桓雄)·서조서좌(西曹書佐) 한계(韓階)·종사 무연(武延)이 의복을 훼손[95]시켜서 동복(僮僕)이 되어 사마승을 좇으며 그 주위를 떠나지 않았다. 위예는 환웅의 자태와 모습과 행동거지가 보통 사람이 아니라고 생각하고 그를 꺼려서 죽였다.

한계와 무연은 뜻을 더욱 굳게 갖고 있었다. 형주자사 왕이(王廙)가 왕돈의 뜻을 받들어 도중에 사마승을 죽이고, 한계와 무연이 사마승의

---

94 유익(劉翼)은 형양태수이고, 우괴(虞悝)는 사마승의 장사(長史)이다.

95 이웅(易雄)은 용릉(春陵, 호남성 영원현)현령이며, 서조서좌(西曹書佐)는 행정 담당보좌관에 해당하는 직책이고, 의복을 훼손했다는 것은 평상복장을 찢어서 노복들이 입는 옷으로 만들었다는 말이다.

영구를 호송하고 도읍지까지 가서 그를 장사지낸 다음에 갔다. 이웅이 무창에 도착하였는데, 그 의기(意氣)가 강개(忼慨)하였고, 조금도 두려워하는 기색이 없었다.

왕돈이 사람을 파견하여 격문[96]을 이웅에게 보여주며 책망하였더니 이웅이 말하였다.

"이러한 사실은 있었소. 애석하게도 나 이웅의 지위가 낮고 힘이 약하여 나라의 어려움을 구원하지 못했을 뿐이오. 오늘 죽는 것은 진실로 원하는 바이오."

왕돈은 그의 말씨가 바른 것을 보고 꺼려서 그를 풀어주어 집으로 가게 하였다. 많은 사람들이 모두 그를 축하하니, 이웅이 웃으면서 말하였다.

"내가 어찌 살아날 수 있겠소?"

그렇게 하고 나서 왕돈이 사람을 파견하여 몰래 그를 죽였다.

위예가 등건(鄧騫)[97]을 아주 급하게 찾았는데, 고향 사람들이 모두 그 때문에 두려워하였지만 등건이 웃으며 말하였다.

"이것은 나를 채용하려고 할 뿐이고, 저들이 새로이 한 개의 주[98]를 얻고 충성스럽고 훌륭한 사람들을 많이 죽였던 연고로 나를 찾아서 사람들의 희망을 만족시키려는 것이오."

마침내 위예에게 가니 위예가 기뻐하며 말하였다.

"그대는 옛날의 해양(解揚)[99] 같은 사람이오."

---

96 이웅이 왕돈을 토벌하자고 썼던 격문이다.

97 사마승의 주부였던 사람이다.

98 상주(湘州)를 말한다.

그리고 별가로 삼았다.

조서를 내려서 도간(陶侃)을 상주자사로 삼고, 왕돈은 도간을 다시 광주로 돌려보내고 산기(散騎)상시를 덧붙여주라는 표문을 올렸다.

---

99 《좌전》에 나오는 이야기이다. 초나라 사람들이 송나라를 포위하였다. 진(晉) 나라의 사신인 해양이 송나라로 가서 초나라에 항복하지 말게 하려고 하였 다. 그런데 정나라 사람이 그를 붙잡아 초나라에 바쳤다. 초나라의 장공이 그에게 후한 뇌물을 주며 그 말을 바꾸라고 하였으나 듣지 않다가 세 번 만에 그렇게 하겠다고 하였다. 그리고 누차(樓車)에 올라가서 송나라 사람들을 불러 이 이야기를 하게 하였다. 그런데 그는 자기 임금의 명령을 전하였다. 초의 장왕이 장차 그를 죽이려고 하면서 그에게 말하였다. '너는 이미 내 말을 듣기로 하고서 다시 반대로 하였으니 어떠한 연고인가? 속히 너에게 형벌을 내릴 것이다.' 대답하였다. '명령을 받고 나왔으면 죽더라도 다른 생각을 할 수는 없소. 그런데 뇌물을 받을 수 있겠소? 신이 그대에게 그렇게 하겠다고 한 것은 받은 명령을 완수하기 위한 것이었소. 죽음으로 명령을 완수하는 것이 신의 몫입니다.' 초 장왕은 그를 놓아서 집으로 돌아가게 하였다.

원제 사마예의 죽음

6   갑오일(11일)에 전조의 양후(羊后)가 죽었는데 시호를 헌문(獻文)
이라고 하였다.

7   감탁[100]의 집안사람들이 모두 감탁에게 왕돈을 대비하라고 하였
지만 감탁은 이 말을 좇지 않고 병사를 다 흩어서 농사를 짓게 하였으
며, 간언하는 말을 들으면 번번이 화를 냈다. 양양(襄陽)태수 주려(周
慮)가 비밀리에 왕돈의 뜻을 이어받고서 거짓으로 호수에 물고기가 많
다고 말하고 감탁에게 권하여 주위 사람들을 모두 보내 물고기를 잡아
오게 하였다.

5월 을해일(23일)에 주려가 군사를 인솔하고 감탁을 침실에서 습격
하여 죽이고 그의 수급(首級)을 왕돈에게 보냈으며, 그의 여러 아들을
아울러 죽였다. 왕돈이 종사중랑 주무(周撫)를 독면북제군사(督沔北諸
軍事)[101]로 삼고 감탁을 대신하여 면중(沔中, 한수 유역)을 진수하게 하

---

100 양주(치소는 호북성 양번시)자사이다.

101 면북(沔北, 한수의 북쪽)의 모든 군사에 관한 일을 감독하는 관직이다.

였다. 주무는 주방(周訪)의 아들이다.

왕돈이 이미 자기의 뜻을 다 얻고 나서 포악하고 거만한 것이 아주 심하여 사방에서 들어오는 공헌물(貢獻物)은 대부분 그의 관부로 들어가게 했고, 장군과 재상과 악목(岳牧)[102]은 모두 그의 문중에서 나왔다. 심충(沈充)과 전봉(錢鳳)이 꾀를 내는 중심인물이어서 오직 이 두 사람의 말만 좇으니 참소되면 죽지 않는 사람이 없었다.

제갈요(諸葛瑤)·등악(鄧岳)·주무(周撫)·이항(李恒)·사옹(謝雍)을 조아(爪牙)[103]로 삼았다. 심충 등은 또 흉악하고 험상궂으며 교만하고 방자하여 집을 크게 지어서 다른 사람의 전지(田地)와 집을 침해하고 저자와 길을 빼앗고 약탈하니, 식자(識者)들은 모두가 그들이 장차 패망할 것임을 알았다.

8 　 가을, 7월에 후조의 중산공 석호가 태산(泰山,산동성 태안현)을 뽑아버리고 서감(徐龕)[104]을 붙잡아 양국(襄國, 하북성 형태시, 후조의 도읍)으로 호송하였는데, 후조의 왕 석륵이 그를 자루에 넣어서 100척이나 되는 누각의 위에 매달아놓고 때려죽이고, 왕복도(王伏都)[105] 등

---

102 왕돈의 관부는 왕돈이 대장군이었으므로 대장군부를 말하며, 악목은 원래 순임금이 4개의 악과 12개의 목을 두었던 데서 유래하여 그 후로 지방장관을 악목이라고 불렀다.

103 손톱이나 이빨이란 말이지만 측근에서 사납게 호위하는 사람을 가리키는 말이 되었다.

104 자칭 연주자사라고 하였던 사람이다.

105 서감이 원복도를 죽인 것은 원제 대흥 3년(320년)의 일로,《자치통감》권91에 실려 있다.

의 처자에게 명령하여 그의 몸을 갈라서 먹게 하였고, 항복하였던 졸병 3천 명을 산 채로 묻어버렸다.

9   연주자사 치감(郗鑒)이 추산(鄒山, 산동성 추현의 동남쪽)에서 3년 동안 있었는데, 수만 명의 무리를 갖게 되었다.[106] 전쟁이 그치지 않자 백성들이 배를 주려서 들쥐와 집 짓고 있는 제비를 잡아먹었었는데, 후조에게 압박을 받자 물러나서 합비(合肥, 안휘성 합비현)에 주둔하였다.

상서우복야 기첨(紀瞻)은 치감이 명망 있고 깨끗한 덕을 갖고 있어서 의당 대각(臺閣)에서 받아들여야 한다고 생각하고 상소문을 올려서 그를 징소하도록 청하였더니, 마침내 그를 징소하여 상서로 삼았다. 서주(徐州, 강소성 북부)와 연주(兗州, 산동성 서부) 사이에 있는 여러 작은 보루들은 대부분 후조에게 항복하였고, 후조에서는 수재(守宰)를 두고서 이들을 위무하였다.

10   왕돈이 스스로[107] 영주(寧州)와 익주(益州) 두 주의 도독 직책을 관장하였다.

겨울, 10월 기축일(9일)에 형주자사인 무릉강후(武陵康侯)[108] 왕이가 죽었다.

---

106 민제 건흥 원년(313년)에 황제가 치감에게 추산에서 진수하라고 하였으므로 벌써 9년이나 된 셈이다. 그런데 여기서 3년이라고 한 것은 이전까지 3년 동안이라는 말로 보인다. 그렇지 않으면 내용에 착오가 있는 것이다.

107 스스로라는 말을 쓴 것은 황제의 명을 받지 않고 자기가 스스로 관직을 차지한 것을 말한다.

108 왕이의 작위는 무릉후인데 그가 죽은 다음에 시호를 강후로 한 것이다.

왕돈은 하비(下邳, 강소성 수녕현)내사 왕수(王邃)를 도독청서유평사 주제군사(都督靑·徐·幽·平四州諸軍事)[109]로 삼고 회음(淮陰, 강소성 회음현)에서 진수하게 하고, 위(衛)장군 왕함(王含)을 도독면남제군사(都督沔南諸軍事)[110]로 삼고 형주자사의 업무를 관장하게 하였다. 무창태수인 단양(丹楊, 남경) 사람 왕량(王諒)을 교주(交州)자사로 삼았다.

왕량에게 교주자사 수담(脩湛)과 신창(新昌, 베트남 영부성 백학현)태수 양석(梁碩)을 붙잡아 그들을 죽이게 하였다. 왕량이 수담을 유인하여 그의 목을 베었다. 양석이 군사를 일으켜서 용편(龍編, 베트남 북녕성 선유의 동쪽)에서 왕량을 포위하였다.

11 조적(祖逖)이 이미 죽고 나자[111] 후조는 여러 차례 하남을 침입하여 양성(襄城, 하남성 양성현)과 성보(城父, 안휘성 박현의 동남쪽)를 뽑아버리고 초(譙, 안휘성 박현)를 포위하였다. 예주(豫州)자사 조약(祖約)이 이를 막을 수 없게 되자 물러나서 수춘(壽春, 안휘성 수현)에 주둔하였다. 후조에서 드디어 진류(陳留, 하남성 진류현)를 빼앗으니 양(梁)과 정(鄭)[112] 사이가 다시금 시끄럽게 되었다.

12 11월에 임영원공(臨潁元公) 순조(荀組)[113]를 태위로 삼았는데, 신

---

109 청주·서주·유주·평주의 네 주의 모든 군사적인 일을 감독하는 관직명이다.
110 면남(沔南, 한수 이남)의 모든 군사에 관한 일을 감독하는 관직명이다.
111 조적은 예주자사였었는데, 1년 전(321년)에 죽었다.
112 양은 하남성 상구시이고, 정은 옛날 정나라지역으로 하남성 신정현이다.
113 순조는 임영공이라는 작위를 가졌는데, 그가 죽자 원공이라는 시호를 주었다.

유일(12일)에 죽었다.

13　사도라는 직책을 없애서 승상부에 합병시켰다. 왕돈이 사도부에 소속되었던 관속들로 유부(留府)를 만들었다.[114]

14　황제는 걱정하고 분하여 병이 생겼고 윤월(윤11월) 기축일(10일)에 죽었다. 사공 왕도가 유언으로 남긴 조서를 받고 정치를 보좌하였다. 황제는 공손하고 검소한 점에서는 남는 것이 있었으나, 영명하고 과단성에서는 부족하였으니, 그러므로 대업은 아직 회복시키지 못하였고, 화란(禍亂)이 안에서 일어났다. 경인일(11일)에 태자가 황제의 자리에 오르고,[115] 대사면령을 내리고, 자기를 낳아준 어머니 순씨(荀氏)를 높여서 건안군(建安君)으로 삼았다.

15　12월에 조의 주군 유요가 그의 부모[116]를 속읍(粟邑, 섬서성 백수현)에 장사지내고 크게 사면하였다. 그 능의 지하 주위는 2리(里)였고, 지상으로는 높이가 100척이었으며, 모두 합하여 6만 명의 인부를 동원하여서 100일 만에 완성하였다. 일하는 사람들은 밤에도 작업을 하여서 계속하여 기름으로 불을 밝혔으므로 백성들이 이를 아주 고통스럽게 생각하였다. 유자원(游子遠)이 간하였으나 듣지 않았다.

---

114 왕돈은 황제가 있는 건강[남경]을 떠나서 무창에 있으면서 중앙정부를 멀리서 통제하기 위하여 대장군부의 파견 관청인 유부를 건강에 둔 것이다.

115 진(晉)의 7대 황제이며 동진을 세운 원제 사마예(司馬睿)가 죽었을 때의 나이는 47세였고, 새로 등극한 사마소는 이때 24세였으며, 진의 8대 명제이다.

116 유록과 호씨이다.

16   후조의 복양경후(濮陽景侯)[117] 장빈(張賓)이 죽었는데, 후조의 왕 석륵이 애통하게 곡을 하고 말하였다.

"하늘이 나의 일을 완성시키지 않으려고 하는 것인가? 어찌하여 나의 우후[118]를 빨리 빼앗아 가는가?"

정하(程遐)가 대신 우장사(右長史)가 되었다.

정하는 세자 석홍(石弘)의 외삼촌인데, 석륵이 매번 정하와 더불어 논의하였지만 맞지 않는 것이 있자 번번이 탄식하여 말하였다.

"우후가 나를 버리고 떠나고 마침내 나로 하여금 이런 사람들과 함께 일을 처리하게 하니 어찌 참혹한 일이 아닌가?"

그리고 온종일 눈물을 흘렸다.

17   장무(張茂)[119]가 장군 한박(韓璞)에게 무리를 인솔하고 농서(隴西, 감숙성 농서현)와 남안(南安, 감숙성 농서현의 동북쪽)을 빼앗고 진주(秦州)를 설치하게 하였다.

18   모용외(慕容廆)가 그의 세자 모용황(慕容皝)을 파견하여 단말배(段末杯)[120]를 습격하게 하니, 영지(令支, 하북성 천안현)로 들어가서 그곳에 거주하는 백성 1천여 호를 약취(掠取)하여서 돌아갔다.

---

117 장빈의 작위가 복양후였고 그녀가 죽자 시호를 경후라고 하였다.

118 장빈을 우후라고 불렀다.

119 전량(前涼)의 서평공이다.

120 모용외(慕容廆)는 진나라에서 평주목으로 임명한 사람으로 작위는 요동공이고, 단말배(段末杯)는 진나라의 요서공으로 영지에 근거를 두고 있다.

명제 태녕 원년(癸未, 323년)[121]

1 봄, 정월에 성(成)의 이양(李驤)[122]과 임회(任回)가 대등(臺登, 사천성 면녕현)을 노략질하였는데, 장군 사마구(司馬玖)가 싸우다 죽고, 월수(越雟, 사천성 서창의 동남쪽)태수 이쇠(李釗)와 한가(漢嘉, 사천성 아안현)태수 왕재(王載)가 모두 군(郡)을 가지고 성에 항복하였다.

2 2월 경술일(2일)에 원제를 건평릉(建平陵)에 장사지냈다.

3 3월 초하루 무인일에 기원을 고쳤다.

4 요안(饒安, 하북성 염산현)·동광(東光, 하북성 동광현)·안릉(安陵, 하

---

121 전촉 무왕 옥형 13년, 전조 조왕 광초 6년, 후조 명제 원년 5년, 전량 성왕 영원 4년이다. 이때 공식적인 정부만 5개가 있었다.

122 성의 태부이다.

북성 오교현) 세 현[123]에서 화재가 나서 7천여 호를 불태웠는데, 죽은 사람이 1만5천 명이었다.

5 후조가 팽성(彭城, 강소성 서주시)과 하비(下邳, 강소성 수안현)를 노략질하니 서주(徐州)자사 변돈(卞敦)과 정북(征北)장군 왕수(王邃)가 물러나서 우이(盱眙, 강소성 우이현)를 보위하였다. 변돈은 변곤(卞壼)의 사촌형이다.

6 왕돈이 황제 자리를 찬탈하려고 꾀하여 조정에 넌지시 자기를 부르게 하니, 황제가 손수 조서를 써서 그를 징소하였다. 여름, 4월에 왕돈에게 황월·반검(班劍)을 덧붙여주고, 사건을 상주할 때 이름을 쓰지 않고, 조회에 들어올 때에는 종종걸음을 하지 않으며, 칼을 차고 신발을 신은 채 전각에 오르게 하였다.[124]

왕돈은 고숙(姑孰, 안휘성 당도현)으로 옮겨서 진수(鎭守)하며 우호(于湖, 당도현의 남쪽)에 주둔하고, 사공 왕도를 사도로 삼고, 왕돈이 스스로 양주(揚州)목의 직책을 관장하였다. 왕돈이 반역하려고 하자 왕빈이 아주 고심을 하면서 간언하였다. 왕돈이 안색이 변해지고 눈을 좌우로 돌리며 장차 그를 체포하려고 하였다. 왕빈이 정색을 하고 말하였다.

"그대는 옛날에 형을 죽였고 지금 또 동생을 죽일 것이오?"[125]

---

123 이 세 현은 모두 후조에 속한 지역이다.

124 이 모두는 신하에 대한 특별 예우였다. 반검에 대한 해석은 여러 가지이지만 그 가운데 칼을 들고 좇아서 가는 사람을 말하는 경우가 있고, 목검(木劍)을 말하기도 하는데, 의장용이다.

125 왕빈은 왕돈과 왕도의 사촌동생인데,《진서》〈왕빈전〉에는 왕빈의 사촌형인

왕돈이 마침내 중지하고 왕빈을 예장(豫章, 강서성 남창시)태수로 삼았다.

7 후조의 왕 석륵이 사자를 모용외(慕容廆)에게 파견하여 우호관계를 맺자고 하였더니 모용외가 그를 붙잡아 건강[남경]으로 보냈다.

8 성의 이양(李驤)[126] 등이 나아가서 영주(寧州, 치소는 운남성 곡장현)를 공격하니, 자사인 포중장공(襃中壯公) 왕손(王遜)[127]이 장군 요악(姚嶽) 등에게 이를 막게 하였고, 당랑(螗蜋, 운남성 회택현)에서 싸웠는데, 성의 군사들이 대패하였다. 요악이 뒤를 쫓아가서 여수(瀘水, 금사강)까지 가니 성의 군사들이 다투어 물을 건너려고 하다가 빠져 죽은 사람이 1천여 명이었다. 요악은 길이 멀기 때문에 감히 건너지를 않고 돌아왔다.

왕손은 요악이 끝까지 쫓아가지 않았다 하여 크게 화를 내고 그에게 채찍질을 하였는데, 화를 내는 것이 심하여 관(冠)이 파열되고 죽었다. 왕손은 주(州, 영주)에서 14년간 있으면서 위엄을 다른 습속을 가진 사람들[128]에게도 보였다. 그 주의 사람들이 그의 아들 왕견(王堅)에게 주

왕릉(王稜)이 왕돈에게 해를 입었다고 되어 있으며, 또 왕돈이 회제 영가 6년 (312년)에 왕징(王澄)을 죽인 사건이 있는데, 이 사건을 두고 형을 죽였다고 하는 것이다. 이 일은《자치통감》권88에 실려 있다.

126 성나라는 전촉이고, 이양은 태부였다.

127 왕손은 작위가 포중공이었고, 죽은 다음에 시호를 장공이라고 하였으며, 그의 직책은 영주자사였다.

128 이적 등 소수민족들을 말한다.

부(州府)의 업무를 수행하게 하자[129] 조서를 내려서 왕견을 영주자사로 삼았다.

9   광주(廣州)자사 도간(陶侃)이 군사를 파견하여 교주(交州, 치소는 베트남 용편)를 구원하러 가서 아직 도착하지도 못하였는데, 양석(梁碩)[130]이 용편(龍編, 베트남 북녕성 선유의 동쪽)을 뽑아버리고 자사 왕량(王諒)의 부절을 빼앗으려고 하였으나 왕량이 주지 않자 양석이 그의 오른쪽 팔을 잘랐다. 왕량이 말하였다.

"죽는다 하여도 피하지 않을 것인데, 팔을 잘린 것이 무엇이란 말이냐?"

10일이 넘어서 죽었다.

10   6월 임자일(6일)에 태자비 유씨(庾氏)를 황후로 삼고, 황후의 오빠 중령군 유량(庾亮)을 중서감으로 삼았다.

11   양석이 교주를 점거하였으나, 흉포하여 무리들의 인심을 잃었다. 도간이 참군 고보(高寶)를 파견하여 양석을 공격하고 그의 목을 베었다. 조서를 내려서 도간에게 교주자사의 업무를 관장하게 하였으며, 관호를 올려서 정남(征南)대장군·개부의동삼사(開府儀同三司)[131]라 하

---

129 행직(行職)이다. 이는 임시로 업무를 수행하게 하는 것이며, 호삼성은 여기서 주는 영주이고, 부는 왕견이 맡았던 남이교위부를 말한다고 하였다. 그러나 문맥으로 보아 영주자사부로 보아야 할 것 같다.

130 신창(베트남 영부성 백학현)태수이다.

131 교주자사의 업무를 관장하는 것은 영직이다. 영직은 다른 직책을 가지고 있

었다.

얼마 후에 이부에 속한 낭관(郞官) 완방(阮放)이 교주자사를 시켜달라고 청구하니 이를 허락하였다. 완방이 가다가 영포(寧浦, 광서성 횡현)에 이르렀을 때 고보를 우연히 만나자 고보를 위하여 연회를 베풀고서 군사를 숨겨두었다가 그를 죽였다. 고보의 군사들이 완방을 공격하니 왕방이 도망하여 죽음을 면하였지만 주(州, 교주)에 이르러서는 조금 있다가 병들어서 죽었다. 완방은 완함(阮咸)[132]의 친척 조카이다.

12 진안(陳安)이 조의 정서(征西)장군 유공(劉貢)을 남안(南安, 감숙성 농서현의 동북쪽)에서 포위하니, 휴도왕(休屠王)[133] 석무(石武)가 상성(桑城, 감숙성 임조현)에서 군사를 이끌고 상규(上邽, 감숙성 천수시)로 가서 이를 구원하며 유공과 더불어 힘을 합하여 진안을 대파하였다. 진안이 남은 기병 8천 명을 거두어서 농성(隴城, 감숙성 장가천)으로 달아나 지켰다.

가을, 7월에 조의 주군 유요가 스스로 군사를 거느리고 농성을 포위하고 별도로 군사를 파견하여 상규를 포위하였다. 진안이 자주 나와서 싸웠으나 번번이 패배하였다. 우장군 유간(劉幹)이 평양(平襄, 감숙성 통위현 서북쪽)을 공격하여 여기서 이기니 농상(隴上, 감숙성 동부)에

어서 현장에 가지 않고 멀리서 업무만을 관장하는 직책이며, 개부의동삼사는 재상급의 예우를 받는 직책이다. 개부는 관부를 열 수 있다는 것을 말하고, 그에 대한 의례는 삼사(3공)와 같게 한다는 것이다.

132 위진시대의 죽림칠현의 한 사람이다.

133 진안(陳安)은 원제 영창 원년(322년)에 자칭 양왕(涼王)이라고 하였고, 휴도왕(休屠王)은 흉노세력이다.

있는 여러 현(縣)들이 모두 항복하였다. 진안은 그의 장수 양백지(楊伯支)와 강충아(姜沖兒)를 남겨두어 농성을 지키게 하고, 스스로 정예의 기병을 인솔하고 포위망을 뚫고 나가서 섬중(陝中)으로 도망하였다.

유요가 장군 평선(平先) 등을 파견하여 그를 쫓게 하였다. 진안이 왼쪽으로는 7척(尺)이나 되는 큰칼을 휘두르고, 오른쪽으로는 장팔사모(丈八蛇矛)[134]를 들었는데, 가까이 가면 칼과 창을 함께 휘둘러서 번번이 5~6명을 죽였고, 멀리 떨어져 있으면 좌우에서 말을 달리면서 활을 쏘며 달아났다. 평선 역시 용감하고 민첩하기가 나는 것 같아서 진안과 치고받고 싸웠는데, 세 번 부딪히는 접전에서 드디어 그의 장팔사모를 빼앗았다. 마침 해가 지고 비도 심하게 오자 진안이 말을 버리고 좌우 사람들과 산 속으로 숨어들었고, 조의 군사들이 이들을 찾아보았으나 있는 곳을 알지 못하였다.

다음날 진안이 그의 장수 석용(石容)을 파견하여 조의 군사를 살펴보게 하였는데, 조의 보위(輔威)장군 호연청인(呼延靑人)이 그를 붙잡아서 진안이 있는 곳을 고문하며 물었지만 석용이 끝내 말하려 하지 않자 호연청인이 그를 죽였다. 비가 그치자 호연청인이 그의 자취를 찾아내서 진안을 굽은 시내에서 잡아 목을 베었다. 진안은 장군과 병사를 잘 어루만지며 그들과 고락을 함께 하여서 그가 죽자 농상(隴上)의 사람들이 그를 생각하고 '장사(壯士)의 노래'[135]를 지었다.

---

134 길이가 1장(丈) 8척(尺)이고 끝이 뱀의 머리처럼 생긴 창을 말한다.

135 그 노래의 내용은 다음과 같다. 농상에 진안이라는 장사가 있었네/ 체구는 비록 작지만 배짱은 넓어/ 장사(將士)를 마치 자기의 심장처럼 아꼈네/ 멋진 말을 타고 철 안장에 앉아서/ 7척의 큰칼을 폭포처럼 휘두르고/ 장팔사모는 좌우로 돌아가/ 열 번 결판을 내도 전진을 못하더니/ 싸우기 세 번 만에 장팔

양백지는 강충아의 목을 베고 농성을 들어서 항복하였으며 별장 송정(宋亭)[136]이 조모(趙募)의 목을 베고 상규를 들어서 항복하였다. 유요가 진주(秦州, 감숙성 동부지역)에 사는 대성(大姓)인 양(楊)씨와 강(姜)씨의 여러 종족 2천여 호를 장안으로 옮겼다. 저족과 강족들이 모두 인질을 보내며 항복하겠다고 청하니, 적정(赤亭, 감숙성 농서현의 서쪽)에 사는 강족의 수령인 요익중(姚弋仲)을 평서(平西)장군으로 삼고, 평양공(平襄公)으로 책봉하였다.

13   황제는 왕돈이 압박하는 것이 두려워하여서 치감(郗鑒)을 외원(外援)세력으로 삼으려고 치감을 연주(兗州)자사로 삼고, 도독양주강서제군사(都督揚州·江西諸軍事)[137]로 삼아 합비(合肥, 안휘성 합비시)에서 진수하게 하였다. 왕돈은 이것을 꺼려서 표문을 올려 치감을 상서령으로 삼으라고 하였다.

8월에 조서를 내려서 치감을 징소하여 돌아오게 하자 오는 길에 고숙(姑孰, 안휘성 당도현, 왕돈이 있는 곳)을 지나오게 되니 왕돈이 그와 더불어 서조(西朝, 서진) 당시의 인사들을 평론하여 말하였다.

"악언보(樂彦輔)는 재능이 짧은 사람일 뿐이니 그의 실제를 생각해 보면 어찌 만무추(滿武秋)[138]를 뛰어넘을 수 있겠소?"

사모를 놓쳤다./ 내 멋진 말을 버리고 깊은 바위틈에 숨어들어/ 밖에서 원조하기를 목을 빼고 기다렸다/ 서쪽으로 흐르는 물 동쪽으로 흐르는 강/ 한 번 가면 돌아오지 않으니 어찌할꼬?

136 양백지는 농성을 지키던 진안의 장수이고, 송정(宋亭)은 상규를 지키던 진안의 장수이다.

137 양주(揚州)와 강서(江西)지역의 모든 군사에 관한 일을 감독하는 직책이다.

치감이 말하였다.

"악언보는 말하는 것이 평범하고 담백하여도 민제와 회제가 폐위되었을 때 부드럽지만 올바른 태도를 취할 수 있었으나 만무추는 절개를 잃은 사람이니[139] 어찌 그에 비교할 수 있겠습니까?"

왕돈이 말하였다.

"당시에는 위기가 번갈아가며 급하게 닥쳐왔기 때문이오."

치감이 말하였다.

"대장부는 그것으로 생사의 문제를 맞아야 될 것이오."

왕돈은 그가 한 말을 싫어하여 다시는 서로 만나지 않았고, 오래 머물게 하고 보내지 않았다. 왕돈의 무리들이 모두 왕돈에게 그를 죽이라고 권고하였지만 왕돈이 이 말을 좇지 않았다. 치감이 조정에 돌아와서 드디어 황제와 더불어 왕돈을 토벌하려고 모의하였다.

14   후조의 중산공인 석호가 보병과 기병 4만 명을 인솔하고 안동(安東)장군 조억(曹嶷)을 치니 청주(靑州, 산동반도)에 있는 군과 현들이 대부분 그에게 항복하자, 드디어 광고(廣固, 산동성 익도현의 서쪽, 조억의 근거지)를 포위하였다. 조억이 나와서 항복하니 양국(襄國, 하북성 형태시, 후조의 도읍지)으로 보내 죽였고, 그의 무리 3만 명을 산 채로 묻어버렸다.

---

138 낙광의 자가 언보이고, 만분의 자가 무추이다.

139 혜제 영강 원년(300년)에 태자가 폐위될 때 만분은 사예교위이었는데, 태자와 이별의 말을 하는 사람들을 잡아들였고, 다음 해에 조왕 사마윤이 찬탈할 때 만분은 또 인새와 인수를 받들었으므로 절개를 잃었다고 한 것이다. 이 내용은《자치통감》권83에 실려 있다.

석호가 조억의 무리들을 다 죽이려고 하자, 청주자사 유징(劉徵)이 말하였다.

"지금 저 유징을 여기에 남겨두어 백성들을 다스리라고 하셨는데, 백성들이 없으면 어찌 다스립니까? 저 유징은 장차 돌아갈 뿐입니다."

석호가 마침내 남자와 여자 700명을 유징에게 주고, 그로 하여금 광고를 진수하게 하였다.

전조의 유요, 전량의 장무, 동진의 왕돈

15   조의 주군 유요가 농상(隴上, 감숙성 동부)에서 서쪽으로 가서 양주(涼州)를 공격하는데, 그의 장수 유함(劉咸)을 파견하여 기성(冀城, 감숙성 감곡현의 남쪽)에서 한박(韓璞)을 공격하게 하고, 호연안(呼延晏)은 영강(寧羌)호군 음감(陰鑒)을 상벽(桑壁, 감숙성 농서의 경계 지역)에서 공격하고, 유요는 스스로 융졸(戎卒) 28만 명을 거느리고 황하의 근처에 주둔하였는데, 군영을 늘어놓은 것이 100여 리에 달하고, 금고(金鼓)를 치는 소리는 땅을 흔들고, 황하의 물이 끓어오르니 장무(張茂)[140]의 황하 가까이 있던 여러 수(戍)자리들은 모두 풍문을 듣고 달아나서 붕괴되었다.

유요가 겉으로 100군데서 함께 황하를 건너 곧바로 고장(姑臧, 감숙성 무위현, 전량의 도읍지)에 갈 것이라고 큰 소리를 치니 양주(涼州)에서는 크게 벌벌 떨었다. 참군 마급(馬岌)이 장무에게 친히 나아가서 항전하라고 권고하니, 장사 범위(氾褘)가 그의 목을 베라고 청하였다. 마급이 말하였다.

---

140 전량(前涼)의 우두머리이며 서평공이다.

"범공(氾公)은 조박(糟粕)한 서생이어서 다른 사람의 잘못을 불러서 해치는 작은 재주꾼이지 국가의 큰 계책을 생각하지 않습니다. 밝으신 공의 부자는 조정[141]을 위하여 유요를 죽이고 싶어 한 것이 여러 해가 되었는데, 지금 유요가 스스로 왔으니 먼 곳과 가까운 곳에 있는 사람들이 마음으로 함께 밝으신 공의 이번 거동을 보고 있는데, 마땅히 믿을 만한 용기가 있다는 증거를 세우셔서 진주와 농산[섬서성과 감숙성 동부]의 희망에 부응하시는데, 힘으로는 비록 대적하지 못하지만 형세를 보면 출전하지 않을 수 없습니다."

장무가 말하였다.

"훌륭하다."

마침내 나아가서 석두(石頭, 고장성의 동쪽)에 주둔하였다. 장무가 참군 진진(陳珍)에게 말하였다.

"유요가 삼진(三秦, 섬서성)의 무리들을 인솔하고 이긴 기세를 타고 돗자리를 말 듯하며 달려오니 장차 어찌하여야 하겠소?"

진진이 말하였다.

"유요의 병사는 비록 많지만 정예의 병졸이 아주 적고, 대개 저족과 강족의 까마귀 떼를 모아놓은 것 같은 무리들인데, 은혜를 베풀고 믿음을 주는 일이 미흡하고, 또 효산의 동부지역에 대한 걱정도 가지고 있으니 어찌 그 뱃속에 있는 고질병을 내버리고 오랫동안 날짜를 헛되이 보내며 우리와 하서(河西)의 땅[142]에서 싸우겠습니까? 만약 20일이 지나도 물러나지 않으면 저 진진이 지친 병졸 수천 명을 청해서 밝으

---

141 부자란 장무와 그의 아버지 장궤를 말하고, 조정이란 진나라 조정을 말한다.
142 하서주랑을 말하는 것이니, 바로 감숙성의 서중부지역이며 전량의 강토이다.

신 공을 위하여 그들을 잡아오겠습니다."

장무가 기뻐하면서 진진에게 병사를 거느리고 가서 한박을 구원하게 하였다.

조의 제장들이 다투듯 황하를 건너려고 하니 조의 주군 유요가 말하였다.

"우리 군사의 형세는 비록 왕성하지만 그러나 위엄이 두려워서 온 사람이 3분의 2이고 중군(中軍)[143]도 피곤하니 실제로는 써먹기가 어렵소. 지금 다만 갑병을 관장하며 움직이지 말고, 나의 위엄 있는 명성으로 그들을 떨게 하여야 하니 만약 중순을 넘어도 장무의 표문[144]이 도착하지 않는다면 내가 경들에게 진 것이오."

장무는 얼마 후에 사자를 파견하여 번속을 자칭하고, 말·소·양과 진기한 보배를 헤아릴 수 없이 바쳤다.

유요가 장무에게 시중·도독양남북진양익파한농우서역잡이흉노제군사(都督涼·南·北秦·梁·益·巴·漢·隴右·西域雜夷·匈奴諸軍事)[145]·태사(太師)·양주목(涼州牧)으로 삼고 양왕(涼王)에 책봉하였으며 구석(九錫)을 덧붙여주었다.

16 양난적(楊難敵)[146]이 진안(陳安)이 죽었다는 소식을 듣고, 크게

---

143 위엄을 두려워하여 왔다는 말은 억지로 끌려왔다는 말이고, 중군은 전 부대 가운데 중앙에 있는 주력부대를 말한다.

144 장무가 보낼 항복한다는 표문을 말한다.

145 양주(涼州)·남북진주(南北秦州)·양주(梁州)·익주(益州)·파주(巴州)·한주(漢州)·농우·서역의 여러 이적·흉노의 모든 군사를 감독하는 직책이다.

146 전조의 무도왕으로 근거지는 구지(감숙성 서화현의 서쪽)이다.

두려워하여 동생 양견두(楊堅頭)와 함께 남쪽으로 가서 한중(漢中, 섬서성 한중시)으로 달아나니,[147] 조의 진서(鎭西)장군 유후(劉厚)가 그를 추격하여 많이 붙잡아서 돌아왔다. 조의 주군 유요가 대홍려(大鴻臚) 전숭(田崧)을 진남(鎭南)대장군·익주자사로 삼아서 구지(仇池, 양난적의 근거지)에 진수하게 하였다.

양난적이 성(成)에 인질을 보내면서 항복을 받아달라고 청하니, 성의 안북(安北)장군 이치(李稚)가 양난적의 뇌물을 받고서 양난적이 성도(成都, 성나라의 도읍지)로 호송하지 않았다.

조의 군사들이 물러나자 즉시 무도(武都, 감숙성 성현)로 돌려보내니 양난적은 드디어 험한 요새를 점거하고 복종하지 않았다. 이치는 스스로 계책을 잘못 세웠다고 후회하고 빨리 그들을 토벌하게 해달라고 청하였다.

이웅은 이치의 형인 시중·중령군 이함(李琀)을 파견하여 이치와 함께 백수(白水, 사천성 광원현)로 나가게 하고, 정동(征東)장군 이수(李壽)는 이함의 동생인 이오(李玝)와 음평(陰平, 감숙성 문현)으로 나가 양난적을 공격하게 하자 여러 신하들이 간하였으나 듣지 않았다. 양난적이 병사를 파견하여 이들을 막으니, 이수와 이오는 전진할 수 없었고, 이함과 이치는 멀리 달려서 바로 하변(下辨, 감숙성 성현의 서쪽)에 이르렀다.

양난적이 군사를 파견하여 그들이 돌아가는 길을 잘라버리고 사방에서 그들을 공격하였다. 이함과 이치는 깊이 들어갔고 뒤를 이어주는 것도 없어서 모두 양난적에게 죽었는데, 이때 죽은 사람이 수천 명이었다. 이함은 이탕(李蕩)의 큰아들이고, 재주와 명망을 갖고 있어서 이웅

---

147 자기의 근거지인 구지를 포기한 것이다.

이 그를 후계자로 생각하였는데, 그가 죽었다는 소식을 듣고 밥을 먹지 않은 것이 며칠이나 되었다.

17　애초에, 조의 주군 유요의 큰아들은 유검(劉儉)이고, 둘째아들은 유윤(劉胤)이다. 유윤은 나이가 열 살이 되자 키가 7척 5촌이 되니 한의 주군 유총이 이를 기이하게 생각하고 유요에게 말하였다.

"이 아이가 신기(神氣)하여 의진(義眞)[148]에게 비할 것이 아니니 마땅히 후계자로 삼아야 할 것이다."

유요가 말하였다.

"번국[149]의 후계자란 제사를 잘 지내면 충분한 것이니 감히 장유(長幼)의 질서를 어지럽힐 것은 아닙니다."

유총이 말하였다.

"경의 공훈과 덕은 당세에 오직 정벌하는 임무를 받았으니, 다른 신하들에 비할 것이 아니지만, 내가 마땅히 다시 한 나라[150]를 가지고 의진을 책봉할 것이다."

마침내 유검을 임해왕(臨海王)으로 책봉하고 유윤을 세자로 삼았다.

이미 장성하고 나자 힘이 세고 활을 잘 쏘았으며 날래기가 바람 같았다. 근준(靳準)이 난을 일으켰을 때[151] 흑익욱국(黑匿郁鞠)부에 몰입(沒入)되었다.[152] 진안이 이미 패배하고 나자 유윤이 흑익욱국에게 자

---

148 유요의 큰아들인 유검의 자이다.

149 당시에 한(漢)이라고 하였던 한의 주군 유총은 진(晉, 서진)방백이었다.

150 여기서는 하나의 제후국을 말한다.

151 원제 대흥 원년(318년)에 일어났고, 그 내용은《자치통감》권90에 실려 있다.

기에 관하여 말하니 흑익욱국이 크게 놀라서 예를 갖추어 그를 귀국시켰다.

유요가 슬프기도 하고 기쁘기도 하여 여러 신하들에게 말하였다.

"의광(義光)은 비록 이미 태자가 되었지만 그러나 어리고 나약하며 근신하는 태도를 지녀서 오늘날에 있는 어려운 문제를 감당하지 못할까 걱정이다. 의손(義孫)[153]은 옛날에 세자였으며 재주와 그릇이 보통 사람을 뛰어넘으며 또 어려운 일을 다 섭렵하였다. 내가 주(周) 문왕(文王)과 한(漢) 광무제(光武帝)[154]를 본받아서 사직을 튼튼하게 하고 의광을 편안하게 하고자 하니 어떠하오?"

태부 호연안(呼延晏) 등 모두가 말하였다.

"폐하께서 국가의 무궁한 계책을 세우시는데 무엇이라도 신들은 그 결정에 의지할 따름이며 실로 종묘와 사해(四海)의 경사입니다."

좌(左)광록대부 복태(卜泰)·태자태보 한광(韓廣)이 나아가서 말하였다.

"폐하께서 폐위하고 세우시는 일은 옳습니다만 여러 신하에게 물어서는 안 되니 만약에 의심스럽다고 생각한다면 진실로 다른 말을 즐겨서 듣게 될 것입니다.

신이 가만히 생각하건대 태자를 폐위시키는 것은 잘못입니다. 옛날에 문왕이 후사를 정한 것은 아직 확정하기 전에 하였기 때문에 옳았

---

152 흑익욱국(黑匿郁鞠)부는 흉노족의 한 부락으로 보이는데, 정확한 사실은 알 수 없고, 몰입되었다는 것은 노복이 되었다는 말이다.

153 의광(義光)은 태자 유희(劉熙)의 자이고 의손(義孫)은 유윤의 자이다.

154 주나라의 문왕은 백읍고(伯邑考)를 버리고 후계자로 무왕을 세웠으며, 후한 광무제는 장자 유강(劉彊)을 버리고 유장(劉壯, 明帝)을 후계자로 세웠다.

던 것입니다. 광무제는 그 어머니가 황제의 은총을 잃게 되어 그 아들을 폐위시킨 것이니 어찌 성스러운 조정에서 본받을 만한 일이겠습니까? 과거에 동해왕(東海王)[155]을 후계로 삼으셨다면 아직 반드시 명제(明帝)와 다르지는 않았을 것입니다.

유윤이 문무의 재주와 지략에서는 진실로 세상에서 뛰어나지만 그러나 태자는 효성스럽고 우애가 있으며 어질고 인자하시니 또 승평시대에 현명한 주군을 잇기에 충분합니다. 하물며 동궁(東宮)이라는 것은 백성과 신령이 연결되어 있는데 어찌 가벼이 움직일 수 있습니까? 폐하께서 진실로 이와 같이 하시려고 한다면 신 등은 죽음이 있을 뿐이어서 감히 조서를 받들지 못하겠습니다.”

유요는 아무 말이 없었다.

유윤이 나아가서 말하였다.

“아버지가 아들에 대하여서는 당연히 그 아끼는 것이 같을 것인데, 지금 유희를 폐출하고 신을 세우신다면 신이 어찌 감히 스스로 편안하겠습니까? 폐하께서 만약에 신이 자못 국가정책을 감내할 수 있다고 여기신다면 어찌 유희를 보필하여 성스러운 대업을 이어주게 할 수 없단 말입니까? 만약에 반드시 신 유윤으로 유희를 대신하신다면 신은 청컨대 여기에서 목숨을 바치게 해 주시며 감히 명령을 듣지 못하겠습니다.”

이어서 흐느껴 목메어 울었다.

유요도 역시 유희가 양(羊)황후의 소생이어서 차마 폐위시키지 못하여 마침내 전 왕비였던 복씨(卜氏)에게 추가로 시호를 내려주어서 원

---

155 유요의 장자인 유검이다.

도(元悼)황후[156]라고 하였다. 복태(卜泰)는 바로 유윤의 외삼촌인데 유요는 그의 공적과 충성심을 가상히 여겨서 상(上)광록대부·의동삼사·영(領)태자태부로 삼고, 유윤을 영안왕(永安王)으로 삼아 시중·위(衛)대장군·도독이궁금위제군사(都督二宮禁衛諸軍事)[157]·개부의동삼사·녹상서사로 하였다. 유희에게는 유윤에게 보통집안에서의 예의[158]를 갖추라고 명령하였다.

18　장무(張茂)가 고장(姑臧, 감숙성 무장현, 전량의 도읍지)에서 성을 크게 하고, 영균대(靈鈞臺)[159]를 수리하였다. 별가(別駕) 오소(吳紹)가 간하였다.

"밝으신 공께서 성을 수리하고 대를 축조하는 것은 대개 과거에 있었던 환란[160]을 경계 삼으려는 것뿐입니다. 어리석은 저는 진실로 은혜를 베푸는 것이 사람들의 마음에 흡족하지 않다면 비록 층층이 높은 대(臺)에 있다고 하여도 역시 아무런 이익이 되지 않는다고 생각하는데, 많은 아랫사람들의 충성스럽고 믿을 만한 뜻을 의심하고, 병사와

---

156 유윤의 모친이다.

157 유요와 태자 유희의 두 궁을 금위(禁衛)하는 모든 군사를 감독하는 직책이다.

158 유희는 태자이므로 그의 형 유윤이 신하가 된 셈이다. 그러나 한 집안 안에서는 유윤이 형이고, 유희가 동생이므로 태자 유희에게 집안의 예에 따라서 유윤을 형으로 대우하라는 말이다.

159 장무는 전량(前涼)의 양왕(涼王)이고, 연균대는 원제 대흥 원년(321년)에 장무가 축조하자 염증(閻曾)이 간하여 이를 중지시켰다가 이제 다시 수리한 것이다.

160 유요가 침공하였던 일을 말한다.

백성들이 의탁할만한 희망을 잃어버리며, 겁먹고 나약한 모습을 보이고, 이웃하는 적들이 모의를 드러내기에 충분하게 한다면 장차 어떻게 천자를 보좌하며 제후들의 패자(覇者)가 될 것입니까? 바라건대 일찍이 공역을 파기하시고 노역과 경비를 쉬게 하십시오."

장무가 말하였다.

"돌아가신 형161이 어느 날 적에게 몸을 잃게 되었을 때에도 어찌 충성스러운 신하와 의로운 병사가 그들의 절개를 다할 생각을 갖지 않았겠소? 돌아보건대 화란이란 뜻하지 않은 곳에서 생기는 것이니, 비록 지혜와 용기가 있다 하여도 이를 사용할 수가 없을 뿐이오. 왕공(王公)들이 험한 곳을 만들어놓고 용기 있는 사람이라도 거듭하여 문을 닫아거는 것이 옛날의 도리였소.162 지금 국가가 아직은 편안하지 않은데 태평스러운 이치를 가지고 진퇴양난의 시대를 살아가는 사람을 책망할 수는 없는 것이오."

끝내 이것을 다 만들었다.

19   왕돈의 조카 왕윤지(王允之)가 바야흐로 총각(總角)163인데, 왕돈은 그가 총명하고 경계심도 있는 것을 아껴서 항상 스스로 따르게

---

161 장무의 형은 장식(張寔)이며 그 부하에게 죽었는데, 이 사건은 원제 대흥 3년(320년)에 일어났고, 그 내용은《자치통감》권91에 실려 있다.

162《주역》에 '왕공은 험지를 만들어서 그 나라를 지킨다'는 말이 있고,《좌전》에는 '용기 있는 지아비도 거듭하여 문을 닫아거는 것인데 하물며 나라의 경우에야!'라는 말이 있다.

163 왕돈은 동진의 대장군으로 실제 모든 실권을 쥐고 있는 사람이고, 총각은 고대에 결혼을 하기 전에는 머리를 두 갈래로 묶고 다녔는데, 그 모양이 마치 뿔과 같아서 이를 총각이라고 불렀다. 즉 결혼 전의 남자를 말한다.

하였다. 왕돈이 항상 밤중에 술을 마셨는데, 왕윤지는 취하였다고 말하고 먼저 누었다. 왕돈이 전봉(錢鳳)[164]과 반역하기로 모의하자, 왕윤지는 그들이 말하는 것을 모두 듣고서 즉시 드러누운 곳에서 먹은 것을 거의 다 토하여 의복과 얼굴도 모두 토한 것으로 더럽혀놓았다.

전봉이 나가자 왕돈이 과연 불로 비추어 보는데, 왕윤지가 음식물을 토해놓고 누어있어서 다시는 그를 의심하지 않았다. 마침 그의 아버지 왕서(王舒)가 정위가 되었으므로 왕윤지는 집에 돌아가게 해달라고 요구하고 아버지를 만나서[165] 왕돈과 전봉이 모의한 것을 전부 왕서에게 말하였다. 왕서와 왕도(王導)가 이 모든 것을 황제에게 말하고 몰래 이것에 대한 대비책을 세웠다.

왕돈이 그의 종족을 강하게 하고 황실을 능멸하여 약하게 하려고 하여 겨울, 11월에 왕함(王含)을 정동장군·도독양주강서제군사(都督揚州·江西諸軍事)로 삼고, 왕서를 형주자사·감형주면남제군사(監荊州·河南諸軍事)[166]로 삼고, 왕빈(王彬)을 강주(江州)자사로 삼았다.

20 후조의 왕 석륵이 참군 번탄(樊坦)을 장무(章武, 하북성 창현 동북쪽)내사로 삼았는데, 석륵이 그의 의관이 낡고 찢어진 것을 보고 그 이유를 물었다. 번탄이 솔직하게 말하였다.

---

164 왕돈의 모사(謀士)이다.

165 왕돈의 근거지는 무창이었고, 정위는 황제가 있는 건강[남경]에 있었으므로 왕윤지가 건강으로 간 것이다.

166 도독양주강서제군사(都督揚州·江西諸軍事)는 양주(揚州)·강서(江西)의 모든 군사에 관한 일을 감독하는 관직이고, 감형주면남제군사(監荊州河南諸軍事)는 형주(荊州)와 면남(河南)의 모든 군사적인 일을 감독하는 관직이다.

"최근에 갈족(羯族) 도적들에게 약탈을 당하여 재물이 다 소진되었습니다."

석륵이 웃으며 말하였다.

"갈족의 도적들이 끝내 그렇게 무도(無道)하였단 말이오? 지금 마땅히 보상해 주리다."

번탄이 크게 두려워하면서 머리를 조아리고 눈물을 흘리며 사죄하였다.[167] 석륵이 수레와 말·의복·행장을 갖추는 비용으로 3백만 전을 하사하고 그를 보냈다.

21   이 해에 월수(越雟, 사천성 서창의 동남쪽)의 사수(斯叟)부락[168] 사람들이 성의 임회(任回)를 공격하니, 성의 주군 이웅[169]이 정남(征南) 장군 불흑(費黑)을 파견하여 그들을 토벌하였다.

22   회계(會稽, 절강성 소흥시)내사 주찰(周札)은 그 한 집안에서 다섯 명의 후작(侯爵)[170]을 가진 사람이어서 그 종족이 강성하고 오(吳)지역의 선비 가운데는 그들과 비교할 사람이 없었는데, 왕돈이 이러한 사실을 꺼렸다. 왕돈이 병이 들자 전봉이 왕돈에게 주(周)씨를 일찍 없애

---

167 석륵은 갈족이었다. 그리하여 호족(胡族)이라는 말도 사용할 수 없게 하였는데, 직접 갈족 도적이라는 말을 사용하였으므로 금기사항을 범한 셈이었다.

168 전한시대의 서남이에 해당하는 사람들이다.

169 임회(任回)는 영주(寧州, 운남성)자사였고, 이웅은 성의 무제이다.

170 주찰은 동천현, 형 주정과 그의 아들 주무는 청류정후, 주무의 동생 주찬은 무강현후, 주찬의 동생 주진은 도향후, 형 주사와 그의 아들 주협은 오정형후였다.

라고 권고하였고, 왕돈도 그러겠다고 생각하였다.

주숭(周嵩)은 그의 형 주의(周顗)가 죽었으므로[171] 마음속으로 항상 분하게 생각하고 있었다. 왕돈은 아들이 없어서 왕함의 아들 왕응(王應)을 후사로 양육하는데, 주숭이 일찍이 무리들과 함께 있으면서 왕응은 군사를 통솔해서는 안 된다고 하였으므로 왕돈이 그를 미워하였다. 주숭과 주찰의 조카 주연(周莚)이 모두 왕돈의 종사중랑이었다. 마침 도사(道士) 이탈(李脫)이 요사스러운 술책으로 대중을 현혹시켰는데, 병사들과 백성들이 자못 그를 믿고 섬겼다.＊

---

171 원제 창원 원년(322년)에 있었던 일이다.

권093

진기15

지지부진한 동진

왕돈 세력의 최후

명제 태녕 2년(甲申, 324년)[1]

1   봄, 정월에 왕돈이 주숭(周嵩)과 주연(周筵)을 무고하여 이탈(李
脫)과 더불어 불궤(不軌)한 짓을 모의하였다고 하여 주숭과 주연을 잡
아들였다가 군부대 안에서 그들을 죽였다. 참군 하난(賀鸞)을 파견하
여 오(吳, 강소성 소주시)에 있는 심충(沈充)에게 가서 주찰(周札)[2]의 여
러 형제들을 다 죽이고 군사를 진격시켜서 회계(會稽, 절강성 소흥시)를
습격하게 하였는데, 주찰이 항거하며 싸우다가 죽었다.

2   후조의 장병(將兵)도위 석첨(石瞻)이 하비(下邳, 강소성 수녕시)와
팽성(彭城, 강소성 서주시)을 노략질하고 동완(東莞, 산동성 沂縣)과 동해
(東海, 산동성 담성현)를 빼앗으니, 유하(劉遐)[3]는 물러나서 사구(泗口,

---

1 성(成, 前蜀) 옥형 14년, 조(趙, 前趙)유요 광초 7년, 후조(後趙) 명제(明帝) 원
년 6년, 전량(前涼) 문왕 태원 원년이다.
2 이탈(李脫)은 도사이고, 주찰(周札)은 회계내사였다.

강소성 청강시의 서남쪽)를 지켰다.

사주(司州)자사 석생(石生)이 조[4]의 하남(河南)태수 윤평(尹平)을 신안(新安, 하남성 신안현)에서 공격하여 그의 목을 베고 5천여 가구를 잡아 가지고 돌아갔다. 이로부터 두 조(趙)나라는 사이가 벌어지고 날로 서로 공격하고 약탈하니 하동(河東, 산서성 남부)과 홍농(弘農, 하남성 서부)에서는 백성들이 즐겁게 살지 못하였다.

석생이 허(許, 하남성 허창시)와 영(潁, 하남성 우현)을 노략질하여 포로로 붙잡은 사람이 1만 명을 헤아렸다. 곽송(郭誦)[5]을 양적(陽翟, 하남성 우현)에서 공격하자 곽송이 이들과 싸워서 대파하니, 석생이 물러나서 강성(康城, 하남성 우현의 경계 지역)을 지켰다. 후조의 급군(汲郡, 하남성 급현)내사 석총(石聰)이 석생이 패배하였다는 소식을 듣고 달려가서 이들을 구원하여 나아가서 사주(司州)자사 이구(李矩)와 영천(潁川)태수 곽묵(郭默)[6]을 공격하여 모두 이들을 격파하였다.

3   성의 주군 이웅이 황후 임씨(任氏)에게서는 아들이 없었지만, 첩의 소생 아들이 10여 명 있었는데, 이웅은 그의 형 이탕(李蕩)의 아들 이반(李班)을 태자로 삼고 임씨에게 그를 어머니로서 기르게 하였다.

여러 신하들이 여러 아들 가운데서 세우라고 청하였더니 이웅이 말

---

3   동진의 연주자사이다.

4   사주(司州)자사는 석씨의 후조의 사주자사이고, 조란 유씨의 전조를 말한다.

5   호삼성은 허(許, 하남성 허창시)와 영(潁, 하남성 우현)은 같은 군에 소속하였다고 하였고, 곽송(郭誦)은 동진의 양무장군이며 양적에 주둔하고 있었다.

6   이구와 곽묵은 동진 사람이다.

하였다.

"내 형님은 먼저 돌아가신 황제의 적통(嫡統)이며 기이한 재주를 갖고 있어서 큰 공로를 세웠고, 일이 바로 승리할만한 상태에서 일찍 돌아가셨으니,[7] 짐은 항상 이를 슬프게 생각하였다. 또 이반은 어질고 효성스럽고 공부하기를 좋아하여 반드시 먼저 돌아가신 선열들이 남긴 짐을 짊어질 수 있을 것이다."

태부 이양(李驤)과 사도 왕달(王達)이 간하였다.

"선왕(先王)들께서 후계자를 세울 때 반드시 아들을 세운 것은 분수를 밝히고 확정하여 찬탈을 막기 위함이었습니다. 송(宋)의 선공(宣公)[8]과 오(吳)의 여채(餘祭)[9]의 경우에서 충분히 볼 수 있습니다."

---

7 이탕이 죽은 것은 진 혜제 태안 2년(303년)이었고, 그 내용은 《자치통감》 권 85에 실려 있다.

8 춘추시대 송나라의 13대 군주이다. 그는 그의 동생 자화(子和, 14대 穆公)에게 말하기를 '내가 내 아들 자여이(子與夷)를 아끼는 것이 내가 너를 아끼는 것만 같지 아니하다. 종묘와 사직의 주인이 되는 것에서도 자여이가 너만 같지 못하다. 네가 끝내는 군주가 되어야 한다.'라고 하였다. 기원전 729년에 송 선공인 자력(子力)이 죽자 그의 동생 자화가 제후의 자리를 계승하였고, 자화는 자기의 두 아들인 자풍(子馮)과 자발(子勃)을 국외로 쫓아냈다. 기원전 720년에 자화인 목공도 죽었고 제후의 자리를 목공의 아들인 자여이에게 전해 주었다.[15대 상공] 기원전 710년에 송나라에 정변이 일어나서 상공인 자여이가 피살되었고, 반란군이 14대 목공의 아들 자풍을 받아들여서 제후의 자리에 오르게 하니 이 사람은 16대 장공(莊公)이었다. 이 이후에도 내란이 계속되었는데, 사람들은 13대 선공이 정책을 잘못 결정한 때문이었다고 말하였다.

9 춘추시대의 이야기이다. 오나라 왕 오수몽(吳壽夢)에게 아들이 4명 있었는데, 번제(樊諸)·여채(餘祭)·이매(夷昧)·계찰(季札)이 모두 같은 어머니의 소생이었다. 이들 가운데 계찰이 제일 어리지만 재주가 있어서 번제가 말하였다. '우리가 만일 바로 왕위를 계찰에게 직접 전해준다면 그는 받지 않을 것이므로

이웅이 듣지 않았다.

이양이 물러나 눈물을 흘리면서 말하였다.

"혼란은 여기서부터 시작될 것이다."

이반의 사람됨은 겸손하여 아랫사람을 공경하며 움직일 때에도 예법을 준수하여서 이웅이 큰 논의를 할 때마다 번번이 그에게 참여하게 하였다.

4   여름, 5월 갑신일(14일)에 장무[10]가 병이 들어서 세자 장준(張駿)의 손을 잡고 눈물을 흘리며 말하였다.

"우리 집안은 대대로 효성과 우애 그리고 충성과 순종함이 있다는 것으로 칭찬을 받아왔는데, 오늘날 비록 천하가 크게 혼란하다고 하여도 너는 이것을 받들어 이어받고 잃어버리지 마라."

또 명령을 내려서 말하였다.

"내가 가진 관직은 왕명을 따른 것이 아니고,[11] 진실로 사람들을 모

왕위를 아들에게 전해 주지 않고 동생에게 전해 주는 제도를 만들자.' 결국 기원전 527년에 이매가 죽자 계찰이 왕위 계승을 거절하고 다른 나라로 도망하였다. 그리하여 이매의 서장자인 요(僚)가 즉위하였다. 이에 번저의 아들인 광(光, 闔閭)이 말하였다. '우리 아버지가 아들에게 왕위를 주지 않고, 동생에게 전해 주자고 한 것은 계찰을 생각하였기 때문이다. 우리 아버지의 뜻에 따른다면 계찰에게 왕위를 전하여야 할 것이고, 우리 아버지의 명령을 따르지 않을 것이라면 내가 의당 왕위를 계승해야 할 것이다. 요가 어떻게 왕위를 얻을 수 있을 것인가?' 이에 전제(專諸)를 시켜서 요를 죽였다. 여채(餘祭)의 '祭'는 호삼성이 '側界의 번'이라고 하였으므로 '채'로 썼다.

10 전량(前涼)의 양왕이었다.

11 장무는 양왕이었지만, 동진 황제로부터 받은 것이 아니었다.

아서 일을 벌인 것이니 어찌 감히 영광스럽다고 할 것이냐? 죽는 날 마땅히 흰옷을 입혀서 관에 넣고 조복을 입혀서 염(斂)[12]하지 마라."

그날로 죽었다.

민제의 사자 사숙(史淑)이 고장(姑臧, 감숙성 무위현, 凉의 도읍)에 있었는데, 좌(左)장사 범위(氾褘)와 우(右)장사 마모(馬謨) 등이 사숙에게 장준을 대장군·양주목·서평공으로 삼게 하고 그 경내에 크게 사면하였다. 전조의 주군 유요가 사자를 파견하여 장무에게 태재(太宰)를 증직(贈職)[13]하고 시호를 성열왕(成烈王)이라고 하고, 장준을 상(上)대장군·양주목·양왕으로 임명하였다.

5 왕돈의 병이 심해지자 조서를 고쳐서 왕응(王應)[14]을 무위(武衛)장군으로 삼아 자기 직책의 부직(副職)[15]을 맡게 하고, 왕함(王含)을 표기(驃騎)대장군·개부의동삼사로 삼았다. 전봉(錢鳳)이 왕돈에게 말하였다.

"만약 거리낌 없이 말씀드린다면[16] 마땅히 뒷일을 왕응에게 맡겨야 하겠지요?"

---

12 흰옷은 평민의 복장이고 염(斂)은 염(殮)을 말한다. 죽은 다음 관(棺)에 넣기 전에 시체를 묶는 것을 말한다.

13 죽은 다음에 주는 관직을 말한다.

14 왕돈의 형인 왕함의 아들로 왕돈의 후계자이다.

15 두 번째 가는 직책이다. 즉 왕돈을 정직(正職)이라고 한다면 그 다음 직책이라는 의미이다.

16 왕돈이 병이 깊이 들었지만 죽는다는 말을 겉으로 할 수 없으므로 거리낌 없이 말한다는 것으로 죽음을 암시적으로 표현하였다.

왕돈이 말하였다.

"비상한 일은 비상한 사람이 할 수 있는 것이오. 또 왕응의 나이가 어려서 어찌 큰일을 감당하겠소! 내가 죽은 다음에는 군사를 풀어놓고 무리를 흩어버리고 조정으로 귀부하여 우리 집안을 완전히 보호하는 것 만한 것이 없으며 이것이 상책이니, 물러나 무창(武昌, 왕돈의 근거지)으로 돌아가서 군사를 거두어 스스로 지키면서 조정에 공물을 바치는 일을 없애지 않는 것이 중간쯤 가는 계책이며, 내가 아직 살아 있을 때 모든 무리를 데리고 내려가서 만일의 요행[17]을 바라는 것이 하급의 계책이오."

전봉이 그 무리들에게 말하였다.

"공이 말씀하신 하급 계책이 바로 상책이다."

드디어 심충(沈充)과 더불어 모의하여 결정하였는데, 왕돈이 죽기를 기다렸다가 바로 난을 일으키기로 하였다. 또 숙위하는 사람이 아직도 많으므로 주청(奏請)을 올려서 3조로 나누어 두 조를 쉬도록 하였다.[18]

애초에, 황제가 친히 중서령에 온교(溫嶠)를 임명하였는데, 왕돈이 이를 싫어하여 온교를 좌(左)사마로 삼으라고 청하였다. 온교가 마침내 속여서 부지런히 공경하는 척하면서 그 부(府)의 업무를 종합하고 때로는 나아가서 비밀리에 그가 바라는 것에 부합하도록 모의하였다.[19] 전봉과 깊이 연결을 맺고서 그를 겉으로 칭찬하였는데 매번 말

---

17 모든 무리를 데리고 내려간다는 말은 장강을 내려가서 동진의 도읍지인 건강을 공격한다는 것이고, 요행이란 반란을 일으켜서 그것이 성공하는 요행을 말한다.

18 동진의 도읍에 황제의 수비병의 숫자를 줄이려고 한 것이다.

19 겉으로 권력자인 왕돈을 섬기면서 속으로는 그를 제거할 생각을 한 것이다.

하였다.

"전세의(錢世儀, 전봉)의 정통한 신령함이 뱃속에 가득하다."

온교는 평소 조감(藻鑑)[20]할 수 있는 사람이라는 명성을 갖고 있었기 때문에 전봉이 아주 기뻐하였고, 깊이 온교와 우호관계를 맺었다.

마침 단양윤(丹楊尹)이 결원이 되었는데, 온교가 왕돈에게 말하였다.

"경윤(京尹)[21]은 목구멍과 같은 지역이니 공께서 의당 스스로 그에 해당하는 인재를 선발하셔야 할 것이며, 조정에서 사람을 채용하면 혹 아주 이치에 맞지 않을까 걱정입니다."

왕돈도 그러할 것이라고 생각하고 온교에게 물었다.

"누가 좋을까?"

온교가 말하였다.

"어리석은 저의 생각으로는 전봉만한 사람이 없습니다."

전봉도 또 온교를 추천하였는데, 온교가 거짓으로 그것을 사양하였지만 왕돈이 말을 들어주지 않았고, 6월에 표문을 올려서 온교를 단양윤으로 삼으라고 하고 그에게 조정의 사정을 엿보게 하였다.

온교는 자기가 간 다음에 전봉이 뒤에서 이간질을 하여 자기를 막아버릴까 두려워하여 왕돈이 전별해 주는 자리를 이용하여 일어나서 술을 돌리다가 전봉이 있는 곳에 이르렀는데, 전봉은 그가 따라준 술을 아직 마시지도 않은 상태인데 온교는 거짓으로 술에 취한 척하고 손바

---

20 세의는 전봉의 자이며 조감은 사람의 품격과 능력 그리고 명예를 감별할 수 있는 것을 말한다.

21 단양윤은 동진의 도읍지인 건강지역을 단양이라고 하였으므로 단양윤은 단양의 책임자이고, 단양은 동진의 도읍이므로 경윤이라고도 한다.

닥으로 전봉의 머리에 쓴 모자를 쳐서 떨어뜨렸고 얼굴을 붉히면서 말하였다.

"전봉은 무엇 하는 사람이오? 나 온태진(溫太眞)[22]이 술을 돌렸는데도 감히 마시지 않다니!"

왕돈은 술에 취한 것이라고 생각하고 두 사람을 풀어 화해시켰다.

온교가 떠나면서 왕돈과 작별할 때 눈물을 흘리면서 건물을 나갔다가 다시 들어오기를 두세 번이나 하였다.[23] 그가 떠난 후에 전봉은 왕돈에게 말하였다.

"온교는 조정과 아주 가까운 사람이고, 유량(庾亮)[24]과도 깊이 교제하고 있어서 아직은 믿을 수 없습니다."

왕돈이 말하였다.

"태진이 어제 술에 취하여 조금 소리를 내고 얼굴을 붉힌 일이 있지만 어찌 그대가 바로 참소할 수 있단 말이오?"

온교가 건강[남경]에 도착하여 왕돈의 역모를 황제에게 다 보고하고, 먼저 이를 대비하도록 청하고, 또 유량과 더불어 왕돈을 토벌할 꾀를 계획하였다.

왕돈이 이 소식을 듣고 크게 화가 나서 말하였다.

"내가 마침내 이 조그만 녀석에게 속았구나!"

사도 왕도(王導)에게 편지를 보내서 말하였다.

"태진이 이별한 지 며칠이 안 되어 이와 같은 일을 벌렸구려! 마땅히

---

22 온교의 자가 태진이다.

23 왕돈과 작별하는 것을 아쉬워하는 모습을 보이려고 한 모습이다.

24 황제인 사마소의 내종형이다.

사람을 모집하여 그를 산 채로 잡아다가 내 스스로 그의 혀를 뽑아버리겠소."[25]

---

25 왕돈은 비록 조정에서 멀리 떨어져 있지만 조정을 통제할 권력을 갖고 있었다.

토벌된 왕돈 세력

    황제가 장차 왕돈을 토벌하려고 광록훈 응첨(應詹)에게 물었더니 응첨이 그 일을 성공시키라고 권고하자 황제가 드디어 마음을 결정하였다. 정묘일(27일)에 사도 왕도에게 대도독·영(領)양주(揚州)자사를 덧붙여주고, 온교를 도독동안북제군사부(都督東安北部諸軍事)[26]로 삼고 우(右)장군 변돈(卞敦)과 더불어 석두(石頭, 남경 서남쪽에 있는 성)를 지키게 하고, 응첨을 호군(護軍)장군·도독전봉급주작교남제군사(都督前鋒及朱雀橋南諸軍事)[27]로 삼고, 치감(郗鑒)을 행위장군(行衛將軍)·도독종가제군사(都督從駕諸軍事)로 삼고, 유량을 영좌위장군(領左衛將軍)으로 삼고, 이부상서 변곤(卞壺)를 행중군장군(行中軍將軍)[28]으로

---

26 동안(東安, 秦淮河의 북쪽) 북부지역의 모든 군사를 감독하는 관직명이다.

27 도독전봉급주작교남제군사(都督前鋒及朱雀橋南諸軍事)는 도독의 직책으로, 여기서는 선봉군과 주작교(朱雀橋, 진회하의 남쪽) 남쪽의 모든 군사에 관한 일을 감독하는 관직명이다.

28 행위장군(行衛將軍)·도독종가제군사(都督從駕諸軍事)·영좌위장군(領左衛將軍)·행중군장군(行中軍將軍)은 모두 관직명이다. 앞에 행(行)이 붙으면 행직으로 임시직 또는 대리직을 의미하는 것으로 행위장군은 위장군직을 대리하는 직책이며, 행중군장군은 중군장군의 직책을 대리하는 직책이며, 도독은

삼았다.

치감은 군사적 호칭이 실제적인 것에서는 아무런 도움이 되지 않는 다고 하여 굳게 사양하며 그 관직을 받지 않고, 임회(臨淮, 강소성 우태 현)태수 소준(蘇峻)과 연주자사 유하(劉遐)를 불러서 함께 왕돈을 토벌 하게 해달라고 청하였다. 조서를 내려서 소준·유하 그리고 서주(徐州) 자사 왕수(王邃)·예주(豫州)자사 조약(祖約)·광릉(廣陵, 강소성 양주시) 태수 도첨(陶瞻) 등을 불러들여 경사(京師)를 보위하라고 하였다. 황제 는 중당(中堂)[29]에 주둔하였다.

사도 왕도가 왕돈의 병이 위독하다는 소식을 듣고, 자제들을 인솔하 고 발상(發喪)하니, 무리들은 왕돈이 죽었다고 믿고, 모두가 분발할 생 각을 가졌다. 이에 상서는 조서를 베껴 왕돈의 대장군부에 내려보내서 왕돈의 죄악을 열거하였다.

"왕돈이 문득 형의 아들로 자신의 직위를 대신하도록 이어받게 하였 는데,[30] 재상의 자리를 왕명을 거치지 않고 임명한 일은 아직 없었다. 완고하고 흉악한 것을 서로 장려하면서도 돌아보고 거리끼는 바가 없 었고, 마음속으로 흉하고 추악한 길로 달려가서 신기(神器)[31]를 엿보

일정한 범위에서 전체를 감독하는 직책으로 도독종가제군사는 어가를 호종 하는 모든 군사에 관한 일을 감독하는 직책이고, 관직 앞에 영(領)이 붙으면 현장에 가지 않고 업무를 관리하는 직책으로 영좌위장군은 좌위장군의 업무 를 관리하는 직책이다.

29 건강[남경]의 선양문(宣陽門) 밖에 있다.

30 왕돈은 왕도의 사촌형인데, 왕돈은 그의 형 왕함의 아들 왕응에게 자기의 직 책 즉 재상의 직책을 황제의 허락도 없이 받게 하였다는 말이다.

31 황제의 자리를 말한다.

왔다.

하늘이 간사한 일을 더 이상 늘려주지 않아서 왕돈이 죽었는데, 전봉이 흉악한 뜻을 이어받아서 다시금 반역하도록 선동하였다. 지금 사도 왕도 등을 파견하여 호랑이 같은 군사 3만 명을 거느리고 열 개의 길로 함께 나아가고, 평서(平西)장군 왕수 등은 정예의 군사 3만 명을 거느리고 육지와 강으로 세력을 가지런히 하며, 짐은 친히 모든 군사를 통솔하여 전봉의 죄를 토벌하고자 한다. 전봉을 죽여서 그의 머리를 보내올 수 있는 사람이 있으면 5천 호의 후작에 책봉할 것이다.

여러 문관과 무관 가운데 왕돈에게 채용된 사람은 한 가지로 책임을 묻지 않겠으니, 의심하거나 꺼리다가 목을 베이는 일을 당하지 마라. 왕돈의 장사(將士)들은 왕돈을 좇아서 여러 해가 지나도록 자기 집을 떠나 있었으므로 짐은 이를 대단히 가련하게 생각한다. 그들 가운데 혼자 몸으로 군중(軍中)에 있는 사람들은 모두 집으로 돌려보내며 죽을 때까지 다시는 징발하지 않을 것이며, 그 나머지는 모두 3년간의 휴가를 줄 것이니, 휴가가 끝나서 대(臺)^{32}로 돌아오게 되면 마땅히 숙위와 같은 예에 따라서 3개 반^{33}으로 편성할 것이다."

왕돈은 조서를 보자 대단히 화를 냈고, 병은 더욱 위독해져서 스스로 군사를 거느릴 수가 없었다. 장차 군사를 들어서 경사(건강, 즉 남경)를 치려고 하면서 기실(記室)^{34} 곽박(郭璞)에게 점을 치게 하였다.

곽박이 말하였다.

---

32 상서대의 준말로 조정을 말한다.

33 세 개의 반으로 나누어 3년에 한 번씩 복역하도록 한다는 것이다.

34 기밀을 다루는 비서이다.

"성공하지 못합니다."

왕돈은 평소 곽박이 온교와 유량을 돕는다고 의심하였는데, 점괘가 흉하게 나왔다는 소식을 듣고 마침내 곽박에게 물었다.

"경이 다시 점을 쳐서 나의 수명이 얼마인가 보시오."

곽박이 말하였다.

"조금 전의 점괘를 생각해 보건대, 밝으신 공이 일을 일으키면 반드시 화가 곧 닥칠 것이고, 만약에 무창에 그대로 있게 되면 그 수명은 추측할 수 없습니다."

왕돈은 크게 화가 나서 말하였다.

"경의 수명은 얼마요?"

말하였다.

"내 목숨은 오늘로 다합니다."

해가 중천에 있는데, 왕돈이 곽박을 잡아들여 목을 베었다.

왕돈이 전봉·관군(冠軍)장군 등악(鄧岳)·전(前)장군 주무(周撫) 등에게 무리를 인솔하고 경사로 향하게 하였다. 왕함이 왕돈에게 말하였다.

"이 일은 바로 우리 집안일이니, 내가 마땅히 스스로 가리라."

이에 왕함을 원수로 삼았다. 전봉 등이 물었다.

"일이 성공하는 날 천자를 무엇이라고 말할까요?"

왕돈이 말하였다.

"아직 남교(南郊)에서 제사를 지내지도 않았는데 어찌 천자라고 부를 수 있겠는가? 경은 군사세력을 다하여 동해왕(東海王)과 배비(裴妃)[35]를 보호할 뿐이다."

---

35 동해왕은 사마충(司馬沖)을 말하는데 원제의 셋째 아들이고, 이는 8왕의 난

마침내 상소문을 올려서 간신인 온교 등을 주살한다는 명목을 내세웠다.

가을, 7월 초하루 임신일[36]에 왕함 등 육로와 수로로 5만 명이 강녕(江寧, 강소성 강녕현)의 남쪽 강안(江岸)[37]을 습격하니 사람들이 마음 속으로 떨고 두려워하였다. 온교가 강의 북쪽으로 주둔지를 옮기고 주작교를 불태워서 그들의 예봉을 꺾으니, 왕함이 강을 건널 수가 없었다. 황제가 친히 군사를 거느리고 그들의 치려고 하였지만 다리가 이미 끊겼다는 소식을 듣고 크게 화를 냈다.

온교가 말하였다.

"지금 숙위하는 군사는 적고 약하며, 징집한 군사는 아직 도착하지 않았는데, 만약 도적들이 멧돼지처럼 돌격해 온다면 위험한 것이 사직에 미치게 되고, 종묘도 또 보존하지 못할까 걱정인데 어찌 다리 하나를 아끼겠습니까?"

사도 왕도가 왕함에게 편지를 보냈다.

"근래에 대장군의 고단함과 위독함을 들었는데, 혹 어떤 사람은 이미 죽었다고 말하였습니다. 얼마 전에 전봉이 크게 계엄을 하면서 멋대로 간사하고 반역하는 짓을 하고자 한다는 사실을 알았습니다. 형[38]

에서 맨 마지막 사람인 사마월(司馬越)의 후사가 되었고, 배씨는 사마월의 비(妃)를 말한다.

36 원문에 '秋, 七月, 壬申朔'이라고 되어 있으므로 7월 1일이 임신일이라는 말이다. 그러나 이 해 7월 1일은 신미일이므로 임신 다음에 삭을 쓴 것은 잘못이다. 임신일은 2일이다.

37 진회하(秦淮河)의 북안(北岸)이다.

38 대장군은 왕돈을 말하고, 형이란 왕함을 지칭한다.

께서는 마땅히 그가 그런 짓을 하지 못하게 억제하고 무창으로 돌아가 울타리가 되어야 한다고 생각하는데, 지금 마침내 개나 양 같은 무리와 더불어 동쪽으로 남하하는군요.

형의 이번 거사는 대장군이 옛날에 했던 일[39]과 같다고 말할 수 있겠습니까? 옛날에 아첨하는 신하[40]가 조정을 어지럽혔고 사람들이 편안치 못한 생각을 품고 있어서 저 왕도와 같은 무리도 마음으로는 밖으로 나가서 어려움을 헤쳐 나가려고 생각하였습니다. 지금은 그렇지 않습니다.

대장군이 와서 우호(于湖, 안휘성 당도현)에 주둔하고서는 인심을 점차 잃어서 군자들은 위험하고 두렵게 생각하고, 백성들은 수고롭고 지쳐있습니다. 죽는 날에 중책을 안기(安期)[41]에게 위탁하였는데, 안기가 젖을 뗀 지 며칠이나 되었습니까? 또 이 시기 사람들이 바라는 바에서 보아도 재상의 자리를 이을 수가 있습니까? 천지가 개벽한 이래로 자못 재상을 어린아이로 삼은 일이 있습니까?

여러 귀를 가진 사람들은 모두가 장차 선양하여 황제를 대신하려고 한다는 것을 아는데, 이것은 신하가 할 일이 아닙니다. 선대의 황제[42]께서 중흥하시어 백성들에게 애호함을 남겨주셨고, 성스러운 주군[43]

---

39 왕돈이 건강으로 쳐들어왔던 사건을 말한다. 이것은 원제 원창 원년(322년)에 있었다. 이 일로 왕돈은 동진에서 실제적으로 전권을 행사하였다.

40 조협과 유외 같은 사람을 말한다.

41 왕돈이 후계자로 삼으려는 왕응을 말한다. 왕응의 자가 안기이다.

42 사마예를 말한다.

43 현재 동진의 황제인 사마소를 말한다.

은 총명하고 덕이 조야(朝野)에 퍼져 있습니다. 형이 마침내 망령되게 반역하는 마음을 싹 트게 하려 하였으니, 무릇 신하 된 사람으로 누가 분해하고 한탄하지 않겠습니까? 저 왕도의 가문에 있는 사람들은 적건 크건 간에 나라의 두터운 은혜를 받았는데, 오늘날의 일이 일어나자 눈을 분명하게 뜨고 담력을 키워서 6군(軍)의 머리가 되었으니, 차라리 충신이 되어 죽을지언정 무뢰배가 되어 살지는 않겠습니다."

왕함은 회답하지 않았다.

어떤 사람이 말하였다.

"왕함과 전봉이 거느린 무리는 백배나 많고 원성(苑城)[44]은 적고 또 견고하지도 못하니, 의당 군사 세력이 완전히 갖추어지지 않았을 때[45] 대가(大駕)[46]가 스스로 나아가서 항전하여야 할 것입니다."

치감이 말하였다.

"여러 반역하는 무리가 멋대로 횡행하니 형세로 보아 감당하기 어려우므로 꾀를 내서 굴복시킬 수는 있지만 힘으로 다투기는 어렵습니다. 또 왕함 등의 호령은 하나로 통일되지 않아서 점차 도둑질하는 사태가 있게 되면 관리와 백성들은 지난해의 포악한 약탈을 교훈 삼아서 모든 사람들이 스스로 지키게 될 것입니다.

반역하고 순응한다는 형세를 탄다면 왜 못 이길 것을 걱정하겠습니까! 또 도적들은 경략(經略)이나 먼 장래를 내다보는 계획도 없고 오직

---

44 말릉에 있는 성으로 건강은 원성에 의지하여 방어하고 있었다.

45 왕돈의 군사는 멀리서 왔으므로 진지를 정비하지 못했을 때 공격하자는 뜻이다.

46 황제의 수레라는 말로 황제를 지칭한다.

멧돼지처럼 달려들어 한 번 싸우고자 하는 생각만 갖고 있으니, 날짜를 보내며 오래 지나게 되면 반드시 의로운 선비들의 마음을 일깨워서 지혜와 힘을 펼칠 수 있게 될 것입니다.

지금 이쪽의 약한 힘을 가지고 저쪽의 강한 도적을 대적하여 하루아침에 승부를 결정하며 숨 한 번 쉬는 사이에 성공과 실패를 결정지으려 하다가 만에 하나라도 차질이 생긴다면 비록 신서(申胥) 같은 무리[47]를 갖고 있어서 의를 갖고 소매를 떨치고 일어난들 이미 저질러진 다음에 무슨 보탬이 있겠습니까?"

황제가 마침내 중지하였다.

황제가 여러 군사를 이끌고 나아가서 남황당(南皇堂)에 주둔하였다. 계유일(3일) 밤에 장사를 모집하여 장군 단수(段秀)와 중군사마 조혼(曹渾) 등을 파견하여 갑옷을 갖춰 입은 병졸 1천 명을 인솔하고 물을 건너서 그들이[48] 아직 준비되지 않은 상태를 습격하였다. 날이 밝자 월성(越城, 진회하의 남쪽)에서 싸워서 그들을 대파하고 그들의 선봉장인 하강(何康)의 목을 베었다. 단수는 단필제(段匹磾)의 동생이다.

왕돈은 왕함이 패배하였다는 소식을 듣고 크게 화가 나서 말하였다.

"나의 형님[49]이 늙은 노비와 같을 뿐이로구나! 우리 집안은 쇠퇴하고 세상일도 다 끝났다!"

---

47 《좌전》에 나오는 이야기이다. 기원전 560년에 오(吳)가 초(楚)를 침입하여 초 소왕은 수국(隨國)으로 도망하였고, 초의 대부인 신포서(申包胥)가 진(秦)에 가서 구원을 요청하였다. 진에서는 처음에 거절하다가 신포서의 간곡한 청으로 마침내 원군을 보내서 초를 회복시켰다.

48 물이란 진회하(秦淮河)를 말하며, 그들이란 왕돈의 군사를 말한다.

49 왕함을 가리키는 말이다.

돌아보며 참군 여보(呂寶)에게 말하였다.

"내가 마땅히 힘껏 가보아야겠다."

이어서 힘을 내서 일어났으나 고단하고 힘이 없어서 다시 드러누웠다.

마침내 그의 외삼촌인 소부(少府)⁵⁰ 양감(羊鑒)과 왕응(王應)에게 말하였다.

"내가 죽거든 왕응이 바로 즉위하게 하고, 먼저 조정의 백관을 만들고 그런 다음에 장례를 치르라."

왕돈이 얼마 안 있다가 죽었지만 왕응은 비밀에 붙여서 상사(喪事)를 발설하지 않고 시체를 자리로 싸고 그 밖을 밀랍으로 발라서 청사(廳舍) 안에다 묻고서 제갈요(諸葛瑤) 등과 밤낮으로 술을 마시고 음란한 짓을 하며 즐겼다.

황제가 오흥(吳興) 사람 심정(沈楨)으로 하여금 심충(沈充)에게 유세하게 하여 사공이 되는 것을 승낙 받게 하였다. 심충이 말하였다.

"삼사(三司)⁵¹라는 것은 모든 사람이 쳐다보는 중요한 자리인데 어찌 내가 맡겠습니까! 폐물(幣物)이 두텁고, 말이 달콤한 말⁵²은 옛 사람들이 두려워했던 것입니다. 또 대장부가 함께 일을 하면 처음부터 끝까지 같아야 하는데 어쨌든 중간에서 바꾼다면 사람들 가운데 누가 나를 용납하겠습니까?"

---

50 궁정에 물건을 공급하는 책임을 가진 직책이다.

51 삼공을 말한다.

52 왕돈 편에 있는 사람에게 높은 관직을 준다고 하였으므로 그것을 후한 폐물과 달콤한 말이라고 하였다.

드디어 군사를 들어서 건강(建康, 동진의 도읍인 남경)으로 달려갔다.

종정경(宗正卿) 우담(虞潭)이 병이 들어 회계(會稽, 절간성 소흥시)로 돌아가 있다가 이 소식을 듣고 여요(餘姚, 절강성 여요현)에서 군사를 일으켜서 심충을 토벌하였다. 황제가 우담을 영(領)회계내사로 삼았다. 전 안동(安東)장군 유초(劉超)와 선성(宣城, 안휘성 선성현)내사 종아(鍾雅)가 모두 군사를 일으켜서 심충을 토벌하였다. 의흥(義興, 강소성 의흥현) 사람 주건(周蹇)은 왕돈이 서명하여 임명하였던 태수 유방(劉芳)을 죽였고, 평서(平西)장군 조약(祖約)은 왕돈이 서명하여 임명한 회남(淮南)태수 임태(任台)를 쫓아냈다.

심충은 무리 1만여 명을 인솔하고 왕함의 군사와 합쳤다. 사마 고양(顧颺)이 심충에게 유세하였다.

"지금 큰일을 일으켰는데, 천자가 이미 그 목구멍을 쥐고 있어서, 칼날은 꺾이고 기세도 막혔으며, 서로 대치하기를 오래 한다면 반드시 화를 당하고 실패하기에 이를 것입니다. 지금 만약에 호수의 갑문(閘門)을 쪼개서 파괴시키고 이어서 호수의 물을 경읍(京邑, 동진의 도읍인 건강)에 쏟아 붓고 그 물의 형세를 타고 수군을 풀어놓아서 그들을 공격한다면 이것이 상책입니다.

처음 도착했을 때의 날카로움에 의지하여 동군과 서군[53]의 힘을 합쳐서 10개 방향으로 함께 진격하면, 무리가 많고 적음에서 우리가 배나 되니 이치로서는 반드시 저들을 꺾어 함락시킬 것이므로 이것이 중간 가는 계책입니다. 화를 바꾸어서 복이 되게 하려고 전봉을 불러서 일을 계획한다고 하고 그 기회에 그의 목을 베고 항복한다면 이것은

---

53 동군은 심충의 군대이고, 서군은 왕함과 전봉의 군대이다.

하급의 계책입니다."

심충은 모두 채용할 수 없었고, 고양은 도망하여 오(吳)로 돌아갔다.

정해일(17일)에 유하(劉遐)와 소준(蘇峻)[54] 등이 정예의 병졸 1만여 명을 인솔하고 도착하자 황제가 밤중에 만나보고서 그들을 위로하고 장사(將士)들에게 각각 차등 있게 상을 하사하였다. 심충과 전봉은 북쪽에서 온 군사들이 처음 도착하여 피곤한 것을 이용하여 이를 치려고 을미일(25일) 밤중에 심충과 전봉은 죽격저(竹格渚, 주작교의 남쪽)에서 회하[55]를 건넜다.

호군(護軍)장군 응첨(應詹)과 건위(建威)장군 조윤(趙胤) 등이 항거하며 싸웠지만 승리하지 못하였고, 심충과 전봉은 선양문(宣陽門, 건강, 남경의 남문 이름)에 이르러서 목책(木柵)을 뽑아버리고 곧 전투를 하려고 하는데 유하와 소준이 남당(南塘, 진회하의 남쪽에 있다)에서부터 가로질러 치고 들어와서 그들을 대파하여 물에 빠져 죽은 사람이 3천 명이었다. 유하는 또 심충을 청계(靑溪, 종산 아래에 있다)에서 깨뜨렸다.

심양(尋陽, 강서성 구강시)태수 주광(周光)은 왕돈이 군사를 일으켰다는 소식을 듣고 1천여 명을 인솔하고 달려왔다. 이미 도착하여 왕돈을 만나겠다고 청구하니 왕응이 몸이 아프다는 말로 사양하였다. 주광이 물러나며 말하였다.

"지금 내가 멀리서 왔는데도 만나볼 수 없다니 공(公)은 죽은 것인가!"

---

54 유하(劉遐)는 연주자사이고, 소준(蘇峻)은 임회(강소성 우태현)태수이다.

55 진회하(秦淮河)이다. 진 시황 때 금릉에 천자의 기운이 있다고 하여 산을 뚫어 지맥을 끊었다는 말이 있지만 형세로 보아서 인공적으로 만들어진 것 같지는 않다.

급히 그의 형 주무(周撫)를 보고 말하였다.

"왕공이 이미 죽었는데 형은 어찌하여 전봉과 더불어 도적질을 하십니까?"

무리들이 모두 놀랐다.

병신일(26일)에 왕함 등이 군영에 불을 지르고 밤중에 달아났다. 정유일(27일)에 황제가 궁궐로 돌아왔고 크게 사면하였는데 오직 왕돈의 무리들만 사면하지 않았다. 유량(庾亮)에게 명령을 내려서 소준 등을 감독하여 오흥에서 심충을 쫓게 하고, 온교는 유하 등을 감독하여 왕함과 전봉을 강녕(江寧, 강소성 강녕현)에서 쫓게 하며, 제장들에게 나누어 명령을 내려서 그들의 무리들을 쫓게 하였다. 유하의 군인들이 자못 방종하여 노략질을 하니 온교가 그를 책망하였다.

"하늘의 이치는 순리를 따르는 사람을 돕는 것이니, 그러므로 왕함이 소탕되어 없어졌는데, 어찌 그 혼란을 이용하여 혼란을 만들어내고 있소?"

유하가 당황하고 두려워서 절하고 사과하였다.

왕함이 형주(荊州, 치소는 호북성 강릉시)로 달아나고자 하였더니 왕응이 말하였다.

"강주(江州, 치소는 강서성 남창시)로 가는 것만 못합니다."

왕함이 말하였다.

"대장군께서 평소 강주에 있는 사람[56]과 어떤 말을 하였기에 그곳으로 가려고 하오?"

---

56 형주(荊州, 치소는 호북성 강릉시)란 형주자사 왕돈의 친동생 왕서(王舒)를 말하며, 강주(江州, 치소는 강서성 남창시)란 강주자사 왕빈(王彬)을 말하고, 강주에 있는 사람이란 강주자사 왕빈을 말한다.

왕응이 말하였다.

"이것이 바로 의당 그에게 귀의하고자 하는 까닭입니다. 강주에서는 다른 사람이 강성할 때 다른 의견을 내세울 수 있었으니,[57] 이는 보통 사람이 미칠 수 있는 것이 아니며 지금 곤란한 액운을 당한 것을 보고는 반드시 불쌍하고 가련한 마음을 가질 것입니다. 형주에서는 법조문을 잘 지키니, 어찌 의외의 일을 할 수 있겠습니까?"[58]

왕함이 이 말을 좇지 않고 드디어 형주로 달아났다.

왕서는 군사를 파견하여 그들을 영접하여 왕함의 부자[59]를 강에 빠뜨렸다. 왕빈은 왕응이 마땅히 자기에게로 올 것이라는 말을 듣고 비밀리에 배를 준비하여 그를 기다렸는데 그가 오지 않자 깊이 한스럽게 생각하였다.

전봉이 도망하여 합려주(闔廬洲, 장강 가운데 있는 험한 섬)에 이르렀는데 주광(周光)이 그의 목을 베어 궁궐까지 가지고 가서 스스로 속죄를 받고자 하였다. 심충이 도망하다가 길을 잃고 잘못하여 옛날 장수 오유(吳儒)의 집으로 들어갔다. 오유는 심충을 두 개의 벽으로 된 방에 들여놓고 나서 웃으며 심충에게 말하였다.

"3천 호의 후작(侯爵)이로다!"[60]

---

57 강주에서 다른 사람은 왕돈을 가리키는 말이고, 강주자사 왕서는 주의가 죽었을 때 곡을 하고 왕돈의 죄를 하나하나 세면서 왕돈에게 반역하는 것이라고 간하였다. 이 일은 원제 영창 원년(322년)과 명제 태녕 원년(323년)에 있었다.

58 왕응의 이러한 견해는 보통 사람들의 생각에서 나올 수 없는 것이며, 왕돈이 왕응을 후계자로 삼은 이유라고 호삼성은 말하였다.

59 왕응은 왕돈이 후사가 없어서 후계자가 되었지만 실제로는 왕함의 아들이었다. 그러므로 왕함과 왕응 부자를 말한다.

심충이 말하였다.

"네가 의로써 나를 살려두면 우리 집안에서 반드시 너를 후하게 보답할 것이다. 만약에 이로움을 좇아서 나를 죽이면 나는 죽겠지만 너의 가족들도 다 멸망할 것이다."

오유가 끝내 그를 죽여서 그의 수급을 건강에 전해 주었다.

왕돈의 무리들이 모두 평정되었다. 심충의 아들 심경(沈勁)이 마땅히 목 베이는 죄에 연좌되었으나 고향 사람 전거(錢擧)가 그를 숨겨주어 죽음을 면하였다. 그 후에 심경은 끝내 오씨를 멸망시켰다.

유사가 왕돈이 묻힌 곳을 파 시체를 꺼내어 그 옷과 모자를 불태우고 시체를 무릎 꿇려서 목을 베고 심충의 머리와 함께 남항(南桁, 주작교가 있는 곳)에 매달았다. 치감이 황제에게 말하였다.

"전 왕조에서 양준(楊駿) 등의 목을 베면서[61] 모두 먼저 관청에서 집행하는 형벌을 다 치른 다음에 사사롭게 빈례(殯禮)[62]를 치르는 것을 허락하였습니다. 신은 제왕이 목 베는 일은 상부에서 처리하는 것이고 사사로운 의는 아래에서 시행하는 것이라고 생각하니 의당 왕돈의 집안에서 시체를 거두어 장사지내도록 허락하여주셔서 도의적 측면에서 넓게 처리하십시오."

황제가 이를 허락하였다. 사도 왕도 등은 모두 왕돈을 토벌한 공로

---

60 당시 조정에서는 전봉의 목을 베는 사람에게는 5천호후에 책봉하고 심충을 목 베는 사람에게는 3천호후에 책봉한다고 현상하였기 때문이다. 오유는 과거에 심충의 부하였으나 지금은 오히려 심충을 3천호 후작 거리로 생각한 것이다.

61 서진 혜제 원강 원년(291년)에 있었던 일로,《자치통감》권82에 실려 있다.

62 상례(喪禮)의 하나이다.

로 작위에 책봉되고 상을 받았다.

주무(周撫)와 등악(鄧岳)이 모두 도망하자 주광(周光)이 그의 형[63]을 도와주려고 등악을 붙잡으려고 하였다. 주무가 화가 나서 말하였다.

"나는 백산(伯山)[64]과 같이 도망하였는데, 어찌하여 나의 목을 먼저 베지 않느냐?"

마침 등악이 도착하자 주무가 문을 나서면서 멀리에다 대고 그에게 말하였다.

"왜 빨리 달아나지 않는가? 지금 골육 간에도 오히려 위험스럽게 하려고 하는데, 하물며 다른 사람이야 말할 것이 있겠는가?"

등악이 뱃머리를 돌려 달아나서 주무와 더불어 서양(西陽, 치소는 호북성 황강현 동쪽)의 만족(蠻族)들이 사는 속으로 들어갔다. 다음 해에 조서를 내려서 왕돈의 무리들을 사면하자 주무와 등악이 나와서 자수하니 사형을 면하여 금고형(禁錮刑)[65]을 받을 수가 있었다.

옛날 오(吳)의 내사였던 장무(張茂)의 처 육씨(陸氏)가 집안에 있는 재산을 다 기울여 장무의 부곡을 인솔하고서 먼저 심충을 토벌하는 일에 나서서 그의 지아비에 대한 원수를 갚았다.[66] 심충이 패배하자 육씨는 궁궐에 나아가 편지를 올려서 장무를 위하여 승리하지 못하였던 책임을 지고 사과하였는데, 조서를 내려서 장무에게 태복(太僕)을 증

---

63 주광의 형이 주무이다.

64 백산은 등악의 자이다.

65 정치적인 활동을 할 수 없도록 제한하는 벌이다.

66 부곡은 원래 부대의 편제로 부 밑에 곡이 있었다. 후에는 개인이 소유한 군사 조직을 말하게 되었으며, 심충이 장무를 죽인 것은 원제 영창 원년(322년)에 있었다.

직(贈職)하였다.

유사가 상주문을 올렸다.

"왕빈 등은 왕돈의 친족이니 모두 제명되어야 합니다."

조서를 내렸다.

"사도 왕도는 대의를 가지고 친족을 없앴으니 오히려 100세대를 두고라도 그들을 용서해 주어야 하거늘 하물며 왕빈 등이 모두 공의 가까운 친척임에서야!"

모든 것을 묻지 않았다.

조서를 내렸다.

"왕돈의 강기(綱紀)는 명적(名籍)에서 빼버리고, 참좌(參佐)[67]들은 금고(禁錮)에 처하라."

온교(溫嶠)가 상소문을 올렸다.

"왕돈은 강퍅(剛愎)하고 어질지 아니하며 잔인하게 살육을 자행하였는데, 조정에서도 통제할 수 없었고 골육 간에도 간하는 말을 할 수 없었습니다. 그가 대장군부에 있을 때에는 항상 두려움과 위태로움과 죽음이 있었으므로 사람들은 혀를 붙잡아 맨 듯 말을 하지 않았고, 길에서는 눈만을 사용하였으며,[68] 진실로 현인(賢人)과 군자(君子)의 길은 막히고 운수는 다하였으니, 바로 준양시회(遵養時悔)[69]의 시기였

---

67 강기(綱紀)는 대장군부의 업무를 총괄하는 사람이고, 명적에서 이름이 빠지면 관리가 될 수 없는 것이며, 참좌는 일반적인 관속들이다.

68 아는 사람끼리 만나도 말을 하지 못하고 눈으로만 쳐다보고 말 정도로 공포 분위기였다는 말이다.

69 《시경》에 나오는 말로, 난세를 만나서는 물러나서 기다리고 있을 때라는 의미를 지니고 있다.

습니다. 원래 그들의 사사로운 마음인들 어찌 편안한 곳에 있었겠습니까?

예컨대 육완(陸玩)·유윤(劉胤)·곽박(郭璞) 같은 무리들이 항상 신과 더불어 이야기하였으므로 이러한 것을 갖추어 알게 되었습니다. 반드시 그 가운데 흉악하고 패역한 행위를 찬양하고 이끌었던 사람이 있다면 자연스레 당연히 형벌로 다스리는 것이 옳겠지만, 만약 그 가운데 간사스러운 무리들에게 억울하게 빠져든 사람이 있다면 의당 그들은 관대하게 용서해 주어야 합니다.

신은 육완 등의 정성을 성스러운 황제께 보고하였는데, 도적과 같은 책임을 당하였으니, 만약에 잠자코 말을 하지 않는다면 실제로 마음에 짐을 지게 됩니다. 오직 폐하의 어질고 성스러움으로 이를 판단해 주십시오."

치감은 '선왕(先王)들은 군신간의 규범을 세웠고, 절개를 위해 엎어지고 의를 위해 죽는 것을 귀하게 여겼다. 왕돈을 보좌한 관리들은 비록 대부분이 압박을 받았지만 그러나 더 나아가서 그의 역모를 저지할 수 없었고, 물러나서 몸을 빼 멀리 숨을 수 없었으니, 앞에 있었던 교훈에 준거하여 의당 대의를 가지고 책임을 지워야한다.'고 생각하였다. 황제는 끝내 온교의 의견을 좇았다.

후조 세력의 남하

6 겨울, 10월에 사도 왕도를 태보·영(領)사도로 삼고, 그 위에 특별한 예우70를 하고, 서양왕(西陽王) 사마양(司馬羕)을 영(領)태위로 삼고, 응첨(應詹)을 강주(江州, 강서성과 복건성)자사로 삼고, 유하(劉遐)를 서주(徐州)자사로 삼아서 왕수(王邃)를 대신하여 회음(淮陰, 강소성 회음현)에서 진수하게 하고, 소준(蘇峻)을 역양(歷陽, 안휘성 화현)내사로 삼고, 유량(庾亮)에게는 호군(護軍)장군을, 온교(溫嶠)에게는 전(前)장군을 덧붙여주었다. 왕도는 굳게 사양하고 받지 않았다. 응첨이 강주에 도착하니 관리와 백성들이 아직 안정되지 않아서 응첨이 이들을 위로하며 품어주니 기뻐서 복종하지 않는 사람이 없었다.

7 12월에 양주(涼州)의 장군71 신안(辛晏)이 부한(枹罕, 감숙성 임하현의 동북쪽)을 점거하고서 복종하지 아니하자 장준(張駿)72이 장차 이

---

70 특별한 예우란 신하로서 전(殿)에 오를 때 칼을 차고 신을 신고 갈 수 있으며, 궁궐 안에서 종종걸음을 하지 않아도 되는 것을 말한다.

71 전량(前涼)세력이 근거하고 있는 지역의 장수이므로 전량의 장수이다.

를 토벌하려고 하였다. 종사 유경(劉慶)이 간하였다.

"패권을 가진 왕의 군대는 반드시 하늘의 때와 인간의 사정이 서로 맞아떨어질 때까지 기다린 다음에 일으키는 것입니다. 신안은 흉악하고 미친 짓을 하면서도 편안하게 잘 참고[73] 있으니 그가 망하는 것은 분명한데 어찌하여 기근이 든 해에 크게 군사를 일으키고 아주 추울 때에 성을 공격하십니까?"

장준이 마침내 중지하였다.

장준은 참군 왕즐(王騭)을 파견하여 조에 보빙(報聘)[74]으로 가게 하니, 조의 유요가 그에게 말하였다.

"그대의 주(州)[75]가 진실로 우호관계를 맺고자 한다면 경이 이것을 보장할 수 있소?"

보즐이 말하였다.

"할 수 없습니다."

시중 서막(徐邈)이 말하였다.

"그대가 와서 우호관계를 맺자고 하면서 보장할 수 없다고 말하니 무슨 연유요?"

보즐이 말하였다.

---

72 전량왕이다.

73 여기서 참는다는 말은 사람을 죽이고도 측은한 마음을 내지 않고, 얼굴을 찌푸리지 않고 잘 참는 것을 말한다. 이러한 상황에서 편안하게 지낼 수 있는 사람은 반드시 망한다고 하는 말이 있다.

74 외국에서 사절을 보내온 것에 대해 회답하는 사절을 보내는 것을 말한다.

75 전량(前涼)은 비록 독립적인 세력을 형성하고 칭왕하고 있으나 양주(涼州)만을 점거하고 있으므로 이렇게 부른 것이다.

"제 환공(桓公)이 관택(貫澤, 산동성 양곡현)의 맹약[76]을 할 때 걱정하는 마음으로 전전긍긍하였지만 제후들을 부르지도 않았는데 스스로 달려왔습니다. 규구(葵丘, 하남성 난고현)에 모임[77]에서 힘을 떨치고 자랑하였지만 배반한 것이 아홉 나라였습니다.

조의 교화가 항상 오늘날과 같다면 할 수 있겠지만 만약 정치와 교육이 기울어지고 지지부진하면 오히려 가까운 곳에 있는 변화도 살필 수 없을 것인데 하물며 폐주(敝州)[78]야 어떻겠습니까?"

유요가 말하였다.

"이 사람은 양주(涼州)의 군자다. 사자를 고르는데 가장 적당한 사람을 얻었다고 말할 수 있겠다."

후한 예로 대하고서 그를 보냈다.

8   이 해에 대왕(代王)[79] 탁발하녹(拓跋賀傉)이 친히 나라의 정치를 하기 시작하였는데 여러 부락들이 대부분 복종하지 않아서 마침내 동목근산(東木根山, 내몽고 홍화현의 서북쪽)에 성을 쌓고 이사하여 그곳에서 살았다.

---

76 춘추시대인 기원전 658년에 제나라의 환공이 관택에서 제후들을 모아서 각 나라 사이에 지켜야 할 것을 정하고 이를 맹약하는 회의를 주관하였다. 이때 제나라와 송나라 같은 큰 나라가 오니 강(江)과 황(黃) 등 작은 나라가 참여하였고 그 나머지 나라들도 오지 않을 수가 없었다.

77 춘추시대인 기원전 651년에 제 환공이 규구에서 여러 나라들이 모여서 관심사를 논의하는 회의를 주관하였다.

78 자기가 사는 주를 겸손하게 표현한 것이다. 본주(本州)와 같은 말이다.

79 대왕은 원래 진나라로부터 받은 작위이지만 이때 이미 동진의 영향에서 벗어나 있었다.

명제 태녕 3년(乙酉, 325년)[80]

1 봄, 2월에 장준(張駿)[81]이 원제(元帝)[82]가 죽었다는 소식을 접하자 3일간 크게 곡하였다. 마침 황룡(黃龍)이 가천(嘉泉, 감숙성 고랑현)에 나타나자 범의(氾褘) 등이 기원을 고쳐서 상서로운 일이 있음을 드러내라고 청하였으나, 장준이 허락하지 않았다.

신안(辛晏)은 부한(枹罕, 감숙성 임하현의 동북쪽)을 가지고 항복하여 장준이 다시 하남(河南) 땅을 회복하게 되었다.

2 옛날 초왕(譙王) 사마승(司馬承)·감탁(甘卓)·대연(戴淵)·주의(周顗)·우망(虞望)·곽박(郭璞)·왕징(王澄) 등에게 관직을 추증하였다. 주찰(周札)[83]의 옛 부하 관리가 주찰을 위하여 억울하다는 소송을 하니 상서 변곤(卞壼)이 논의하여 말하였다.

"주찰이 석두를 지키다가 문을 열고 도적을 받아들였으니[84] 추가로 시호를 내리는 것은 마땅하지 않습니다."

---

80 성한(전촉) 무제 옥형 15년, 전조 조왕 광초 8년, 후조 명제 원년 7년, 전량 문왕 태원 2년이다.

81 전량(前涼)의 양왕(涼王)이다.

82 동진을 세운 사마예이다. 원제 영창 원년(322년)에 죽었는데, 2년3개월이 지난 이제야 전량에 소식이 전해진 것이다.

83 사마승(司馬承)의 승 자는 永인데 承으로 잘못 기록되었으며, 감탁(甘卓)·대연(戴淵)·주의(周顗)·우망(虞望)·곽박(郭璞)·왕징(王澄) 등 이들은 모두 왕돈에게 죽은 사람들이고, 주찰(周札)은 회계내사였던 사람이다.

84 원제 영창 원년(322년)에 있었던 일이다.

사도 왕도가 말하였다.

"과거에 일어났던 일을 보면 왕돈이 간사하고 반역하는 것이 아직 드러나지 않았으므로, 신 왕도 등에서부터 견식(見識)을 갖고 있었던 사람이라도 모두가 아직 그것을 깨닫지 못하였고, 주찰과 다를 것이 없었으며, 이미 그가 간사하다는 것을 깨닫고서 주찰은 자기의 몸을 나라에 바쳤고 곧 효수되었습니다.[85] 신은 의당 주의와 대연에게 주는 것과 같은 예(例)로 대우해야 한다고 생각합니다."

치감이 말하였다.

"주의와 대연은 절개를 바치다 죽었고, 주찰은 도적을 받아들였으니 한 일이 다른데 상을 똑같이 준다면 어떻게 권고하거나 막겠습니까?[86] 만약 사도[87]가 논의한대로 과거에 견식을 갖고 있는 사람들이 모두 주찰과 다름이 없었다고 말한다면 초왕·주의·대연은 모두 응당 책임을 져야 할 것인데 어떻게 시호를 추증 받는 일이 있겠습니까? 지금 이들 세 명의 신하는 이미 포상되었으니, 주찰은 의당 폄하를 받아야 하는 것이 분명합니다."

왕도가 말하였다.

"주찰은 초왕·주의·대연과 비록 보는 바가 다르다고 하여도 모두 신하로서의 절조를 가진 사람들입니다."

치감이 말하였다.

---

85 명제 태녕 2년(324년)에 있었던 일이다.

86 상을 주는 것은 일정한 행동을 장려하려는 뜻을 갖고 있으며, 벌을 내리는 것은 일정한 행동을 막으려는데 목적을 갖고 있다.

87 사도는 왕도이므로 왕도의 견해를 말한다.

"왕돈이 역모를 하려 하는 것은 서리가 밟히는 것 같은 지[88] 오래 되었는데, 주찰이 문을 열어줌으로 말미암아서 제왕의 군대가 부진하게 하였습니다. 만약 왕돈이 전에 거사를 일으켰을 때의 의미가 제 환공과 진 문공[89]과 같았다면 먼저 돌아가신 황제[90]는 유왕(幽王)과 여왕(厲王)[91]이었단 말입니까!"

그러나 끝에 가서는 왕도가 논의하는 것을 채용하여 주찰에게 위위(衛尉)를 추증하였다.

3   후조의 왕 석륵이 우문걸득귀(宇文乞得歸)에게 관작(官爵)을 더하여 주고서 그에게 모용외(慕容廆)를 치게 하였다.[92] 모용외는 그의 세자인 모용황과 색두(索頭), 단국(段國)을 파견하여 함께 그들을 치게 하였는데, 요동(遼東)의 재상 배억(裵嶷)을 우익(右翼)으로 삼고, 모용인(慕容仁)을 좌익(左翼)으로 삼았다.

우문걸득귀는 요수(澆水, 내몽고 西拉木倫河)를 점거하고서 모용황을 막았으며, 조카 우문실발웅(宇文悉拔雄)을 파견하여 모용인을 막게 하였다. 모용인은 우문실발웅을 쳐서 그의 목을 베었고, 이긴 기세를

---

88 《주역》에 나오는 말이다. 서리가 밟히고 나서 시간에 지나면 점점 추워져서 얼음이 언다는 것이다. 즉 서리가 밟히면 다음에는 얼음이 얼 것을 아는 것처럼 어떤 일이 벌어질 것을 미리 알 수 있는 상황이 시작되는 것을 말한다.

89 춘추시대에 존왕양이를 내세워 패권을 누렸던 제후들이다.

90 사마예를 말한다.

91 주나라 때 왕실을 쇠퇴하게 하였던 왕들을 말한다.

92 명제 태녕 원년(323년)에 모용외가 후조의 사절을 체포하여 건강[남경]으로 호송해 버린 일에 대한 보복이었다.

타고서 모용황과 더불어 우문걸득귀를 공격하여 그들을 대파하였다.

우문걸득귀가 군사들을 버리고 달아나니 모용황과 모용인이 그 나라의 성 안으로 들어가서 경무장한 군사들에게 우문걸득귀를 쫓게 하여 그 나라의 땅 300여 리를 지나갔다가 돌아왔고, 그 나라의 귀중한 보배를 다 획득하였는데, 가축이 1백만을 헤아렸고, 백성들 가운데 항복하고 귀부한 사람이 수만 명이었다.

4   3월에 단말배(段末柸)[93]가 죽고, 그의 동생 단말아(段末牙)가 뒤를 이었다.

5   무진일(2일)에 황제의 아들 사마연(司馬衍)을 태자로 삼고, 크게 사면하였다.

6   조의 주군 유요가 황후에 유씨(劉氏)를 세웠다.

7   북강왕(北羌王) 분구제(盆句除)가 조에 귀부하자, 후조의 장수 석타(石佗)가 안문(鴈門, 산서성 대현의 서쪽)에서 상군(上郡, 섬서성 유림의 동남쪽)으로 나아가서 그들을 습격하여 3천여 두락(斗落)을 포로로 잡고, 소·말·양 1백여만 두를 얻어서 돌아갔다.

조의 주군 유요가 중산왕(中山王) 유악(劉岳)을 파견하여 이들을 쫓게 하고 유요는 부평(富平, 섬서성 부평현)에 주둔하고서 유악을 성원하였는데, 유악이 석타와 황하의 물가에서 싸워 그의 목을 베었으며, 후

---

93 동진에서 요서공으로 임명한 사람이다.

조의 군사로 죽은 사람이 6천여 명이었고, 유악은 이들을 모두 포로로 잡아 가지고서 돌아왔다.

8   양난적(楊亂敵)이 구지(仇池, 감숙성 서화현의 서쪽)를 습격하여 이들을 이기고 전숭(田崧)⁹⁴을 잡아서 앞에다 세우고 주위 사람들이 전숭에게 절을 하게 하였는데, 전숭이 눈을 부릅뜨고 그들을 질책하며 말하였다.

"저족(氐族) 개 같은 녀석아! 어디에 천자의 목백(牧伯)이 도적에게 절하는 일이 있었더냐?"

양난적이 그를 자(字)로 부르면서 말하였다.

"자대(子嵩),⁹⁵ 나는 마땅히 그대와 더불어 대업을 세워야 한다고 하는데 그대는 유씨에게는 충성을 하고 어찌하여 나에게는 충성할 수 없는 것이오?"

전송이 성난 낯빛을 하고 큰 소리로 말하였다.

"도적놈의 저족(氐族)아, 너는 본래 노복이거늘 어찌 대업(大業)이라는 말을 하는가? 나는 차라리 조(趙)의 귀신이 될지언정 너의 신하는 되지 않겠다."

늘어서 있는 사람 가운데 한 사람을 돌아보더니 그의 칼을 빼앗아 앞으로 가서 양난적을 찔렀는데 맞지 않았다. 양난적이 그를 죽였다.

---

94 양난적(楊亂敵)은 저족의 저왕(氐王)이며, 전숭(田崧)은 전조의 진남대장군 겸 익주자사이다. 명제 태녕 원년(323년)의 기사를 참고하시라.

95 전숭의 자이다. 조의 사자인 전숭이 구지에서 진수하였던 일은 태녕 원년(323년)이고 그 내용은《자치통감》권92에 실려 있다.

9   도위 노잠(魯潛)이 허창(許昌, 하남성 허창시)에서 반란을 일으켜서 후조에 항복하였다.

10   여름, 4월에 후조의 장수 석첨(石瞻)[96]이 연주(兗州)자사 단빈(檀斌)을 추산(鄒山, 산동성 추현의 경계 지역)에서 공격하여 그를 죽였다.

11   후조의 서이(西夷)중랑장 왕등(王騰)이 병주(幷州)자사[97] 최곤(崔崑)과 상당(上黨, 산서성 장치시)내사 왕신(王愼)을 죽이고, 병주를 점거하고 조에 항복하였다.

12   5월에 도간(陶侃)을 정서(征西)대장군·도독형상옹양사주제군사(都督荊·湘·雍·梁四州諸軍事)[98]·형주자사로 삼으니 형주의 남자나 여자가 서로 경하하였다. 도간의 성품은 총명하고 민첩하며 공손하고 부지런하여 온종일 다리를 오므리고 꼿꼿하게 앉아서 대장군부의 여러 가지 일을 살피는데 하나도 빠짐없이 정리하니 조금도 한가한 틈이 없었다.
   항상 사람들에게 말하였다.
   "위대하신 우(禹)임금은 성인이신데도 촌음(寸陰)을 아꼈으니, 보통 사람들은 응당 분초를 아껴야 할 것이오. 어찌 다만 편히 놀면서 황당

96 장병(將兵)장군이다.
97 유곤이 병주에서 진수할 때인 민제 건흥 4년(316년)에 석륵에게 격파되었고, 후조는 병주자사를 두고 상당을 통치하였다.
98 형주·상주·옹주·양주(梁州) 네 주의 모든 군사적인 업무를 감독하는 직책이다.

하게 술에 취하여 살아서는 그 시대에 아무런 도움을 주지 못하고 죽어서는 뒤에 아무것도 들려주지 못하니 스스로 포기할 것인가?"

여러 보좌하는 사람 가운데 혹은 농담을 하며 일을 하지 않은 사람이 있으면 그의 술잔과 도박기구를 가져오도록 명령하여 모두 이것들을 강물에 집어던졌으며, 장교와 관리에게는 바로 회초리를 치면서 말하였다.

"저포(樗蒱)[99]라는 것은 돼지를 치는 노복들의 놀이일 뿐이다. 노자와 장자의 말은 들뜨고 화려하여 선왕들이 모범으로 삼은 말씀이 아니니 실제 사용하는데 이익이 없다. 군자는 마땅히 그의 위엄 있는 모습을 올바로 하여야 하지 어찌 머리를 산발하고 맨발로 있으면서 스스로 넓게 통달하였다고 말한단 말이냐?"

먹을 것을 바치는 사람이 있으면 반드시 그것이 어디서 났는지를 묻고 만약에 힘들여서 얻은 것이라면 비록 미미할지라도 반드시 즐거워하면서 위로하며 그 세 배를 내려주었다. 만약에 이치에 맞지 않게 얻은 것이라면 절실하고 엄하게 욕하며 그 먹을 것을 돌려보냈다.

일찍이 밖에 나가서 놀다가 어떤 사람이 아직 덜 익은 벼를 갖고 있는 것을 보고 도간이 물었다.

"이것으로 무엇을 하려고 하는가?"

그 사람이 말하였다.

"길을 지나오다가 보여서 그냥 그것을 뜯었습니다."

도간이 크게 화가 나서 말하였다.

---

99 진나라 사람들이 즐겨 노는 도구이다. 다섯 개의 나무를 던져서 그 가운데 검은 소나 까치나 노새를 고르게 되어 있는데, 노새를 얻은 사람이 이기는 놀이이다.

"너는 농사를 짓지도 않으면서 놀이 삼아 다른 사람의 벼를 도적질하는 것이냐?

그를 잡아서 채찍으로 매질하였다.

이리하여 백성들은 농사짓는 일에 부지런하니 집집마다 사람들이 풍족하게 되었다. 일찍이 배를 만드는데, 거기에서 떨어지는 나무 조각과 대나무 쪼가리가 있자 도간이 모두 이것을 기록하여 관리하게 하니 사람들은 모두 그 까닭을 이해하지 못하였다.

후에 정월 모임에서 눈이 쌓이도록 오다가 처음으로 개이니, 청사 앞이 남은 눈으로 습기가 차 있자 마침내 그 나무부스러기를 땅에 깔게 하였다. 환온(桓溫)[100]이 촉(蜀)을 정벌하게 되자[101] 또 도간이 저장해놓은 대나무 쪼가리로 대나무 못을 만들어 배를 만들었다. 그는 종합적으로 처리하는 것이 아주 자세하고 세밀한 것이 모두 이와 같았다.

13   후조의 장수 석생(石生)이 낙양에 주둔하고서 황하의 남쪽을 침략하여 노략질하였는데, 사주(司州)자사 이구(李矩)와 영천(潁川, 하남성 우현)태수 곽묵(郭默)의 군사가 자주 패배하고, 또 식량도 모자라서 마침내 사자를 파견하여 조에 귀부하였다.

조의 주군 유요가 중산왕(中山王) 유악(劉岳)에게 군사 1만5천 명을 거느리고 맹진(孟津, 하남성 맹진현)으로 나가게 하고, 진동(鎭東)장군 호연모(呼延謨)가 형주(荊州)와 사주(司州)의 무리를 인솔하고 효산(崤山)과 면지(澠池, 하남성 면지현)에서 동쪽으로 가서 이구와 곽묵과 만나

---

100 안서장군이다.

101 향후 20여 년 뒤인 목제 영화 3년(347년)의 일이다.

함께 석생을 공격하려고 하였다.

유악이 맹진과 석량(石梁, 낙양의 북쪽) 두 수자리를 공격하여 이기고 5천여 급(級)의 목을 베거나 잡고서 진격하여 금용(金墉)[102]에서 석생을 포위하였다. 후조의 중산공(中山公) 석호가 보병과 기병 4만 명을 인솔하고 성고관(成皋關, 하남성 사수현의 서쪽에 있는 호뢰관)에서 들어가 유악과 낙양의 서쪽에서 싸웠다.

유악의 군사가 패배하고, 떠도는 화살에 맞으니, 물러나서 석량을 보존하고 있었다. 석호가 땅을 파거나 목책을 세워서 그들을 에워싸고 안팎의 연락을 막고 끊어버렸다. 유악의 무리들이 굶주림이 심하여 말을 잡아서 먹었다. 석호는 또 호연모를 공격하여 그의 목을 베었다.

유요가 스스로 군사를 거느리고 유악을 구원하니 석호가 기병 3만 명을 인솔하고 그를 맞아 싸웠다. 조의 전군(前軍)장군 유흑(劉黑)이 석호의 장수 석총(石聰)을 팔특판(八特阪, 하남성 면지현의 서쪽)에서 쳐서 대파하였다. 유요가 금곡(金谷, 낙양의 서쪽)에 주둔하였는데, 밤중에 군영 안에서 아무 연고도 없이 크게 놀라서[103] 병졸들이 달아나고 무너져서 마침내 물러나서 면지에 주둔하였고, 밤중에 또 놀라서 무너져서 드디어 장안으로 돌아왔다.

6월에 석호가 석량을 함락시키고 유악과 그 보좌하는 장수 80여 명과 저족과 강족 사람들 3천여 명을 붙잡아서 모두 양국(襄國, 하북성 형

---

102 낙양의 서쪽에 있는 성으로 황후였던 양지(楊芷)와 가남풍(賈南風)이 이곳으로 쫓겨 와 죽었다.

103 본문에는 야략(夜掠)이라고 되어 있는데 이것은 군영에서 밤중에 알 수 없는 대공포의 분위기가 휩쓰는 경우를 말한다. 이러한 경우는 후한 헌제 초평 3년(192년)에도 있었다.

태시, 후조의 도읍지)으로 호송하였고 그 사졸 9천여 명을 산 채로 파묻어 버렸다. 드디어 왕등(王騰)을 병주(幷州, 치소는 산서성 태원시)에서 공격하여 잡아서 죽이고 그의 사졸 7천여 명을 파묻어버렸다.

유요가 장안으로 돌아와서 소복(素服)[104]을 입고 교외에 나가 곡(哭)을 하다가 7일이 지나서 마침내 성으로 들어왔는데, 그로 인하여 분하고 화가 나서 병이 되었다. 곽묵이 다시 석총에게 패배하여 처자를 버리고 남쪽으로 가서 건강(建康)으로 달아났다.

이구의 장사들이 반란을 일으켜서 후조에 항복하려고 음모를 꾸몄으나 이구는 이들을 토벌할 수 없었고, 또 무리를 인솔하고 남쪽으로 귀부하였는데 무리들이 모두 길에서 도망하였고, 오직 곽송(郭誦) 등 100여 명만이 그를 따랐는데 노양(魯陽, 하남성 노산현)에서 죽었다.

이구의 장사(長史) 최선(崔宣)이 그 나머지 무리 2천 명을 인솔하고 후조에 항복하였다. 이에 사주·예주·서주·연주의 땅은 거의 모두가 후조에 귀속되어 회하(淮河)를 경계로 하게 되었다.

---

104 아무런 무늬나 색깔이 없는 옷으로 보통 상복(喪服)을 말한다.

명제 사마소의 죽음

14   조의 주군 유요가 영안왕(永安王) 유윤(劉胤)을 대사마·대선우로 삼고 옮겨서 남양왕(南陽王)으로 책봉하고, 선우대(單于臺)를 위성(渭城, 섬서성 함양시)에 설치하고 그의 좌현왕과 우현왕 이하의 관직에는 모두 호족(胡族)·갈족(羯族)·선비족(鮮卑族)·저족(氐族)·강족(羌族)[105]의 호걸들로 채웠다.

15   가을, 7월 신미(7일)일에 상서령인 치감(郗鑒)을 거기장군·도독서연청삼주제군사[106]·연주자사로 하고 광릉(廣陵, 강소성 양주시)에서 진수하게 하였다.

16   윤달[107]에 상서좌복야 순송(荀崧)을 광록대부·녹상서사로 삼고

---

105 이들이 이른바 5호라고 불리는 족속들이다. 호족(胡族)은 흉노족이다.

106 서주·연주·청주 세 주의 모든 군사적인 일을 감독하는 직책이다.

107 본문에는 윤월(閏月)이라고만 표현되어 있다. 통감필법에 의하면 7월 다음에 나온 것이므로 윤7월로 보아야 하나, 진원(陳垣)의 〈이십사삭윤표(二十史朔閏表)〉에 의하면 7월 윤달은 없고, 8월 윤달이 있으므로 이달은 윤8월이다. 따

상서 등유(鄧攸)를 좌복야로 삼았다.

17   우위(右衛)장군 우윤(虞胤)은 원경(元敬)황후의 동생인데, 좌위(左衛)장군 남돈왕(南頓王) 사마종(司馬宗)[108]과 더불어 모두 황제가 가까이하고 일을 맡기는 사람이어서 금병(禁兵)을 관리하고 전내(殿內)에 당직을 서면서 용사를 많이 모아 우익(羽翼)을 만들었는데, 왕도와 유량(庾亮)은 모두 이들을 꺼려서 자못 의견을 이야기하였지만 황제가 이들을 더욱 후하게 대우해 주면서 궁궐문 열쇠의 관리를 모두 이들에게 위탁하였다.

황제가 몸이 아파 눕게 되었는데, 유량이 밤중에 표문을 올릴 것이 있어서 사마종에게 열쇠를 달라고 하였지만 사마종이 주지 않으면서 유량의 사자를 질책하며 말하였다.

"이것이 네 집의 문이냐?"

유량은 더욱더 분해하였다.

황제의 병이 위독하게 되니 사람을 만나려고 하지 않았고, 여러 신하들 가운데 궁궐 안으로 들어갈 수 있는 사람이 없었다. 유량이 사마종과 우윤, 그리고 사마종의 형인 서양왕(西陽王) 사마양(司馬羕)이 다른 모의를 할 것이라고 의심하고, 궁문을 밀치고 들어가서 황제의 침상에 올라가서 황제를 보고 눈물을 흘리며 사마양과 사마종 등이 대신(大臣)들을 폐출하고 스스로 정치를 보필하려고 하니 그들을 폐출(廢黜)시키라고 청하였지만 황제가 이 말을 받아들이지 않았다.

라서 월(月) 앞에 팔(八)이 빠진 것으로 보아야 할 것이다.

108 8왕의 난에서 첫 번째로 난을 일으킨 여남왕 사마량의 아들이다.

임오일(19일)[109]에 황제가 태재(太宰) 사마양·사도 왕도·상서령 변곤(卞壼)·거기(車騎)장군 치감·호군(護軍)장군 유량·영군(領軍)장군 육엽(陸曄)[110]·단양윤(丹陽尹, 단양은 건강, 진의 도읍) 온교(溫嶠)를 불러들이고, 나란히 유언으로 남기는 조서를 받고 태자를 보필하게 하고 바꾸어가며 궁전에 들어와서 군사를 거느리고 당직과 숙직을 하라고 하였으며, 다시 변곤을 우(右)장군으로 삼고, 유량을 중서령으로, 육엽을 녹상서사로 삼았다.

정해일(24일)에 유언으로 쓴 조서를 내리고, 무자일(25일)에 황제가 붕어(崩御)하였다.[111] 황제는 밝고 민첩하며 기회를 맞추어 과단성 있게 처리하였으니, 그러므로 약한 황실을 가지고 강한 세력을 통제하였으며 반역하는 신하를 제거하여 대업을 부흥시키었다.

기축일(26일)에 태자가 황제의 자리에 올랐는데, 태어난 지 5년이었다. 여러 신하들이 어새(御璽)를 올렸는데, 사도 왕도가 병이 들어서 오지 않았다. 변곤이 조회에서 정색을 하고 말하였다.

"왕공이 어찌 사직을 위한 신하라 하겠소? 대행(大行)[112]이 아직 빈소(殯所)에 있고, 뒤를 이을 황제가 아직 즉위하지 아니하였는데, 어찌 신하된 사람이 몸이 아프다는 말을 할 수 있는 시기란 말이오?"

왕도가 이 소식을 듣고 아픈 몸으로 수레를 타고 도착하였다. 크게

---

109 앞에서 설명한대로 윤8월로 보아야 하고, 이후도 같다.

110 진(晉)의 제도로 보면 영군장군의 지위는 호군장군보다 위인데, 여기에서는 호군장군 유량을 먼저 쓰고 육엽을 뒤에 쓴 것은 유량이 외척으로 권력을 잡고 있었기 때문이다.

111 이때 명제 사마소의 나이는 27세였다.

112 황제의 시신을 말한다.

사면하고 문관과 무관들에게 2등급씩을 올려주었고, 유후(庾后)를 높여서 황태후로 하였다.

여러 신하들이 황제가 어리기 때문에 태후에게 한(漢)나라 때 화희(和熹)황후의 고사[113]에 의거하도록 주청하였고, 태후가 여러 차례 사양을 하다가 마침내 이를 좇았다. 가을, 9월 계묘일(11일)에 태후가 조회에 나와서 칭제(稱制)[114]하였다.

사도 왕도를 녹상서사로 삼아 중서령 유량과 상서령 변곤과 더불어 조정의 정치를 보좌하는 일에 참여하게 하였지만 그러나 일의 대체적인 것은 유량에게서 결정되었다. 치감에게 거기(車騎)대장군을 덧붙여주고, 육엽을 좌(左)광록대부로 삼았는데 이 모두를 개부의동삼사(開府儀同三司)[115]로 하였다. 남돈왕 사마종을 표기(驃騎)장군으로 삼고, 우윤(虞胤)을 대종정(大宗正)으로 삼았다.

상서에서 악광(樂廣)의 아들 악모(樂謨)를 불러서 군중정(郡中正)[116]으로 삼고, 유민(庾珉)의 친척 유이(庾怡)를 정위평(廷尉評)[117]으

---

113 후한 4대 황제인 화제 유조(劉肇)의 정실을 말한다. 화제 원흥(105년)에 동한의 화제가 죽자 등황후는 유융(劉隆)을 황제로 세웠는데 유융의 나이는 겨우 생후 100일 정도였다. 그리하여 등황후가 국정을 처리하였는데 1년 후에 다시 유융이 죽자 등황후는 유호(劉祜)를 황제로 세웠는데 이 사람이 안제(安帝)이다. 안제는 그때 14세였으므로 등황후는 계속하여 국정을 처리하였다.

114 황제의 명(命)은 제(制)이고 령(令)은 조(詔)이다. 황후는 황제가 아니지만 황후가 하는 조치는 황제가 내린 조치와 같다는 의미에서 칭제라는 용어를 쓰고 있다.

115 일정한 관직 이상이어야 독자적인 관청을 열 수 있는데, 이 경우에는 관청을 열 수 있고, 대우는 삼사 즉 삼공과 같은 대우를 받는 지위를 말한다.

116 낙모의 고향이 남양이므로 남양군 중정으로 임명한 것이다. 중정은 그 군에

로 삼았는데 악모와 유이는 각기 아버지의 명령이 있었다고 하면서 나오지 않았다.

변곤이 상주문을 올렸다.

"사람이란 아버지가 없이 난 사람은 없지만 직책도 아무 할 일 없이 만든 일은 없으니, 사람이 아버지가 있다면 반드시 그 명령도 있게 마련이고, 직책을 갖게 되면 반드시 걱정할만한 일이 있게 마련입니다. 어떤 집안에서나 각기 그 아들을 사사롭게 할 수 있다면 제왕 된 사람은 백성을 한 사람도 갖지 못할 것이고, 군신의 도리는 없어집니다.

악광과 유민은 성스러운 시대에 은총을 받았으니 그 몸도 자기의 소유가 아닌데, 하물며 그 후사까지를 오로지할 수가 있겠습니까? 맡은 직책이 만약에 여러 사람들의 마음을 좇아야 한다면 전쟁터에 나가서 수(戌)자리를 서는 사람의 부모는 모두 마땅히 아들에게 그곳에 가 있지 말라고 하였을 것입니다."

악모와 유이는 부득이하여 각기 그 직책을 맡았다.

18   신축일¹¹⁸에 명제(明帝)를 무평릉(武平陵)에 장사지냈다.

있는 사대부의 품격을 정하여 중앙에서 인재가 필요할 때 그 군에서 정해놓은 품격[향품]의 순서대로 임용하였다.

117 사법부의 최고 법관에 해당하는 직책으로 한대에는 정위평(廷尉平)을 두었으나 진대에는 정위평(廷尉評)이라고 하였다.

118 신축은 잘못인 것 같다. 태후가 칭제임조한 것이 9월 계묘이고, 다음 기사인 일식일이 11월 계사일로 되어 있으니, 신축은 9월 계묘에서 11월 계사의 중간에 있어야 하나, 이 사이에는 신축일이 없다. 따라서 신축(辛丑)은 신미(辛未)의 잘못이라고 한다면 이날은 10월 9일이 된다.

19 겨울, 11월 초하루 계사일에 일식이 있었다.

20 모용외(慕容廆)가 단(段)씨와 바야흐로 화목하게 지내는데, 단아 (段牙)[119]를 위하여 꾀를 내서 그로 하여금 도읍을 옮기게 하자, 단아 가 이 말을 좇아서 즉시 영지(令支, 하북성 천안현)를 떠나니 그 나라의 사람들이 좋아하지 않았다.

단질육권(段疾陸眷)의 손자 단료(段遼)는 그 직위를 빼앗고 싶어서 도읍을 옮긴 것이 단아의 죄라고 하고, 12월에 그 나라 사람들을 인솔 하고서 단아를 공격하여 그를 죽이고 스스로 그 자리에 섰다.

단씨는 단무물진(段務勿塵)[120] 이래 날로 더욱 강성해져서 그 땅이 서쪽으로는 어양(漁陽, 북경시 밀운현)에 연결되어 있었고, 동쪽으로는 요수(遼水, 소릉하, 요녕성 금현의 경계 지역)를 경계로 하였으며, 거느리 는 사람은 호족(胡族)과 진인(晉人)이 3만여 호이고, 활을 쏠 수 있는 기병이 4~5만 명이었다.

21 형주자사 도간(陶侃)은 영주(寧州, 치소는 운남성 곡정현)자사 왕견 (王堅)이 야만인[121]을 방어할 수 없다고 하자 이 해에 표문을 올려서 영릉(零陵, 호남성 영릉현)태수인 남양(南陽, 하남성 남양시) 사람 윤봉(尹 奉)을 영주자사로 삼아 그를 대신하게 하였다.

이보다 먼저 왕손(王遜)[122]이 영주(寧州)에 있었는데, 만족(蠻族)의

---

119 진나라는 모용외를 요동공으로, 단아를 요서공으로 삼았다.

120 단무물진에 관한 이야기는 진 혜제 영흥 원년(304년)조에 실려 있다.

121 전촉을 가리킨다.

우두머리인 양수(梁水)태수 찬량(爨量)과 익주(益州)태수 이적(李遏)
이 모두 배반하여 성(成)에 귀부하자, 왕손이 이들을 토벌하였으나 이
길 수가 없었다. 윤봉이 주(州)에 도착하여 많은 상금으로 외이(外夷)
들에게 찬량을 죽일 사람을 모집하여서 그를 죽이고, 이적에게 알아듣
게 말하여 항복하게 하니 주의 경내가 드디어 안정되었다.

22   대왕(代王) 탁발하녹(拓跋賀傉)이 죽고, 동생 탁발흘나(拓跋紇那)
가 뒤를 이었다.

성제 함화 원년(丙戌, 326년)[123]

1   봄, 2월에 크게 사면하고 기원을 고쳤다.

2   조는 여남왕(汝南王) 유함(劉咸)을 태위·녹상서사로 삼고, 광록대
부 유수(劉綏)를 대사도로 삼고, 복태(卜泰)를 대사공으로 삼았다. 유
후(劉后)가 병이 들자 조의 주군 유요가 말하고 싶은 것을 물어보았다.
유씨가 울면서 말하였다.
"첩(妾)은 어려서 숙부 유창(劉昶)에게서 양육되는데, 바라건대 폐하
께서 그를 귀하게 만들어주십시오. 숙부 유애(劉皚)의 딸 유방(劉芳)이

122 왕견의 아버지이다.
123 성(전촉) 무제 옥형 16년, 전조 조왕 광초 9년, 후조 명제 원년 8년, 전량 문왕
    태원 3년이다.

덕과 미색을 갖고 있으니 바라건대 후궁으로 받아주십시오."

말을 마치고 죽었다. 유요는 유창을 시중·대사도·녹상서사로 삼고, 유방을 세워서 황후로 삼았으며, 얼마 후에 유창을 태보(太保)로 삼았다.

3 3월에 후조의 주군 석륵이 밤중에 미행(微行)[124]하다가 여러 군영의 호위 상황을 조사하였는데, 문을 지키는 사람에게 금(金)과 비단을 싸서 뇌물로 주면서 나가게 해달라고 요구하였다. 영창문(永昌門)의 문후(門候)[125] 왕가(王假)가 그를 체포하려고 하자, 수종하는 사람들이 달려왔으므로 마침내 중지하게 되었다.

날이 밝자 왕가를 불러서 진충(振忠)도위로 삼고 관내후(關內侯)[126]의 작위를 주었다. 석륵이 기실참군(記室參軍)[127] 서광(徐光)을 불렀는데 서광이 술에 취하여 오지 않자 쫓아내서 아문(牙門)[128]으로 삼았다. 서광이 당직으로 시위(侍衛)를 하면서 얼굴에 화가 난 기색을 하고 있자 석륵이 화가 나서 그의 처자도 나란히 잡아서 가두었다.

4 여름, 4월에 후조의 장수 석생[129]이 여남(汝南, 하남성 여남현)을

---

124 제왕이 민정을 살피려고 일반적인 평민들의 옷을 입고 나가 다니는 것을 말한다.

125 궁성문을 지키는 책임자를 말한다.

126 채읍을 하사하지 않고 작위만 갖는 후작이다.

127 군사기밀을 담당하며 군사에 관한 일을 논의하는데 참여하는 직책을 말한다.

128 군대의 영문을 담당하는 책임자이다.

침략하여 내사(內史)[130] 조제(祖濟)를 잡았다.

5   6월 계해일(5일)에 천릉공(泉陵公) 유하(劉遐)가 죽었다. 계유일
(15일)에 거기장군 치감(郗鑒)을 영서주(領徐州)자사로 삼고, 정로(征
虜)장군 곽묵(郭默)을 북(北)중랑장·감회북(監淮北)제군사[131] 삼고 유
하의 부곡(部曲)을 관장하게 하였다. 유하의 아들 유조(劉肇)가 아직
나이가 어렸기에 유하의 매부 전방(田防)과 옛날 부하장수였던 사질
(史迭) 등이 그의 소속이 되는 것을 즐겁게 생각하지 않자[132] 함께 유
조가 유하의 옛날 직위를 세습하도록 하려고 반란을 일으켰다.

임회(臨淮, 강소성 우태현)태수 유교(劉嶠)가 유하의 군영[133]을 습격
하여 전방 등의 목을 베었다. 유하의 처는 소속(邵續)의 딸이었는데 날
래고 과단성에서 그녀의 아버지의 기풍을 갖고 있었다. 유하가 일찍이
후조에게 포위되었을 때 그의 처가 단신으로 몇 명의 기병을 거느리고
가서 수많은 무리들 속에서 유하를 뽑아낸 일이 있다.

전방 등이 난을 일으키려고 하게 되자, 유하의 처가 이를 중지시켰
지만 좇지 않자 마침내 몰래 불을 질러 갑옷과 무기를 모두 태워 없앴

---

129 후조의 사주(司州)자사이다.

130 진나라의 여남내사를 말한다. 일반 군의 책임자를 태수라고 하며 봉국인 경
    우에는 책임자를 내사라고 한다. 따라서 여남은 군이 아니고 봉국이다.

131 회북지역의 모든 군사에 관한 일을 감독하는 관직이다.

132 유하가 거느리던 군영과 부곡을 전혀 상관없는 곽묵이 관장하게 되자 이에
    반발한 것이다.

133 유하의 군대는 사구(泗口)에 주둔하여 있었는데, 이곳은 임회와 하비(下邳)
    사이에 있었으므로 임회태수가 습격할 수 있었다.

으니 그러한 고로 전방 등이 끝내 실패하고 말았다. 조서를 내려서 유조가 유하의 작위[134]를 이어받게 하였다.

사도 왕도가 몸이 아프다고 하면서 조회에 나오지 않으면서 사사롭게 치감(郗鑒)에게 가서 송별하였다.[135] 변곤(卞壺)이 상주문을 올렸다.

"왕도는 법도를 훼손하고 사사로운 정리를 좇아서 대신으로서의 절조를 갖지 못하였으니 청컨대 관직을 면직시키십시오."

비록 이 일은 묵혀두고 시행하지는 않았으나 온 조정에서는 그를 꺼렸다.

변곤은 검소하고 깨끗하였으며 과단성 있게 자르고 곧은 사람이어서 관직을 담당했을 때에도 충실하였지만 성격은 넓고 너그럽지는 못하였으므로 같은 시대의 사람들과 우호관계를 맺을 수가 없었고, 그러므로 여러 명사(名士)[136]들의 경시를 받았다.

완부(阮孚)가 그에게 말하였다.

"경은 항상 한가롭고 태평할 때가 없어서, 마치 기왓장이나 돌을 물고 있는 것 같으니 또 수고롭지 아니하오?"

변곤이 말하였다.

"여러 군자들은 도(道)와 덕(德)을 가지고 도량이 넓어서 이러한 기풍과 유행을 서로 숭상하고 있으니 낮고 인색한 태도를 가지는 일을 저 변곤이 아니면 누가 하겠습니까?"

---

134 천릉공이라는 작위이다.

135 치감이 새로운 직책을 받아서 건강을 떠나게 되었으므로 송별한 것이다.

136 당시의 풍조는 부화(浮華)하였고, 명사들도 이러한 것으로 명성을 얻었다.

그때 귀한 집 자제들은 대부분 왕징(王澄)과 사곤(謝鯤)이 방달(放達)[137]한 것을 흠모하였지만 변곤이 조정에서 낯을 붉히며 말하였다.

"예(禮)를 어기고 가르침을 해치는 것은 그 죄가 대단히 크니 중조(中朝)[138]가 기울어져서 무너진 것은 실로 이러한 것으로부터 말미암았습니다."

상주하여 이들의 잘못을 다스리려고 하였으나 왕도와 유량이 들어주지 않아서 마침내 중지하였다.

6   성(成) 사람들이 월수(越嶲, 사천성 회리현)의 사수(斯叟)[139]를 토벌하여 깨뜨렸다.

7   가을, 7월 계축일(25일)에 관양열후(觀陽烈侯) 응첨(應詹)[140]이 죽었다.

---

137 개방적이고 통달한 행동을 하여 아무 것에도 걸림이 없는 행동을 말한다.

138 중원지역에 조정이 있던 시대, 즉 장안에 도읍을 하고 있던 서진시대를 말한다.

139 부락의 명칭이다. 사수부락을 토벌한 일은 명제 태흥 원년(323년)에 처음으로 보인다.

140 응첨의 작위는 관양후(관양은 영릉군에 속함)인데 죽자 시호를 열후로 했다.

8   애초에, 왕도(王導)가 정치를 보필하게 되자 관대함과 화합하는
태도로 무리들의 지지를 받았다. 유량(庾亮)이 전적으로 일을 맡아하
게 되자 모든 일을 법에 맡기고 사물을 재단하여 자못 인심을 잃었다.

예주자사 조약(祖約)[141]이 스스로 명성과 나이에서 치감과 변곤에
뒤지지 않는다고 생각하였지만 고명(顧命)[142]을 받지 못하였고, 또 개
부(開府)[143]할 수 있기를 바랐지만 할 수 없게 되었고, 여러 번 표문을
올려서 여러 가지를 요청하였으나 허락을 받지 못하자 드디어 원망하
는 마음을 품었다. 유서로 남긴 조서에서 대신들을 포상하고 승진시켰
는데도 또 조약과 도간(陶侃)에게는 미치지 않자 두 사람은 모두 유량
이 삭제해버린 것이라고 의심하였다.

---

141 이때 수춘에 주둔하고 있었다.

142 황제가 임종 전에 뒤를 이을 어린 황제를 돌보라고 부탁하는 유서를 말한다.

143 재상급의 관리는 독자적으로 관부를 개설할 수 있다. 이때 4정과 4진의 대
　　장군은 개부할 수 있었으나 조약은 평서장군이었으므로 개부할 수가 없었다.
　　재상급이 안 되어도 특별히 개부할 수 있도록 하는 것이 개부의동삼사이지만
　　조약은 이것도 받지 못하였다.

역양(歷陽, 안휘성 화현)내사 소준(蘇峻)이 나라에 공로를 세운 일[144]
이 있고 위엄과 명망이 점차 드러나며 정예의 병졸도 1만 명을 가지고
있으며 무기도 아주 예리하여 조정에서는 강외(江外)지역[145]을 그에
게 의탁하였다. 그러나 소준이 자못 교만하고 멋대로 행동하는 생각을
품고 조정을 가볍게 보는 생각을 갖고서 망명 온 사람들을 불러 모으
니, 무리들의 힘이 날로 많아져서 모두 현관(縣官)[146]에다가 먹을 것
을 대주기를 바랐는데, 조운(漕運)하는 배가 계속하여 이어지지만 조
금만 뜻과 같지 않게 되면 번번이 방자하게 분노하는 말을 하였다.

유량은 이미 소준과 조약을 의심하였고, 또 도간이 많은 무리를 갖
게 된 것을 두려워하여, 8월에 단양윤(丹楊尹)[147] 온교(溫嶠)를 도독
강주제군사(都督江州軍事)[148]·강주자사로 임명하여 무창(武昌)을 진
수(鎭守)하게 하였다. 상서복야 왕서(王舒)를 회계(會稽, 절강성 소흥시)
내사로 삼아 널리 성원(聲援)하게 하고 또 석두(石頭)를 수리하여 이에
대비하게 하였다.

단양윤 완부(阮孚)는 태후가 조회에 임석하게 되어 정치는 황제의
외가에서 나오게 되자 친한 사람에게 말하였다.

---

144 심충과 전봉을 공격한 것을 가리킨다.

145 장강 이북지역을 말한다.

146 현관은 조정이나 황제를 가리키기도 하고 지방관청을 가리키기도 한다. 이
　　경우 분명해지는 않지만 대체적으로 늘어난 인원에 대한 경비를 관부에 부담
　　시킨 것을 말한다.

147 丹楊은 丹陽의 오류일 것이다. 단양은 건강[남경]을 말하며, 단양윤은 건강
　　의 행정책임자이다.

148 강주(江州, 강서성과 복건성)지역의 모든 군사에 관한 일을 감독하는 직책이다.

"지금 강동에서 왕조를 창업한 것은 오히려 얕고 군주는 어리며 세월은 어려운데다가 유량은 나이가 어리고[149] 덕행과 신의에서 아직은 미쁘지 않으니, 내가 이를 보건대 난이 장차 일어날 것이다."

드디어 외직으로 나가서 광주(廣州, 치소는 광동성 광주시)자사가 되겠다고 청하였다. 완부는 완함(阮咸)의 아들이다.

9　　겨울, 10월에 황제의 친동생인 사마악(司馬岳)을 오왕(吳王)으로 삼았다.

10　　남돈왕(南頓王) 사마종(司馬宗)이 스스로 직책을 잃은 것을 원망하고 또 평소 소준과 잘 지내서 유량이 그를 죽이고자 하는데, 사마종도 역시 정권을 잡고 있는 자리에서 그를 쫓아내려고 하였다. 어사중승 종아(鍾雅)가 사마종이 모반을 하였다고 탄핵하니 유량이 우위(右衛)장군 조윤(趙胤)에게 그를 잡아들이게 하였다. 사마종이 군사를 가지고 항거하며 싸우다가 조윤에게 죽고, 그의 족속들은 지위가 깎여 마씨(馬氏)라고 하며, 그의 세 아들인 마작(馬綽)·마초(馬超)·마연(馬演)[150]은 모두 강등되어 서인(庶人)이 되었다.

태재(太宰)인 서양왕(西陽王) 사마양(司馬羕)을 면직시켜서 과양현왕(戈陽縣王)으로 강등시키고, 대종정(大宗正) 우윤(虞胤)은 계양(桂陽, 호남성 침주시)태수로 좌천되었다. 사마종은 황실의 가까운 친속이

---

149 이때 유량의 나이는 38세였다.

150 사마씨가 마씨로 바뀐 것이다. 사마(司馬)란 군마(軍馬)를 관리한다는 관직이지만, 마(馬)는 그냥 동물인 말이 되므로 성(姓)의 뜻으로 보아 대단히 폄하한 것이다.

었고, 사마양은 먼저 돌아가신 황제의 보부(保傅)였는데,[151] 유량이 하루아침에 주살하거나 쫓아냈으니 이로 말미암아서 원근 각지에 있는 사람들에게 인심을 잃었다.

사마종의 무리인 변천(卞闡)은 소준에게로 도망하여 달아나고, 유량은 부절(符節)을 소준에게 보내어 변천을 보내라고 하였으나, 소준이 그를 숨기고 보호하며 보내지 않았다. 사마종이 죽었는데도 황제가 이를 알지 못하여 오랜 뒤에 황제가 유량에게 물었다.

"늘 보이던 머리가 흰 늙은이는 어디 있소?"

유량은 그가 모반하여 죽였다고 대답하였다.

황제가 눈물을 흘리면서 말하였다.

"외삼촌은 다른 사람이 역적질을 하여 바로 죽였다고 말하는데, 다른 사람이 외삼촌이 역적질을 하였다고 말하면 마땅히 어찌하여야 하겠소?"

유량이 두려워하여 얼굴색이 변하였다.

11   조의 장수 황수(黃秀) 등이 찬(酇, 하남성 석천현)을 노략질하니 순양(順陽, 치소는 찬현)태수 위해(魏該)가 무리를 인솔하고 양양(襄陽, 호남성 양번시)으로 달아났다.

12   후조의 왕 석륵이 정하(程遐)의 꾀를 채용하여 업(鄴, 하남성 임장

---

151 사마종과 사마양은 형제이다. 사마종은 황제와 가까웠고, 사마양은 관직으로 보아 황제와 가까운 사이였다. 사마양은 원제 때 태보의 직책을 맡았었고, 원제가 임종할 때 왕도와 함께 성제를 보필하라는 고명을 받았다. 보통 황제나 황태자를 보도(輔導)하는 관원을 보부라고 하였다.

현)에 궁전을 짓는데, 세자 석홍(石弘)에게 업에서 진수하게 하고서 금병(禁兵) 1만 명을 배치하고 거기장군이 통솔하고 있는 군영 54개를 모두 그에게 배치시키고, 교기(驍驥)장군이며 영문신좨주(領門臣祭酒) 왕양(王陽)은 오로지 6이(夷)[152]를 통괄하면서 그를 보필하게 하였다.

중산공 석호는 스스로 공로가 많다고 생각하고 업(鄴)을 떠날 뜻이 없는데[153]도 삼대(三臺)를 수리하게 되어 그의 집을 옮기게 되니 석호가 이로 말미암아서 정하를 원망하였다.[154]

13   11월에 후조의 석총(石聰)[155]이 수춘(壽春, 안휘성 수춘)을 공격하니, 조약(祖約)이 여러 번 구원해 주기를 청하는 표문을 올렸으나 조정에서는 군사를 출동시키지 아니하였다.[156] 석총이 드디어 준주(逡遒, 안휘성 합비의 동쪽)와 부릉(阜陵, 안휘성 전초현의 동쪽)을 노략질하고 5천여 명을 죽이거나 잡아갔다.

건강[남경]에서는 크게 놀랐고,[157] 조서를 내려서 사도 왕도에게 대

---

152 정하(程遐)는 이때 우장사이고, 영문신좨주(領門臣祭酒)는 영직으로 보안관계를 담당하는 책임자이며 6이(夷)는 여섯 개의 소수민족을 말한다.

153 석호가 업성을 진수하기 시작한 것이 14년째인데, 민제 건흥 원년(313년)에 있었다.

154 석호가 정하에게 재빠르게 보복하였다. 석호는 위사들을 정하의 집에 밤중에 보내 그의 처자를 겁탈하고 옷을 빼앗아서 돌아왔다.

155 후조의 급군태수이다.

156 조약은 예주자사로 수춘에 있었으므로 동진의 권력자인 유량이 후조 군사들의 손에 조약이 죽기를 바란 것이다.

157 부릉에서 건강까지는 직선거리로 50km 정도이다.

사마·가황월·도독중외제군사(都督中外諸軍事)로 삼아서 이를 막게 하니 강녕(江寧, 강소성 강녕현)에 진을 쳤다. 소준(蘇峻)[158]이 그의 장수 한황(韓晃)을 파견하여 석총을 치게 하여 그를 달아나게 하고 왕도에게서 대사마의 직책을 풀어주었다.

조정에서는 또 도당(涂塘)[159]을 만들어서 호적(胡狄)들의 노략질을 막고자 함을 논의하니, 조약이 말하였다.

"이것은 나를 버리는 것이다."[160]

더욱 분함과 화가 나는 것을 마음에 품었다.

14 12월에 제민(濟岷, 강소성 숙천현)태수 유개(劉闓) 등이 하비(下邳, 강소성 수녕현)내사 하후가(夏侯嘉)를 죽이고 하비지역을 가지고 반란을 일으켰다가 후조에 항복하였다. 석첨(石瞻)[161]이 하남(河南)태수 왕첨(王瞻)을 주(邾, 산동성 주현)에서 공격하여 이를 뽑아버렸다. 팽성(彭城, 강소성 서주시)내사 유속(劉續)이 다시 난릉(蘭陵, 산동성 역현)의 석성(石城)을 점거하였는데, 석첨이 이곳을 공격하여 뽑아버렸다.

---

158 가황월은 황제가 주살할 때 전용하는 구리로 된 도끼, 즉 황제의 권위를 나타내는 도구이며 도독중외제군사(都督中外諸軍事)는 안팎의 모든 군사적인 일을 감독하는 직책이며 소준(蘇峻)은 역양(안휘성 화현)내사이다.

159 도하(涂河)를 막으면 물이 그 상류로 범람하여 길이 끊어지게 되어 자연히 적의 남하를 막을 수 있다.

160 이때 조약이 수춘에 주둔하고 있었는데, 도수를 막게 되면 도하의 북부지역이 물에 잠기게 되고 수춘은 바로 도수의 상류에 위치하고 있기 때문에 이와 같은 말을 한 것이다.

161 후조의 장병도위이다.

15   후조의 왕 석륵이 아문장(牙門將) 왕파(王波)를 기실참군(記室參軍)으로 삼아 9류(流)[162]를 관장하여 확정하게 하고 비로소 수재(秀才)와 효렴(孝廉)에게 유교경전을 시험하는 제도를 설립하였다.

16   장준(張駿)[163]은 조(趙)의 사람들이 압박하는 것을 두려워하여 이 해에 농서(隴西, 감숙성 농서현)와 남안(南安, 감숙성 농서현의 동북쪽)의 백성들 2천여 가구를 고장(姑臧, 감숙성 무위현)으로 이사시키고 또 사자를 파견하여 성(成)과 우호관계를 맺으면서 편지를 보내 성의 주군 이웅(李雄)에게 존호(尊號)[164]를 사용하지 말고 진(晉)에 번신(藩臣)을 칭하라고 권고하였다.
이웅이 회답하는 편지를 보내어 말하였다.
"나는 지나치게 사대부들의 추천을 받았지만 그러나 본래 제왕이 되는 것에 대하여서는 아무런 욕심이 없고, 진(晉) 황실의 으뜸 되는 공신이 되어서 더러운 먼지를 소제하려고 생각하지만 그러나 진의 황실이 지지부진하고, 은덕을 베푸는 소리가 떨치지 못하여 목을 빼고 동쪽을 바라본 지가 몇 년이나 되었소. 마침 보내오신 편지를 받게 되니 그 사정이 암암리에 이르렀으니 어찌 그칠 일이 있겠습니까?"
이로부터 보빙(報聘)[165]하는 사자가 계속되었다.

---

162 기실참군(記室參軍)은 군사기밀에 관한 업무를 관장하는 직책이고, 9류(流)란 인물을 9품으로 나누는 것을 말하기도 하고 혹은 선진시대 9개의 학술유파를 말하기도 한다.
163 전량(前涼)의 양왕(涼王)이다.
164 높은 칭호라는 말이지만 이는 황제 칭호를 말한다.
165 두 나라 간에 사자가 가면 상대국에서 회보하는 사신을 보내는 것을 말한다.

성제 함화 2년(丁亥, 327년)[166]

1 봄, 정월에 수시(朱提, 치소는 운남성 소통현)[167]태수 양술(楊術)이 성(成)의 장군 나항(羅恒)과 대등(臺登, 사천성 면녕현)에서 싸웠는데, 군사는 패배하고 양술은 죽었다.

2 여름, 5월 초하루 갑신일에 일식이 있었다.

3 조의 무위(武威)장군 유랑(劉朗)이 기병 3만 명을 거느리고 양난적(楊難敵)[168]을 구지(仇池, 감숙성 서화현의 서쪽)에서 습격하였으나 이기지 못하고 3천여 호만 노략질하여 돌아갔다.

4 장준(張駿)이 조의 군사가 후조에게 패배하였다는 소식을 듣고 마침내 조의 관작(官爵)[169]을 내버리고 다시 진(晉)의 대장군·양주목(涼州牧)[170]이라고 하면서 무위(武威, 감숙성 무위현)태수 두도(竇濤)·금성(金城, 감숙성 난주시)태수 장랑(張閬)·무흥(武興, 무위현의 서북쪽)태수 신암(辛巖)·양열(揚烈)장군 송집(宋輯) 등을 파견하여 수만 명의

---

166 성한(전촉) 무제 옥형 17년, 전조 조왕 광초 10년, 후조 명제 원년 9년, 전량 문왕 태원 4년이다.

167 호삼성은 음이 수시(銖時)라고 하였다.

168 저족(氐族)의 수령이다.

169 장준은 명제 태녕 원년(323년)에 조의 관작을 받았다.

170 장준은 전량왕(前涼王)으로 실제적으로 독립하였지만 외면상 진나라에서 내려준 관작을 다시 사용한 것이다.

무리를 인솔하고 한박(韓璞)[171]과 만나서 조(趙)의 진주(秦州, 감숙성의 동부지역)에 속한 여러 군을 공략하였다.

조의 남양왕(南陽王) 유윤(劉胤)이 군사를 거느리고 이들을 치려고 적도(狄道, 감숙성 임조현)에 주둔하였다. 부한(枹罕, 감숙성 임하현의 동북쪽)호군 신안(辛晏)이 급보를 전하자 가을에 장준이 한박·신암에게 이를 구원하게 하였다. 한박은 전진하여 옥천령(沃千嶺, 임조현의 북쪽)을 넘었다.

신암이 빨리 싸우고자 하니 한박이 말하였다.

"여름이 끝날 무렵부터 해와 별자리에 자주 변화가 있으니[172] 가볍게 움직일 수는 없소. 또 유요와 석륵이 서로 공격하고 있으니 유윤은 반드시 오래 우리와 더불어 대치할 수 없을 것이오."

유윤과 도수(洮水)를 사이에 두고 70여 일 동안 대치하고 있었다.

겨울, 10월에 한박이 신암을 파견하여 금성에 가서 군량미 운반을 독려하게 하였는데, 유윤이 이 소식을 듣고 말하였다.

"한박의 무리는 우리보다 열 배나 된다. 우리의 양식이 많지 않으니 오래 버티기는 어려울 것이다. 지금 저놈들이 군사를 나누어서 양식을 운반하려고 하니 하늘이 나에게 기회를 준 것이다. 만약에 신암을 패배시키면 한박 등은 자연히 궤멸될 것이다."

마침내 기병 3천 명을 인솔하고 신암을 옥천령에서 습격하여 그들을 패배시키고 드디어 전진하여 한박의 진영을 압박하니 한박의 무리들이 크게 무너졌다. 유윤이 이긴 기세를 타고 뒤쫓아 달려가서 황하를

---

171 이때 장군인 한박은 금성에 있었다.

172 5월에 있었던 일식을 말한다.

건너서 영거(令居, 감숙성 영등현)를 공격하여 뽑아버리고 2만여 급(級)의 목을 베고 전진하여 진무(振武, 영등현의 서북쪽)를 점거하였다. 하서(河西 ; 황하 이서지역)[173]에서 크게 놀랐다. 장랑과 신안이 그 무리 수만 명을 인솔하고 조에 항복하니 장준이 드디어 하남(河南)의 땅을 잃었다.[174]

---

173 전량(前涼)지역을 말한다.

174 진무에서 전량의 도읍지인 고장까지는 직선거리로 약 140㎞ 정도이지만 유윤의 군대는 더 이상 진전할 힘이 없었다. 그러므로 전량은 국토를 빼앗긴 것이고 나라가 멸망한 것은 아니다.

5 유량(庾亮)은 소준(蘇峻)이 역양(歷陽, 안휘성 화현)에 있게 되면 끝내는 화란(禍亂)을 일으키게 될 것이라는 이유로 조서를 내려서 그를 징소하고자[175] 하여 사도 왕도에게 물었더니 왕도가 말하였다.

"소준은 시기심이 있고 험악한 사람이니 반드시 조서를 받들지 않을 것이니 또 그를 포용하여 거둬들임만 못할 것이오."

유량이 조회를 여는 자리에서 말하였다.

"소준은 이리 같은 야심을 품고 있어서 끝내는 반드시 난을 일으킬 것이니, 오늘 그를 징소하면 설사 명령에 순종하지 않는다 하더라도 화가 되는 것은 오히려 엷어질 것인데, 만약에 다시 몇 년이 지나서 통제할 수 없게 될 것 같으면 마치 한(漢)나라시대에 7국의 난과 같아 질 것이요."[176]

---

175 소준(蘇峻)은 역양내사인데, 그를 징소하고자 한 것은 소준을 내직으로 불러들여서 병권을 빼앗으려는 것이다.

176 전한시대에 조조(鼂錯)의 삭지정책(削地政策)을 말하면서 '지금 삭지하여도 반란할 것이고 삭지를 하지 않아도 반란할 것인데, 삭지를 하면 반란이 빨리 일어나서 화(禍)가 적고, 삭지하지 않으면 반란은 늦게 일어나지만 화는 클

조정의 신하들은 감히 이를 어렵다고 하는 사람이 없었지만 다만 광록대부 변곤(卞壼)만이 이 문제를 가지고 다투어 말하였다.

"소준은 강한 군사를 가지고 있으며 경읍(京邑)에 아주 가까이 있어서 거리로 보아 하루가 다 지나지 않아도 도착할 정도이니[177] 어느 날 변고가 있게 된다면 쉽게 차질이 생길 것이므로 의당 이를 깊이 생각하십시오."

유량은 이를 좇지 않았다.

변곤은 반드시 실패할 것을 알고 온교(溫嶠)에게 편지를 보내어 말하였다.

"원규(元規)[178]가 소준을 불러들이려는 생각은 확고하니 이 일은 나라의 큰일입니다. 소준은 이미 광기를 나타내는 뜻을 드러내고 있어서 그를 불러들인다면 이는 다시금 그 화를 재촉하는 것이니, 반드시 멋대로 독을 뿜어내며 조정으로 달려들 것입니다.

조정의 위력은 비록 왕성하다고 하지만 과연 그를 잡을 수 있을지 모르겠는데, 왕공(王公)[179]도 또 이와 같은 생각이오. 내가 그와 더불어 간절하게 다투었지만 어떻게 할 수가 없었습니다. 본래 족하(足

것입니다.'라고 하였다. 따라서 유량은 지금 빨리 불러들여서 반란을 일으킨다면 반란에 대한 준비 상황이 아직 덜 되어 있으니 화가 적을 것이지만 그렇지 않고 늦추어 주면 화가 커진다는 뜻이다.

177 경읍(京邑)은 수도 또는 도읍지를 말하므로 건강[남경]이니, 소준이 있는 곳에서 도읍지인 남경까지는 60㎞ 정도이나 장강을 따라서 내려오면 중간에 막히는 곳이 없다.

178 유량의 자이다.

179 왕도를 지칭한다.

下)[180]를 밖으로 내보낼 때에는 밖에서 원조하라고 한 것이었는데 지금은 또 족께서 밖에 있어서 서로 함께 그에게 간하여 그치게 할 수 없고 혹 좋게 할 수도 있었을 것을 한스럽게 생각하오."[181]

온교도 또 여러 번 편지를 써서 유량에게 그 조치를 그치라고 하였다. 온 조정이 듣고 일어나서 그렇게 해서는 안 된다고 하였으나 유량은 모두 말을 듣지 않았다.

소준이 이 소식을 듣고 사마 하잉(何仍)을 유량에게 보내어 말하였다.

"도적을 토벌하는 외직(外職)을 맡고 있는 저는 멀고 가깝고 간에 오직 명령만 내리시되, 내직(內職)을 맡아 보필하는 일에 있어서는 실제로 감당할 수 있는 것이 아닙니다."

유량은 허락하지 아니하고서 북(北)중랑장 곽묵(郭默)을 불러서 후(後)장군·영둔기(領屯騎)교위로 삼고, 사도부의 우장사 유빙(庾氷)을 오국(吳國)내사로 삼아서 모두 군사를 거느리고 소준을 대비하게 하였다. 유빙은 유량의 동생이다. 이에 우대하는 조서를 내려서 소준을 징소하여 대사농으로 삼고 산기(散騎)상시를 덧붙여주고 직위를 특진(特進)[182]으로 하고 그의 동생 소일(蘇逸)에게 그의 부곡을 관장하게 하였다.

소준이 표문을 올려서 말하였다.

"옛날에 명(明)황제께서는 친히 신의 손을 잡으시고 신에게 북쪽으

---

180 상대를 높이는 말로 귀하와 비슷한 말이다.

181 온교가 권고한다면 유량이 말을 들을 수도 있을 것이라는 기대이다.

182 조회에 참석하였을 때 삼공의 바로 아래 자리에 앉을 수 있는 지위를 말한다.

로 가서 야만인 호적(胡狄)¹⁸³을 토벌하게 하셨습니다. 지금 중원은 아직 편안하지 않은데 신이 어찌 감히 바로 편안하게 있겠습니까? 빌건대 청주(靑州, 산동반도)의 경계 지역에 있는 한 개의 황량한 군(郡)에 보임하여주셔서 사냥하는 매나 개가 하는 일에 사용하여 주십시오."

다시 허락하지 않았다. 소준은 엄히 준비를 하고 장차 부름에 나아가려고 하였지만 미적미적하며 결정하지 못하였다.

참군(參軍) 임양(任讓)이 소준에게 말하였다.

"장군께서 황량한 군에 가겠다고 청구하였으나 허락을 얻지 못하였으니 일의 형세가 이와 같아서 아마도 살 길이 없을까 두려우며, 걱정이 군사를 챙겨서 스스로 지키는 것만 못합니다."

부릉(阜陵, 안휘성 전초현의 동쪽)현령 광술(匡術)도 역시 소준에게 반란할 것을 권고하니 소준이 드디어 명령에 응대하지 않았다.

온교가 이 소식을 듣고 즉시 무리를 인솔하고 내려가서 건강을 호위하였고, 삼오(三吳)¹⁸⁴에서도 역시 의병(義兵)을 일으키려고 하였는데, 유량은 이 모든 말을 듣지 않고 온교에게 회보하는 편지를 써서 말하였다.

"내가 서쪽 귀퉁이를 걱정하는 것이 역양(歷陽, 안휘성 화현)보다 지나치니 족하는 뇌지(雷池)¹⁸⁵를 한 걸음이라도 지나지 마시오."

---

183 명(明)황제는 진나라의 8대 황제인 사마소(司馬紹)를 말하고 야만인 호적(胡狄)이란 유씨의 조와 석씨의 후조를 말한다.

184 온교는 강주[강서성 및 복건성]자사이고 삼오(三吳)란 오군[강소성 소주시], 오흥군[절강성 호주시], 회계군[절강성 소흥시]이다.

185 서쪽 귀퉁이란 도간을 말하는 것이고, 호삼성은 뇌지는 대뢰(大雷)의 동쪽에 있는데 지금의 지주(池州)의 경계 지역이라고 하였다. 옛날에 뇌수(雷水)는

조정에서는 사자를 파견하여 소준에게 알아듣게 말하였는데 소준이 말하였다.

"대하(臺下)께서 내가 반란을 일으키려고 한다고 말씀하시니 어찌 살 수 있겠습니까? 나는 차라리 산꼭대기에서 정위(廷尉)[186]를 바라볼 지언정 정위에게 끌려가서 산꼭대기를 바라 볼 수는 없습니다. 과거에 국가가 위험스럽기가 달걀 위에 달걀을 쌓아놓은 것 같아서 내가 아니면 구제할 수 없었는데, 교활한 토끼가 이미 죽었으니 사냥개는 의당 삶아져야겠지요. 다만 죽게 되더라도 모의를 만든 사람[187]에게 보복할 뿐입니다."

소준은 조약(祖約)[188]이 조정을 원망하고 있는 것을 알고, 마침내 참군 서회(徐會)를 파견하여 조약을 추천하고 높이면서 함께 유량을 토벌하자고 청하였다. 조약이 크게 기뻐하였고, 그의 조카 조지(祖智)와 조연(祖衍)이 나란히 그에게 성립시키기를 권고하였다.

초국(譙國, 안휘성 박현)내사 환선(桓宣)이 조지에게 말하였다.

"본래 강한 호적이 아직도 멸망되지 아니하였으니 장차 모든 힘을 다하여 그를 토벌해야 할 것이오. 사군(使君)[189]께서 만약에 영웅으로

지금 호북성 황매현의 경계 지역에서 동쪽으로 흐르다가 안휘성 숙송에서 망강현의 동남쪽으로 흘러서 연못이 되는데 이것이 뇌지라고 한다. 온교에게 있는 곳에서 한 발짝도 떠나지 말라고 말한 것이다.

186 대하(臺下)에서 대(臺)는 상서대를 말하는 것으로 요즈음의 각하 또는 전하 등과 같은 용례이고, 정위(廷尉)란 조정에서 잘못한 관리를 재판하는 관직이지만 여기에서는 정위에 의하여 잡힌 사람들이 들어가는 감옥을 말한다.

187 유량을 지칭하는 것이다.

188 예주자사이다.

패권을 쥐시려고 하신다면 어찌 나라를 도와서 소준을 토벌하여 위엄 있는 이름을 스스로 드러내지 않으십니까? 지금 마침내 소준과 더불어 반란을 일으키시니 이 어찌 오래 갈 수 있겠습니까?"

조지는 좇지 않았다.

환선이 조약에게 가서 만나 뵙기를 청하니 조약은 그가 간언을 하려고 하는 것을 알고 거절하고 받아들이지 않았다. 환선이 드디어 조약과 관계를 끊고 그와 더불어 하지 않았다.

11월에 조약이 조카인 패(沛, 치소는 안휘성 수계현 서쪽)의 내사 조환(祖渙)과 사위인 회남(淮南, 안휘성 수현)태수 허류(許柳)를 파견하여 군사를 가지고 소준과 만나게 하였다. 조적(祖逖)의 처는 허류의 언니인데 굳게 간언을 하였으나 좇지 않았다.

조서를 내려서 다시 변곤(卞壼)를 상서령·영우위(領右衛)장군으로 삼고, 회계(鄶稽, 즉 會稽, 절강성 소흥시)내사 왕서(王舒)를 행양주자사사(行揚州刺史事)로 삼고, 오흥(吳興, 절강성 호주시)태수 우담(虞潭)을 독삼오등제군사(督三吳等諸軍事)[190]로 삼았다.

상서부의 좌승(左丞) 공탄(孔坦)과 사도부의 사마인 단양(丹楊, 남경)사람 도회(陶回)가 왕도에게 말하며 청하였다.

"소준이 아직 도착하지 않았을 때 급히 부릉(阜陵, 안휘성 전초현의 동쪽)으로 가는 길을 끊어버리고 장강의 서쪽에 있는 당리(當利)의 여러

---

189 자사를 높여 부르는 말이다. 조약은 예주자사였으므로 이렇게 부른 것이다.

190 행양주자사사(行揚州刺史事)는 행직 즉 임시직이며, 이 관직명을 해석하면 양주자사의 업무를 수행하는 사람이라는 뜻이고, 독삼오등제군사(督三吳等諸軍事)은 삼오(三吳, 오군, 오흥군, 회계군) 등의 여러 군의 모든 군사에 관한 일을 감독하는 관직명이다.

입구[191]를 지키게 되면 저들의 숫자는 적고 우리의 숫자는 많으니 한 번 싸워서 결판내십시오.

만약에 소준이 아직 오지 않았다면 가서 그가 있는 성(城)[192]를 압박할 수 있습니다. 지금 먼저 가지 않으면 소준은 반드시 먼저 도착할 것이고, 소준이 도착하면 사람들의 마음이 위태롭고 놀라게 되어서 그와 더불어 싸우기가 어렵습니다. 이때를 잃지 마십시오."

왕도는 그렇다고 생각하였는데 유량이 좋지 않았다.

12월 신해일(1일)에 소준이 그의 장수인 한황(韓晃)과 장건(張健) 등에게 고숙(姑孰, 안휘성 당도현)을 습격하여 함락시키고 소금과 쌀을 빼앗으니 유량이 이를 후회하였다.

임자일(2일)에 팽성왕(彭城王) 사마웅(司馬雄)과 장무왕(章武王) 사마휴(司馬休)가 반란을 일으키고 소준에게로 달아났다. 사마웅은 사마석(司馬釋)[193]의 아들이다.

경신일(10일)에 경사에 계엄령을 내리고 유량에게 가절(假節)·도독정토제군사(都督征討諸軍事)[194]로 삼고, 좌위(左衛)장군 조윤(趙胤)을 역양(歷陽)태수로 삼고, 좌(左)장군 사마류(司馬流)에게 군사를 거느리고 자호(慈湖, 안휘성 당도현 북쪽)를 점거하고 소준을 막게 하고, 전에 사성(射聲)교위였던 유초(劉超)를 좌위(左衛)장군으로 삼고, 시중 저삽

---

191 당리 등의 나루로, 부릉으로 가는 경계 지역을 말한다.

192 소준의 근거지인 역양(안휘성 화현)을 말한다.

193 팽성왕 사마석은 선제(宣帝)의 동생인 목왕(穆王) 사마권(司馬權)의 아들이며, 장무왕 사마휴는 의양왕(義陽王) 사마망(司馬望)의 손자이다.

194 정벌하는 모든 군사에 관한 업무를 감독하는 관직이다.

(褚翜)은 정벌과 토벌하는 군사에 관한 일을 관장[195]하게 하였다. 유량은 그의 동생 유익(庾翼)에게 흰옷을 입고 수백 명을 관장하여 석두(石頭, 남경의 서북쪽)에서 대비하게 하였다.

6   병인일(16일)에 낭야왕 사마욱(司馬昱)을 회계왕으로 옮기고, 오왕 사마악(司馬岳)을 낭야왕으로 삼았다.

7   선성(宣城, 안휘성 선성현)내사 환이(桓彝)는 군사를 일으켜서 조정으로 달려가고자 하는데, 그의 장사 비혜(裨惠)가 그 군의 군사는 적고 약하며 산에 사는 백성[196]들이 쉽게 소란을 일으키므로 의당 갑옷을 준비하고서 기다리라고 말하였다.

환이가 성난 모습으로 말하였다.

"'그 임금에게 무례한 사람을 본다면 사냥하는 매가 참새를 쫓듯 하여야 하는 것이다'[197]라고 하였는데, 지금 사직이 위태롭게 압박을 받는데, 뜻으로 보아서 편안히 있을 수는 없는 것이다."

신미일(21일)에 환이는 전진하여 무호(蕪湖, 안휘성 무호시)에 주둔하였다.

한황이 이를 쳐서 깨뜨리고 이어서 선성으로 나아가서 공격하니 환이는 물러나서 광덕(廣德, 안휘성 광덕현)을 보위하자, 환황은 여러 현을

---

195 관직명은 전정토제군사이다.

196 장강 유역으로 한인들이 많이 내려와서 원주민을 핍박하여 이들이 산속으로 들어갔다. 이들을 보통 산월(山越)이라고 부른다.

197 《춘추좌전》에 나오는 말이다.

크게 약탈하고서 돌아갔다. 서주(徐州)자사 치감(郗鑒)이 자기가 관장하는 군사를 인솔하고 어려움을 당한 곳으로 가려고 하였으나 조서를 내려서 북쪽의 야만인[198]을 이유로 허락하지 않았다.

8   이 해에 후조의 중산공 석호(石虎)가 대왕(代王) 탁발흘나(拓跋紇那)를 공격하여 구주산(句注山)의 형령(陘嶺) 북쪽에서 싸웠다. 탁발흘나의 군사가 패배하여 대녕(大甯, 하북성 선화현의 서북쪽)으로 도읍을 옮겨서 그들을 피하였다.

9   대왕(代王) 탁발울율(拓跋鬱律)의 아들 탁발예괴(拓跋翳槐)는 그의 외삼촌이 있는 하란부(賀蘭部)에 살았는데, 탁발흘나가 사자를 파견하여 그를 달라고 하니 하란부의 대인(大人) 하란애두(賀蘭藹頭)가 그를 옹호하며 보내지 않았다. 탁발흘나는 우문부(宇文部)와 더불어 하란애두를 공격하였으나 이기지 못하였다.*

---

198 후조를 말한다.

권094

진기16

소준의 패망과 황제 석륵

건강을 점령한 소준

성제 함화 3년(戊子, 328년)[1]

1 봄, 정월에 온교(溫嶠)가 들어가서 건강(建康, 남경)을 구원하려고 심양(尋陽, 강서성 구강시)에 진을 쳤다.

황황(黃晃)이 사마류(司馬流)[2]를 자호(慈湖, 안휘성 당도현)에서 습격하였는데, 사마류는 평소 나약하고 겁쟁이여서 곧 전투를 하게 되자, 구운 고기를 먹으면서도 입 있는 곳을 알지 못하였으니 군사는 패하여 죽었다.

정미일(28일)에 소준(蘇峻)이 조환(祖渙)과 허류(許柳) 등의 무리 2만 명을 인솔하고 횡강(橫江, 안휘성 화현 서남쪽에 있는 횡강포구)에서 강을 건너 우저(牛渚, 안휘성 마안산시 서남쪽에 있는 채석)에 상륙하여 능구(陵口, 채석의 동북쪽)에 진을 쳤다. 대(臺)[3]의 군사가 이들을 막았지

---

1 성(成, 前蜀) 옥형 18년, 한(漢, 前趙) 유요 광초 11년, 후조(後趙) 명제(明帝) 원년(元年) 10년, 전량(前涼) 문왕(文王) 태원(太元) 5년이다.

2 온교(溫嶠)는 도독강주제군사이다. 황황(黃晃)은 소준의 부장이며, 사마류(司馬流)는 진나라의 좌장군이다.

만 여러 차례 패하였다.

2월 경술일(1일)에 소준이 장릉(蔣陵)⁴에 있는 복주산(覆舟山, 강소성 남경의 동북쪽)에 도착하였다. 도회(陶回)가 유량(庾亮)에게 말하였다.

"소준이 석두에 많은 군사가 지키고 있음을 알고 있으니 감히 곧장 쳐 내려오지는 못할 것이고, 반드시 소단양(小丹楊)을 향하여 남쪽 길로 걸어서 올 것이니 의당 군사를 매복시켜서 이들을 맞이하면 한 번 싸워서 붙잡을 수 있을 것이다."

유량이 이를 좇지 않았다.

소준은 과연 소단양에서 오다가 길을 잃었는데, 밤중에 가다가 다시는 나눈 부대를 분별할 수 없게 되었다. 유량이 이 소식을 듣고 마침내 후회하였다.

조정의 인사들은 경읍(京邑)⁵이 위험스럽고 압박을 받자 대부분 그들의 집안사람들을 동쪽으로 보내 난을 피하였는데, 좌(左)위장군⁶ 유초(劉超)만이 홀로 처자식을 궁(宮) 안으로 옮겨서 살게 하였다.

조서를 내려 변곤(卞壺)을 도독대항동제군사⁷로 삼아 시중 종아(鍾雅)와 더불어 곽묵(郭默)과 조윤(趙胤) 등의 군사를 인솔하고 소준과

---

3 상서대를 말하므로 결국은 진나라 조정을 말한다.

4 손권의 묘가 있는 곳이다.

5 이때 진나라의 도읍지는 건강 즉, 남경이었다.

6 좌우를 구별할 때 좌는 동부이고, 우는 서부를 가리킨다. 그러므로 좌위장군
   은 수도의 동부지역 방위책임자이다.

7 대항(大桁, 주작교 동부지역)의 동부지역의 모든 군사에 관한 일을 감독하는
   관직이다.

서릉(西陵, 蔣陵의 서쪽, 강소성 남경시 남쪽)에서 싸우게 하였다. 변곤 등이 대패하였고 죽거나 다친 사람이 천 명을 헤아렸다.

병진일(7일)에 소준이 청계책(靑溪柵, 장릉의 동북쪽에 있는 목책)을 공격하였는데, 변곤이 여러 군사를 인솔하고 대항하며 쳤으나 금할 수가 없었다. 소준이 바람을 이용하여 불을 멋대로 놓아서 대성(臺省)[8]과 여러 관청 건물을 태워 한꺼번에 다 없애버렸다. 변곤이 등에 난 종기를 바로 전에 치료하여 상처가 아직 봉합되지 않았지만 힘을 다해서 주위 사람들을 인솔하여 악전고투하다가 죽었고, 그의 두 아들 변진(卞眕)과 변우(卞盰)가 아버지의 뒤를 좇아 역시 적에게 나아갔다가 죽었다. 그의 어머니가 시체를 어루만지며 곡하면서 말하였다.

"아버지는 충신이고 아들들은 효자이니 무릇 어찌 한탄할 것인가!"

단양윤(丹陽尹)[9] 양만(羊曼)이 군사를 챙겨서 운용문(雲龍門, 궁성의 문)을 지키며 황문시랑 주도(周導)와 여강(廬江, 안휘성 여강현의 서남쪽) 태수 도첨(陶瞻)과 더불어 모두 싸우다 죽었다. 유량(庾亮)이 무리를 인솔하고 장차 선양문(宣陽門) 안에다 진을 치려고 하다가 전열을 다 갖추지도 못한 상태에서 병사들이 모두 갑옷을 버리고 달아나니, 유량과 그의 동생인 유역(庾懌)·유조(庾條)·유익(庾翼) 그리고 곽묵·조윤과 함께 심양(尋陽, 강서성 구강시)으로 달아났다.

떠나려고 하면서 고개를 돌려 종아(鍾雅)에게 말하였다.

"뒷일을 깊이 그대에게 위탁하오."

---

8 송과 제(齊, 남조)시대에는 세 개의 대와 다섯 개의 성이 있었다. 한대에는 5성이라는 이름이 있었는데, 상서성, 중서성, 문하성, 비서성, 집서성이다. 그러므로 여기서는 중앙정부를 가리킨다.

9 동진의 도읍인 건강을 단양이라고 하였으므로 도읍지의 책임자이다.

종아가 말하였다.

"기둥이 부러지고 석가래가 무너진 것이 누구의 허물이오!"

유량이 말하였다.

"오늘의 일은 다시 말하지 마시오."

유량이 작은 배를 타는데, 혼란에 빠진 병사들이 서로 빼앗으려고 하니, 유량의 좌우 사람들이 적들을 쏘다가 잘못하여 뱃사공을 맞추어서 활시위 소리와 함께 쓰러졌다.

배 위에서는 모두가 대경실색하여 흩어지려고 하였으나 유량은 움직이지 않고 천천히 말하였다.

"이런 손으로 어찌 도적들을 맞출 수 있겠는가?"

무리들이 마침내 안정되었다.

소준의 병사들이 대성(臺城)[10]에 들어가니, 사도 왕도(王導)가 시중 저습(褚翜)에게 말하였다.

"지존(至尊)께서 마땅히 정전(正殿)에 오르셔야 하니, 그대는 빨리 나오시도록 말씀을 드리시오."

저습이 바로 합문(閤門)으로 올라가서 몸소 황제를 안고[11] 태극전 앞에 있는 전각에 올랐으며 왕도와 광록대부 육엽(陸曄)과 순숭(荀崧), 상서 장개(張闓)가 함께 어상(御床)에 올라가서 황제를 에워싸고 호위하였다. 유초(劉超)를 우(右)위장군으로 삼고 종아·저습과 더불어 좌우에서 모시고 서 있게 하고, 태상 공유(孔愉)는 조복(朝服)을 입고 종묘를 지켰다. 그때 백관들이 달아나고 흩어졌으니 전성(殿省)[12]은 적막

---

10 조정을 싸고 있는 궁성을 말한다.

11 이때 황제 사마연(司馬衍)은 8세였다.

하였다.

소준의 군사들이 벌써 들어와서 저습을 질책하며 내려오라고 하였다. 저습은 똑바로 서서 움직이지 않으며 그들을 나무라며 말하였다.

"소 관군(蘇 冠軍)[13]께서 와서 지존을 찾아뵈려고 하면서 군인들이 어찌하여 쳐들어와 압박할 수 있겠소?"

이로 말미암아서 소준의 병사들이 감히 전각에 오르지 못하고 후궁으로 돌진해 들어가니 궁인들과 태후 좌우의 시중들던 사람들이 모두 약탈을 당하였다.

소준의 병사들이 백관들을 몰아서 부리니 광록훈 왕빈(王彬) 등이 모두 회초리를 맞았고 짐을 지고 장산(蔣山, 강소성 남경시에 있는 종산)에 오르게 하였다. 병사와 여자들을 발가벗기니 모두가 방석을 자르거나 풀을 베어 스스로 앞을 가렸고, 풀도 없는 사람은 땅에 앉아서 흙으로 몸을 덮었고, 슬퍼 크게 우는 소리가 안팎으로 진동하였다.

애초에, 고숙(姑孰, 안휘성 당도현)이 함락되자 상서성의 좌승(左丞) 공탄(孔坦)이 다른 사람에게 말하였다.

"소준의 형세를 보니 반드시 대성(臺城)을 파괴할 것이므로 스스로 전투하는 병사가 아니면 반드시 군복을 입지 말도록 하시오."

대성이 함락되자 군복을 입은 사람은 대부분 죽었고, 흰옷을 입은 사람은 별 다른 일이 없었다.

그때 관청에는 포(布) 20만 필과 금은 5천 근, 그리고 돈 억만 전(錢)

---

12 궁궐을 말한다.

13 소준은 원래 심충을 토벌한 공로로 관군장군이 되었었다. 이 옛 관직을 부른 것이다.

과 비단 수만 필이 있었고 다른 물건도 이와 비슷하였는데 소준이 이를 다 소비하였고, 태관은 오직 타다 남은 쌀 수 석(石)을 가지고 황제의 먹을 것을 만들어 제공하였다.

어떤 사람이 종아(鍾雅)에게 말하였다.

"그대의 성품이 밝고 곧으니 반드시 도적들에게 받아들여지지 않을 것인데 어찌하여 일찍이 이것 때문에 계책을 세우지 않았단 말이오?"

종아가 말하였다.

"나라가 어지러운데 고칠 수 없고 임금이 위태로운데 구제할 수 없으면서 각기 숨어 도망하여 죽음을 면하려고 한다면 어찌 신하라고 하겠소!"

정사일(8일)에 소준이 조서라고 말하고서 크게 사면하였는데, 오직 유량 형제는 원래의 예(例)에 넣어주지 않았다. 왕도(王導)는 덕망을 갖고 있어서 오히려 본래의 직책을 가지고 자기의 오른쪽[14]에 있게 하였다. 조약(祖約)은 시중·태위·상서령이 되고, 소준은 스스로 표기장군·녹상서사가 되고, 허류(許柳)는 단양윤(丹陽尹)이 되고, 마웅(馬雄)은 좌장군이 되고, 조환(祖渙)은 교기(驍騎)장군이 되었다. 익양왕(弋陽王) 사마양(司馬羕)이 소준에게 가서 소준의 공로를 칭찬하여 말하니 소준이 다시 사마양을 서양왕(西陽王)·태재·녹상서사를 겸직하게 하였다.[15]

소준이 병사를 파견하여 오국의 내사 유빙(庾氷)을 공격하니 유빙이

---

14 왕도의 본래 직책은 사도였으며, 자기란 소준을 말하는데 오른쪽이 왼쪽보다 상급이었으므로 소준이 왕도를 자기보다 상급 자리에 두었다는 것이다.

15 사마양의 작위가 유량에 의하여 강등되었는데, 이 사건은 명제 태녕 4년 (326년)에 있었고, 그 내용은 《자치통감》 권93에 실려 있다.

막을 수가 없어서 군(郡)을 버리고 회계(會稽, 절강성 소흥시)로 달아났
는데, 절강(浙江)에 이르자 소준은 현상을 내걸고 아주 급하게 그를 구
매하려고 하였다. 오(吳)의 영하졸(鈴下卒)[16]이 유빙을 끌어서 배에 들
어가게 하고, 멍석으로 그를 덮어주면서 입으로 읊조리면서 노를 저으
며 물을 거슬러 올라갔다.

매번 순라(巡邏)를 만날 적에는 번번이 지팡이로 뱃전을 치면서 말
하였다.

"어느 곳에서 유빙을 찾아볼까? 유빙은 바로 여기에 있지"

사람들은 그가 술에 취하였다고 생각하여 그를 의심하지 않아서 유
빙은 죽음을 면하였다. 소준은 시중 채모(蔡謨)를 오국내사로 삼았다.

온교(溫嶠)는 건강이 지켜지지 못했다는 소식을 듣고 큰소리로 통곡
하였는데, 그를 보러 온 사람이 있자 마주보고 슬퍼하며 곡하였다. 유
량이 심양(尋陽, 강서성 구강시)에 도착하여 황태후의 조서를 선포하여
온교를 표기장군·개부의동삼사[17]로 삼고, 또한 서주자사 치감(郗鑒)
에게 사공을 덧붙여주었다.

온교가 말하였다.

"금일 마땅히 적을 멸망시켜야 하는 것이 급한 일이고, 아직 공로를
세우지도 못하였는데, 먼저 관직부터 받는다면 장차 어떻게 천하 사람
들을 보겠는가!"

드디어 받지 않았다. 온교는 평소에 유량을 중히 생각하여서 유량이

---

16 수레를 타고 가는데 수레를 따라 다니는 하급 병졸이다.

17 이 관직명을 풀어보면, 개부는 관부를 열 수 있는 직위를 말하고, 의례는 삼
공과 같게 한다는 말이므로 삼공의 바로 아래의 직위이다.

비록 달아나 패배하였지만 온교는 더욱 그를 밀어주고 받들었으며 병사를 나누어서 유량에게 주었다.

2   후조에서 크게 사면하고 기원을 태화(太和)라고 고쳤다.[18]

3   3월 병자일[19]에 유(庾)태후가 걱정을 하다가 붕어하였다.

4   소준이 남쪽으로 가서 우호(于湖, 안휘성 당도현의 남쪽)에 주둔하였다.

---

18 이때 후조의 석륵이 왕의 칭호를 쓰다가 황제로 즉위했다.

19 3월 1일은 기묘일이므로 3월에는 병자일이 없다. 만약 丙子가 丙午의 잘못이라면 병오일은 3월 28일이다.

5　여름, 4월에 후조의 장수 석감(石堪)이 완(宛, 하남성 남양시)을 공격하자 남양(南陽)태수 왕국(王國)이 그에게 항복하니, 드디어 나아가서 조약(祖約)[20]의 군사를 회하(淮河, 안휘성 수현)에서 공격하였다. 조약의 장수 진광(陳光)이 군사를 일으켜서 조약을 공격하자 조약의 주위에 있던 염독(閻禿)이 모습을 조약처럼 꾸미니 진광이 그를 조약이라고 생각하고 사로잡았고, 조약은 담을 넘어서 죽음을 면하게 되었다. 진광은 후조로 달아났다.

6　임신(24일)일에 명목(明穆)황후[21]를 무평릉(武平陵)에 장사지냈다.

7　유량과 온교가 장차 군사를 일으켜 소준을 토벌하려고 하였으나 길이 끊어져서 건강에서의 소식을 알지 못하였다. 마침 남양(南陽) 사람 범왕(范汪)이 심양(尋陽, 강서성 구강시)에 이르자 말하였다.

20　동진의 태위이다.
21　황태후 유문군(庾文君)을 말한다.

"소준의 정령(政令)은 통일되지 아니하였고, 탐욕스럽고 포악하며 제멋대로 행동하여서 이미 멸망의 징조가 있으니 비록 강하지만 쉽게 약해질 것이고, 조정은 거꾸로 매달린 것 같은 급한 상황이 나타났으니 의당 때를 맞추어 나아가서 토벌해야 합니다."

온교는 이 이야기를 깊이 받아들였다. 유량은 범왕을 벽소하여 참호 군사(參護軍事)[22]로 삼았다.

유량과 온교가 서로 추천하여 맹주(盟主)가 되라고 하니 온교의 사촌동생 온충(溫充)이 말하였다.

"도정서(陶征西)의 지위는 무겁고[23] 군사는 강하니 의당 함께 그를 추대해야 할 것입니다."

온교가 마침내 독호(督護) 왕건기(王愆期)를 파견하여 형주(荊州, 치소는 호북성 강릉현)로 가서 도간(陶侃)을 초청하여 그와 더불어 국가적인 어려움을 함께 대처하자고 하였다.

도간은 오히려 고명(顧命)을 받지 못하였다[24]는 것을 한(恨)으로 생각하고 있었으므로 대답하였다.

"나는 변강(邊疆) 밖에 있는 장수인데 감히 내 지역을 벗어날 수 없습니다."[25]

---

22 군사적인 일에 참여하여 발언할 수 있는 직책이다.

23 도정서란 정서장군 도간을 말하는데 이때 도간은 그 외에 도독형상옹양제군사였다.

24 명제 태녕 3년(325년)에 명제가 죽을 때 도간이 고명을 받지 못하였다. 《자치통감》 권93을 참고하시라.

25 진 왕조는 내신은 내보(內輔)하고 외장(外將)은 방어에 주력하도록 엄격히 구별되어 있어서 외장이 내정에 간여할 수 없다는 말이다.

온교가 누차 유세하였으나 돌이킬 수 없어서 마침내 도간의 뜻에 따르기로 하고 사자를 파견하여 그에게 말하였다.

"어진 공께서는 또한 자리를 지키고 계시고, 저는 먼저 내려가야 하겠습니다.[26]"

사자가 이미 떠난 지 이틀이 지났는데, 평남장군부[27]의 참군인 형양(滎陽, 하남성 형양현) 사람 모보(毛寶)가 다른 곳에 사자로 갔다가 돌아와서 이 소식을 듣고 온교에게 유세하였다.

"무릇 큰일을 일으키려면 당연히 천하 사람들과 함께 해야 합니다. 군사가 이기는 것은 화합하는데 있으니 의당 달라서는 안 됩니다.[28] 가령 의심할만하다면 오히려 마땅히 겉으로는 모르는 것을 보여줄 것인데 하물며 스스로 두 가지를 가졌다는 행동을 하시렵니까?[29]

의당 급히 편지를 갖고 간 사람을 쫓아가서 편지를 고쳐 쓰게 하여 반드시 호응하여 함께 진격하겠다고 말하고, 만약 앞에 편지를 갖고 간 사람을 따라잡지 못하면 당연히 또다시 사자를 보내야 합니다."

온교는 마음속으로 깨닫고 즉시 사자를 쫓아가서 편지를 고치게 하니, 도간이 결국 이를 허락하고, 독호 공등(龔登)을 파견하여 병사를 인

---

26 건강으로 먼저 내려가서 공격하겠다는 말이다.

27 온교는 이때 평남장군이었으므로 그의 참군이었다.

28 군사작전의 승리는 화합에 있지 숫자의 많고 적음에 있지 않다는 말이다. 이것은 도간이 참여하지 않는다고 떼어놓고 행동하면 결국은 분열상이 된다는 의미이다.

29 도간이 이쪽의 제의에 의심을 품고 있다면 자기의 속내를 드러내지 않고 대답하였을 것이므로 이쪽에서 먼저 저쪽이 없이도 행동할 수 있다는 것을 보여주어서는 안 된다는 말이다.

솔하고 온교에게 보냈다.

온교가 무리 7천 명을 데리고 있다가 이에 이름을 열거하여[30] 상서에게 편지를 올리고, 조약과 소준의 죄지은 상황을 진술하여 정(征)과 진(鎮)[31]에 편지를 보내서 알리고 눈물을 뿌리며 배에 올랐다.

도간이 다시 공등을 쫓아가서 돌아오게 하였다. 온교는 도간에게 편지를 보내어 말하였다.

"무릇 군사란 전진은 있을지라도 후퇴는 없으며, 숫자를 늘리는 것은 좋을지라도 줄이는 것은 안 됩니다. 근래에 이미 격문을 먼 곳과 가까운 곳에 보냈던 것은 맹부(盟府)[32]에 말씀드렸으며, 다음 달 중순쯤을 기약하여 크게 군사를 일으키기로 하고, 여러 군의 군사들도 아울러 길에 차례로 나오도록 하였습니다. 오직 어지신 공의 군대가 도착하기를 기다렸다가 일제히 진격하려고 새겨두었을 뿐입니다.

어지신 공께서 이제 군사를 불러서 돌아가게 하시어 멀고 가까운 곳에 있는 사람들을 의혹하게 하시니, 성공하느냐 실패하느냐의 원인은 장차 여기에 있습니다. 저의 재주는 가볍고 책임은 무거워서 실로 어지신 공의 돈독한 아끼심에 의지하고 있기에 멀리 있으면서도 완성된 계획을 품신(稟申)하였으며, 첫 머리에 군사가 갈 길을 여는 문제에 있어서는 감히 사양하지 않을 것[33]이고, 저와 어지신 공이 앞뒤에서 서로 보

---

30 도간을 맹주로 하고 유량과 온교의 이름을 나란히 적어서 상서에게 올린 것이다.

31 4진과 4정을 말하는데, 동진은 진동장군부 등 동서남북 네 곳의 진과 정동장군부 등 동서남북 네 곳의 정을 두고 있었다.

32 맹은 맹주라는 말이고, 부는 장군부를 말하므로, 온교가 도간을 맹주로 부른 것이다.

호하는 것이 마치 입술과 이빨처럼 서로 의지하는 것처럼 될 것입니다.

어떤 사람은 이 높은 뜻을 이해하지 못하여 장차 어지신 공께서 적을 토벌하는 일을 늦추실까 걱정하니 이러한 소리가 있게 되면 뒤쫓아 가기가 어렵습니다. 저와 어지신 공은 나란히 방악(方嶽)의 책임[34]을 받고 있으니, 편안하고 위험한 일과 슬픔과 기쁨은 이치로 보아서 이미 이를 같이 해야 할 처지입니다.

또한 최근에 보살펴주심으로부터 밀접하게 왕래를 하여서 정이 깊이 들었고 의로움도 중요해져서 어느 날 아침에 급한 일이 있게 되면 또한 어지신 공께서 무리를 다 인솔하고 구해 주시기를 바라고 있는데, 하물며 사직이 어려운 경우에 있어서야? 오늘날의 걱정이 어찌 오직 제가 있는 한 주의 문제일 뿐이겠습니까? 문무 관료로서 발돋움하고 기다리지 않는 사람이 없습니다.

가령 이 주[35]가 지켜지지 않는다면 조약과 소준이 이곳에 장관(長官)을 세울 것이고, 형·초(荊·楚)[36]의 서쪽으로는 강력한 호족(胡族)[37]들과 가깝게 되고, 동쪽으로는 반역한 도적들[38]과 인접하게 되니, 이로 인하여 기근이 들고 장래에 닥칠 위기는 마침내 이 주가 오늘날 당하는 것보다 심할 것입니다. 어지신 공께서 나아가서 마땅히 위대

---

33 온교가 선봉에 서겠다는 말이다.

34 한 지방의 수장이라는 뜻이다.

35 온교가 있는 곳, 즉 강주(강서성과 복건성)를 말한다.

36 형주와 초지역으로, 도간이 있는 곳이다.

37 성제국, 즉 전촉을 가리킨다.

38 소준과 조약을 지칭한다.

한 진(晉)나라의 충신이 되어 환공·문공[39]의 공로만큼 이룩하셔야 할 것이며, 물러나서는 자비로운 아버지의 마음으로 사랑하는 아들의 고통[40]을 씻어주셔야 할 것입니다.

지금 조약과 소준이 흉악하고 거역하며 무도하니 그 아픔이 천지에 느끼게 하여 사람들의 마음이 하나같아서 모두가 이를 갈고 있습니다. 오늘날 나아가 토벌하는 것은 마치 돌을 계란에 던지는 것과 같을 뿐이어서 진실로 다시 병사를 불러서 돌아가게 하시니, 이것은 거의 성공한 것을 실패하게 만드는 것입니다. 바라건대 말씀드리는 것을 깊이 살펴주십시오."

왕건기(王愆期)가 도간에게 말하였다.

"소준이 승냥이나 이리 같은 놈이니, 만약 그가 뜻대로 성공할 것 같으면 사해가 비록 넓다고 하지만 공께서는 어찌 발을 디딜 땅을 가지겠습니까?"

도간은 깊이 깨닫고, 바로 무복(武服)을 입고 배에 올랐다. 도첨(陶瞻)의 영구가 도착하였으나 가보지도 아니하고 밤낮으로 배만 빠르게 나아갔다.

치감(郗鑒)이 광릉(廣陵, 강소성 양주시)에 있었는데, 성은 외롭고 양식은 적었으며, 호족(胡族)들이 노략질하는 곳에서 아주 가까이 놓여 있어서 사람들은 굳건한 마음을 갖지 못하였다. 조서를 받고[41] 나서

---

39 춘추시대에 패권을 이룩한 제 환공과 진 문공을 말한다.

40 도간의 아들 도첨이 운용문에서 소준의 병사들에게 죽었다.

41 치감(郗鑒)은 서주자사이고, 호족이란 석륵의 후조세력을 말하며, 조서란 어떠한 조서인지 분명하지 않다. 다만 온교가 보낸 것으로 보인다.

바로 눈물을 흘리며 무리들에게 맹세하기를 '국난(國難)을 당한 곳으로 들어가서 군사를 거느리고 힘껏 싸우겠다.'고 하였다.

장군 하후장(夏侯長) 등을 파견하여 샛길로 가서 온교에게 말하였다.

"혹 듣건대 도적들[42]이 천자를 끼고 동쪽으로 가서 회계(會稽, 절강성 소흥시)로 들어가려고 한다니, 마땅히 먼저 군영과 보루를 세우고 요해 지역을 점거하여 주둔하면서 그들이 넘어서 달아나는 것을 방지하고 또 도적들의 식량 운반로를 자르며, 그런 다음에 들을 깨끗하게 비우고[43] 성벽을 굳게 만들서 도적들을 기다려야 합니다.

도적들이 성을 공격하여도 뽑혀지지 않고, 들에는 약탈할 것이 없고, 동쪽으로는 길이 이미 끊기면 양식의 운반도 저절로 중단될 것이니,[44] 반드시 스스로 붕괴될 것입니다."

온교는 깊이 그렇다고 생각하였다.

5월에 도간이 무리를 인솔하고 심양(尋陽, 강서성 구강시)에 도착하였다. 의논하는 자들은 모두가 도간이 유량을 죽이고서 천하 사람들에게 사과할 것이라고 하니, 유량이 몹시 두려워서 온교의 계책을 써서 도간에게 가서 절하며 사과하였다.

도간이 놀라서 그를 중지하게 하며 말하였다.

"유원규(庾元規)가 마침내 저 도사행(陶士行)[45]에게 절을 하다니

---

42 소준의 세력을 말한다.

43 청야(淸野) 작전으로 들에 먹을 만한 것을 전부 없애서 깨끗하게 비워놓는 것이다. 그러면 군대가 먹을 것을 구할 수 없게 되는 것이다.

44 진(晉)이 건강에 도읍하고 있어서 곡식의 운반은 모두 삼오지역에 의존하고 있으므로 먼저 동쪽 교통로를 끊자고 한 것이며, 왕돈과 소준의 난에서 광복(匡復)의 꾀는 치감에게 있었다.

요!"

유량이 허물을 들어가면서 스스로를 책망하는데, 그 풍도(風度)와 행동거지가 볼 만하였고, 도간이 깨닫지 못하는 사이에 마음이 풀어져서 말하였다.

"군후(君侯)께서 석두(石頭)를 수리하면서 이 늙은이를 헤아리셨는데 지금은 도리어 찾아와서 나에게 요구하는구려!"[46]

즉각 그와 더불어 담화하고 연회를 베풀면서 하루를 보내고 드디어 유량·온교와 더불어 같이 건강으로 달려갔다. 군복을 입은 졸병이 4만 명이고, 정기가 700여 리에 늘어섰고, 정고(鉦鼓)를 치는 소리가 멀고 가까운 곳을 진동시켰다.

소준이 서쪽에 있는 병사들이 일어났다는 소식을 듣고, 참군 가녕(賈寧)의 계책을 사용하여 고숙(姑孰, 안휘성 당도현)에서 돌아와 석두를 점거하고 병사를 나누어 도간 등을 막았다.

을미일(18일)에 소준이 황제를 다그쳐서 석두로 옮겼는데, 사도 왕도가 굳게 다투며 이를 반대하였으나 좇지 않았다. 황제가 슬퍼서 눈물을 흘리며 수레에 오르고, 궁중에 있는 사람들은 통곡하였다. 그때 하늘에서는 큰비가 내려서 도로는 진흙투성이인데, 유초(劉超)와 종아(鍾雅)[47]가 걸으면서 좌우에서 시위하였으며, 소준이 말을 주었지만 타려하지 않고, 슬프고 분통함이 복받쳤다.

---

45 원규는 유량의 자이고, 사행은 도간의 자이다.

46 유량이 석두성을 수리하면서 도간에 대비하였던 사건은 성제 함화 원년(326년)에 있었는데 지금 소준을 공격하자고 요구한 것이다.

47 유초는 우위장군이고, 종아는 시중이었다.

소준이 이 소식을 듣고 싫어하였지만 아직은 감히 죽이지는 아니하였다. 그가 가까이 하고 믿는 허방(許方) 등을 사마독(司馬督)·전중감(殿中監)[48]에 보임(補任)하였는데, 밖으로는 숙위(宿衛)하는 것이라고 핑계를 댔지만 속으로는 실제로 유초 등을 방어하려는 것이었다.

소준이 창고를 황제의 궁으로 삼고, 매일같이 황제 앞에 와서 방자하고 추악한 말을 지껄였다. 유초·종아는 우(右)광록대부 순숭·금자(金紫)광록대부[49] 화항(華恒)·상서 순수(荀邃)·시중 정담(丁潭)과 더불어 모시고 따르면서 황제의 옆을 떠나지 않았다.

당시 기근이 들어서 쌀이 귀하였는데, 소준이 보내줄 것이냐고 물었으나 유초가 하나도 받지 아니하였다. 아침저녁으로 반복하여 떨어져 있지 아니하고 신하로서의 절도는 더욱 공손하며, 비록 유폐되는 액난 속에 있을지라도 유초는 오히려 황제를 깨우치려고 《효경》·《논어》를 강의해 주었다.

소준이 좌(左)광록대부 육화(陸曄)에게 유대(留臺)[50]를 지키게 하고, 거주하는 백성들을 압박하여 모두 후원(後苑)에 다 모아놓고, 광술(匡術)에게 원성(苑城, 건강에 있는 궁성)을 지키게 하였다.

상서좌승 공탄(孔坦)이 도간에게로 달아나자 도간이 장사(長史)로

---

48 사마독은 황성의 호위책임자에, 전중감은 궁전의 호위책임자에 해당하는 직책이다.

49 좌우광록대부를 말한다. 광록대부는 보통 은색 글씨와 청색 인수를 차게 되어 있지만 특히 금색글씨와 자색인수를 차게 한 경우에는 금자광록대부라고 하였다.

50 황제가 석두에 갔으므로 건강에는 궁성만이 남아 있었다. 이렇게 황제가 떠난 채 남아 있는 궁을 유대라고 한다.

삼았다.

애초에, 소준이 상서 장개(張闓)를 파견하여 임시로 동군(東軍)을 감독하게 하였는데, 사도인 왕도가 비밀리에 태후의 조서를 가지고 삼오(三吳)[51]지역의 관리와 병사들에게 깨우쳐서 의병을 일으켜서 천자를 구하게 하였다.

회계(會稽, 절강성 소흥시)내사 왕서(王舒)가 유빙(庾氷)을 행분무(行奮武)장군[52]으로 삼아서 병사 1만 명을 거느리고 서쪽으로 가서 절강(浙江)을 건너게 하니, 이에 오흥(吳興, 절강성 호주시)태수 우담(虞潭)·오국(吳國, 강소성 소주시)내사 채모(蔡謨)·전 의흥(義興, 강소성 의흥시)태수 고중(顧衆) 등이 모두 병사를 들어서 이에 호응하였다.

우담의 어머니 손(孫)씨가 우담에게 말하였다.

"너는 마땅히 살겠다는 생각을 버리고 의를 취하여야 하며 나 같은 늙은이 때문에 누를 끼치지 마라."

그 집안의 가동(家僮)을 전부 보내 군대를 쫓게 하고, 그의 반지와 패물들을 팔아서 군사자금으로 삼게 하였다. 채모는 유빙이 당연히 옛날 직책[53]으로 돌아가야 한다고 하여 바로 군(郡)을 떠나면서 유빙에게 물려주었다.

소준이 동방에서 군사가 일어났다는 소식을 듣고 그의 장수 관상(管

---

51 한나라 때에는 오군을 설치하였는데, 오나라 때에 오군을 나누어서 오흥군을 두었으며, 진나라는 또 오흥과 단양을 나누어서 의흥군을 두었다. 이것이 삼오이다. 또 오군, 오흥, 회계를 삼오라고 하기도 하며, 두우는 오군, 오흥, 단양을 삼오라고 하였다.

52 행직이다. 겸직 또는 대리직 임시직이다. 임시분무장군이라고 할 수 있다.

53 유빙의 원래 직책은 오국내사이다.

商)·장건(張建)·홍휘(弘徽) 등을 파견하여 그들을 막게 하니, 우담 등이 싸웠는데, 서로가 이기기도 하고 지기도 하여 앞으로 전진할 수가 없었다.

도간과 온교는 가자포(茄子浦, 강소성 강녕현 서남쪽)에 진을 쳤는데, 온교는 남쪽지역의 군사[54]는 물에 익숙하고 소준의 병사들은 보병전을 잘한다고 생각하여 명령을 내렸다.

"장사(將士)들 가운데 강둑에 올라가는 사람은 사형시킬 것이다."

마침 소준이 쌀 1만 곡(斛)을 조약에게 보내게 되니, 조약이 사마 환무(桓撫) 등을 파견하여 그것을 맞이하였다.

모보(毛寶)가 1천 명을 인솔하고 온교의 선봉에 서서 그의 무리들에게 말하였다.

"병법을 보면, '군령이라는 것은 좇지 않아도 되는 것이 있다.'라고 되어 있는데, 어찌하여 칠 수 있는 도적놈들을 보고 강둑에 오르지 않고 그들을 칠 수 있겠는가?"

마침내 멋대로 가서 환무를 습격하여 그 쌀을 다 빼앗고 죽이거나 붙잡은 것이 1만 명이 되었고, 조약이 이로 말미암아서 주리고 궁핍하게 되었다. 온교가 표문을 올려서 모보를 여강(廬江, 안휘성 여강현 서남쪽)태수로 삼아달라고 하였다.

도간이 표문을 올려서 왕서(王舒)를 감절동(監浙東)제군사로 하고, 우담을 감절서(監浙西)제군사로 하며, 치감을 도독양주팔군(都督揚州八郡)제군사[55]로 맡기게 해달라고 하고, 왕서와 우담에게 명령하여 모

---

54 도간과 온교 등의 군사를 말한다.

55 감절동군사는 절동(浙東)지역의 군사를 감독하는 직책이고, 감절서군사는 절

두 치감의 통제를 받도록 하였다. 치감은 무리를 인솔하고 장강을 건너서 도간 등과 함께 가자포에서 만났으며, 옹주(雍州)자사 위해(魏該)도 역시 병사를 가지고 그곳에 모였다.

병진일[56]에 도간 등의 수군이 곧바로 석두를 향하여 가는데, 채주(蔡洲, 석두성 아래에 있는 장강 가운데 있는 섬)에 이르니, 도간은 사포(查浦, 秦淮河가 장강으로 흘러 들어가는 포구)에 주둔하였고, 온교는 사문포(沙門浦, 남경시 서남쪽에 있는 포구)에 주둔하였다. 소준이 봉화루(烽火樓)에 올라가서 군사의 무리들이 많은 것을 바라보고 두려워하는 기색을 하면서 주위 사람들에게 말하였다.

"나는 본래 온교가 많은 무리를 얻을 수 있다는 것을 알았다."

유량이 독호(督護)[57] 왕창(王彰)을 파견하여 소준의 무리 장요(張曜)를 치게 하였으나 도리어 패배하였다. 유량은 부절을 도간에게 보내면서 사과하였다.[58] 도간이 회답하였다.

"옛날 사람은 세 번씩이나 패배한 일[59]이 있는데, 군후(君侯)[60]께서

서(浙西)지역의 군사를 감독하는 직책이며, 도독양주팔군제군사는 양주(揚州)지역 여덟 군의 모든 군사를 감독하는 직책이다.

56 5월 1일은 무인일이므로 병진일은 없다. 만약에 丙辰이 丙戌의 오기라면 이 날은 5월 9일이다.

57 군사의 진영 가운데 비교적 큰 군영(軍營)의 책임자이다.

58 부절은 황제의 신임을 표시하는 것인데 이것을 돌려보낸다는 것은 사직하겠다는 의미이다.

59 조말(曹沫)을 가리킨다. 기원전 7세기에 노(魯)나라의 장수 조말이 제(齊)나라와 세 번 싸웠다가 세 번 다 패배하였다. 그러나 기원전 681년에 노나라와 제나라가 아읍(阿邑, 산동성 동아현)에서 회담을 하게 되었을 때 조말이 제나라 제후를 붙들고서 위협하여 조말이 빼앗긴 땅을 노나라에 되돌려주게 하였다.

는 처음으로 두 번인데 지금은 일이 급하니 마땅히 자주 이렇게 하지
마시오."

유량의 사마인 진군(陳郡, 하남성 진류현) 사람 은융(殷融)이 도간에
게 가서 사과하며 말하였다.

"장군께서 이렇게 처리하였으니 저 은융 등이 결정할 사항이 아닙니
다."

왕창이 도착하여 말하였다.

"저 왕창이 스스로 이렇게 한 것이지 장군[61]은 알지도 못합니다."

도간이 말하였다.

"옛날에 은융은 군자이고 왕창은 소인이라고 하였는데 지금 보니 왕
창이 군자이고, 은융이 소인이구나."

선성(宣城, 안휘성 선성현)내사 환이(桓彝)가 경성(京城, 수도인 건강)
이 지켜지지 못했다는 소식을 듣고 의분에 복받쳐서 눈물을 흘리며 나
아가 경현(涇縣, 안휘성 경현)에 주둔하였다. 그때 주와 군에서는 대부분
사자를 파견하여 소준에게 항복하였는데, 비혜(裨惠)가 다시 환이에게
권고하여서 마땅히 또 그와 사자를 왕래시켜 바꾸어 다가오는 화를 누
그러뜨려야 할 것이라고 하였다.

환이가 말하였다.

"나는 국가의 두터운 은혜를 받았으니, 의로 보아 죽음에 이르러야
할 것인데, 어찌 능히 치욕을 참고 반역하는 신하와 더불어 왕래하며
문안하겠는가! 만약에 그것이 해결되지 못한다면 이것은 운명이다."

---

60 도간이 유량을 높여서 부른 말이다.

61 왕창의 장군인 유량을 가리킨다.

환이는 장군 유종(兪縱)을 파견하여 난석(蘭石, 경현의 동북쪽에 있는 험한 요새)을 지키게 하니, 소준이 그의 장수 한황(韓晃)을 파견하여 그를 공격하였다.

유종이 곧 패배하자 주위 사람들이 유종에게 군사를 물릴 것을 권고하였다. 유종이 말하였다.

"나는 환후(桓侯)의 두터운 은혜를 입었으니 마땅히 죽음으로써 보답해야 할 것이오. 내가 환후에게 죄를 지어서 안 되는 것은 마치 환후께서 국가에 죄를 짓지 않으려는 것과 같소."

드디어 힘껏 싸우다가 죽었다. 한황은 군사를 전진시켜서 환이를 공격하였고, 6월에 성을 함락시키고, 환이를 잡아서 죽였다.

여러 군대들이 처음 석두에 도착하여서는 즉각 결전을 하려고 하였으나 도간이 말하였다.

"적의 무리는 바야흐로 강성하니 그들과 더불어 칼끝을 부딪치는 것은 어렵고, 마땅히 세월을 보내면서 지혜와 계책으로 그들을 깨뜨려야 하오."

이미 여러 차례 싸웠으나 아무런 공로를 세우지 못하자 감군부장(監軍部將)[62] 이근(李根)이 백석루(白石壘)[63]를 쌓자고 청하고, 도간이 이 말을 좇아서 밤중에 보루를 쌓았는데, 날이 밝을 때쯤에 완성되었다.

---

62 이때 제장들이 동맹을 하여 소준에게 대항하고 있는 때였으므로 감군(監軍)이 존재하지 않았다고 보아야 한다. 그런데 이근은 치감(郗鑒) 군대의 부장(部將)이었으므로 만약에 監이 鑒의 오자라고 하면 '치감 군대의 부장'이라는 말이 된다.

63 석두의 동북쪽은 지형이 험악하고 견고하여 여기에 보루를 쌓는다면 적에게 위협이 된다.

소준의 군대가 지르는 큰 소리를 듣고 제장들은 모두 그들이 와서 공격할 것이라며 두려워하였다. 공탄(孔坦)이 말하였다.

"그렇지 않소. 만약에 소준이 보루를 공격한다면 반드시 동북풍이 급하게 불어서 우리 수군이 가서 구원해줄 수 없을 때까지 기다릴 것인데 오늘은 하늘이 맑고 조용하니 도적들은 반드시 오지 않을 것이오. 엄하게 다루는 까닭은 반드시 군사를 파견하여 강승(江乘, 강소성 의정현에 있는 장강의 남쪽 강안)을 빠져나가서 경구(京口, 강소성 진강시)의 동쪽을 노략질하려는 것이오."

이미 그리했는데 과연 그렇게 되었다.

도간이 유량에게 2천 명을 가지고 백석을 지키게 하니 소준이 보병과 기병 1만여 명을 인솔하여 사방에서 이를 공격하였으나 이기지 못하였다.

왕서와 우담 등이 자주 소준의 병사들과 싸웠지만 불리하였다. 공탄이 말하였다.

"본래 치공(郗公)을 부를 필요가 없었던 것은 끝내 동문을 제한함이 없게 하려는 것이었으니, 지금 의당 돌려보내야 하며, 비록 늦었다고 하여도 오히려 안 보내는 것보다는 좋습니다."

도감이 마침내 치감에게 후장군 곽묵(郭默)과 더불어 돌아가서 경구를 점거하게 하고, 대업(大業, 강소성 구용현 서쪽)·곡아(曲阿, 강소성 단양현)·능정(陵亭, 강소성 진현 서쪽)의 세 보루를 세워서 소준의 군사 세력을 분산시키고 곽묵에게 대업을 지키게 하였다.

임진일(15일)에 위해(魏該)[64]가 죽었다.

---

64 옹주자사이다.

조약이 조환(祖渙)과 환무(桓撫)를 파견하여 분구(湓口, 강서성 구강시 서쪽)를 습격하였는데 도간이 이 소식을 듣고 장차 스스로 이들을 치려고 하였다. 모보(毛寶)가 말하였다.

"의군(義軍)[65]들은 공(公)을 믿고 있으니 공은 움직여서는 안 되고, 저 모보가 그들을 토벌하게 해 주시기를 청합니다."

도간이 이 말을 좇았다.

조환과 환무가 환(皖, 안휘성 잠산현)을 지나는데 이 기회를 이용하여 초국(譙國, 안휘성 박현)내사 환선(桓宣)을 공격하였다. 모보는 가서 이들을 구원하였지만 조환과 환무에게 패배하였다. 화살이 모보의 넓적 다리를 관통하고서 말안장에 박혔는데, 모보가 사람을 시켜서 말안장을 밟고서 화살을 뽑았는데 피가 흘러서 가죽신에 가득 찼다. 돌아서서 조환과 환무를 쳐서 그들을 깨뜨려 도주하게 하니 환선이 마침내 벗어나서 온교에게 돌아갔다. 모보는 나아가서 조약의 군사들을 동관(東關, 안휘성 함산현의 서남쪽)에서 공격하여 합비(合肥)에 있는 수자리를 뽑아버렸는데, 마침 온교가 그를 불러서 다시 석두로 돌아갔다.

조약의 제장들이 몰래 후조와 왕래를 하며 모의하여 안에서 호응하겠다는 것을 허락하였다. 후조의 장수인 석총(石聰)과 석감(石堪)이 병사를 이끌고 회하(淮河)를 건너서 수춘(壽春, 안휘성 수현)을 공격하였다. 가을, 7월에 조약의 무리들이 붕괴되어 역양(歷陽, 안휘성 화현)으로 달아나났고, 석총 등은 수춘에서 2만여 호를 포로로 잡아서 돌아갔다.

---

65 자기들이 소속한 도간 등의 군사를 의로운 군사라고 지칭한 것이다.

소준의 죽음

8   후조의 중산공 석호(石虎)가 무리 4만 명을 인솔하고 지관(軹關, 하남성 제원현 동남쪽)의 서쪽에서 들어와 조의 하동(河東, 산서성 하현) 을 치니 이에 호응한 것이 50여 현이었으며, 드디어 나아가서 포판(蒲 阪, 산서성 영제현)을 공격하였다.

조의 주군 유요(劉曜)가 하간왕(河間王) 유술(劉述)을 파견하여 저족 (氐族)과 강족(羌族)의 무리를 발동하여 진주(秦州, 감숙성 천수시)에 주 둔하며, 장준(張駿)과 양난적(楊難敵)[66]에 대비하게 하고, 스스로는 안 팎에 있는 정예의 수·육의 여러 군대를 거느리고서 포판을 구원하려고 위관(衛關, 섬서성 동관시)의 북쪽에서 황하를 건너니 석호가 두려워서 군사를 이끌고 물러났다.

유요가 이를 뒤쫓아서 8월에 고후(高候, 산서성 안읍현 동쪽)에서 따 라잡고 석호와 싸워 그를 대파하고 석첨(石瞻)의 목을 베니, 시체가 200여 리에 누워있었고, 그들의 물자와 무기를 빼앗은 것이 억[67]을 혜

---

66 장준은 전량의 우두머리이고, 양남적은 구지저왕(仇池氐王)이다.

67 많다는 의미일 것이다. 그러나 단위가 전(錢)인지는 알 수 없다.

아뢰었다. 석호는 조가(朝歌, 하남성 기현)로 달아났다. 유요가 대양(大陽, 산서성 평륙현)에서 황하를 건너 석생(石生)을 금용(金墉, 낙양성 서북쪽 모퉁이에 있음)에서 공격하고 천금알(千金堨)을 터서 그곳에 물을 댔다.

제장을 나누어 파견하여 급군(汲郡, 하남성 급현)과 하내(河內, 하남성 심양현)를 공격하니 후조의 형양(滎陽, 하남성 형양현)태수 윤구(尹矩)와 야왕(野王, 심양현)태수 장진(張進) 등이 모두 그에게 항복하였다. 양국(襄國, 후조의 도읍지, 하북성 형태시)에서는 크게 떨었다.

9   장준(張駿)[68]이 군사를 잘 훈련시켜서 텅 빈 틈을 타 장안을 습격하고자 하였다. 이조낭중(理曹郎中)[69] 색순(索詢)이 간하였다.

"유요가 비록 동쪽으로 정벌을 떠났지만 그의 아들 유윤(劉胤)이 장안을 지키고 있으니 쉽고 가볍게 되지는 않을 것입니다. 설사 조금의 수확이 있다고 하더라도 저들이 만약 동쪽지방에 대한 기도를 놓아버리고 돌아와서 우리와 겨루게 된다면 화와 곤란함이 닥칠 날짜를 헤아릴 수 없을 것입니다."

장준이 마침내 그쳤다.

10   소준의 심복인 노영(路永)·광술(匡術)·가녕(賈寧)은 조약이 패배하였다는 소식을 듣고 일이 해결되지 아니할까 두려워하여 소준에게 사도 왕도 등 여러 대신들을 다 죽이고 다시금 심복들을 세우라고 하였지만 소준이 왕도를 평소에 존경하여 허락하지 아니하였다. 노영 등

---

68 전량의 우두머리이다.

69 전량의 이조낭중은 형옥을 관장하였다.

이 다시 소준에게 두 마음을 품게 되니 왕도가 참군 원탐(袁耽)으로 하여금 몰래 노영을 유혹하여 귀순하게 하였고, 9월 무신일(3일)에 왕도는 두 명의 아들을 데리고 노영과 함께 모두 백석(白石, 석두의 동북쪽)으로 달아났다. 원탐은 원환(袁渙)의 증손이다.

도간과 온교 등이 소준과 더불어 오래 대치하여도 결판을 내지 못하자, 소준이 제장들을 나누어 동쪽과 서쪽으로 보내 공략(攻掠)하게 하여 가는 곳에서는 대부분 승리를 거두니 사람들이 마음속으로 놀라고 두려워하였다.

조사(朝士)들로서 서군(西軍)[70]으로 도망해 온 사람들이 모두 말하였다.

"소준은 교활하고 담력과 결단력을 갖고 있으며 그의 무리들은 날래고 용감하니 가는 곳에서는 대적할 사람이 없습니다. 만약에 하늘이 죄지은 사람을 토벌한다면 소준이 끝내 멸망할 것이지만 단지 사람이 하는 측면에서만 말한다면 쉽게 제거하기 어렵습니다."

온교가 화가 나서 말하였다.

"제군들은 겁을 먹고 나약한데다가 도적놈을 칭찬까지 하다니!"

여러 번 싸워서 승리하지 못하자 온교도 또한 그를 꺼리게 되었다.

온교의 군대는 양식이 다 떨어지자 도간에게서 빌리려고 하였다. 도간이 화를 내며 말하였다.

"사군(使君)[71]께서는 전에 훌륭한 장수와 군사가 먹을 것이 없을까 걱정하지 말고 오직 이 늙은이를 얻어서 맹주로 삼으려고 하였소. 지금

---

70 온교와 도간 등 소준을 반대하는 연합군을 말한다.

71 사군은 자사를 높여 부르는 말이다. 여기서는 온교를 가리킨다.

자주 싸워서 모두 패배하였으니 훌륭한 장수가 어디에 있단 말이오? 형주[72]는 호족(胡族)과 촉(蜀)[73]의 두 야만인과 맞닿아 있어서 마땅히 걱정거리가 있을까 대비하여야 하는데, 만약에 다시 먹을 것을 갖지 못한다고 하면 나는 바로 서쪽으로 돌아가서 다시 한 번 생각하고 잘 계산하였다가 천천히 와서 도적[74]들을 없앤다고 하여도 늦지는 않을 것이오."

온교가 말하였다.

"무릇 군사가 승리하는 것은 화합하는데 있다는 것은 옛 사람이 말한 훌륭한 교훈입니다. 광무(光武)황제가 곤양(昆陽)의 위기를 넘기고 조공(曹公)이 관도(官渡)를 뽑아버린 것은[75] 적은 수로 많은 것을 대적한 것인데 옳은 입장을 갖고 있었기 때문입니다.

소준과 조약 같은 어린 녀석들은 그 흉측하고 거슬린 것이 하늘에 사무치고 있으니 어찌 멸망되지 않을까 걱정합니까! 소준이 몇 번 승리하고 교만해져서 스스로 앞에는 아무도 없다고 말하고 있으니, 지금 도전하게 되면 북 한 번 울리는 사이에 잡을 수 있습니다. 어찌하여 세울 수 있는 공로를 버리고 물러갈까 전진할까 하는 계책을 세운단 말

---

72 이들이 주둔하고 있는 지역이다.

73 호족은 흉노족으로 유총의 전조를 말하는 것이고, 촉은 촉지역을 점거하고 있는 전촉의 이웅 세력을 말한다.

74 소준과 조약 등을 말한다.

75 곤양(昆陽)의 위기를 넘긴 것은 유수가 곤양에서 전투한 사건으로 회양왕 경시 원년(23년)의 일이며,《자치통감》권39에 실려 있다. 조조가 관도에서 전투한 사건은 후한 말 헌제 건안 5년(200년)에 있었던 일로,《자치통감》권63에 실려 있다.

입니까?

또 천자는 유폐되고 압박을 받아서 사직이 위태로우니 마침내 사해에 있는 신하들의 간과 뇌가 땅에 뒹구는 시절입니다. 저 온교 등은 공과 더불어 국가의 은혜를 입었으니, 일이 만약 잘 넘어갈 수 있으면 신하들과 군주[76]가 복을 같이 누릴 것이지만 만약 그것이 이기지 못하면 마땅히 이 몸을 잿가루로 만들어 먼저 돌아가신 황제[77]께 가서 사과해야 할 뿐입니다.

오늘날의 일과 형편은 의로운 사람들이 뒤좇아 일어나는 일이 없으니 비유컨대 호랑이 등을 탄 형세인데 어찌 중간에서 내릴 수 있단 말입니까? 공께서 만약 무리들의 생각과 달리 홀로 돌아가신다면 사람들의 마음을 반드시 다치게 할 것이며, 무리의 마음이 다치고 일이 실패하면 의로운 깃발은 장차 돌아서 공을 지향할 것입니다."

모보가 온교에게 말하였다.

"하관(下官)이 도공[78]을 머물게 할 수 있습니다."

마침내 도간에게 가서 유세하였다.

"공께서는 본래 무호(蕪湖, 안휘성 무호시)에서 진수(鎭守)하시면서 남쪽과 북쪽의 형세를 보아가며 돕도록 되어 있는데, 앞에서 이미 내려왔으니 형세로 보아 돌아갈 수는 없습니다. 또 군사 정책이란 앞으로 나가는 것은 있지만 물러나는 것은 없으니, 바로 삼군(三軍)을 가지런

---

76 성제 사마연을 말한다.

77 죽어서 이미 죽은 황제에게 간다는 말이다.

78 모보는 여강태수였으므로 스스로를 낮추어 하관이라고 말한 것이고, 도공은 도간을 말한다.

히 정리하는 것뿐만 아니라 무리들에게 반드시 죽겠다는 것을 보여주어야 할 뿐이며, 또 물러나도 점거할 곳이 없으니 끝내는 멸망할 것이라고 말할 수 있습니다.

과거 두도(杜弢)가 강성하지 않은 것은 아니었지만 공께서 끝내 그를 없애버렸는데,[79] 어찌하여 소준의 경우에 있어서만은 격파할 수 없겠습니까! 도적들 역시 죽음을 두려워하는 것이지 모두가 용감하고 튼튼한 것은 아니며 공께서는 시험적으로 저 모보에게 군사를 주셔서 강둑에 올라 도적들의 군사물자와 양식을 끊도록 해 보시고, 만약 저 모보가 효과를 보지 못하면 그 다음에는 공께서 떠난다면 사람들이 마음속으로 한스러워 하지는 않을 것입니다."

도간이 그렇겠다고 생각하고 모보에게 독호의 직책을 덧붙여주고 파견하였다.

경릉(竟陵, 호북성 천문현)태수 이양(李陽)이 도간에게 유세하였다.

"지금 큰일을 제대로 잘 넘기지 못하면 공이 비록 곡식을 갖고 있다고 하지만 어디에 가서 그것을 먹을 수 있겠습니까?"

도간이 마침내 쌀 5만 석을 나누어주어 온교의 군사들이 먹게 하였다. 모보는 소준이 구용(句容, 강소성 구용현)·호숙(湖孰, 강소성 영현의 동남쪽)에 쌓아놓은 곡식을 불태워버리니 소준의 군사들이 식량이 모자랐고 도간은 드디어 머물러 있으면서 떠나지 않았다.

장건(張健)과 한황(韓晃) 등이 급히 대업(大業)을 공격하였는데, 보루 가운데는 물이 부족하여 사람들이 분뇨의 즙을 먹었다. 곽묵(郭

---

79 도간이 반란세력인 두도를 멸망시킨 것은 민제 건흥 3년(315년)의 일로《자치통감》권89에 실려 있다.

默)⁸⁰이 두려워서 몰래 포위를 뚫고 밖으로 나가면서 군사를 머물게 하여 그곳을 지키게 하였는데 치감(郗鑒)이 경구(京口, 강소성 진강시)에 있다가 군사들이 이 소식을 듣고 모두 얼굴색이 변하였다.

참군 조납(曹納)이 말하였다.

"대업은 경구(京口)의 울타리인데, 어느 날 아침에 지켜지지 못하게 되면 도적들의 병사들이 지름길로 몰려오게 되어 감당할 수 없습니다. 청컨대 광릉(廣陵, 강소성 양주시)으로 돌아가서 훗날에 다시 거병(擧兵)할 때를 기다리게 하여주십시오."

치감이 보좌하는 관료들을 다 모아놓고 조납을 책망하였다.

"나는 먼저 돌아가신 황제의 고명과 부탁이라는 중책을 받았으니 바로 다시금 이 몸을 바쳐서 구천(九泉)에 간들 보답하기에는 부족하다. 지금 강한 도적들이 가까이 있어서 무리들의 마음이 위태롭고 압박을 받고 있는데, 그대는 심복이 되는 보좌관인데, 이단과 같은 생각을 생각해내니 마땅히 어떻게 의로운 무리들을 솔선해서 삼군을 하나로 통일하여 안정시키겠는가?"

장차 그의 목을 베려고 하다가 오래 지난 다음에야 마침내 풀어주었다.

도간이 장차 대업을 구원하려고 하였는데, 장사 은선(殷羨)이 말하였다.

"나의 군사들은 보병전에 익숙하지 않아서 대업을 구원하다가 이기지 못한다면 큰일은 아주 가버리게 됩니다. 급히 석두를 공격하여 대업이 스스로 풀려지게 하는 것만 못합니다."⁸¹

---

80 장건과 한황은 소준의 부장들이고, 곽묵은 진의 후장군이다.

도간이 이를 좇았다. 은선은 은융(殷融)의 형이다.

경오일(25일)에 도간이 수군을 독려하여 석두로 향하였다. 유량·온교·조윤(趙胤)이 보병 1만 명을 인솔하고 백석(白石, 석두의 동북쪽)의 남쪽에서부터 올라와서 싸움을 걸고자 하였다. 소준이 8천 명을 거느리고 이들을 맞아 싸우며 그의 아들 소석(蘇碩)과 그의 부장 광효(匡孝)를 파견하여 병사를 나누어서 먼저 조윤의 군대를 압박하여 패배시켰다.

소준이 그의 장사(將士)들을 위로하고 술에 취하여 조윤이 달아나는 것을 멀리서 바라보면서 말하였다.

"광효가 도적[82]들을 격파할 수 있는데, 내가 또한 그만 못하랴!"

이어서 그 무리들을 버리고 몇 명의 기병과 함께 북쪽에서 내려와 진지로 돌진하였지만 들어가지 못하고, 말을 돌려 백목피(白木陂, 석두 근처에 있는 비탈길)로 달려가다가 말이 미끄러지니 도간의 부장 팽세(彭世)와 이천(李千) 등이 그에게 창을 던졌고, 소준이 말에서 떨어지자 그의 목을 베고, 그를 갈기갈기 찢고 그 뼈를 불태우니 삼군들이 모두 만세를 불렀다. 나머지 무리들이 모두 크게 붕괴되었다.

소준의 사마 임양(任讓) 등이 함께 소준의 동생 소일(蘇逸)을 세워서 주군으로 삼고 성문을 닫고 스스로 지켰다. 온교가 마침내 행대(行臺)[83]를 세우고서 먼 곳과 가까운 곳에 널리 알렸는데, 무릇 옛날에 이

---

81 급히 소준을 공격하게 되면 장건과 한황은 반드시 돌아가서 그를 구원하려고 할 것이므로 대업의 포위는 저절로 풀어진다는 뜻이다.

82 소준이 도적이라고 지칭하였으므로 도간과 온교 등의 근왕군을 말한다.

83 수도를 떠나 있는 중앙정부를 말한다. 따라서 임시정부의 성격을 갖는다.

천석 이하의 직책을 가졌던 관원들에게 행대로 나오라고 하니 이에 도착하는 사람들이 구름처럼 모여들었다.

한황은 소준이 죽었다는 소식을 듣고 병사를 이끌고 석두(石頭)로 향하였고, 관상(管商)과 홍휘(弘徽)는 능정(廄亭, 강소성 무진현의 서쪽)의 보루를 공격하였고,[84] 독호 이굉(李閎)과 경거장군부의 장사 등함(滕含)이 이들을 격파하였다. 등함은 등수(滕脩)의 손자이다. 관상이 달아나서 유량에게 가서 항복하고, 나머지 무리들도 모두 장건(張健)[85]에게 돌아갔다.

─────────

84 온교 등 근왕군의 중심보루이다.

85 소준의 부장이다.

유요의 죽음과 동진의 안정

11 　겨울, 11월에 후조의 왕 석륵이 스스로 군사를 거느리고 낙양(洛陽)을 구원하려고 하니, 요좌(僚佐)[86] 정하(程遐) 등이 굳게 간하였다.

"유요가 군사를 1천 리에 벌려놓고 있으므로[87] 그 형세는 오래 지탱하지 못할 것입니다. 대왕께서는 의당 친히 움직이셔서는 안 되며 움직인다면 만 가지를 완전하게 보장할 수 없습니다."

석륵이 크게 화가 나서 칼을 어루만지면서 정하 등을 나무라며 나가게 하였다.

마침내 서광(徐光)을 용서해 주고[88] 불러서 그에게 말하였다.

"유요가 한 번 승리한 분위기를 타고서 낙양을 포위하고 지키고 있으니, 보통 사람들의 마음으로는 모두가 그 날카로움을 감당하지 못한다고 생각한다. 유요가 갑옷 입은 병사 10만 명으로 한 개의 성을 공격

---

86 보좌하는 신료라는 말로 관직은 아니다.

87 전조의 유요는 1천 리를 깊숙이 전진해 있기 때문에 그 사이에 많은 군사를 배치해 두어야 하고 그렇게 되면 병력의 소모가 많을 것임을 말한 것이다.

88 서광은 성제 함화 원년(326년)에 잡혀 들어갔으며 이 일은 《자치통감》 권93에 실려 있다.

하는데 100일이 지나도 이기지 못하였으니[89] 군사는 늙고 졸병은 게으른 것이고, 내가 새로 출동한 군사의 예봉으로 그들을 공격하면 한 번 싸움을 하여 사로잡을 수 있을 것이다.

만약에 낙양을 지키지 못하면 유요는 반드시 기주(冀州)[90]를 죽여 보낼 것이고, 황하의 북쪽에서부터 자리를 말 듯 밀어 오면 내가 해야 할 일은 저 멀리 가버릴 것이다. 정하 등은 내가 가는 것을 원치 않는데 경은 어떻게 해야 한다고 생각하는가?"

대답하였다.

"유요가 고후(高候, 산서성 안읍현 동쪽)에서 이긴 형세를 타고 있으나 양국(襄國, 후조의 도읍지)까지는 전진할 수 없어서 다시 금용을 지키고 있으니 이것은 그가 할 것이 없다는 것을 알 수 있습니다. 대왕의 위엄과 지략으로 그곳에 가시면 저들은 반드시 깃발만 바라보고서도 달아나며 패배할 것입니다. 천하를 평정하는 것은 지금 이 한 번에 달려 있으니 기회를 잃지 마십시오."

석륵이 웃으면서 말하였다.

"서광의 말이 옳소."

마침내 안팎을 엄하게 단속하고 간언하는 사람의 목을 베었다.

석감(石坩)과 석총(石聰) 그리고 예주자사 도표(桃豹) 등에게 명령하여 각기 현재 통솔하고 있는 무리를 통합하여 형양(滎陽, 하남성 형양현)에 모이도록 하고, 중산공 석호는 나아가서 석문(石門)을 점거하고,

---

89 유요가 금용성(낙양 동쪽)을 공격하면서 이를 함락시키지 못하고 있다.

90 후조의 도읍지인 양국은 기주에 있다. 그러므로 후조가 낙양을 지키지 못하면 전도가 후조의 도읍이 있는 곳까지 밀고 들어온다는 말이다.

석륵은 스스로 보병과 기병 4만 명을 통할하여 금용(金墉)으로 나아가는데, 대알(大堨, 하남성 연진현의 북쪽)에서부터 황하를 건넜다.

석륵이 서광에게 말하였다.

"유요가 성고관(成皋關, 하남성 사수현의 서쪽에 있는 호뢰관)에 많은 군사를 배치하면 상책일 것이고, 낙수(洛水)를 막고 있으면 그 다음이고, 앉아서 낙양을 지키고 있으면 이 경우에는 사로잡을 수 있을 뿐이다."

12월 을해일(1일)에 후조의 여러 군사들이 성고에 모였는데, 보병이 6만 명이었고, 기병이 2만7천 명이었다.

석륵이 조에는 지키는 병사가 없음을 보고 크게 기뻐하며 손가락을 들어서 하늘을 가리켰다가 다시 이마에 대고는 말하였다.

"하늘이시여!"

갑옷을 둘둘 말고 말의 입에 재갈을 매겨서[91] 좁은 길로 밤낮으로 달려 공(鞏, 하남성 공현)과 자(訾, 공현의 서쪽)의 사이로 나왔다.

조의 주군 유요가 오직 친한 신하들과 술을 마시고 놀이를 하면서 사졸들을 어루만져주지 아니하였는데, 주위 사람들이 혹 간하게 되면 유요는 화를 내고 요사스러운 말을 한다고 목을 베어 죽였다.

석륵이 이미 황하를 건넜다는 소식을 듣고, 형양(滎陽)의 방위병을 증가시키는 것을 비로소 의논하기 시작하였고, 황마관(黃馬關, 호뢰관의 북쪽)을 막았다. 조금 있다가 낙수에 있던 척후병이 후조의 선봉대와 교전을 하고서 갈족(羯族) 사람을 잡아서 그에게 보냈다.

유요가 물었다.

---

91 병사들의 갑옷을 벗게 하여 묶어서 가게 한 것은 행동을 가볍게 하기 위한 것이고, 말에 재갈을 매긴 것은 소리가 나지 않게 하기 위한 것이다.

"대호(大胡)[92]가 몸소 왔는가? 그의 무리들은 얼마나 되는가?"

갈족 사람이 말하였다.

"왕이 몸소 왔으며, 군사의 형세는 아주 왕성합니다."

유요의 얼굴색이 변하며 금용(金墉)의 포위망을 거둬들이게 하고 낙수의 서쪽에 진을 쳤는데, 그 무리가 10여만 명이었으며 남북으로 10여 리에 뻗쳐 있었다.

석륵이 멀리서 바라보고는 더욱 기뻐하였다. 좌우 사람들에게 말하였다.

"나에게 축하할만하다."

석륵이 보병과 기병 4만 명을 인솔하고 낙양성으로 들어갔다.

기묘일(5일)에 중산공 석호가 보병 병졸 3만 명을 인솔하고 성의 북쪽에서 서쪽으로 가며 조의 중군(中軍)을 공격하고, 석감과 석총 등이 각기 정예의 기병 8천 명씩을 가지고 성의 서쪽에서 북쪽으로 가며 조의 선봉부대를 치는데, 서양문(西陽門, 낙양성 남쪽의 첫 번째 문)에서 크게 싸웠다. 석륵이 몸소 갑주(甲冑)를 입고 창개문(閶闔門, 낙양성의 황궁 정문)에서부터 나가서 그들을 중간에 끼워놓고 쳤다.

유요는 젊어서 술을 즐겼는데, 말년에 가서 더욱 심하였으며, 장차 싸우려고 하면서도 술 몇 말을 마셨다. 항상 붉은 말을 탔는데, 아무런 연고도 없이 발을 꼬고 머리를 들지 못하였으므로 마침내 작은 말을 탔다. 나가려고 할 즈음에 다시 술을 한 말 넘게 마셨다. 서양문에 이르러 진을 지휘하면서 평지로 내려왔다.

석감이 이 기회를 이용하여 기세를 타니 조의 군사가 크게 붕괴되었

---

92 석륵을 말한다. 석륵이 호족(胡族)이어서 이렇게 말한 것이다.

다. 유요는 술에 취한 상태로 물러나 달아나다가 말이 석거(石渠)[93]에 빠져서 얼음 위로 떨어졌고 10여 군데에 상처가 났는데 갑옷을 관통한 것이 세 곳이었고, 석감에게 붙잡혔다.

석륵이 드디어 조의 군사를 대파하고 참수한 것이 500여 급이었다. 명령을 내려서 말하였다.

"잡고자 하는 사람은 한 명[94]뿐인데, 지금 이미 그를 잡았다. 그러니 장사(將士)들에게 칙령을 내려서 칼끝을 거두고 중지하여 그들이 목숨을 건지려고 도망하는 길로 가게 내버려두라."

유요가 석륵을 보자 말하였다.

"석왕(石王)은 자못 중문(重門, 하남성 휘현 서북쪽에 있는 석문)에서의 맹세[95]를 기억하시오?"

석륵이 서광을 시켜서 그에게 말하였다.

"오늘의 일은 하늘이 그렇게 만든 것인데 다시 무엇을 말하겠소?"

을유일(11일)에 석륵이 군사를 돌렸다. 정동(征東)장군 석수(石邃)에게 병사를 거느리고 유요를 호위하여 호송하게 하였다. 석수는 석호의 아들이다.

유요는 상처가 심하여 말이 끄는 수레에 실려 왔는데 의원 이영(李永)으로 하여금 함께 타게 하였다. 기해일(25일)에 양국(襄國, 후조의 도읍지)에 도착하여 유요를 영풍(永豐)에 있는 작은 성에 있게 하고 기첩

---

93 돌로 된 도랑을 말한다.

94 조의 주군인 유요를 지칭한다.

95 진 회제 영가 4년(310년) 7월에 유총과 유요 그리고 석륵이 함께 진나라의 하내태수 배정을 포위하였을 때의 일이었다.

(妓妾)을 주었지만 군사를 엄하게 하여 포위하고 지켰다.

유악(劉岳)[96]과 유진(劉震) 등을 그에게 보내는데, 따르는 남자와 여자들은 옷을 잘 차려 입도록 하여서 그를 찾아보니, 유요가 말하였다.

"나는 경 등이 오랫동안 회토(灰土)[97]가 되었다고 생각하였는데 석왕이 어질고 후덕하여 마침내 모두 용서 받고 오늘에 이르렀구려! 나는 석타(石陀)를 죽였으니[98] 그에게 창피한 것이 많구려. 오늘날의 화(禍)는 스스로 그렇게 한 몫일 뿐이오."

머물면서 하루 종일 연회를 하다가 떠났다.

석륵이 유요로 하여금 그의 태자 유희(劉熙)에게 편지를 보내게 하여 속히 항복하라고 타이르게 하였는데, 유요는 다만 유희와 여러 대신들에게 칙령을 내렸다.

"사직을 널리 유지하고 나와 바꿀 생각을 하지 마라."

석륵이 이것을 보고 그를 싫어하였고, 오래 있다가 마침내 유요를 죽였다.

12   이 해에 성(成)의 한헌왕(漢獻王) 이양(李驤)이 죽었고,[99] 그의 아들인 정동장군 이수(李壽)가 영구를 가지고 성도로 돌아왔다. 성의 주군 이웅이 이오(李玗)를 정북(征北)장군·양주(梁州)자사로 삼고, 이수

---

96 유악은 명제 태녕 3년(325년)에 후조에 포로로 잡혔으며, 그 내용은 《자치통감》권 93에 실려 있다.

97 잿빛 흙이라는 말로 사람이 죽어서 타버려 회토가 되는 것이므로 죽었다는 말이다.

98 명제 태녕 3년(325년)의 일이다.

99 성나라는 이양을 한왕(漢王)에 책봉했었다. 죽자 시호를 헌왕이라 한 것이다.

를 대신하여 진수(晉壽, 사천성 관원현)에 주둔하게 하였다.

성제 함화 4년(己丑, 329년)¹⁰⁰

1   봄, 정월에 광록대부 육엽(陸曄)과 그의 동생 상서좌복야 육완(陸玩)이 광술(匡術)에게 유세하여 원성(苑城, 궁성)을 가지고 서군(西軍)에 귀부하게 하였는데, 백관들이 모두 그곳으로 가니 육엽을 추천하여 궁성의 군사적인 일을 감독하게¹⁰¹ 하였다. 도간이 모보에게 남성(南城)을 지키고, 등악(鄧岳)에게 서성(西城)¹⁰²을 지키라고 명령하였다.

우위(右衛)장군 유초(劉超)와 시중 종아(鍾雅)는 건강(建康)의 현령 관패(管旆) 등과 더불어 모의하여 황제를 받들고 나아가서 서군에게로 가려고 하였는데, 일이 누설되자 소일(蘇逸)이 그의 장수인 평원(平原, 산동성 평원현) 사람 임양(任讓)에게 병사를 거느리고 궁궐로 들어가서 유초와 종아를 체포하게 하였다. 황제가 그들을 안고 슬프게 눈물을 흘리며 말하였다.

"아직도 나의 시중이고 우위장군이다."

임양이 그들을 빼앗아서 죽였다.

애초에, 임양은 젊어서 좋은 행실이 없었는데 태상 화항(華恒)이 본

---

100 성(成, 前蜀) 옥형 19년, 조(趙, 前趙)유요 광초 12년, 후조(後趙) 명제(明帝) 태화 2년, 전량(前涼) 문왕(文王) 태원(太元) 6년이다.

101 광술(匡術)은 소준의 부장이고, 서군(西軍)은 도간과 온교 등 근왕군이며, 궁성의 군사적인 일을 감독하는 관직명은 독궁성군사이다.

102 남성은 원성의 남쪽에, 서성은 서쪽에 있는 성이다.

주(本州)[103]의 대중정(大中正)[104]이 되자 그의 품급(品級)을 쫓아내 버렸다. 임양이 소준의 장수가 되자 그 형세를 타고서 많은 사람을 죽였지만, 화항을 보면 번번이 공경하면서 감히 멋대로 횡포를 부리지 않았다.[105] 종아와 유초가 죽게 되자 소일이 함께 화항을 죽이고자 하였지만 임양이 마음을 다하여 구원하고 보위하여 화항은 마침내 죽음을 면하였다.

2   관군(冠軍)장군 조윤(趙胤)이 부장 감묘(甘苗)를 파견하여 조약(祖約)을 역양(歷陽, 안휘성 화현)에서 쳤는데, 무진일(25일)에 조약이 밤중에 좌우에 있는 수백 명을 인솔하고 후조로 달아났고, 그의 장수 견등(牽騰)이 무리를 인솔하고 나와서 항복하였다.

3   소일(蘇逸)·소석(蘇碩)·한황(韓晃)[106]이 힘을 합쳐서 대성(臺城)을 공격하고 태극전(太極殿)의 동당(東堂)과 비각(秘閣)에 불을 지르자 모보[107]가 성에 올라가서 수십 명을 쏘아 죽였다. 한황이 모보에게 말하였다.

---

103 본래 살던 주라는 의미이다. 그렇다면 그의 고향인 태원을 가리킨다. 그러나 태원은 주가 아니고 군이 아니므로 태원이 소속된 주를 말하는 것이라고 보아야 할 것이다.

104 위진시대에 인재를 선발하는 책임자이다.

105 임양의 사람됨을 설명하는 것이다. 자기의 행실은 나빴지만 그것을 사실대로 조치한 화향에 대하여서는 존경을 표했다는 것이다.

106 반란세력의 잔당이다.

107 진압군의 독호이다.

"그대는 용감하고 과단성이 있다고 이름이 났는데, 왜 나와서 싸우지 않소?"

모보가 말하였다.

"그대는 건장한 장수라고 이름이 났는데 왜 들어와서 싸우지 않소?"

한황이 웃으면서 물러났다.

4   조의 태자 유희(劉熙)는 조의 주군 유요가 붙잡혔다는 소식을 듣고 크게 두려워하여 남양왕(南陽王) 유윤(劉胤)과 함께 서쪽으로 가서 진주(秦州)를 보위할 것을 꾀하였다.

상서 호훈(胡勳)이 말하였다.

"지금 비록 주군을 잃었지만 경내의 영토는 아직 완전하고 장사(將士)들도 배반하지 않고 있으니, 또한 마땅히 힘을 합하여 이들을 막아야 하며, 힘으로 막을 수 없게 되면 도망하여도 늦지 않습니다."

유은이 화가 나서 무리들이 가는 길을 막았다고 생각하여 그를 죽이고 드디어 백관을 인솔하고 상규(上邽, 감숙성 천수시)로 달아났는데, 여러 정(征)과 진(鎭)[108]에서도 역시 지킬 곳을 버리고 그를 좇아가니 관중지역이 크게 어지러웠다.

장군인 장영(蔣英)과 신서(辛恕)가 무리 수십만 명을 가지고 장안을 점거하고 있다가 사자를 파견하여 후조에 항복하니 후조에서는 석생(石生)[109]을 파견하여 낙양에 있는 무리를 인솔하고 그곳으로 가게 하였다.

---

108 원래는 진동(鎭東)장군 등 4진과 정동(征東)장군 등 4정이 있었다.

109 후조의 위장군이다.

5   2월 병술일(13일)에 여러 군사들이 석두(石頭, 남경의 서북쪽)를 공격하는데, 건위(建威)장군부의 장사 등함(滕含)이 소일을 공격하여 그를 대파하였다. 소석(蘇碩)은 날래고 용감한 사람 수백 명을 인솔하고 회하를 건너가서 싸웠지만 온교가 이를 치고 목을 베었다. 한황 등이 두려워서 그의 무리를 데리고 곡아(曲阿, 강소성 단양현)에 있는 장건(張健)에게 갔는데 성문이 좁아서 빠져나갈 수가 없어 서로 밟게 되니 죽은 사람이 만 명을 헤아렸다. 서군(西軍)은 소일을 붙잡아 목을 베었다.

등함의 부장 조거(曹據)가 황제를 안고 온교가 있는 배로 달아나니, 여러 신하들이 황제를 알현하고 머리를 조아리고 눈물을 흘리면서 벌을 내려달라고 청하였다. 서양왕(西陽王) 사마양(司馬羕)을 죽이고, 아울러 그의 두 아들인 사마파(司馬播)와 사마충(司馬充) 그리고 손자 사마숭(司馬崧)과 팽성왕(彭城王) 사마웅(司馬雄)도 죽였다.

도간은 임양(任驤)과는 옛날부터 아는 사이여서 그의 사형을 면제시켜줄 것을 청하니 황제가 말하였다.

"이 사람이 나의 시중·우위장군을 죽인 사람이니 용서할 수 없소."

마침내 그를 죽였다. 사도 왕도(王導)가 석두(石頭)로 들어가서 옛날에 사용하던 부절을 찾아달라고 하니[110] 도간이 웃으며 말하였다.

"소무(蘇武)의 부절은 흡사 이와 같지 않을 것입니다."

왕도가 부끄러운 기색을 띠었다.[111] 정해일(14일)에 대사면령을 내렸다.

---

110 왕도는 옹돈을 토벌할 당시에 사용하던 부절이 있었는데 석두에서 달아날 때 이것을 버리고 나왔다.

111 부절의 절(節)은 절개라는 뜻도 있으므로 도간은 이를 빗대어 왕도가 절개를 잃은 것을 비웃은 것이고, 이 때문에 왕도가 부끄러워한 것이다.

　장건(張健)이 홍휘(弘徽) 등이 자기에게 두 마음을 품고 있다고 의심하여 모두 죽이고 수군을 인솔하고 연릉(延陵, 강소성 단양현 남쪽에 있는 연릉진)에서 장차 오흥(吳興)으로 들어가려고 하였는데, 을미일(22일)에 양열(揚烈)장군 왕윤지(王允之)[112]가 이들과 싸워서 대파하였고, 남자와 여자 1만여 명을 붙잡았다.

　장건이 다시 한황과 마웅(馬雄) 등과 함께 서쪽으로 가서 고장(故鄣, 절강성 길안현)으로 달려가는데, 치감(郗鑒)이 참군 이굉(李閎)을 파견하여 그를 쫓게 하자, 평릉산(平陵山, 강소성 율양현)에 이르러서 그들의 목을 모두 베었다.

　이때 궁궐이 다 타버려서 건평원(建平園)을 궁으로 삼았다. 온교는 예장(豫章, 강서성 남창시)으로 도읍을 옮기고 싶었는데, 삼오(三吳)에 사는 호걸들이 회계(會稽, 절강성 소흥시)에 도읍하기를 청하니, 이 두 가지를 놓고 논의하는 것이 분분하여 결정짓지 못하였다.

　사도 왕도(王導)가 말하였다.

　"손중모(孫仲謀)와 유현덕(劉玄德)이 모두 말하기를 '건강(建康)은 제왕의 집이다.'라고 하였소.[113] 옛날의 제왕들은 반드시 풍성한지 검소한지를 가지고 도읍을 옮기지는 않았으니, 진실로 근본적인 일[114]에

---

112 장건(張健)은 곡아에 있었던 반란군의 장수이고, 오흥(吳興)으로 들어가려고 하였는데, 이는 배를 타면 연릉에서 조호(洮湖)로 들어가서 다시 격호(滆湖)와 태호(太湖)를 지나면 바로 오흥에 도착하기 때문이고, 왕윤지(王允之)는 근왕군이다.

113 손중모는 삼국시대에 오나라를 세운 손권이고, 유현덕은 촉한을 세운 유비인데, 이 이야기는 후한 헌제 건안 17년(212년)의 일로, 《자치통감》 권66에 실려 있다.

114 농업을 지적한 것으로 보아야 한다.

힘쓰고, 쓰임새를 절약한다면 어찌하여 메마르고 황폐한 것을 걱정하겠소?

만약 농사짓는 일을 잘 하지 않으면 좋은 땅도 폐허가 될 것입니다. 또 북쪽의 야만인[115]들은 떠도는 혼백처럼 우리들의 빈틈을 엿보고 있으니 어느 날 약한 것을 보이면서 만월(蠻越)들이 사는 곳으로 숨어들어서 알차기를 바라보며 구하는 것이 좋은 계책이 아닐까 두렵습니다. 지금은 특히 이들을 진정시켜서 고요하게 하여야 여러 사람들의 마음도 스스로 편안하게 될 것입니다."

이로 말미암아서 다시 도읍을 옮기지 않게 되었다. 저습(褚翜)을 단양윤(丹陽尹)으로 삼았다. 그때는 병화가 있은 직후이어서 백성들은 쇠잔하고 물자도 적어서 저습이 흩어지고 도망한 사람들을 불러 모으니 경읍(京邑)[116]이 드디어 안정되었다.

---

115 석륵의 후조를 말한다.

116 건강이 도읍지이므로 건강을 가리킨다.

미흡한 후속 조치

6　임인일(29일)에 상주(湘州, 호남성)를 형주(荊州, 호북성)에 병합시켰다.[117]

7　3월 임자일(10일)에 소준의 세력을 평정한 공로를 평가하여 도간을 시중·태위로 삼아 장사군공(長沙郡公)으로 책봉하고, 도독교광영주제군사(都督交·廣·寧州諸軍事)를 덧붙여[118] 주었고, 치감은 시중·사공·남창현공(南昌縣公)이 되었고, 온교는 표기장군·개부의동삼사(開府儀同三司)가 되었으며 그 위에 산기(散騎)상시·시안군공(始安郡公)을 덧붙여주었고, 육엽(陸曄)은 작위를 강릉공(江陵公)으로 올려주었고, 나머지 사람들로 후작·백작·자작·남작을 하사 받은 사람이 아주

---

117 형주에서 상주를 분리시킨 것이 회제 영가 원년(307년)이고, 내용은《자치통감》권86에 실려 있다.

118 도독교광영주제군사는 교주(交州)·광주(廣州)·영주(寧州)의 모든 군사적인 일을 감독하는 직책이다. 도간은 원래 형주(荊州)·양주(襄州)·광주(雍州)·양주(梁州) 등 네 주의 군사도독을 맡고 있었는데 이번에 세 주의 군사도독을 더 맡도록 하였으므로 덧붙인다 즉, 가직(加職)이란 용어를 사용한 것이다.

많았다.

변곤(卞壺)과 그의 두 아들 변진(卞眕)과 변우(卞盱)·환이(桓彝)·유초(劉超)·종아(鍾雅)·양만(羊曼)·도첨(陶瞻)에게는 모두 시호가 추증(追贈)되었다.

노영(路永)·광술(匡術)·가녕(賈寧)은 모두 소준의 무리였었는데 소준이 아직 패배하지 않았을 때 노영 등이 소준을 떠나 조정으로 귀환하여서 왕도가 이들에게 관직과 작위를 상으로 주려고 하였다.

온교가 말하였다.

"노영 등은 모두 소준의 심복이어서 처음에 난을 일으킬 단계를 만든 사람이니 죄는 막대합니다. 뒤늦게 비록 고치고 깨달았지만 앞에서 지은 죄를 속죄하기에는 부족하니 머리와 목을 완전히 보존하는 것도 참으로 다행한 일인데, 어찌 다시 그들에게 상을 주어 총애한단 말입니까?"

왕도가 마침내 중지하였다.

도간은 강릉(江陵, 호북성 강릉현)이 치우쳐 있고 멀어서[119] 파릉(巴陵, 호남성 악양시)으로 옮겨서 진수(鎭守)하게 하였다.

조정에서 의논하기를 온교를 머물게 하여 정치를 보필하게 하였으나, 온교가 왕도에게 먼저 돌아가신 황제가 맡기셨다는 이유로 굳게 사양하며 번방(藩邦)[120]으로 돌아갔는데, 또 경읍(京邑, 건강)이 황폐하고 파괴되어서 쓸 것도 공급하지 못하니 마침내 머물러 있으면서 물자를 저축하고 도구를 마련한 다음에 무창(武昌)으로 돌아갔다.

---

119 강릉은 강북에 있고, 도읍인 건강에서도 멀리 떨어져 있다.

120 온교가 강주자사로 무창에 주둔하고 있었으므로 무창을 가리킨다.

황제가 석두로 나오면서 유량이 황제를 알현하였고 이마를 조아리며 말을 더듬거렸는데, 유량과 대신들에게 조서를 내려 함께 어좌(御座)가 있는 곳으로 올라오게 하였다. 다음날 유량이 머리에 진흙을 바르고 사죄하면서 해골(骸骨)[121]하기를 청하고 전 집안이 산속이나 바다 가운데로 들어가 숨어버리려고 하였다.

황제가 상서와 시중을 파견하여 손수 쓴 조서로 위로하며 말하였다.

"이번에 있었던 사직의 어려움은 외삼촌의 책임이 아닙니다."

유량은 상소문을 올려서 스스로 진술하였다.

"조약과 소준은 멋대로 방자하게 행동한 흉악한 역적인데, 그들의 죄는 신으로 말미암아서 일어난 것이니[122] 저를 한 촌(寸)씩 잘라서 죽인다고 하여도 7개의 사당[123]에 계신 혼령들에게 사죄하고 사해에 대한 책임을 메우기에는 부족합니다.

조정에서는 다시 무슨 이유로 다른 사람과 같이 신을 대우할 것이며, 신 역시 무슨 낯으로 스스로 다른 사람과 같이 할 이유가 있겠습니까! 바라건대 폐하께서 비록 관대하게 용서함을 내려주셔서 머리와 목을 온전하게 하실지라도 오히려 이를 버려야 함이 마땅한데, 스스로 있다가 스스로 없어지도록 맡긴다면 천하 사람들에게 권고하고 훈계하는 대강을 거칠게라도 알게 할 것입니다."

우대하는 조서를 내려서 허락하지 않았다.

---

121 관리가 사직하는 것을 말한다.

122 성제 함화 원년(326년) 유량이 전권을 쥐고 있을 때 처리를 잘못하여 이들이 반발하게 되었다는 말이고, 이 내용은 《자치통감》 권93에 실려 있다.

123 황제는 7개의 사당을 모시도록 의례 왕제편에 기록되어 있다.

유량이 또 산 속이나 바다 속으로 숨어 도망하고자 하여 기양(曁陽, 강소성 강음현의 동쪽)에서 동쪽으로 나가는데, 유사에게 조서를 내려서 배를 잡아 **빼앗게** 하였다. 유량이 마침내 외지에서 진수하는 책임을 맡아서 스스로 보답하겠다고 청구하자 내보내어 도독예주양주지강서선성제군사(都督豫州·揚州之江西·宣城諸軍事)[124]·예주자사·선성내사로 삼아 무호(蕪湖, 안휘성 무호시)에서 진수하게 하였다.

도간과 온교가 소준을 토벌하면서 정(征)과 진(鎭)[125]에 격문을 보내 각자 병사를 인솔하고 들어와서 돕게 하였다. 상주(湘州)자사인 익양후(益陽侯) 변돈(卞敦)이 군사를 갖고 있었으나 오지 아니하였고, 또 군량을 공급하지도 아니하면서 독호(督護)를 파견하여 수백 명을 인솔하고 대군(大軍)을 좇았을 뿐이었으므로 조야(朝野)에서 이상하다고 한탄하지 않는 사람이 없었다.

소준이 평정되자 도간이 상주문을 올려 변돈의 군사 활동을 저해하며 바라만 보면서 국가의 어려움에 나서지 않았다고 하고, 함거(檻車)[126]를 가지고 가서 체포하여 정위에게 넘기라고 청구하였다. 왕도는 변란이 있은 후이므로 의당 더욱 관대하고 화합하여야 한다고 하여 변돈을 안남(安南)장군·광주(廣州)자사로 전보(轉補)시켰는데, 병들었다고 가지 않자 징소하여 광록대부·영소부(領少府)로 삼았다. 변돈이

---

124 예주와 양주에 있는 강서(江西)지역과 선성(宣城, 안휘성 선성현)지역의 모든 군사에 관한 일을 감독하는 관직명이다.

125 진의 방위체계는 진동·진서·진남·진북 등 4진(鎭)이 있고 각기 장군이 그 책임자이며, 또 정동·정서·정남·정북 4정(征)이 있고 여기에도 장군이 그 책임자였다.

126 죄인을 호송하는 수레를 말한다.

걱정하고 부끄러워 하다가 죽으니, 본래의 관직을 추증(追贈)하고 산기(散騎)상시를 덧붙여주었으며 시호를 경(敬)[127]이라 하였다.

❖ 신 사마광이 말씀드립니다.

유량은 외척으로 정치를 보필하였고, 제일 먼저 화근의 계기를 만들어 냈으며, 나라는 파괴되고 임금은 위태롭게 되었는데 몸을 숨겨서 억지로 면하였고, 변돈의 자리는 방진(方鎭)하는 위치에 있으면서 군사와 양곡이 모두 충분하였는데, 조정이 전복되어도 앉아서 어떻게 승부가 날지를 관망하였으니, 신하 된 사람의 죄 가운데 무엇이 이보다 크겠습니까?

이미 올바르게 밝혀 형벌로 다스릴 수 없게 되었는데, 또 은총을 받는 녹봉으로 그에게 보답하니, 진의 황실에는 정치가 없었다는 것을 역시 알 수 있습니다. 이들에게 맡긴 책임자가 어찌 왕도가 아니었겠습니까?

8 고밀왕(高密王) 사마굉(司馬紘)을 팽성왕으로 옮겼다. 사마굉은 사마웅(司馬雄)의 동생이다.

9 여름, 4월 을미일(23일)에 시안충무공(始安忠武公)[128] 온교(溫嶠)

---

127 추증이란 죽은 다음에 관직을 주는 것을 말한다. 시호에서 경(敬)은 밤낮으로 경계하거나, 전법에 합하여 행동하는 경우에 붙여준다. 그러나 호삼성은 '어찌 변돈에게 해당하는 것이겠는가?'라고 하였다.

128 온교는 시안공이라는 작위를 갖고 있었는데, 그가 죽은 다음에 시호를 충무

가 죽어서 예장(豫章, 남창시)에 장사지냈다. 조정에서는 그를 위하여 원제와 명제[129] 두 황제의 능이 있는 북쪽에 큰 묘(墓)를 만들려고 하였는데 태위 도간이 표문을 올렸다.

"온교의 충성됨은 성스러운 세상에 드러났으며 공훈과 의로움은 사람과 신령을 감동시켰지만 죽은 사람[130]이 알게 되면 어찌 오늘날의 수고와 경비가 드는 일을 즐겁다고 하겠습니까? 바라건대 폐하께서 자비와 은혜로 그의 이장(移葬)을 멈추게 하십시오."

조서를 내려서 이 말을 좇았다.

평남장군부의 군사(軍司) 유윤(劉胤)을 강주(江州, 강소성과 복건성) 자사[131]로 삼았다. 도간과 치감은 모두 유윤이 방백의 재목이 아니라고 하였지만 사도 왕도는 좇지 않았다.

어떤 사람이 왕도의 아들 왕열(王悅)에게 말하였다.

"지금 큰 변란이 있은 다음이라 기강이 해이되고 가라앉아 있는데, 강릉에서부터 건강에 이르기까지는 3천여 리[132]나 되고, 떠도는 유민의 숫자는 만 명으로 계상(計上)되며, 강주(江州)에 퍼져 있습니다.

강주는 우리나라의 남쪽 울타리에 해당하며 중요한 요충지인데, 유윤이 사치스런 성격이라 누워서 이러한 문제를 상대할 것이니, 밖에서 변란이 일어나지 않는다 하여도 반드시 안에서 걱정거리가 생길 것입

공이라고 하여서 이처럼 쓴 것이다. 온교는 이때 42세였다.

129 원제는 7대 황제인 사마예이고, 명제는 8대 황제인 사마소이다.

130 온교를 가리키는 말이다.

131 유윤은 본래 평남장군 온교의 군사(軍司)였다.

132 강릉에서 도읍지인 건강까지는 직선거리로 750km이다.

니다."

왕열이 말하였다.

"이렇게 한 것은 온(溫) 평남장군의 뜻이오."[133]

10   가을, 8월에 조의 남양왕(南陽王) 유윤(劉胤)[134]이 수만 명의 무리를 인솔하고 상규(上邽, 감숙성 천수현)에서 장안으로 나오는데, 농동(隴東, 섬서성 농현)·무도(武都, 치소는 감숙성 성현의 서쪽)·안정(安定, 감숙성 경천현)·신평(新平, 섬서성 빈현)·북지(北地, 섬서성 요현)·부풍(扶風, 섬서성 흥평현)·시평(始平, 치소는 섬서성 흥평현 동남쪽)의 여러 군에 사는 융족(戎族)과 하족(夏族)들이 모두 군사를 일으켜서 그에게 호응하였다. 유윤은 중교(仲橋, 섬서성 예천현)에 주둔하였고, 석생(石生)은 농성(籠城)하며 스스로 지키니, 후조의 중산공 석호가 기병 2만 명을 거느리고 그를 구원하였다.

9월에 석호가 의거(義渠, 감숙성 영현)에서 조의 병사를 대파하니 유윤이 달아나서 상규로 돌아갔다. 석호가 이긴 기세를 타고서 추격하였는데, 누어있는 시체가 천 리에 이어졌다. 상규도 붕괴되고, 석호가 조의 태자 유희(劉熙)와 남양왕 유윤 그리고 그 나라의 장군, 왕후, 공경, 교(校)[135] 이하 3천여 명을 붙잡아서 모두 죽이고, 그들의 대성(臺省)에 있는 문무 관리, 관동(關東, 함곡관의 동쪽)의 유민, 진(秦, 감숙성 동부)과 옹(雍, 섬서성 북부와 중부)에 있는 대종족 9천여 명을 양국(襄國)으로

---

133 온교는 평남장군이었는데, 죽기 전에 그를 추천하였다는 말이다.

134 앞에 나왔던 동진의 강주자사와 동명이인이다.

135 군대의 지휘관급에 해당하는 직급이다.

옮겼고, 또 다섯 군에 있는 도각(屠各)[136] 5천여 명을 낙양에 산 채로 파묻었다.[137]

　나아가서 집목차(集木且)부락 출신의 강족(羌族)들을 하서(河西, 섬서성 북부)에서 공격하여 그들을 이기고 포로 수만 명을 잡으니 진(秦)과 농(隴)이 모두 평정되었다. 저왕(氐王) 포홍(蒲洪)과 강족의 우두머리 요과중(姚弋仲)이 모두 석호에게 항복하니 석호가 표문을 올려서 포홍을 감육이군사(監六夷軍事)로 삼고, 요과중을 육이좌도독(六夷左都督)[138]으로 삼았다. 저족과 강족 15만 두락을 사주(司州, 하남성)와 기주(冀州, 하북성)로 이사시켰다.

11　처음에, 농서(隴西, 감숙성 농서현)에 사는 선비족(鮮卑族) 걸복술연(乞伏述延)이 원천(苑川, 감숙성 유중현)에 살았는데, 이웃 부락을 침략하고 병탄하여 병사와 군마가 강성해졌다. 조가 망하게 되자 걸복술연이 두려워서 맥전(麥田, 감숙성 정원현 동북쪽)으로 옮겨갔다. 걸복술연이 죽고 아들 걸복욕대한(乞伏傉大寒)이 섰고, 걸복욕대한이 죽자 그 아들 걸복사번(乞伏司繁)이 섰다.

---

136 흉노 종족 가운데 가장 귀족이다.

137 한조(전조)는 제국을 만든 지 26년(304년~329년)만에 다섯 명의 황제를 거쳐서 멸망하였다.

138 감육이군사(監六夷軍事)란 여섯 이족(夷族)들의 군사에 관한 일을 감독하는 직책이고, 육이좌도독(六夷左都督)이란 감육이군사의 밑에 있는 좌부 책임자이다. 육이란 여섯 이족이란 말이지만 여섯 개의 이족 부락을 말하는 것으로 보인다.

12   강주(강서성과 복건성)자사 유윤이 오만함과 호방함이 날로 심해져서 오직 장사하는 데만 힘을 쏟아 재산을 1백만[139]으로 늘렸고, 멋대로 술을 마시고 즐기기만 하고 정사를 돌보지 아니하였다.

겨울, 12월에 조서를 내려서 후장군 곽묵(郭黙)을 징소하여 우장군으로 삼았다. 곽묵은 변방의 장수가 되는 것을 즐겨하였으므로 숙위하는 일[140]을 원하지 않아서 마음으로 유윤에게 호소하였다. 유윤이 말하였다.

"이러한 일은 소인[141]이 미칠 수 있는 일이 아니오."

곽묵이 장차 부름에 가려고 하면서 유윤에게 자금을 요구하였더니 유윤이 주지 않았으며, 곽묵은 이로 말미암아서 유윤을 원망하였다.

유윤의 장사 장만(張滿) 등은 평소 곽묵을 가볍게 생각하고, 혹은 벌거벗을 채로 그를 만나기도 하였으므로[142] 곽묵이 항상 이를 갈았다. 납일(臘日)[143]에 유윤이 곽묵에게 돼지와 술을 보냈는데 곽묵이 사절의 면전에서 그것을 물속에 던져버렸다.

마침 유사가 상주문을 올렸다.

"지금 조정이 텅 비고 고갈되어서 백관들이 봉록을 받을 수 없게 되

---

139 단위가 무엇인지 분명치 않다. 다만 대단히 많은 재물을 모았다는 뜻은 분명하다.

140 우장군이 되면 경사에 와서 숙위하는 일을 맡아야 한다. 전란 중에는 장수가 변방에 나가 있으면 구애됨이 없이 행동할 수 있지만 수도에 오면 여러 가지 구애되는 일이 많았으므로 숙위 업무를 싫어하는 경우가 종종 있었다.

141 유윤이 자기 자신을 낮추어 부른 것이다.

142 안하무인의 태도를 말한다.

143 고대에 많은 신들에게 제사지내는 날이다. 12월 8일을 납일로 하고 있었다.

어 오직 강주에서 조운(漕運)해 오는 것을 밑천으로 삼고 있는데, 그러나 유윤의 장사하는 것들이 길에 늘어서 있어서 사사로움으로 공적인 것을 없애고 있으니, 청컨대 유윤의 관직을 면직시키십시오."

이 편지가 내려가자 유윤이 즉각 돌아와 죄를 받으려하지 않고 바야흐로 스스로 변명하려 하였다.

교인(僑人)¹⁴⁴ 개순(蓋肫)이 다른 사람의 딸을 약탈하여 처로 삼자 장만이 그의 집으로 돌려보내게 하였으나 개순이 이 말을 따르지 않고 곽묵에게 말하였다.

"유(劉) 강주는 면직의 명령을 받지 않고 비밀리에 다른 일을 도모하려고 하여 장만 등과 밤낮으로 계책을 논의하며 오직 곽후(郭侯) 한 사람만을 꺼리고 있기에 먼저 제거하려고 합니다."

곽묵이 그러할 것이라고 생각하고 그의 무리들을 인솔하고 날이 밝아 문이 열리기를 기다렸다가 유윤을 습격하였다.

유윤의 장수와 관리들이 곽묵을 막으려 하였으나, 곽묵이 그들을 질책하였다.

"나는 조서를 받고 토벌하려는 것이니 움직이는 사람은 삼족을 다 죽이리라!"

드디어 잠자는 안방까지 들어가서 유윤을 끌어내어 목을 베고, 나와서 유윤의 관속과 보좌하는 사람인 장만 등을 잡아서 대역죄를 지었다고 무고하고 모두 목을 베었다. 유윤의 수급을 경사로 전송하고 거짓으로 조서를 만들어서 안팎에 보여주었다.

---

144 고향을 떠나 살고 있는 사람을 말하는데 개순은 다른 곳에서 강주에 와서 사는 사람이다.

유윤의 딸과 여러 첩들을 약탈하고 금과 보배를 배에 싣고 처음에는 경도로 내려간다고 하였지만 이미 그리하고는 유윤이 있던 옛 집에 그대로 머물러 있었다. 초국(譙國, 안휘성 박현)내사 환선(桓宣)을 초대하여 유인하였으나 환선은 굳게 지키며 좇지 않았다.

13   이 해에 하란부(賀蘭部)와 여러 대인(大人)들이 함께 탁발예괴(拓跋翳槐)를 세워서 대왕(代王)으로 삼으니[145] 대왕 탁발흘나(拓跋紇那)가 우문부(宇文部)로 달아났다. 탁발예괴는 그의 동생 탁발십익건(拓跋什翼犍)을 조(趙)에 인질로 파견하여 화의를 청하였다.

14   하남왕(河南王)[146] 모용토연(慕容吐延)[147]은 강건하고 용감하지만 시기심이 많아서 강족의 우두머리 강총(姜聰)이 그를 찔렀는데, 모용토연은 칼을 뽑지 않고 그의 장수 흘굴니(紇扢泥)를 불러서 그에게 그의 아들 모용엽연(慕容葉延)을 보필하여 백란(白蘭, 청해성 옥수현 서북쪽 통천하 유역)에서 지키게 하고나서 칼을 뽑고 죽었다.

모용엽연은 효성스럽고 배우기를 좋아하였는데, 예법(禮法)에 '공손(公孫)의 아들은 왕인 아버지의 자(字)를 씨(氏)로 삼을 수 있다.'고 하였다[148] 하여, 마침내 그 나라의 국호를 토욕혼(吐谷渾)이라고 하였다.

---

145 하란부에서 탁발예괴를 옹호한 일은 성제 함화 2년(327년)에 있었다.

146 감숙성과 청해성 사이에 있는 토곡혼의 우두머리에게 하남왕의 칭호를 주었다.

147 모용씨의 2대 가한(可汗)이다.

148 《좌전》에 노나라의 중중(衆仲)이 말하기를 '천자는 건덕(建德)하는데 생을 통하여 성(姓)을 내리고, 제사지낸 땅은 씨(氏)을 명하고, 제후는 자(字)로 한

성제 함화 5년(庚寅, 330년)[149]

1 봄, 정월에 유윤(劉胤)의 수급(首級)이 건강(建康)에 도착하였다.
사도 왕도는 곽묵이 날래고 용감하여 통제하기 어려워서 기해일(1일)
에 크게 사면하고, 유윤의 수급을 대항(大航)[150]에 내걸고 곽묵을 강주
자사로 삼았다. 태위 도간[151]이 이 소식을 듣고 소매를 떨치며 일어나
서 말하였다.

"이는 반드시 속인 것일 것이오."

즉각 병사를 거느리고 그를 토벌하였다.

다.'고 하였는데, 두예가 주를 달아서 '제후의 아들을 공자(公子)라고 하고, 공
자의 아들은 공손(公孫)이라고 하는데, 공손의 아들은 왕부의 자를 씨로 한
다.'고 말하였다.

149 성(成, 前蜀) 옥형 20년, 후조(後趙) 명제 태화 3년, 전량(前涼) 문왕 태원 7년
이다.

150 건강의 주작교가 있는 곳이다.

151 이때 도간은 호남성 악양시에 있었다.

곽묵이 사자를 파견하여 기첩(妓妾)과 비단을 보내고 아울러 조서 [152]를 베껴서 도간에게 올렸다. 참모와 보좌하는 사람[153]들이 대부분 간하였다.

"곽묵이 조서를 받지 않았다면 어찌 감히 이런 일을 하겠습니까? 만약에 진군하려고 한다면 의당 먼저 조서로 회보를 받을 때까지 기다리셔야 합니다."

도간이 성난 목소리로 말하였다.

"국가[154]의 나이가 어리니 조령이 마음속에서 나오는 것이 아니다. 유윤은 조정에서 예우를 받은 사람인데, 비록 한 지방을 맡을 인재는 안 되어도 어떠한 연고로 더럽게 극형에 처해졌단 말인가? 곽묵이 용감한 것을 믿고 있는 곳에서 욕심을 부리고 포악한 짓을 하니, 커다란 어려움[155]이 없어진 지 얼마 안 되어 금지하는 법망이 넓어지고 간단해져서 이때를 이용하여 그들이 멋대로 종횡(縱橫)하려고 하는 것뿐이다."

사자를 보내어 상황을 설명하는 표문을 올리고, 또한 왕도에게도 편지를 보내어 말하였다.

"곽묵이 지방의 주자사를 죽였는데, 바로 그를 채용하여 지방의 자사로 삼는다면 재상을 해친 사람을 재상으로 삼아야 한단 말이오?"

왕도가 마침내 유윤의 수급을 거두고 도간에게 답장하는 편지를 보내어 말하였다.

---

152 아마도 자기를 강주자사로 임명한 조서일 것이다.

153 도간의 사람들이다.

154 황제를 말한다. 황제라는 말을 쓰기보다는 간접화법을 쓴 것이다.

155 소준의 반란을 지적하는 것이다.

"곽묵이 상류 지역을 점거하고 있는 형세를 갖고 있고 선박도 충분하게 갖추어 있는 연고로 포용하고 인내하며 그 땅을 갖고 있게 하면서 조정에서는 비밀리에 엄하게 준비를 할 수 있으니, 족하(足下)[156]의 군사가 도착할 때까지를 기다렸다가 바람처럼 서로 달려가면 어찌 시간을 벌면서 큰일을 확정하는 것이 아니겠습니까?"

도간이 웃으며 말하였다.

"이것이 바로 시간을 적에게 벌어주는 것이다."

예주(豫州)자사 유량이 또한 곽묵을 토벌하게 해달라고 청하였다. 조서를 내려서 유량에게 정토(征討)도독을 덧붙여주고, 보병과 기병 2만 명을 인솔하고 가서 도간과 만나도록 하였다.

서양(西陽, 호북성 황강의 동쪽)태수 등악(鄧岳)과 무창(武昌)태수 유후(劉詡)가 모두 환선이 곽묵과 함께 할 것이라고 의심하였다. 예주(豫州)의 서조(西曹)[157] 왕수(王隨)가 말하였다.

"환선이 조약에게 붙지 아니하였는데,[158] 어찌 곽묵과 같이 하려고 하겠습니까?"

등악과 유후는 왕수를 파견하여 황선에게 가서 그를 관찰하게 하니, 왕수가 환선에게 말하였다.

"밝으신 부군(府君)께서 마음속으로 비록 그렇지 않다고 하여도 스스로 밝힐 방법이 없으니 오직 현명한 아들을 나 왕수에게 주는 방법이 있을 뿐입니다."

---

156 상대를 높여서 부른 말이다.

157 자사부에 소속된 행정관리 책임자이다.

158 성제 함화 2년(327년)의 일로,《자치통감》 권93에 실려 있다.

환선이 그의 아들 환융(桓戎)을 왕수에게 주어서 함께 영접하였다. 도간이 환융을 벽소하여 연리로 삼고, '환선을 무창태수로 삼겠다.'[159] 고 편지를 올렸다.

2 2월에 후조의 여러 신하들이 후조의 왕 석륵에게 황제의 자리에 오르라고 청하니, 석륵이 마침내 대조천왕(大趙天王)이라고 부르면서 황제의 업무를 대행[160]하였다. 왕비 유(劉)씨를 세워 왕후(王后)로 삼고, 세자 석홍(石弘)을 태자로 삼았다.

그의 아들 석굉(石宏)을 표기(驃騎)대장군·도독내외제군사(都督內外諸軍事)·대선우(大單于)로 삼아 진왕(秦王)으로 책봉하고, 석빈(石斌)을 좌위(左衛)장군으로 삼아 태원왕(太原王)에 책봉하고, 석회(石恢)를 보국(輔國)장군으로 삼아 남양왕(南陽王)에 책봉하였다.

중산공(中山公) 석호(石虎)를 태위·상서령으로 삼고 작위를 올려서 왕으로 하고, 석호의 아들 석수(石邃)를 기주(冀州)자사로 삼아 제왕(齊王)에 책봉하고, 석선(石宣)을 좌(左)장군으로 삼고, 석정(石挺)을 시중으로 삼아 양왕(梁王)에 책봉하였다. 또 석생(石生)을 책봉하여 하동왕(河東王)으로 삼고, 석감(石堪)을 팽성왕(彭城王)으로 삼았다.

좌(左)장사 곽오(郭敖)를 상서좌복야로 삼고, 우(右)장사 정하(程遐)를 우복야·영(領)이부상서로 삼고 좌(左)사마 기안(夔安)·우(右)사마

---

159 원래의 무창태수인 유후를 어떻게 조치하겠다는 것인지 분명하지 않다.

160 황제라는 명칭을 직접 사용하지 않고, 직명을 행황제사(行皇帝事)라고 했다. 일반 관직에서 임시직 또는 대리직을 표시하는 행직을 황제에게도 붙인 것이다. 이를 해석하면 황제의 업무를 대행하는 직책인 것으로 얼마간은 겸손한 뜻을 지니고 있다.

곽은(郭殷)·종사중랑 이봉(李鳳)·전 낭중령 배헌(裴憲)은 모두 상서로 삼고, 참군사 서광(徐光)을 중서령·영(領)비서감으로 삼았다. 나머지 문무(文武)관원은 책봉하고 벼슬을 준 것이 각기 차등이 있었다.

중산왕 석호가 화가 나서 개인적으로 제왕 석수에게 말하였다.

"주상께서 양국(襄國)에 도읍한 이래[161] 단정하게 두 손을 모으고 성공하기만을 바라고 있었고, 내 몸은 화살과 돌을 맞으면서 20여 년 동안 남쪽으로 가서 유악(劉岳)을 잡고, 북쪽으로 색두(索頭)를 도망치게 하였으며, 동쪽으로 가서 제(齊)와 노(魯)를 평정하고, 서쪽으로 가서 진주(秦州)와 옹주(雍州)를 안정시키며[162] 13개 주(州)에서 승리하였다.

위대한 조의 제업(帝業)을 이룩한 사람이 나이니, 대선우는 당연히 나에게 주어야 하는 것인데, 지금 마침내 노란 주둥이를 한 비녀의 아이에게 주다니 이를 생각하면 기가 꽉 막혀서 잠을 자거나 먹을 수도 없구나! 주상이 안가(晏駕)[163]한 뒤까지 기다리면 다시 종자를 남기기에는 부족하겠다."

정하가 석륵에게 말하였다.

---

161 진 회제 영가 6년(312년)에 석륵이 양국을 점거하였다.

162 유악(劉岳)을 잡았다는 것은 명제 태녕 3년(325년)의 일이고, 북쪽으로 색두(索頭)를 도망치게 한 것은 성제 함화 2년(327년)에 대왕인 탁발흘나를 좇아낸 것을 말한다. 동쪽으로 가서 제(齊)와 노(魯)를 평정한 것은 제지역에서 조억을, 노지역에서 서감을 좇아낸 것을 말하며, 서쪽으로 가서 진주(秦州)와 옹주(雍州)를 안정시켰다는 것은 유윤과 포홍 그리고 요익중을 말한다.

163 병아리의 주둥이가 노랗다는 것에 빗대 석평이 어리다는 것을 말한 것이고, 안가란 제왕이 죽은 것을 말한다.

"천하가 거칠게나마 안정되었으니 당연히 반역하는 사람과 순종하는 사람을 분명하게 하여야 하는데, 그러므로 한의 고조는 계포(季布)를 용서하였고, 정공(丁公)¹⁶⁴의 목을 베었습니다. 대왕께서 군사를 일으키신 이래 그 임금에게 충성을 보인 사람에게는 번번이 포상하였고, 배반하여 신하가 되지 않은 사람에게는 바로 죽였으니, 이것이 천하 사람들이 왕성한 덕으로 귀부하게 한 이유입니다. 지금 조약(祖約)이 아직도 살아 있으니, 신은 가만히 그를 의혹합니다."

안서(安西)장군 요익중(姚弋仲)도 역시 그러한 말을 하였다.

석륵이 마침내 조약을 체포하고 아울러 그의 친척 가운데 안팎에 있는 100여 명을 모두 죽였고, 처·첩과 아이들과 딸들을 여러 호인(胡人)들에게 나누어주었다.

애초에, 조적(祖逖)에게는 흉노족 노복이 있었는데, 왕안(王安)이라고 하였고, 조적이 그를 아주 아꼈다. 옹구(雍丘, 하남성 기현)에 있을 때 왕안에게 말하였다.

"석륵은 너와 같은 종족인데 나 또한 너 한 사람 밖에 없다."

후하게 물자를 주어서 그를 보냈다.

왕안은 용감하고 재간이 있어서 조에서 벼슬을 하여 좌위(左衛)장군이 되었다. 조약이 죽자 왕안이 탄식하며 말하였다.

"어찌 조사아(祖士雅)¹⁶⁵에게 후손이 없게 할 것인가?"

마침내 저자로 가서 형을 집행하는 것을 참관하였다.

조적의 서자 조도중(祖道重)이 겨우 열 살이었는데, 왕안이 가만히

---

164 한 고조 5년에 유방이 취한 조치이다.

165 조적의 자가 사아이다.

빼돌려 돌아가서 이를 숨기고 변복을 시켜서 사문(沙門)[166]이 되게 하였다. 석씨가 죽자 조도중은 다시 강남으로 복귀하였다.

3　곽묵이 남쪽으로 가서 예장(豫章, 강서성 남창시)을 점거하고자[167] 하였는데, 마침 태위 도간의 군사가 도착하게 되자 곽묵은 나가서 싸우면 불리하므로 성으로 들어가서 굳게 지키며 쌀을 모아 보루를 쌓고서 여유가 있음을 보였다.

도간이 흙으로 산을 쌓아서 그곳에 다가갔다. 3월에 유량의 군사가 분구(湓口, 구강시의 서쪽)에 도착하여 많은 군사를 집합시켰다. 여름, 5월 을묘일(19일)에 곽묵의 장수 송후(宋侯)가 곽묵의 부자를 묶어 가지고 나와서 항복하였다. 도간이 곽묵을 군문(軍門)에서 목을 베어 수급을 건강으로 전송하고 같은 무리로 죽은 사람이 40명이었다.

조서를 내려서 도간을 도독강주(都督江州)로 하여 영(領)자사로 삼고, 등악(鄧岳)을 독교광제군사(督交·廣諸軍事)로 하여 영(領)광주자사[168]로 삼았다. 도간이 파릉(巴陵, 호남성 악양시)으로 돌아가고 이어서 무창으로 옮겨서 진수(鎭守)하였다. 유량이 무호로 돌아왔다가 작위와 상을 사양하고 받지 않았다.

---

166 스님을 말한다.

167 곽묵은 원래 심양(강서성 구강시)에 있었다.

168 도독강주(都督江州)는 강주를 총감독하는 직책인데, 이로써 도간이 전에 맡은 것까지 합하여 여덟 주의 도독이 되었고, 영(領)자사는 영직으로 자사의 업무를 관장하는 직책이다. 독교광제군사(督交·廣諸軍事)는 교주·광주의 모든 군사에 관한 일을 감독하는 직책이고, 영(領)광주자사는 광주자사의 업무를 관장하는 관직이다.

4 조¹⁶⁹의 장수 유징(劉徵)이 무리 수천 명을 인솔하고 바다로 나아가서 동남지역의 여러 현(縣)을 경략하고 남사(南沙, 강소성 상숙시 서북쪽 남사향)도위 허유(許儒)를 죽였다.

5 장준(張駿)¹⁷⁰이 전조(前趙)가 망한 것을 이용하여 다시 황하 이남의 땅을 거둬들여서 적도(狄道, 감숙성 임조현)에 이르렀고, 다섯 개의 주둔지를 두고 호군(護軍)을 설치하여 조와 경계를 나누었다.

6월에 조가 홍려(鴻臚)¹⁷¹ 맹의(孟毅)를 파견하여 장준을 정서(征

---

169 후조를 말한다. '조'라는 국호를 쓰는 나라는 유씨가 세운 것과 석씨가 세운 것이 있는데, 이를 구별하려고 역사서에서는 유씨의 '조'를 '전조'라고 부르고, 석씨의 '조'를 후조라고 하여 구별하였고,《자치통감》에서는 석씨의 '조'를 '후조'로 하고, 유씨의 '조'는 그대로 '조'라고 하였다. 그러나 전조라는 유씨의 '조'가 이미 멸망하였으므로 그 후에는 '후조'라고 부른 석씨의 '조'를 그대로 '조'라고 쓰고 있다. 이후로도 같다.

170 전량(前涼)의 문왕을 말한다. 고장이 도읍이다.

171 외교 또는 번속 문제를 담당하는 직책이다.

西)대장군·양주(涼州)목으로 삼고 구석(九錫)[172]을 덧붙여주었다. 장준이 그에게 신하가 되는 것을 수치로 생각하고 받지 않고 맹의를 머물러 있게 하고 보내지 않았다.

6 애초에, 정령(丁零)의 적빈(翟斌)이 대대로 강거(康居, 중앙아시아 지역)에 살았었는데, 뒤에 가서 중국(中國)[173]으로 이사하였고, 이때에 이르러서 조에 들어와 조현(朝見)하니 조가 적빈을 구정왕(句町王)으로 삼았다.

7 조의 여러 신하들이 굳게 존호(尊號)를 올바로 사용하기를 청하니,[174] 가을, 9월에 조왕 석륵이 황제의 자리에 올랐다. 크게 사면하고 기원을 건평(建平)이라고 고쳤다. 문무 관원들에게는 관작(官爵)을 각기 차등 있게 올려주었다. 그의 처 유(劉)씨를 세워 황후로 삼고, 태자 석홍(石弘)을 황태자로 삼았다.

석홍은 문치에 의거하는 것을 좋아하였고, 유가들을 가까이하고 존경하였다. 석륵이 서광에게 말하였다.

"대아(大雅)[175]가 편안하고 평화로운 기색을 가지니 특히 장군 집안의 자식 같지가 않소."

---

172 황제가 사용하는 아홉 가지의 물건이다.

173 정령은 소수민족의 부락 명칭이고, 중국이란 국호(國號)가 아니고, 중원지역에 세운 나라라는 뜻으로 중원과 같은 말이다.

174 석륵은 지금까지 행황제사(行皇帝事), 즉 황제 대리라는 의미의 직함을 사용하고 있었다.

175 석홍의 자이다.

서광이 말하였다.

"한나라의 고조는 말 위에서 천하를 빼앗았고, 효문제는 현묵(玄默)[176]으로 이것을 지켰습니다. 성인이 나신 다음에는 반드시 잔혹한 것을 이기고 죽이는 것을 없애는 사람이 나게 되는 것은 하늘의 이치입니다."

석륵이 아주 기뻐하였다.

서광이 이어서 말하였다.

"황태자께서는 어질고 효성스러우며 온순하고 공손하신데 중산왕은 거세고 포악하며 속이는 일이 많으니, 폐하께서 어느 날 불휘(不諱)[177]하게 될 때 신은 사직이 태자의 소유가 되지 않을까 걱정입니다. 의당 점차로 중산왕의 권한을 빼앗으시고 태자에게 일찍 조정의 정치에 참여하게 하여야 할 것입니다."

석륵은 마음으로 그러할 것이라고 생각하였지만 아직 좇을 수는 없었다.

8   조의 형주(荊州) 감군(監軍)인 곽경(郭敬)이 양양(襄陽, 호북성 양번시)을 침입하였다. 남(南)중랑장 주무(周撫)는 감면북군사(監沔北軍事)[178]가 되어 양양에 주둔하였다. 조의 주군 석륵이 역참을 통해 편지

---

176 도가적인 용어로 청정무위, 즉 조용하고 깨끗하며 무간섭적인 태도를 말한다.

177 중산왕이란 석륵을 말하며, 불휘(不諱)란 꺼리지 않는다는 말이지만 황제에 대하여서는 죽는다는 말은 할 수 없는 꺼리는 말이다. 따라서 황제의 죽음에 관하여 말하는 것을 불휘한다고 하니 여기서는 석륵이 죽은 뒤를 말한다.

178 면수(沔水) 북부지역의 군사(軍事)에 관한 일을 감독하는 관직명이다.

를 보내 곽경에게 칙령을 내려서 물러나 번성(樊城)[179]에 주둔하라고 하고, 깃발을 뉘여서 감추고 고요하기가 마치 사람이 없는 것처럼 하라고 하였다.

말하였다.

"저들이 만약에 사람을 시켜서 관찰할 것 같으면 그들에게 말하기를 '당신들은 의당 스스로 아껴서 굳게 지키시오. 7~8일이 지난 다음에 대거 기병들이 장차 도착할 것이니 계책을 세우고 다시는 달아나지 마시오.'라고 하라."

곽경이 사람을 시켜서 나루에서 말을 목욕하게 하고, 한 바퀴 돈 다음에 다시 시작하여 밤낮으로 끊이지 않게 하였다.

정찰한 사람이 돌아와서 주무에게 보고하니, 주무는 조의 병사가 대거 도착할 것으로 생각하고 두려워서 무창으로 도망하였다. 곽경이 양양으로 들어갔고, 중주(中州, 화북 대평원지역)에 있던 유민들이 모두 조에 항복하였으며, 위해(魏該)[180]의 동생 위하(魏遐)가 그의 무리를 인솔하고 석성(石城, 호북성 종상현)에서 와서 곽경에게 항복하였다. 곽경이 양양성을 허물어 버리고 백성들을 면수의 북쪽으로 옮기고 번성(樊城)에 성을 쌓고 그곳을 방어하였다. 조에서는 곽경을 형주자사로 삼고, 주무는 이 문제에 연루되어 면직되었다.

---

179 양양에는 양성과 번성 두 개의 성이 있었는데, 양성은 한수의 남쪽에 있고, 번성은 한수의 북쪽에 있다. 이 두 성을 합쳐서 양번이라고 한다. 지금 진나라의 주무는 한수의 남쪽인 양성에서, 조의 곽경은 한수의 북쪽인 번성에서 각기 대치하고 있는 셈이다.

180 진나라의 옹주자사이며, 그에 관한 사건은 성제 함화 3년(328년)을 참고하시라.

9   휴도왕(休屠王) 석강(石羌)[181]이 조를 배반하자 조의 하동왕(河東王)인 석생(石生)이 이를 쳐서 격파하니, 석강이 양주(涼州, 전량왕국)로 달아났다. 서평공(西平公) 장준(張駿)이 두려워서 맹의(孟毅)[182]를 파견하여 돌려보내고 그의 장사 마선(馬詵)에게 신하를 자칭하면서 조에 들어가 조공하게 하였다.

10   신궁(新宮)을 다시 지었다.[183]

11   갑진일(10일)에 낙성왕(樂成王) 사마흠(司馬欽)을 옮겨서 하간왕(河間王)으로 삼고, 팽성왕 사마굉(司馬紘)의 아들 사마준(司馬俊)을 책봉하여 고밀왕(高密王)으로 삼았다.

12   겨울, 10월에 성(成)의 대장군 이수(李壽)가 정남(征南)장군 불흑(費黑) 등을 감독하여 파동(巴東, 사천성 봉절현)과 건평(建平, 사천성 무산현)을 공격하여 이를 뽑아버렸다. 파동태수 양겸(楊謙)과 감군 관구오(毌丘奧)가 물러나서 의도(宜都, 호북성 의도현)를 지켰다.

181 후조의 휴도왕인 석무(石武)가 상성(桑城, 감숙성 임조현)을 지키다가 원제 영창 원년(322년)에 전조에 항복하였다. 석강을 휴도왕이라고 한 것을 보면 아마도 석무의 아들이거나 그 계승자일 가능성이 있다.
182 전량의 문왕이다. 조에서는 그를 정서대장군으로 임명하였으며, 이에 반발하여 조에서 온 사자를 억류시켰다.
183 원래 있던 궁궐이 소준의 반란으로 불타버려서 다시 지은 것이다.

성제 함화 6년(辛卯, 331년)[184]

1   봄, 정월에 조의 유징(劉徵)이 누현(婁縣, 강소성 곤산현)을 침구(侵
寇)하고 무진(武進, 강소성 무진현)을 노략질하자, 치감(郗鑒)[185]이 이를
쳐서 물리쳤다.

2   3월 초하루 임술일에 일식이 있었다.

3   여름에 조의 주군 석륵이 업(鄴, 하북성 임장현)에 가서 장차 새로운
궁궐을 지으려고 하였는데, 정위인 상당(上黨, 산서성 장치현) 사람 속함
(續咸)이 아프게 간하자 석륵이 화가 나서 그의 목을 베려고 하였다.
   중서령 서광(徐光)이 말하였다.
   "속함의 말을 채용할 수는 없다 하여도 또한 마땅히 그것을 용납하
셔야 하니, 어떻게 어느 날 아침에 곧은 소리를 하였다고 하여 경(卿)의
자리에 오른 사람의 목을 벤단 말입니까?"
   석륵이 탄식하며 말하였다.
   "임금이 되어서 스스로 이와 같은 일도 오로지할 수 없구나! 필부가
집에 재산을 100필만 가득 차게 갖고 있어도 오히려 팔아서 집을 사려
고 할 것인데, 하물며 부유하기가 사해(四海)를 가진 경우에야! 이 궁
궐은 끝내 마땅히 지어야 할 것이지만 또한 칙령을 내려서 중지시켜
곧은 신하의 기개를 만들어주어야겠구나!"

---

184 성(成, (前蜀) 옥형 21년, 후조 명제 건평 2년, 전량 문왕 태원 8년이다.
185 진나라의 서주자사이다.

이를 통하여 속함에게 비단 100필과 벼 100곡(斛)을 하사하였다. 또 공경 이하 관원들에게 조서를 내려 해마다 현량(賢良)과 방정(方正)을 천거하게 하고, 이어서 거인(擧人)[186]들에게 명령을 내려 서로 추천할 수 있게 하여 현명한 사람을 구하는 길을 넓혔다. 명당(明堂)·벽옹(辟雍)·영대(靈臺)[187]를 양국의 성 서쪽에 지었다.

4   가을, 7월에 성의 대장군 이수(李壽)가 음평(陰平, 감숙성 문현)과 무도(武都, 감숙성 성현)를 공격하니 양난적(楊難敵)이 그들에게 항복하였다.[188]

5   9월에 조의 주군 석륵이 다시 업(鄴)에 궁궐을 짓고, 낙양을 남도(南都)라 하며 행대(行臺)[189]를 설치하였다.

6   겨울에 태묘(太廟)에서 증제(蒸祭)[190]를 지내고, 제사지낸 고기를 사도 왕도(王導)에게 보내도록 조서를 내리며 또한 무릎을 꿇고 절하지 말 것을 명령하였는데, 왕도가 질병이 있다고 말하며 직접 받지 않았다.

---

186 현량이나 방정으로 추천 받은 사람을 말한다.

187 명당은 집회장소이고, 벽옹은 학교이며, 영대는 천문대에 해당한다.

188 명제 태녕 원년(323년)에 양난적이 성나라를 배반하고 진나라로 와서 구지(서화현의 서쪽)를 방어하였는데, 이제 다시금 성에 투항한 것이다.

189 도읍지에 있는 조정이 아니고 황제가 다른 곳으로 갔을 때 그곳에 임시로 조정을 두는 것이다.

190 제사를 말하는 데 특히 겨울철에 지내는 제사를 증제라고 한다.

애초에, 황제가 즉위할 때 나이가 어려서 왕도를 볼 때마다 반드시 절을 하였고, 왕도에게 손수 쓴 조서를 보낼 때에는 '황공하게 말합니다.'라고 하였고 중서(中書)에서 조서를 지을 때에는 '존경하며 묻습니다.'라고 하였다.

유사가 이 문제를 논의하였다.

"원회일[191]에 황제가 응당 왕도에게 존경을 표시해야 합니까?"

박사인 곽희(郭熙)과 두원(杜瑗)이 논의하였다.

"예법(禮法)에는 신하에게 절한다는 문구가 없으니, 의당 존경을 표시하는 것을 없애야 합니다."

시중 풍회(馮懷)가 건의하였다.

"천자가 벽옹에 가서는 삼로[192]에게 절하는데 하물며 먼저 돌아가신 황제의 사부[193]이시니 의당 모든 공경의 표시를 해야 합니다."

시중 순혁(荀奕)이 건의하였다.

"삼조(三朝)[194]의 첫 머리에는 의당 군신(君臣)의 본체를 밝혀야 하는 것이므로 공경을 표시해서는 안 되고, 만약에 다른 작은 모임일 경우에는 스스로 모든 존경을 표현해도 좋을 것입니다."

황제가 이를 좇았다. 순혁은 순조(荀組)의 아들이다.

---

191 원단을 말한다. 즉 정월 초하루이다.

192 벽옹은 학교이고, 삼로는 그곳의 최고 스승이다.

193 왕도는 성제의 아버지인 명제 사마소의 스승이었다.

194 원단을 삼조라고도 한다. 이날은 해와 달과 날의 첫 아침이므로 삼조라고 한 것이다.

7   모용외(慕容廆)[195]가 사자를 파견하여 태위 도간에게 쪽지를 보내서 군사를 일으켜 북벌하여 함께 중원지역을 깨끗하게 청소하자고 권고하였다. 관속 송해(宋該)[196] 등이 함께 논의하였다.

"모용외는 한 귀퉁이에서 공로를 세웠으므로 지위가 낮은데 책임이 무겁지만 이렇게 등급에서 차이가 별로 없으니,[197] 화족과 이족을 진무(鎭撫)하기에는 부족하며 의당 표문을 올려서 모용외의 관작을 올려주도록 청하여야 할 것입니다."

참군 한항(韓恒)이 반박하였다.

"무릇 공로를 세운 사람은 믿음과 의로움이 드러나지 않을까 걱정하는 것이지 명성과 지위가 높아지지 않을까 걱정하지는 않습니다. 환공과 문공은 광복(匡復)의 공로[198]를 가졌으나 먼저 예명(禮命)[199]을 구하여 제후들을 호령하려 하지 않았습니다.

의당 갑옷과 무기를 수선하여 여러 흉측한 사람들을 제거하고 공로를 이룩한 다음에는 9석[200]이 저절로 오는 것입니다. 그대에게 은총을 내려달라고 청구하는 것보다 또한 영광스럽지 않겠습니까?"

모용외는 기뻐하지 않아서 한항을 내보내어 신창(新昌, 요령성 해성현)현령으로 삼았다.

---

195 모용외는 이때 극성(요령성 금주)에 있었다.

196 모용외의 모사(謀士)이다.

197 주위의 다른 사람들과 직급에서 차이가 없어서 지휘하기가 어렵다는 말이다.

198 제 환공과 진 문공이 패권을 가지고 주 왕실을 도운 것을 말한다.

199 예로 내려 주는 명령, 즉 고위 관직과 작위를 내리는 명령을 말한다.

200 황제가 갖는 특별한 상징물 아홉 가지를 말한다.

이에 동이(東夷)교위 봉추(封抽) 등이 도간의 관부(官府)[201]에 편지를 보내어 모용외를 연왕에 책봉하고 대장군의 업무를 수행[202]하게 하라고 청하였다.

도간이 회보하는 편지에서 말하였다.

"무릇 공로를 이룩하면 작위가 올라간다는 것은 옛날에 만들어진 제도요. 거기장군[203]께서 비록 관(官)[204]을 위하여 석륵을 아직 꺾어버릴 수는 없었지만, 그러나 충성과 의로움으로 정성을 다하고 있으니 지금 쪽지를 올려서 상부에 전달하겠으니, 될 것인가 아니 될 것인가, 늦을 것인가 빠를 것인가는 당연히 천대(天臺)[205]에 달려 있는 것이오."

*

201 도간이 이때 태위였으므로 태위부를 말한다.

202 직함은 행대장군사이다.

203 모용외에게 거기장군의 직함을 덧붙여주었으므로 도간이 모용외를 거기장군이라고 부른 것이다.

204 관(官)은 일반적인 관청이나 관직을 가리키는 경우도 있지만 황제를 부르는 말이기도 하다. 보통 황제를 폐하라고 하지만 경우에 따라서 관이라는 용어를 쓴다.

205 천자의 상서대라는 말로 이는 조정을 지칭한다.

진기17

분열을 거듭하는 중국판도

후조의 후계자 구도

성제 함화 7년(壬辰, 332년)[1]

1   봄, 정월 신미일(15일)에 크게 사면하였다.

2   조[2]의 주군 석륵이 여러 신하들에게 향연을 크게 베풀면서 서광
(徐光)에게 말하였다.

"짐을 옛날부터 보면 어떠한 군주와 비교할 수 있겠소?"

대답하였다.

"폐하의 신(神) 같은 무력과 모략에서는 한 고조를 지나치시니, 후세
에도 비교할 수 있는 사람이 없을 것입니다."

석륵이 웃으며 말하였다.

---

1   성(成, 前蜀) 옥형 22년, 후조 명제 건평 3년, 전량 문왕 태원 9년이다.

2   유씨의 전조(前趙)가 멸망하기 전에는 유씨의 조와 석씨의 조가 동시에 있어
서 유씨의 조를 전조라 하고 석씨의 조를 후조라고 하였으나, 유씨의 전조가
망한 이후로 석륵의 조만 있게 되었으므로 《자치통감》에서는 후조라고 하지
않고 조라고만 쓰고 있다.

"사람이 어찌 스스로를 알리오! 경의 말이 대단히 지나치오. 짐이 만약 한 고조를 만난다면 마땅히 북면(北面)[3]하고 섬기면서 한신(韓信)과 팽월(彭越)과 어깨를 나란히 할 것이지만, 만약에 광무제를 만난다면 마땅히 나란히 중원을 달릴 것이니, 사슴이 누구의 손에 죽을지 모를 것이오.[4]

대장부가 이를 수행하는데 마땅히 공명정대하여 마치 해와 달처럼 밝아야 할 것이지만 조맹덕(曹孟德)과 사마중달(司馬仲達)[5]을 본받아 다른 사람의 고아와 과부를 속여서 여우처럼 눈짓을 하면서 천하를 빼앗지는 않아야 할 것이오."

여러 신하들이 모두 머리를 조아리고 만세를 불렀다.

석륵이 비록 배우지는 못하였지만 제생(諸生)[6]들에게 책을 읽게 하고 이를 듣기를 좋아하며, 때로는 그 마음속으로 옛날과 오늘날까지 내려오는 성공과 실패한 것을 논평하니, 듣는 사람들 가운데 기뻐하며 복종하지 않는 사람이 없었다.

일찍이 사람들에게 《한서(漢書)》를 읽게 하였는데, 역이기(酈食其)가 6국을 세우라고 권고한 것[7]을 들은 다음에 놀라서 말하였다.

"이 방법으로는 응당 실패할 것이니, 어떻게 끝내 천하를 얻겠는가?"

---

3 신하 된 사람이 서는 위치로 북쪽을 향하여 선다. 반대로 제왕은 남면한다.

4 사슴이란 정권 혹은 권력을 상징한다. 괴철이 정권을 사슴에 비유하여 말한 일이 있다.

5 조맹덕은 위나라를 일으킨 조조이고, 사마중달은 진나라를 일으킨 사마의이다.

6 태학생을 말한다.

7 한 고조 3년(기원전 204년)에 있었던 일로 《자치통감》 권10에 실려 있다.

유후(留侯)⁸가 간하였던 말을 듣고는 마침내 말하였다.

"의뢰할 것으로 이러한 것이 있었군."

3 곽경(郭敬)이 물러나 번성(樊城, 호북성 양번시)에서 둔수(屯戍)하
는데,⁹ 진(晉)나라 사람들이 다시 양양(襄陽, 호북성 양번시)을 빼앗으
니, 여름, 4월에 곽경이 다시 이를 공격하여 뽑아버리고 둔수하는 자를
두고 돌아왔다.

4 조의 우복야 정하(程遐)가 조의 주군 석륵에게 말하였다.

"중산왕(中山王)¹⁰은 용감하고 사나우며 권모술수와 지략을 갖고 있
어서 여러 신하들이 따라잡을 수 없는데, 그의 뜻을 보건대 폐하를 제외
하고는 아무도 없는 것처럼 행동하고 있고, 그 위에 잔적(殘賊)¹¹한 마
음을 가지고 있어서 친한 사람도 없고, 오래 장수(將帥) 노릇을 하고 있
어서 위엄이 안팎에 떨치고 있으며, 그의 여러 아들들이 나이가 많아서
모두가 병권을 관장¹²하고 있으니, 폐하께서 계실 때는 스스로 다른 일
을 하지 않겠지만 아마도 어린 주군¹³의 신하는 되지 않을 것입니다.

---

8 유방의 모사였던 장량인데, 그가 나중에 유후로 책봉되었기 때문에 이렇게
  불린다.

9 곽경은 조의 형주자사인데 이 일은 성제 함화 5년(330)에 있었고, 《자치통감》
  권94에 실려 있다.

10 석륵의 동생 석호이다.

11 사람을 해치는 자를 적이라 하고, 의로움을 해치는 자를 잔이라고 한다.

12 석호의 아들인 석수(石邃)와 석선(石宣)이 모두 석륵의 병권을 관장하게 했다.

13 장차 등극할 현재의 태자를 말한다. 그가 등극할 때를 기준으로 말한 것이다.

의당 일찍 그를 제거하여서 커다란 계책을 편하게 이루십시오."

석륵이 말하였다.

"지금 천하가 아직은 안정되지 않았고 대아(大雅)[14]는 어리니 의당 강하게 보필해야 할 것이오. 중산왕은 골육지친(骨肉之親)으로 천명(天命)을 도와준 공로를 갖고 있어서 바야흐로 마땅히 이윤과 곽광이 맡았던 임무를 맡겨야 하거늘 어찌하여 경이 말한 것과 같은 지경에 이르겠소? 경[15]은 바로 황제의 외삼촌으로서의 권력을 멋대로 할 수 없을까 두려워하는 것뿐이며, 나도 역시 마땅히 경을 고명(顧命)[16]에 참여하도록 할 것이니 지나치게 염려하지 마시오."

정하가 눈물을 흘리며 말하였다.

"신이 염려하는 것은 공적인 집안일인데 폐하께서 마침내 개인적인 계책으로 생각하시고 이것을 거절하신다면 충성된 말은 어디로 들어갈 수 있겠습니까? 중산왕은 비록 황태후께서 기르셨지만 폐하의 천속(天屬)[17]은 아니고,[18] 비록 작은 공로를 세웠다고 하지만 폐하께서 그의 아버지와 아들들에게 은혜와 영광을 주신 것으로 또한 충분한데, 그의 마음속으로 끝없는 것을 원하고 있으니, 어찌 장래에 이로움이 있

---

14 태자 석홍(石弘)의 자이다.

15 정하를 말한다. 정하는 태자의 외삼촌이다.

16 황제가 죽으면서 후사를 부탁하며 내리는 명령이다.

17 하늘이 내려준 가족이라는 말로 여기서는 골육지친과 같은 의미로 사용되었다.

18 석호와 석륵의 친척관계가 불명확하다. 재기(載記)를 보면 석호는 석륵의 조카로 할아버지는 배사(䟵邪)이고 아버지는 구멱(寇覓)이라고 되어 있다. 석륵의 아버지인 석주(石朱)가 어렸을 때 석호를 아들로 삼았기 때문에 석호의 동생으로 불리게 되었다고 되어 있다.

겠습니까? 만약에 그를 제거하지 않는다면 신이 보건대 종묘에는 혈식(血食)[19]이 오르지 않을 것입니다."

석륵이 듣지 않았다.

정하가 물러나서 서광에게 알리니 서광이 말하였다.

"중산왕은 항상 우리 두 사람에게 이를 갈고 있는데, 아마도 나라만 위태로워질 뿐만이 아니라 또한 장차 집안의 화가 될 것이오."

다른 날 서광이 틈을 이용하여 석륵에게 말하였다.

"지금 국가에는 아무 일도 없지만 그러나 폐하의 신색(神色)에는 마치 기쁘지 않은 일이 있는 것 같은데 무엇 때문입니까?"

석륵이 말하였다.

"오와 촉[20]이 아직 평정되지 않았는데, 나는 후세에 나를 천명(天命)을 받은 왕으로 생각하지 않을까 걱정하고 있소."

서광이 말하였다.

"위(魏)는 한(漢)의 운수를 이어받았다 하고, 유비가 비록 촉(蜀)에서 일어났다지만 한(漢)나라가 어찌 망하지 않았다고 할 수 있겠습니까?[21] 손권이 오(吳)지역에 있었으니, 마치 지금의 이(李)씨[22]와 같습니다. 폐하께서 두 개의 도읍지를 포괄하고 여덟 개의 주[23]를 완전히

---

19 희생(犧牲)한 제물을 말한다.

20 오란 오지역에 있는 동진을 말하고, 촉이란 촉에 있는 성(成)을 말한다.

21 조씨의 위나라가 한의 선양을 받았다고 하여도 한나라가 망한 것이 틀림없고, 촉한의 유비가 한을 계승한다고 하였지만 역시 한나라가 부흥되었다고 볼 수 없다는 말이다.

22 촉에 있는 성나라의 이웅을 말한다.

23 두 개의 도읍이란 전통적으로 도읍이었던 장안과 낙양을 말하며 8개 주란,

평정하고 계시니 제왕의 정통이 폐하에게 있지 않다면 마땅히 누구에게 있단 말입니까?

또 폐하께서 뱃속에 있는 질병[24]은 걱정하지 않으시고 또한 사지(四肢)를 걱정하십니까? 중산왕은 폐하의 위엄과 지략에 의지하여 가는 곳에서 번번이 이긴 것인데, 천하 사람들은 모두 그의 영웅적 무위(武威)가 폐하의 다음이라고 말합니다. 또 그의 자질과 성품이 어질지 아니하여 이익을 보면 의를 잊어버리는데, 아버지와 아들이 나란히 권력과 지위를 점거하여 그 형세는 왕실을 기울게 할 정도이고, 그러나 투덜대면서 항상 불만족스러운 마음을 갖고 있으며, 근래에는 동궁을 모시고 연회를 여는 자리에서 황태자를 가볍게 여기는 기색을 갖고 있었습니다. 신은 폐하께서 만년(萬年)[25]이 지난 다음에 다시는 제압할 수 없을까 걱정합니다.”

석륵이 아무 말 없이 있다가 비로소 태자(太子)에게 상서가 상주하는 일을 살필 수 있도록 명령하고 또 중상시 엄진(嚴震)에게 가부를 참여하여 종합하도록 하고, 오직 정벌하는 것과 목을 베는 일을 결정할 큰 사건만을 마침내 올리게 하였다. 이에 엄진의 권한이 주상(主相)[26]을 지나쳐서 중산왕 석호의 문에 작라(雀羅)[27]를 둘 수 있을 정도가 되

기주·유주·병주·청주·연주·예주·사주·옹주를 말한다.

24 국내 문제, 즉 석호의 문제를 말한다.

25 윗사람에게는 죽은 다음이라는 말을 쓰지 않고 이렇게 간접 화법을 쓴다.

26 주관하는 재상이라는 말로 상서령 석호를 지칭한다.

27 참새 떼가 놀 정도라는 말이다. 사람들이 드나들지 않아서 마당에 참새 떼가 와서 놀게 되었다는 말로 적막하다는 표현이다.

있다. 석호가 더욱 화가 나서 기뻐하지 않았다.

5   가을에 조의 곽경(郭敬)이 남쪽으로 내려가서 강서(江西)지역을
노략질하였는데, 태위 도간²⁸이 그의 아들인 평서(平西)장군부의 참군
도빈(陶斌)과 남(南)중랑장 환선(桓宣)을 파견하여 빈틈을 이용하여 번
성(樊城, 호북성 양번시)을 공격하여 그의 무리들을 모두 포로로 잡았다.

곽경이 군사를 돌려서 번성을 구원하러 오자 환선이 이들과 더불어
열수(涅水, 하남성 조하)에서 싸워서 그들을 격파하고 그들이 약탈하였
던 것을 모두 되찾았다.²⁹ 도간의 조카 도진(陶臻)과 경릉(竟陵, 호북성
천문현)태수 이양(李陽)이 신야(新野, 하남성 신야현)를 공격하여 뽑아버
렸다. 곽경이 두려워서 숨어서 도망하고, 환선이 드디어 양양을 함락시
켰다.

도간은 환선에게 양양을 진수하게 하였다. 환선이 처음으로 귀부하
여 온 사람들을 불러서 위무하고 형벌을 간소하게 처리하며, 위엄을 갖
춘 의장행렬을 생략하고 농업과 잠업을 권고하고 혹은 초헌(軺軒)에
서뢰(鉏耒)³⁰를 싣고 나가서 친히 백성들을 인솔하여 김을 매고 수확

---

28 곽경은 후조의 형주자사이고, 이 시기의 강서란 안휘성 중부와 호북성 동북
   부로 주성(邾城)의 동쪽에서 역양(歷陽)까지이고, 도간은 동진의 태위이다.

29 이 부분을 대만 백양의 번역본에서는 곽경이 이긴 것으로 번역하였다. 그러나
   원문이 '敬旋救樊 宣與戰于涅水 破之'라고 되어 있으므로 환선이 곽경을
   이긴 것이다. 백양이 오역을 하게 된 것은 그 다음에 나오는 '약탈당한 것을
   빼앗았다'는 것을 환선이 번성에서 빼앗은 것으로 오해한 것 같다. 그러나 그
   전에 곽경이 강서 지구에서 노략질 한 것을 빼앗았다는 것으로 보아야 할 것
   이다. 문맥을 따라가 보아도 '宣與戰于涅水 破之'는 '환선이 그와 더불어 열
   수에서 싸워서 격파하였다'로 해석해야 옳다.

을 하였다. 양양에 10여 년 있는 동안 조의 사람들이 다시 그곳을 공격하였으나 환선이 적고 약한 군사를 가지고 저항하며 지켰지만 조의 사람들이 이길 수 없었다. 당시 사람들은 조적(祖逖)과 주방(周訪)에 버금간다고 생각하였다.

6   성의 대장군 이수(李壽)가 영주(寧州, 치소는 운남성 곡정현)를 침구하였는데, 그들의 정동(征東)장군 불흑(費黑)을 선봉으로 삼아서 광한(廣漢, 사천성 광한현)으로 나왔고, 진남(鎭南)장군 임회(任回)는 월수(越嶲, 사천성 회리현)로 나와서 영주의 군사를 분산되게 하였다.

7   겨울, 10월에 이수와 불흑이 수시(朱提, 운남성 소통현)[31]에 이르니, 수시태수 동병(董炳)이 성을 지켰고, 영주(寧州)자사 윤봉(尹奉)이 건녕(建寧, 운남성 곡정현)태수 곽표(霍彪)를 파견하여 병사를 이끌고 이를 돕게 하였다.

이수가 곽표를 맞아 막으려 하자 불흑이 말하였다.

"성 안에는 먹을 것이 적으니 의당 곽표에게 멋대로 성 안으로 들어와 그 곡식을 소비하게 할 것이지 왜 그를 막는단 말이오?"

이수가 이를 좇았다. 성이 오래되어도 함락되지 않자 이수는 이곳을 급히 공격하고자 하였다.

불흑이 말하였다.

---

30 초헌(軺軒)은 말 한 마리가 끄는 수레이며 서뢰(鉏耒)는 호미와 쟁기 등 농기구를 말한다.

31 호삼성은 朱提의 음은 수시(銖時)라고 하였으므로 이를 따랐다.

"남중(南中, 운남성)은 험한 지역으로 막혀 있어서 항복시키기 어려우니, 마땅히 세월을 가지고 그들을 통제하여 그들의 지혜와 용기가 모두 어려워지기를 기다린 다음에 가서 그들을 빼앗을 것이고, 우리에 갇힌 짐승인데 어찌 급하게 생각할만합니까?"

이수는 이 말을 좇지 않고, 공격하였으나 과연 불리하게 되니 마침내 모두 군사적인 업무를 불혹에게 맡겼다.

8   11월 초하루 임자일에 태위 도간을 올려서 대장군으로 하고, 칼을 차고 신을 신고 전각에 오르게 하고, 입조하여서는 종종걸음을 하지 않으며, 의식에서 절을 하면서 이름을 대지 않게 하였는데,[32] 도간이 굳게 사양하고 받지 않았다.

9   12월 경술일(29일)에 황제가 신궁(新宮)[33]으로 옮겼다.

10   이 해에 양주(涼州)[34]의 관료들이 장준(張駿)에게 양왕(涼王)을 칭하도록 권고하자, 영진양이주목(領秦涼二州牧)이 되어[35] 공경과 백

---

32 신하는 누구나 조회 때 전각에 오를 때에는 신을 벗고, 칼을 벗어놓아야 하며, 걸을 때도 종종걸음으로 걸어야 하며, 말을 할 때에도 반드시 자기의 이름을 대야 하였다. 이러한 규정에 구애 받지 않도록 한 것이므로 대단히 높은 예우를 한 것이다.

33 함화 5년(330년)에 짓기 시작하여 이때 완성된 것이다.

34 전량을 말하며, 고장에 도읍하고 있었다.

35 공식적으로는 서평공이었는데, 자기 세력 범위에 있는 진주와 양주의 주목 직책을 관장하는 영직을 맡은 것이다.

관을 위의 무제와 진의 문제[36]가 하였던 고사처럼 하게 하였다.

장준이 말하였다.

"이러한 것은 신하 된 사람이 의당해야 할 말은 아니다. 감히 이런 말을 하는 사람은 그 죄를 용서받지 못할 것이다."

그러나 그의 경내에서는 모두가 그를 왕으로 불렀다. 장준은 둘째 아들 장중화(張重華)를 세자로 삼았다.

---

36 위의 기초를 세운 조조에 관한 일은 한 건안 21년(216년)에 있었고,《자치통감》권67에 실려 있으며, 진의 기초를 세운 사마의에 관한 사건은 위 원제 함희 원년(264년)에 있었고,《자치통감》권79에 실려 있으며, 각기 이러한 조치를 취하였었다.

석록의 죽음과 후조의 혼돈

성제 함화 8년(癸巳, 333년)³⁷

1   봄, 정월에 성의 대장군 이수(李壽)가 수시(朱提, 운남성 소통현)를 뽑아버리자, 동병과 곽표가 모두 항복하여 이수의 위엄이 남중(南中, 운남성)을 뒤흔들었다.

2   병자일(26일)에 조의 주군 석륵이 사자를 파견하여 와서 우호관계를 수립하자고 하니 조서를 내려 그들이 보낸 폐물(幣物)을 태워버리게 하였다.

3   3월에 영주(寧州, 운남성)자사 윤봉(尹奉)이 성에 항복하니 성은 남중(南中, 운남성)지역을 전부 차지하게 되었고, 크게 사면하고 대장군 이수로 영주(寧州)를 관장하게 하였다.

---

37 성(成, 前蜀) 옥형 23년, 후조 명제 건평 4년, 전량 문왕 태원 10년이다.

4   여름, 5월 갑인일(6일)에 요동(遼東, 치소는 요녕성 금주시)의 무선
공(武宣公)인 모용외(慕容廆)가 죽었다.[38] 6월에 세자 모용황(慕容皝)
이 평북(平北)장군으로서 평주(平州)자사의 업무를 수행[39]하게 하고,
그 부내(部內)[40]를 감독하여 통섭하게 하며 갇혀 있는 죄수들을 사면
해 주었다.

장사 배개(裴開)를 군자(軍諮)좨주로 삼고, 낭중령 고후(高詡)를 현
토(玄菟, 치소는 함경북도 함흥시)태수로 삼았다. 모용황이 대방(帶方, 개
성)태수 왕탄(王誕)을 좌장사로 삼으니, 왕탄이 요동태수 양무(陽鶩)가
재능이 있다 하여 이를 양보하였고, 모용황이 이를 좇아서 왕탄을 우장
사로 삼았다.

5   조의 주군 석륵이 몸이 아파서 눕자, 중산왕 석호가 금중(禁中)에
들어와서 시중을 들면서 조서를 고치니, 여러 신하들과 친척들이 모두
들어갈 수가 없어서, 몸이 아픈 것이 더한지 덜한지를 밖에서는 아는
사람이 없었다. 또 조서를 고쳐서 진왕(秦王) 석굉(石宏)과 팽성왕(彭城
王) 석감(石堪)을 불러서 양국(襄國)으로 돌아오게 하였다.[41]

석륵의 병이 조금 좋아지자 석굉을 보고 놀라서 말하였다.

"내가 왕에게 번진(藩鎭)에 가 있도록 하여 바로 오늘 같은 때를 대

---

38 65세였다.

39 행직, 즉 대리직이다. 관직명은 행평주자사이다.

40 모용씨 부족을 말한다.

41 석굉은 도독중외제군사로 업성을 진수하고 있었고, 석감은 어느 곳에 있었는
   지 분명하지 않지만 이들을 도읍인 양국(하북성 형태시)로 오게 한 것이다.

비하게 하였는데, 왕을 부른 사람이 있었는가, 스스로 온 것인가? 부른 사람이 있었다면 마땅히 그의 목을 베도록 해야 할 것이다."

석호가 두려워서 말하였다.

"진왕이 사모하여 잠시 돌아왔을 뿐입니다. 지금 그를 보내겠습니다."

여전히 머물게 하고 보내지 않았다. 며칠 지나서 다시 그에게 물으니 석호가 말하였다.

"조서를 받는 즉시 보냈습니다. 지금은 이미 반쯤 가고 있을 것입니다."

광아(廣阿, 하북성 융요현의 동쪽)에 황충의 피해가 있자 석호가 그의 아들인 기주(冀州)자사 석수(石邃)에게 비밀리에 기병 3천 명을 인솔하고 황충의 피해가 있는 곳을 순시하도록 하였다.[42]

가을, 7월에 석륵의 병이 깊어지자 유언으로 명령하였다.

"대아(大雅)[43] 형제는 의당 서로 잘 보호해 주어야 하는데, 사마씨(司馬氏)가 너희들의 앞에 간 수레[44]이니라. 중산왕은 의당 깊이 주공과 곽광을 생각하여 장래에 사람들의 입에 오르내리게 하지 마라."

무진일(21일)에 석륵이 죽었다.[45]

중산왕 석호가 태자 석홍(石弘)을 겁주어 헌청(軒廳)에 나아가게 하

---

42 두 가지의 목적이 있었을 것이다. 하나는 외국군의 침입에 대비한 것이고, 다른 하나는 기동력을 확보하였다가 유사시에 즉각 동원할 수 있게 하는 것이었다.

43 태자 석홍의 자이다. 석홍은 석륵의 둘째 아들이다.

44 진나라를 말한다. 진나라 황실은 가족 간의 투쟁으로 약화되었다.

45 이때 60세였다.

고, 우광록대부 정하(程遐)와 중서령 서광(徐光)을 잡아들여 정위에게 내려보내게 하고, 석수를 불러서 병사를 거느리고 들어와서 숙위하게 하니 문무관원들이 모두 도망하고 흩어졌다. 석홍이 몹시 두려워 스스로 열등하고 나약하다고 말하면서 석호에게 자리를 양보하였다.

석호가 말하였다.

"군주가 죽고 나면 태자가 즉위하는 것이 예법에 늘 있는 일이다."

석홍이 눈물을 흘리면서 굳게 양보하니 석호가 말하였다.

"만약에 무거운 임무를 감당하지 못한다면 천하 사람들은 스스로 크고 옳은 길을 찾을 것인데, 어찌 미리 결론을 내린단 말이오."

석홍이 마침내 즉위하였다. 크게 사면하였다. 정하와 서광을 죽였다.

밤에 석륵의 영구를 몰래 산골짜기에 묻었는데, 그곳을 아는 사람이 없었다. 기묘일[46]에 의장과 호위를 갖추어 고평릉(高平陵)에 허장(虛葬)[47]을 지냈다. 시호를 명제(明帝)라고 하고 묘호(廟號)를 고조(高祖)라고 하였다.

조의 장수 석총(石聰)과 초군(譙郡, 안휘성 박현)태수 팽표(彭彪)가 각기 사자를 파견하여 와서 항복하였다.[48] 석총은 본래 진(晉)나라 사람이었는데, 석씨라는 성을 무릅써서 사용하였다. 조정에서는 독호(督護) 교구(喬球)를 파견하여 병사를 거느리고 가서 그들을 구원하게 하였지만 도착하지 아니하였는데, 석총 등이 석호에게 주살되었다.

---

46 7월 1일이 무신일이므로 7월에는 기묘일이 없다.

47 영구(靈柩)가 없이 빈 관만을 파묻어 장사지내는 것처럼 하는 장사를 말한다.

48 《자치통감》의 기년은 동진의 연호를 쓰고 있으므로 동진으로 항복하여 온 것을 말한다.

6   모용황(慕容皝)은 장사인 발해(勃海, 하북성 남피현) 사람 왕제(王濟)를 파견해 보내와서 상(喪)⁴⁹을 당했다고 알려왔다.

7   8월에 조의 주군 석홍이 중산왕 석호를 승상·위왕(魏王)·대선우로 삼고 9석⁵⁰을 덧붙여주었으며, 위군 등 13개 군으로 국(國)을 만들었고, 백관을 총체적으로 관장하게 하였다. 석호가 그의 경내에 사면하고, 처 정(鄭)씨를 위왕후로 삼고, 아들 석수를 위태자로 삼아 사지절(使持節)·시중·도독중외제군사⁵¹·대장군·녹상서사를 덧붙여주었고, 둘째 아들 석선을 사지절·거기대장군·기주자사로 삼아 하간왕에 책봉하였고, 석도(石韜)를 전봉(前鋒)장군·사예(司隷)교위로 삼아 낙안왕(樂安王)으로 책봉하였고, 석준(石遵)을 제왕(齊王)에 책봉하고, 석감(石鑒)은 대왕(代王)에 책봉하고, 석포(石苞)⁵²를 낙평왕(樂平王)에 책봉하였고, 평원왕(平原王) 석빈(石斌)을 옮겨서 장무왕(章武王)으로 삼았다.

석륵의 옛 신하였던 문무(文武) 관원들이 모두 산직(散職)에 보임되었으며, 석호 왕부의 관료와 친척들이 모두 대성(臺省)의 중요한 직책에 임용되었다. 진군(鎭軍)장군 기안(夔安)을 영(領)좌복야⁵³로 삼고,

---

49 자기 아버지 모용외의 죽음을 말한다.

50 황제가 신하에게 주는 특별한 물건 아홉 가지를 말한다.

51 사지절(使持節)은 황제의 부절을 소지하면서 주목을 처분할 수 있는 권한을 가지며, 도독중외제군사는 안팎의 모든 군사적인 일을 총괄하는 직책이다.

52 석도(石韜)는 석호의 셋째 아들이고, 석준(石遵)은 석호의 넷째 아들이고, 석감(石鑒)는 석호의 다섯째 아들이고, 석포(石苞)는 석호의 여섯째 아들이다.

53 기안의 본직은 진군장군인데, 그 위에 좌복야의 업무를 관장하게 한 것이다.

상서 곽은(郭殷)을 우복야로 삼았다. 태자궁의 이름을 바꾸어서 숭훈궁(崇訓宮)이라고 하였고, 태후 유(劉)씨 이하는 모두 그곳으로 옮겨 살게 하였다. 석륵의 궁인(宮人)들과 거마, 복장, 놀이기구 가운데 좋은 것을 뽑아서 모두 승상부에 넣었다.

8   우문걸득귀(宇文乞得歸)[54]가 동부대인 우문일두귀(宇文逸豆歸)에게 쫓겨나 죽기 살기로 밖으로 달아났다. 모용황이 병사를 인솔하여 그를 토벌하고 광안(廣安, 요녕성 조양현 남쪽)에 주둔하였는데, 우문일두귀가 두려워서 화의를 청하니 드디어 유음(楡陰)과 안진(安晉) 두 성[55]을 쌓아 놓고 돌아왔다.

9   성의 건녕(建寧, 운남성 곡정현)과 장가(牂柯, 치소는 귀주성 개리의 서북쪽) 두 군(郡)이 와서 항복하였는데, 이수(李壽)[56]가 다시 쳐서 이것을 빼앗았다.

10   조의 유(劉)태후가 팽성왕 석감(石堪)에게 말하였다.
    "먼저 돌아가신 황제의 안가(晏駕)가 떠난 지 얼마 안 되는데, 승상[57]이 급하게 능멸하기를 이처럼 하고 있소. 황제의 운명이 없어지는 것

    영(領)은 겸직의 의미를 갖는다.
54 우문씨 부족의 우두머리이다.
55 호삼성은 유음성은 대유하의 북쪽에, 안진성은 위덕성의 동남쪽에 있다고 하였다.
56 성의 대장군이다.

은 거의 더 이상 오래 가지 않을 것이니 왕께서는 장차 어찌하시려오?"

석감이 말하였다.

"먼저 돌아가신 황제의 옛 신하들은 모두가 멀리 배척되고 군사도 다시는 힘을 낼 수 없게 되었으며, 궁성 안에서도 일을 할 사람이 없으니, 신이 청컨대 연주(兗州)로 달아나서 남양왕 석회(石恢)[58]를 끼고 맹주(盟主)로 삼아서 늠구(廩丘,산동성 운성현의 서북쪽)를 점거하고 태후의 조서를 주목·태수·정(征)·진(鎮)[59]에 선포하여 각기 군사를 들어서 포악한 역적을 주살하게 하는 것이라면 거의 이 난국을 넘어갈 것입니다."

유씨가 말하였다.

"일이 급하니 마땅히 속히 그 일을 하시오."

9월에 석감이 평복을 입고 경무장한 기병들로 연주를 습격하였지만 이기지 못하여서 남쪽의 초성(譙城, 안휘성 박현)으로 달아났다. 승상 석호가 그의 장수 곽태(郭太)를 파견하여 그 뒤를 쫓게 하여 석감을 성보(城父, 안휘성 박현의 동남쪽)에서 붙잡고, 양국(襄國, 하북성 형태시, 조의 도읍지)으로 호송하였다가 불에 구워서 죽였다.

남양왕 석회를 불러들여 양국으로 돌아오게 하였다. 유씨가 모의한 것이 탄로 나자, 석호가 폐위시켜서 그를 죽였고, 석홍의 어머니 정(程)

---

57 안가는 황제의 영구(靈柩)를 말하며 여기서 승상이란 새로 승상이 되어 후조의 권력을 다 쥐고 있는 석호를 말한다.

58 죽은 석륵의 어린 아들이다.

59 동진에서는 정동·정서·정남·정북 등 4정을 두었고, 진동·진서·진남·진북 등 4진을 두어서 국가 방위를 맡겼다. 군관구에 해당하는 것이다. 조도 4진과 4정을 두었는지는 불확실하나, 군사 관할구를 말하는 것이다.

씨를 황태후로 삼았다. 석감은 원래 전(田)씨의 아들이었는데, 자주 공로를 세우자 조의 주군 석륵이 길러서 아들로 삼았다.

유씨는 담략(膽略)이 있어서 석륵이 매번 그와 더불어 군사적인 일을 결정하는데 참여하여 석륵이 공로를 세우는 것을 도우니 여후(呂后)의 기풍을 갖고 있었지만 투기를 하지 아니하였으므로 그를 뛰어넘었다.[60]

조의 하동왕(河東王)인 석생(石生)이 관중(關中)을 진수하고 있었고, 석랑(石朗)[61]이 낙양을 진수하고 있었다. 겨울, 10월에 석생과 석랑이 모두 병사를 일으켜서 승상 석호를 토벌하는데, 석생이 스스로 진주(秦州)자사라고 하고, 사자를 보내 와서 항복하였다. 저족(氐族)의 우두머리 포홍(蒲洪)이 스스로 옹주(雍州)자사라고 하더니 서쪽으로 가서 장준(張駿)에게 붙었다.[62]

석호는 태자 석수(石邃)를 남겨두어 양국을 지키게 하고 보병과 기병 7만 명을 거느리고 금용(金墉, 낙양성의 서북쪽)에서 석랑을 공격하였는데, 금용이 무너지자 석랑을 붙잡아서 월형(刖刑)[63]에 처하였다가 목을 베어 죽였으며, 장안을 향하여 나아가면서 양왕(梁王) 석정(石挺)[64]을 전봉(前鋒)대도독으로 삼았다.

---

60 유씨를 이렇게 칭찬한데 대하여 호삼성은 '여후는 한신과 팽월을 죽일 수 있었지만 유씨는 석호도 제압할 수 없었으니, 아마도 여후에게는 못 미친다고 보아야 할 것이다'라고 하였다.

61 무위대장군이다.

62 포홍은 성제 함화 4년(329년)에 후조에 항복하였다. 그런데 전량의 장준에게 귀부한 것이다.

63 두 다리를 자르는 형벌이다.

석생이 장군 곽권(郭權)을 파견하여 선비족 섭괴(涉璝)의 무리 2만 명을 선봉으로 삼아서 이를 막고, 석생이 많은 군사를 거느리고 계속하여 발동시켜 포판(蒲阪, 산서성 영제현)에 진을 쳤다. 곽권이 석정과 동관(潼關)에서 싸워서 이들을 크게 깨뜨리니 석정과 승상의 좌장사인 유외(劉隗)[65]가 모두 죽었고, 석호는 다시 면지(澠池, 하남성 면지현)로 달아났는데 누워있는 시체가 300여 리에 있었다.

선비족이 몰래 석호와 왕래하며 모의하여 석생에게 반격을 가하였다. 석생은 석정이 이미 죽은 것을 모르고 두려워서 단 한 필의 말을 타고 장안으로 도망하였다. 곽권이 나머지 무리를 수습하여 물러나서 위예(渭汭, 위수가 황하로 들어가는 곳)에 주둔하였다. 석생이 드디어 장안을 버리고 계두산(鷄頭山, 감숙성 성현의 서남쪽)에 숨어버렸다. 장군 장영(蔣英)이 장안을 점거하고 막으며 지켰는데, 석호가 군사를 보내 장영을 쳐서 그의 목을 베었다. 석생의 휘하에 있던 사람이 석생의 목을 베고 항복하니 곽권이 농우(隴右, 감숙성의 동부)로 달아났다.

석호가 제장들에게 견(汧)과 농(隴)[66]에 나누어 주둔하도록 명령하고, 장군 마추(麻秋)를 파견하여 포홍(蒲洪)을 토벌하였다. 포홍이 2만 호(戶)를 거느리고 석호에게 항복하니 석호가 포홍을 영접하여 광렬(光烈)장군·호저(護氐)교위로 삼았다.

포홍이 장안에 이르러서 석호에게 유세하기를 관중의 호걸들과 저족·강족들을 이사시켜서 동쪽을 채우라고 하면서 말하였다.

---

64 석호의 아들이다.

65 아마도 원제 영창 원년(322년)에 진나라에서 조로 도망온 유외일 것이다.

66 견은 견수를, 농은 농산을 말한다.

"여러 저족이 모두 저 포홍의 부곡(部曲)들이니, 저 포홍이 인솔하면 좇을 것이지 누가 감히 어기겠습니까?"

석호가 이 말을 좇아서 진주와 옹주의 백성들 그리고 저족과 강족 10여만 호를 관동으로 옮겼다.

포홍을 용상(龍驤)장군·유민(流民)도독으로 삼아 방두(枋頭, 하남성 준현의 동남쪽 기문나루)에 살게 하고, 강족의 우두머리 요익중(姚弋仲)을 분무(奮武)장군·서강(西羌)대도독으로 삼아 그 무리 수만 명을 거느리고 청하(淸河)의 섭두(灄頭, 하북성 조강현의 동북쪽)로 옮겨서 살게 하였다.

석호가 양국으로 돌아가서 크게 사면하였다. 조의 주군 석홍(石弘)이 석호에게 위대(魏臺)를 세우게 하였는데, 위(魏) 무왕(武王)이 한나라를 보필한 고사[67]와 똑같이 하게 하였다.

---

[67] 조조가 한나라를 보필할 때를 말한다.

모용씨의 내부 변화

11   모용황이 처음으로 직위를 이어받아서는 법률을 엄격하고 각박하게 적용하여 그 나라 사람들이 대부분 스스로 편안해 하지 아니하자 주부(主簿) 황보진(皇甫眞)이 절실하게 간하였으나 듣지 않았다.

모용황의 서형(庶兄)인 건위(建威)장군 모용한(慕容翰)과 같은 어머니를 둔 친동생인 정로(征虜)장군 모용인(慕容仁)은 용기와 지략이 있었고 여러 번 싸워서 공로를 세웠고 병사들의 인심을 얻었으며, 동생 모용소(慕容昭)는 예능 방면의 재능을 갖고 있어서 모두 모용외에게 총애를 받았다.

모용황이 이를 시기하자 모용한이 탄식하며 말하였다.

"내가 먼저 돌아가신 분에게서 일을 받았으니 감히 온 힘을 다하지 않을 수 없는데, 다행하게도 먼저 돌아가신 분의 신령에 의지하여 가는 곳마다 공로를 세웠으니 이는 바로 하늘이 우리나라를 돕는 것이지 사람의 힘이 아니다. 그러나 사람들은 내가 일을 하고 나면 영웅의 재질을 갖고 있어서 통제할 수 없다고 생각하니 내가 어떻게 앉아서 화가 닥치는 것을 기다리겠는가?"

마침내 그의 아들과 더불어 나아가서 단씨(段氏)에게로 달아났다.

단료(段遼)는 평소 그가 재주가 있다는 소문을 듣고, 그의 이용가치를 거두려고 하여 그를 아끼고 중하게 생각하였다.

모용인이 평곽(平郭, 요녕성 개평현)에서부터 분상(奔喪)[68]하여 와서 모용소에게 말하였다.

"우리들은 평소에 교만하였고, 대부분이 사군(嗣君)[69]에게 무례하게 굴었으니, 사군이 강하고 엄격하여 죄가 없어도 오히려 두려울 수가 있는데, 하물며 죄를 짓고서야 어떡하겠소?"

모용소가 말하였다.

"우리들은 모두 자체가 적자(嫡子)이니 나라에서는 몫이 있소. 형은 평소에 병사들의 인심을 얻으시고, 나는 안에서 아직 의심받을 만한 일을 하지 않았는데, 그 틈을 엿보다가 그를 제거하는 것은 어렵지 않습니다. 형이 재빨리 군사를 일으켜서 오면 나는 안에서 호응할 것이니 일이 성공하는 날에 나에게 요동을 주시오. 남자가 일을 벌여서 이기지 못하면 죽을 것이고, 건위장군[70]처럼 이역(異域) 땅에서 삶을 구걸하는 것을 본받을 수는 없지요."

모용인이 말하였다.

"좋소."

드디어 평곽(平郭, 요녕성 기편현)으로 돌아갔다. 윤월(윤10월)에 모용인이 군사를 들어서 서쪽으로 달려갔다.

어떤 사람이 모용인과 모용소가 모의한 것을 모용황에게 고발하니

---

68 부모가 죽었을 때 모든 일을 중지하고 장례에 참석하러 달려가는 것을 말한다.

69 뒤를 이은 군주라는 뜻으로 여기서는 모용외의 뒤을 이은 모용황을 말한다.

70 도망한 모용한이다.

모용황이 아직 믿지 못하여 사자를 파견하여 조사하게 하였다. 모용인
의 병사가 이미 황수(黃水)[71]에 도착하여 일이 탄로 난 것을 알고 사자
를 죽이고, 돌아가서 평곽을 점거하고 있었다. 모용황이 모용소에게 죽
음을 내렸다.

군좨주 봉혁(封奕)을 파견하여 요동지역을 위무하였다. 고후(高詡)
를 광무(廣武)장군으로 삼고 병사 5천 명을 거느리고 서모(庶母)에게
서 난 동생인 건무(建武)장군 모용유(慕容幼)와 모용치(慕容稚)·광위
(廣威)장군 모용군(慕容軍)·영원(寧遠)장군 모용한(慕容翰)·사마인 요
동 사람 동수(佟壽)[72]와 더불어 모용인을 토벌하게 하였다. 모용인과
문성(汶城, 영구시의 동쪽)의 북쪽에서 싸웠는데, 모용황의 병사들이 대
패하고, 모용유·모용치·모용군은 모두 모용인에게 잡히고, 동수는 일
찍이 모용인의 사마였었기 때문에 마침내 모용인에게 항복하였다.

전에 대농(大農)이던 손기(孫機) 등이 요동성을 들어서 모용인에게

---

71 요양하를 말한다. 요녕성 반산형의 경계 지역으로, 극성의 동북쪽에 있다.

72 동수에 관하여서는 고구려 무덤에서 기록이 발견되어 여러 가지로 검토되고
있다. 황해남도 안악군(安岳郡) 안악읍 오국리(五局里, 옛 지명 안악군 용순면
유설리)에 소재하고 있는 안악3호분에 기록된 명문은 다음과 같다. "○和十三
年十月戊子朔廿六日 ○丑 使持節 都督諸軍事 平東將軍 護撫夷校尉 樂
浪相 昌黎·玄菟·帶方太守 都鄕侯 幽州遼東平郭都鄕敬上里 冬壽 字○
安 年六十九薨官"이라고 되어 있다. 《자치통감》에 성제 함강 2년(336년)에 동
수가 고구려로 달아났다는 기록이 있는 것으로 보아 모용씨 세력의 정치적
다툼 속에서 고구려로 망명한 사람으로 보인다. 다만 《자치통감》에서는 佟으
로 되어 있고, 안악고분에서는 冬으로 되어 있는 것이 다를 뿐이지만 동일 인
물로 보아야 할 것이다. 고분에서 성이 冬으로 되어 있어서 구구한 해석이 있
으나 이는 동일 인물로 보는 것이 타당하다. 동수가 죽은 해가 ○和로 되어
있는 바 이 시기에 동진 목제의 연호가 永和로 되어 있어서 가장 근접하나
영화는 12년(356년)뿐이어서 추후의 고증이 필요하다.

호응하였다. 봉혁이 들어갈 수 없어서 모용한과 더불어 돌아왔다. 동이 (東夷)교위 봉추(封抽)·호군(護軍)인 평원(平原, 산동성 평원시) 사람 을일(乙逸)·요동의 재상인 태원(太原, 산서성 태원시) 사람 한교(韓矯)가 모두 성을 버리고 달아나니 이에 모용인이 요동의 땅을 전부 갖게 되고, 단료(段遼)와 선비족의 여러 부(部)가 모두 모용인과 더불어 멀리서 보며 서로 응원하였다. 모용황은 황보진(皇甫眞)의 말을 더듬어 생각하고, 황보진을 평주(平州, 요녕성과 한반도 북부)의 별가(別駕)[73]로 삼았다.

12   12월에 곽권[74]은 상규(上邽, 감숙성 천수시)를 점거하고 사신을 파견해 와서 항복하였고, 경조(京兆, 섬서성 서안시)·신평(新平, 섬서성 빈현)·부풍(홍평현)·풍익(대협현)·북지(北地, 요현)가 모두 이에 호응하였다.

13   처음에, 장준(張駿)[75]이 성에 길을 빌려서 건강(建康, 동진의 도읍지 남경)에 표문을 올리려고 하였는데, 성의 주군 이웅(李雄)이 허락하지 않았다. 장준이 이에 치중종사(治中從事)[76] 장순(張淳)을 파견하여 성에 번방(藩邦)이라고 칭하면서 길을 빌리려 하니 이웅이 거짓으로 허락하고 장차 도적들에게 동협(東峽)[77]에서 이들의 배를 전복시키게

---

73 행정책임을 맡는 직책이다.

74 후조의 장군으로 석호에게 대항하다가 도망한 사람이다.

75 전량의 서평공이다.

76 총참모 역할을 하는 직책이다.

77 삼협(三峽)을 말한다. 삼협이 성도의 동쪽에 있기 때문에 그렇게 부른 것이다.

하려고 하였다.

촉 사람 교찬(橋贊)이 비밀리에 이를 장순에게 알렸다. 장순이 이웅에게 말하였다.

"과군(寡君)이 소신(小臣)에게 아무런 흔적도 없는 땅으로 가라고 하면서 만 리 길을 가서 건강[78]에 정성을 전달하게 하려 한 것은 폐하께서 충성스러움과 의로움을 칭찬하며 높이고 다른 사람의 아름다움을 이룩할 수 있다고 생각한 연고입니다.[79]

만약에 신을 죽이려는 사람은 마땅히 이를 저자에서 목을 베어서 많은 사람들 앞에서 보여주시면서 말하십시오. '양주(涼州)에서는 옛 은덕을 잊지 못하여 낭야(琅邪)[80]와 사신을 교환하려고 하니, 주군은 성스럽고, 신하는 총명하여 발각하여서 이를 죽인 것이다.'이와 같이 한다면 의롭다는 소리가 멀리 전파될 것이고, 천하 사람들이 위엄을 보고 두려워 할 것입니다. 지금 몰래 강 속에서 죽인다면 위엄과 형벌이 드러나지 않으니 어떻게 충분히 천하 사람들에게 보이기에 충분하겠습니까?"

이웅이 크게 놀라며 말하였다.

"어디 이런 일이 있겠소?"

사예(司隸)교위[81] 경건(景騫)이 이웅에게 말하였다.

---

78 과군(寡君)은 자기 자신이 모시는 군주를 겸양해서 가리킨 말이고, 아무런 흔적도 없는 땅이란 촉 사람들이 양(涼) 사람에게 길을 빌려주지 않는다면 촉지역에는 이로부터 양인(涼人)의 흔적이 없게 된다는 뜻으로 쓴 것이며, 건강은 동진의 도읍지이므로 동진을 가리킨다.

79 여러 가지 어려움을 무릅쓰고 동진에 간다는 것은 동진의 황제가 칭찬해 주기를 바란 것이라는 뜻이다.

80 양주(涼州)란 양주에 근거를 가진 전량의 장준을 말하고, 낭야(琅邪)란 동진이 낭야왕에서 중흥시킨 것이기 때문에 동진을 낭야라고 부른 것이다.

"장순이 장사이니 청컨대 그를 머물러 있게 하십시오."

이웅이 말하였다.

"장사인데 어떻게 머물러 있게 한단 말이오? 또 시험 삼아 경의 생각 대로 그를 좀 살펴보시오."

경건이 장순에게 말하였다.

"경은 몸집이 아주 장대한데, 날씨가 뜨거우니 또한 하급 관리를 파견하고 조금 머물러 있으면서 서늘할 때까지 기다리면 좋을 것이오."

장순이 말하였다.

"과군은 황여(皇輿)가 파천(播遷)하여 넘어가고, 재궁(梓宮)이 아직도 돌아오지 아니하였으며,[82] 살아 있는 백성들은 도탄에 빠져있지만 이를 떨쳐서 구제하지 못하고 있으니, 그러므로 저 장순을 파견하여 정성이나마 상도(上都)[83]에 전하려는 것입니다.

일을 이야기하여야 할 것이 중대하므로 하급 관리가 전할 수 있는 것이 아니며, 하급 관리를 시켜도 좋은 것이었다면 저 장순이 또한 오지 않았을 것입니다. 비록 화산이나 끓는 바다라고 하여도 오히려 장차 가야 할 것인데 어찌 덥거나 추운 것이 거리낄 만한 것이 되겠습니까?"

이웅이 장순에게 말하였다.

"귀주(貴主)[84]께서 영명하시다는 것은 세상을 덮고 있으며, 토지도

---

81 성에서는 성도에 사예교위를 두었다.

82 황여는 황제의 수레라는 말이고, 재궁(梓宮)은 황제의 영구로 여기서는 서진의 회제와 민제의 영구를 가리킨다.

83 동진의 도읍인 건강[남경]을 높여 부른 말이다.

84 상대방의 주군을 높여 부른 것이다. 여기서는 이웅이 장준을 가리키는 말이다.

험하고 군사도 강한데 어찌 황제를 칭하면서 스스로 한 지역에서 즐기지 않으십니까?"

장순이 말하였다.

"과군은 할아버지[85] 때부터 대대로 충성과 곧음이 돈독하였는데, 원수와 수치를 아직도 갚지 못하여 창을 베고 아침이 오기를 기다리는데 어찌 스스로 즐기는 일이 있겠습니까?"

이웅이 아주 부끄러워하다가 말하였다.

"나의 할아버지는 본래 진나라의 신하였는데 천하가 크게 혼란한 시대를 만나서 여섯 군의 백성들과 이 주(州)[86]로 피난하여 무리들에게 추대를 받아서 드디어 오늘 같은 날이 있게 되었소. 낭야가 만약에 중국에서 위대한 진나라를 다시 부흥시킬 수 있다면 역시 마땅히 무리를 인솔하고 그를 보필하여야 하겠지요."

장순을 위하여 후하게 예의를 차리고 그를 보냈다. 장순이 끝내 건강에다가 명령한 것을 전달하였다.

장안을 지키지 못하면서[87] 돈황(敦煌, 감숙성 돈황시)의 계리(計吏)[88]인 경방(耿訪)이 한중(漢中, 섬서성 한중시)에서 강동으로 들어와 여러 차례 편지를 올려서 대사(大使)를 파견하여 양주(涼州)를 위무하라고 청하였다. 조정에서는 경방을 수시서어사(守侍書御史)[89]로 삼고,

---

85 장궤(張軌)를 말한다.

86 여섯 군이란 진주의 6군을 말하며, 이 주(州)란 익주를 말한다.

87 민제 건흥 4년(316년)을 말한다.

88 군에서 매해 중앙조정에 업무를 보고하는데, 그 책임을 맡은 관리이다.

89 수직, 즉 대리직이다. 시서어사는 감찰업무를 담당하는 직책으로 이 경우에

장준을 진서(鎭西)대장군을 제수하고, 농서(隴西, 감숙성 성서현) 사람 가릉(賈陵) 등 12명을 선발하여 그에게 배속시켰다.

　경방이 양주(梁州)[90]에 도착하였는데, 길이 막혀서 조서를 가릉에게 주고 거짓으로 상인이라 하고서 그곳에 도착하였다. 이 해에 가릉이 비로소 양주(涼州)에 도착하였고, 장준이 부곡독(部曲督)[91] 왕풍(王豐) 등을 파견하여 감사하다는 회보를 하였다.

성제 함화 9년(甲午, 334년)[92]

1　　봄, 정월에 조는 기원을 연희(延熙)라고 고쳤다.

2　　조서를 내려서 곽권[93]을 진서(鎭西)장군·옹주(雍州)자사로 삼았다.

3　　구지왕(仇池王)[94] 양난적(楊難敵)이 죽자 그의 아들 양의(楊毅)

　는 계리 경방에게 임시로 시서어사라는 직책을 주어서 조서를 양주에 전하게 한 것이다.

90 이때 양주는 성의 땅이었다.

91 부곡을 관리 지휘하는 책임자이다.

92 성(成, 前蜀) 옥형 24년, 후조 해양왕 연희 원년, 전량 문왕 태원 11년이다.

93 조에서 동진으로 도망 나온 사람이다.

94 이때 구지는 감숙성 서화현 서쪽에 있었다.

가 뒤를 이어 서고, 스스로 용상(龍驤)장군·좌현왕·하변공(下辨公)이라고 하고, 숙부 양견두(楊堅頭)의 아들 양반(楊盤)을 관군(冠軍)장군·우현왕·하지공(河池公)이라고 하며 사신을 보내와서 번방(藩邦)이라고 불렀다.

4 2월 정묘일(23일)에 조서를 내려서 경방과 왕풍을 파견하여 인수를 싸가지고 가서 장준에게 대장군·도독섬서옹진양제군사(都督陝西·雍·秦·涼州諸軍事)[95]로 삼았다. 이로부터 매해 사자가 끊이지 않았다.

5 모용인은 사마 적해(翟楷)를 영(領)동이교위로 삼고, 전에 평주(平州)별가였던 방감(龐鑒)을 영요동상(領遼東相)[96]으로 삼았다.

6 단요가 병사를 파견하여 도하(徒河, 요녕성 금주시)를 습격하였으나 이기지 못하고, 다시 그의 동생 단난(段蘭)과 모용한(慕容翰)[97]을 파견하여 함께 유성(柳城, 요녕성 조양현 동남쪽)을 공격하게 하니, 유성의 도위 석종(石琮)·성대(城大)[98] 모여니(慕輿埿)가 힘을 합하여 항거하며 지켜서 단난 등이 이기지 못하고 물러갔다.

단요가 화가 나서 단난 등을 몹시 나무라고 반드시 이를 뽑아버리게

---

95 장준이 전량의 왕이지만 동진에서 동진의 관작을 준 것이고, 도독섬서옹진양제군사(都督陝西·雍·秦·涼州諸軍事)란 섬서·옹주·진주·양주의 모든 군사적인 일을 감독하는 직책을 가진 관직명이다.

96 요동국의 재상 직무를 관장하는 직책이다.

97 성제 함화 8년(333년)에 모용씨를 떠나서 단씨에게로 도망 왔다.

98 한 성곽의 우두머리인 성주와 같다.

하였다. 20일을 쉬게 한 다음에 다시 군사를 더 늘려가지고 와서 공격하였다. 병사들은 모두 두 겹으로 갑옷을 입고 방패를 가지고 비제(飛梯)[99]를 만들어서 사면으로 함께 나아가며 밤낮을 쉬지 아니하였다.

석종과 모여니가 항거하며 지키는 것이 견고하여 1천여 명을 죽이거나 다치게 하였지만 끝내 뽑아버릴 수 없었다. 모용황은 모용한(慕容翰)과 사마 봉혁(封奕)을 파견하여 함께 이를 구원하게 하였다. 모용황이 모용한(慕容翰)에게 경계하며 말하였다.

"적들의 기세가 예리하니 저들과 더불어 칼날을 겨루지 마라."

모용한(慕容翰)은 성격이 사납고 과단성이 있어서 1천여 기병을 선봉으로 삼아 곧바로 나아갔다.

봉혁이 이를 말렸으나 모용한(慕容翰)은 좇지 않았다. 단난과 더불어 우미곡(牛尾谷, 유성의 북쪽)에서 만났는데 모용한(慕容翰)의 병사들이 대패하고, 죽은 사람이 반이 넘는데, 봉혁이 진지를 정돈하고 힘껏 싸우니 그러므로 멸망하지는 않았다.

단난이 이긴 기세를 타고 끝까지 뒤쫓고자 하니 모용한(慕容翰)이 이에 그 나라[100]를 없앨까 두려워서 그를 제지하며 말하였다.

"무릇 장수 된 사람은 업무를 처리할 때 신중하게 해야 하는데, 자기 자신을 살피고 적을 헤아리고 만 가지가 다 온전하지 않으면 움직여서는 안 되오. 지금 비록 그들의 한쪽 군대를 좌절시켰지만 그 큰 세력을 굴복시킨 것은 아닙니다.

모용황은 권모와 속임수가 많은 사람이라 잠복하는 것을 좋아하니,

---

99 운제라고도 하는데, 성에 오르기 위하여 만든 사다리이다.

100 모용한은 모용씨 출신이기 때문이다.

만약에 그 나라에 있는 무리들을 다 모아서 스스로 거느리고 우리에게 항거하고, 우리들은 현군(懸軍)[101]이 된 채 깊이 들어가면 무리는 적어 대적하지 못할 것이니 이는 위험한 길이오. 또한 명령을 받는 날 바로 이번의 승리를 요구하였는데, 만약에 명령을 어기고 나아가기를 욕심 냈다가 패배하게 되면 공로와 명성을 다 잃게 되니 무슨 면목으로 돌아가겠소?"

단난이 말하였다.

"이것은 이미 포로로 잡은 것이어서 나머지 이론이 있을 수 없을 것이니 경은 바로 드디어 경의 나라를 멸망시키는 것을 염려하고 있을 뿐이오. 지금 천년(千年)이 동쪽에 있으니 만약에 나아가서 뜻을 얻으면 나는 장차 그를 영접하여 나라의 후계자로 삼을 것이며 끝내 경에게 죄를 지어 종묘에 제사를 못 지내는 일은 없게 할 것이오."

천년이란 모용인이 어렸을 때의 자이다.

모용한(慕容翰)이 말하였다.

"내가 몸을 던져서 서로 의지하고 있는데 다시 돌아갈 리가 없으며, 나라의 존망은 나에게 무엇이란 말이오. 다만 큰 나라를 위하여 계책을 세우려고 하고, 또한 서로 세운 공로와 명성을 애석하게 생각할 뿐이오."

마침내 거느리고 있는 부대에게 명령을 내려서 홀로 돌아가고자 하니 단난도 부득이하여 그를 좇았다.

7   3월에 성의 주군 이웅이 영주(寧州, 운남성)를 나누어서 교주(交州,

---

101 적진 깊숙이 들어가서 후방부대와 떨어져 있는 것을 말한다.

치소는 홍고, 귀주성 보안현)를 설치하고, 곽표(霍彪)를 영주(寧州, 치소는
건영, 운남성 곡정현)자사로 삼고, 찬심(爨深)을 교주자사로 삼았다.

제위를 찬탈한 조의 석호와 성의 이기

8   조의 승상 석호가 그의 장수 곽오(郭敖)와 장무왕(章武王) 석빈 (石斌)을 파견하여 보병과 기병 4만 명을 거느리고 서쪽으로 가서 곽권 (郭權)을 치고, 화음(華陰, 섬서성 화음현)에 진을 쳤는데, 여름, 4월에 상 규(上邽, 감숙성 천수시)의 호족이 곽권을 죽이고 항복하였다.

석호는 진주(秦州, 감숙성 동부)에 사는 3만여 호를 청주(靑州, 산동반 도)와 병주(幷州, 산서성) 두 주로 옮겼다. 장안(長安) 사람 진량부(陳良 夫)가 흑강(黑羌)으로 달아나서 북강왕(北羌王)[102] 박구대(薄句大) 등 과 더불어 북지(北地, 섬서성 요현)와 풍익(馮翊, 섬서성 대협현)을 침입하 여 시끄럽게 하였다.

장무왕 석빈과 낙안왕(樂安王) 석도(石韜)가 합하여 쳐서 그들을 깨 뜨리니 박구대가 마란산(馬蘭山, 섬서성 백수현의 서북쪽)으로 달아났다. 곽오가 이긴 기세를 타고 북쪽으로 쫓아갔으나 강족(羌族)에게 패하여 죽은 사람이 열에 일고여덟이나 되었다. 석빈 등이 군사를 거두어서 삼

---

102 흑강(黑羌)은 강족의 한 지파이고, 북강왕(北羌王)은 북강부락의 우두머리 이다.

성(三城, 섬서성 수덕현 동남쪽)으로 돌아갔다. 석호가 사자를 파견하여 곽오를 죽였다. 진왕(秦王) 석굉(石宏)[103]이 원망하는 말을 하자 석호가 그를 유폐(幽閉)시켰다.

9　모용인(慕容仁)이 자칭 평주(平州)자사·요동공(遼東公)이라고 하였다.

10　장사환공(長沙桓公)[104] 도간(陶侃)이 만년에 깊이 스스로 두려운 생각에 꽉 차서 조정의 권한에 간여하지 아니하고, 여러 번 늙었으므로 봉국으로 돌아가겠다고 이야기하려고 하였으나, 보좌하는 관리들이 어렵게 그를 만류시켰다. 6월에 도간은 병이 위독해지자 표문을 올려서 자리를 물러나겠다고 하였다.

좌(左)장사 은선(殷羨)을 파견하여 가절(假節)·휘(麾)·당(幢)·곡진(曲盡)·시중의 초선(貂蟬)·태위(太尉)의 인장·형주·강주·옹주·양주·교주·광주·익주·영주(寧州)의 여덟 주의 자사 인전(印傳)·계극(棨戟)[105]을 받들고 가게하고, 군사물자·무기·소와 말·배는 모두 장부에

---

103 석륵의 둘째 아들로 석호에 의하여 불려왔다. 성제 함화 8년(333년)조를 참조하시라.

104 도간의 작위는 장사공인데 죽은 다음에 시호를 환공이라 한 것이다.

105 모는 고관이 사용하는 깃발이며, 당은 군사가 움직일 때 사용하는 깃발이다. 곡진은 자루가 달린 양산 같은 가리개로 모두 권위를 상징하는 물건들이고, 초는 궁궐에 들어갈 때 거는 초(貂)의 꼬리털이며, 선은 관(冠)에 다는 매미 날개와 같은 장식품이며, 계극(棨戟)은 수레에 다는 장식용 무기이다. 황제가 하사한 것으로 권위를 상징한다.

있는 대로 갖추어 두고, 창고를 봉인하였으며, 도간이 스스로 열쇠를
채웠다.

이후의 일은 우(右)사마 왕건기(王愆期)에게 부탁하며 독호(督護)의
직책을 덧붙여주어 문무관원들을 전체적으로 통괄하게 하였다. 갑인
일(12일)에 수레를 타고 나와 나루에 도착하여 배를 타고 장사(長沙)로
돌아가려고 하면서 왕건기를 돌아보고 말하였다.

"이 늙은이가 몸을 가눌 수 없게 되면 바로 여러분에게 연루되는 데
106 있는 것이오."

을묘일(13일)에 번계(樊谿, 무창시의 서쪽)에서 죽었다.[107]

도간이 군대에 41년간 있었는데, 밝고 결단을 잘 내렸으며, 섬세하
고 비밀스러운 것을 잘 살폈으므로 다른 사람이 속일 수가 없었고, 남
릉(南陵, 안휘성 번창시)에서 백제(白帝, 사천성 봉절현)에 이르기까지는
수천 리에 이르는데, 길에서 떨어진 물건을 줍는 일이 없었다.

그가 죽자, 상서 매도(梅陶)가 친한 사람인 조식(曹識)에게 편지를
보내어 말하였다.

"도공이 기회를 잡는 것이 귀신같고 명확히 보는 것이 마치 위의 무
제와 같고, 충성스럽고 순종하며 부지런히 수고하는 것이 공명과 같으
니 육항(陸抗)[108]같은 사람들은 따라올 수 없습니다."

사안(謝安)이 매번 말하였다.

---

106 일찍 관직을 그만두려고 하였으나 억지로 만류하였기 때문에 못하였다는 뜻
   이다.

107 이때 도간의 나이는 76세였다.

108 위 무제는 조조를 말하고, 공명은 삼국시대 촉한의 재상인 제갈량을 말하
   며, 육항은 오나라의 자수였다.

"도공은 비록 법을 사용하였지만 항상 법 밖에 있는 뜻을 찾아냈다."
사안은 사곤(謝鯤)[109]의 조카이다.

11   성의 주군 이웅의 머리에 부스럼이 났다. 몸에는 평소에도 칼로
인한 상처가 많았다. 병이 들게 되자 옛 흔적이 모두 짓물러서 썩어가
니 여러 아들도 모두 그것을 싫어하여 멀리하였는데, 다만 태자 이반
(李班)[110]이 밤낮으로 옆에서 시중을 들면서 의관을 벗어놓지 아니하
고 친히 고름을 빨아냈다.

이웅이 대장군인 건녕왕(建寧王) 이수(李壽)를 불러서 유언으로 남
기는 조서를 내려서 정치를 보필하게 하였다. 정묘일(25일)에 이웅이
죽고[111] 태자 이반이 즉위하였다. 건녕왕 이수는 녹상서사로서 정치적
업무는 모두 이수와 사도 하점(何點)·상서 왕양(王瓖)에게 위임하였으
며, 이반은 궁중에서 상례(喪禮)만 치렀으며, 하나도 간여하지 않았다.

12   신미일(29일)에 평서장군 유량(庾亮)에게 정서(征西)장군·가절
(假節)·도독(都督)강형예익양옹육주제군사·영강예형삼주자사[112]를
덧붙여주고, 무창(武昌)을 진수하게 하였다.[113] 유량은 은호(殷浩)를 벽

---

109 사곤에 관한 기록은 원제 영창 원년(322년)에 있었고, 《자치통감》 권92에 실
   려 있다.
110 이반은 이웅의 형인 이탕의 아들이었다.
111 이때 이웅의 나이는 61세였다.
112 도독강형예익양옹육주제군사는 강주·형주·예주·익주·양주·옹주의 여섯
   주의 모든 군사적인 일을 감독하는 관직명이고, 영강예형삼주자사는 강주·
   예주·형주 세 주의 자사 직책을 관장하는 영직이다.

소하여 기실(記室)참군으로 삼았다.

은호는 은선의 아들인데, 예장태수 저부(褚裒)와 단양(丹陽)의 군승(郡丞) 두예(杜乂)와 더불어 모두 맑고 고원(高遠)한 것을 잘 알았고, 《노자(老子)》와 《주역(周易)》에 대하여 담론하기를 좋아하여서 강동에서 이름이 났으며, 은호는 더욱 풍류에서 으뜸이 되었다. 저부는 저략(褚蹃)의 손자이고, 두예는 두석(杜錫)[114]의 아들이다.

환이(桓彝)가 일찍이 저부에게 말하였다.

"계야(季野)[115]는 가죽 속에 《춘추(春秋)》를 넣고 있다."

그는 밖으로 옳고 그름을 표현하지 않았지만 속으로는 포폄(褒貶)하는 태도를 갖고 있다고 말한 것이다. 사안(謝安)이 말하였다.

"저부는 비록 말은 하지 않았지만 4시(時)의 기운을 역시 갖추고 있다.[116]"

13　가을, 8월에 왕제(王濟)[117]가 요동으로 돌아가니, 조서를 내리어서 시어사 왕제(王齊)를 파견하여 요동공 모용외에게 제사를 지내라고

---

113 도간의 뒤를 이어 동진의 정치를 담당하게 된 것을 말한다.

114 저략에 관한 기사는 위 원제 경원 원년(230년)에 보이고 《자치통감》 권77에 실려 있고, 두석에 관한 기록은 혜제 원강 9년(299년)에 보이고 《자치통감》 권83에 실려 있다.

115 저부의 자이다.

116 4시란 춘하추동 1년을 말하는 것으로 전체를 운행하는 기상과 기운을 갖춘 인물이라는 뜻이다.

117 모용황이 동진 조정에 파견하여 모용외의 죽음을 알린 사자이다. 성제 함화 8년(333년)에 건강에 갔었다.

하고 또 알자(謁者) 서맹(徐孟)을 파견하여 책서로 모용황(慕容皝)을
진군(鎭軍)대장군·평주자사·대선우로 삼고, 지절로 승제봉배(承制奉
拜)[118]하도록 하여 모든 것을 모용외가 옛날에 했던 대로 하게 하였다.
배를 타고 와서 마석진(馬石津, 요녕성 여순시 서남쪽)에 내리자, 모두 모
용인(慕容仁)에게 억류되었다.

14 9월 무인일(8일)에 위(衛)장군이며 강릉(江陵) 사람인 목공(穆公)
육엽(陸曄)이 죽었다.

15 성의 주군 이웅의 아들인 거기장군 이월(李越)이 강양(江陽, 사천
성 여주시)에 주둔하였다가 분상(奔喪)[119]하여 성도에 이르렀다. 태자
이반은 이웅의 소생이 아니었으므로 속으로 복종하지 않았고, 그의 동
생인 안동(安東)장군 이기(李期)와 난을 일으킬 것을 모의하였다.
  이반의 동생 이오(李玗)가 이반에게 이월을 파견하여 강양으로 돌려
보내고, 이기를 양주(梁州)자사로 삼아 가맹(葭萌, 사천성 광원현)을 진수
하게 하라고 권고하였다. 이반이 장례를 치르지 아니하여서 차마 보내
지 못하고, 마음을 미루어 그들을 대우하면서 의심을 품지 아니하였으
며, 이오를 파견하여 나아가서 부(涪, 사천성 금양현)에 주둔하게 하였다.
  겨울, 10월 초하루 계해일에 이월은 이반이 밤중에 곡하는 때를 이
용하여 빈궁(殯宮)에서 그를 죽였고,[120] 아울러 이반의 형인 영군(領

---

118 황제의 명령을 받아서 관직을 임명하는 일을 말한다. 독자적으로 관리를 임
   명하는 권한이다.
119 부모의 상을 당하여 모든 일을 제쳐놓고 장례를 치르러 가는 것을 말한다.

軍)장군 이도(李都)를 죽이고, 태후 임(任)씨의 명령을 고쳐서 이반의
죄상을 발표하고 그를 폐위시켰다.

애초에, 이기의 모친인 염씨(冉氏)는 천한 신분이었는데, 임(任)씨가
어머니로 그를 데려다가 길렀다. 이기는 재주가 많아서 훌륭하다는 명
성을 얻었고, 이반이 죽자 무리들이 이월(李越)을 세우고자 하였으나,
이월이 이기를 받들어 그를 세웠다. 갑자일(24일)에 이기가 황제의 자
리에 올랐다.[121] 이반에게 시호를 내려서 여(戾)태자라고 하였다.

이월을 상국(相國)으로 삼아 건녕왕(建寧王)에 책봉하고, 대장군 이
수(李壽)에게 대도독의 직책을 덧붙여주고 한왕(漢王)으로 옮겨서 책
봉하였는데, 모두 녹상서사로 하였다. 형 이패(李霸)를 중령군(中領軍)·
진남(鎭南)대장군으로 삼고, 동생 이보(李保)를 진서(鎭西)대장군·문산
(汶山, 사천성 문산현 서남쪽)태수로 삼고, 사촌형 이시(李始)를 정동(征
東)대장군으로 삼고, 이월을 대신하여 강양(江陽, 사천성 팽산현)에서 진
수하게 하였다. 병인일(26일)에 이웅을 안도릉(安都陵)에 장사하고 시
호를 무(武)황제라고 하였으며, 묘호(廟號)를 태종이라고 하였다.

이시는 이수와 더불어 이기를 공격하고자 하였으나, 이수가 감히 군
사를 발동하지 못하였다. 이시는 화가 나서 도리어 이수를 이기에게 참
소하여 그를 죽이라고 청하였다. 이기는 이수를 빙자하여 이오(李玕)
를 토벌하려고 하였기 때문에 그러므로 허락하지 않고, 이수를 파견하
여 군사를 거느리고 부(涪)를 향하여 가게 하였다. 이수는 먼저 사신을
파견하여 이오에게 거취에 따라 나타나는 이해관계를 알려주게 하고

---

120 이반의 나이는 이때 47세였다.

121 이기의 자는 세운(世運)이며, 이웅의 넷째 아들이다.

그가 가야 하는 길을 열라고 하니 이오가 드디어 도망 왔다. 조서를 내려서 이오를 파군(巴郡, 사천성 중경시)태수로 삼았다. 이기는 이수를 양주(梁州)자사로 삼고 부(涪)에 주둔하게 하였다.

16   조의 주군 석홍(石弘)이 스스로 인새와 인수를 싸가지고 위궁(魏宮)¹²²으로 나아가서 승상 석호(石虎)에게 황제의 자리를 선양하게 해달라고 청하였다. 석호가 말하였다.

"제왕의 대업은 천하 사람들이 스스로 논의해야 마땅할 것인데 어찌 스스로 이것을 논한단 말이오?"

석홍이 눈물을 흘리며 궁궐로 돌아와서 태후 정(程)씨에게 말하였다.

"먼저 돌아가신 황제의 종자(種子)는 정말로 다시는 남겨짐이 없을 것입니다."

이에 상서가 상주문을 올렸다.

"위대(魏臺)¹²³는 당·우(唐·虞)가 선양하였던 옛 일¹²⁴에 의거하시기를 청합니다."

석호가 말하였다.

"석홍은 어리석고 아둔하여 거상(居喪)¹²⁵ 기간에 예의를 차리지 못

---

122 석호가 위왕이었으므로 석호가 있는 궁전을 말한다.

123 석호가 위왕이 되어 정사를 보는 곳을 말한다.

124 당은 요임금, 우는 순임금을 말한다. 요임금은 자기의 아들에게 왕위를 넘기지 않고 순에게 왕위를 주었으며, 순임금은 그 뒤에 우에게 왕위를 넘겼다. 이렇게 아들에게 왕위를 넘기지 않고 훌륭한 사람을 찾아서 왕위를 넘기는 것을 선양이라고 한다.

125 석륵이 죽고 그 상복 기간을 말하는 것으로 상복 기간은 3년이다.

하였으니 그를 폐위시키는 것은 마땅하지만 어찌 선양을 한단 말이오?"

11월에 석호가 곽은(郭殷)을 파견하여 궁궐로 들어가게 하여 석홍을 폐위시켜서 해양왕(海陽王)으로 삼았다. 석홍이 편안하게 걸어서 수레에 올랐는데, 얼굴 모습이 태연자약하였고, 여러 신하들에게 말하였다.

"용렬하고, 아둔하여 대통을 이어받는 일을 감당하지 못하였으니, 어찌 할 말이 있겠는가?"

여러 신하들은 눈물을 흘리지 않는 사람이 없었고 궁인들은 통곡하였다.

여러 신하들이 위대(魏臺)에 가서 황제의 자리에 나아가기를 권고하니 석호가 말하였다.

"황제란 것은 덕이 왕성하다고 부르는 호칭인데 감히 감당할 바가 아니고, 또 다만 거섭조천왕(居攝趙天王)[126]이라고 부를 수는 있소."

석홍과 태후 정씨·진왕(秦王) 석굉(石宏)·남양왕(南陽王) 석회(石恢)를 숭훈궁(崇訓宮)에 유폐하였다가 얼마 뒤에 그들을 다 죽였다.[127]

서강(西羌)대도독 요익중(姚弋仲)이 병들었다고 하면서 축하하러 오지 않자 석호가 여러 차례 그를 부르니 마침내 도착하였다. 정색을 하고 석호에게 말하였다.

"저 요익중은 항상 대왕께서는 일세의 영웅이라고 생각하였는데, 어찌하여 어깨를 잡고 부탁을 받지 도리어 이것을 찬탈한단 말입니까?"

석호가 말하였다.

---

126 석륵이 국호를 조라고 하였고, 거섭이란 섭정하는 자리를 말하는 것이므로 조의 정치를 섭정하는 천왕이라는 의미이다.

127 석호는 석홍이 살았던 태자궁의 이름을 숭훈궁으로 고쳤고, 이때 석홍은 21세였다.

"나라고 어찌 이러한 짓을 좋아하겠소? 해양왕을 돌아보니 나이가 어려서 아마도 집안일을 다 처리할 수 없을까 걱정하였던 고로 그를 대신하였을 뿐이오."

마음속으로는 비록 편안하지 않았지만 그가 성실하다는 것을 살펴보고는 그에게 역시 죄를 주지는 않았다.

석호가 기안(夔安)을 시중·태위·수(守)상서령[128]으로 삼고, 곽은을 사공으로 삼고, 한희(韓晞)를 상서좌복야로 삼고, 위군(魏郡, 하남성 임장현) 사람 신종(申鐘)을 시중으로 삼고, 낭개(郎闓)를 광록대부로 삼고, 왕파(王波)를 중서령으로 삼았다. 문무 관원들에게는 작위와 관직을 각기 차등 있게 주었다. 석호가 신도(信都, 하북성 기현)에 갔다가 다시 양국(襄國)으로 돌아왔다.[129]

17 모용황이 요동을 토벌하는데, 갑신일(15일)에 양평(襄平, 요동의 치소, 요녕성 요양시)에 도착하였다. 요동 사람 왕급(王岌)이 비밀리에 편지를 보내어 항복을 받아달라고 청하였다. 군사가 나아가서 성 안으로 들어가니 적해(翟楷)와 방감(龐鑒)이 말 한 필을 타고 달아나자, 거취(居就, 요양시 서남쪽)와 신창(新昌, 요녕성 해성현) 같은 현이 모두 항복하였다.

모용황이 요동의 백성을 모두 묻어버리려고 하니 고후(高詡)가 간하

---

128 수직(守職)으로 임시 대리직을 말하며 여기서는 상서령의 직책을 대리하는 관직이다.

129 참위서에 보면 황제는 동북쪽에서 온다고 하였으므로 석호는 이러한 행동을 한 것이다. 모용씨는 요(遼)와 갈(碣)에서 중국으로 들어왔고, 진 시황도 동쪽지역을 순수하여 천자의 기운을 누르려고 하였다.

였다.

"요동에서 반란을 일으킨 것은 실제로 본래의 의도가 아니었고 바로 모용인이 흉악한 위엄을 두려워하여 좇지 않을 수 없었던 것입니다. 지금 으뜸가는 악한 사람[130]이 오히려 남아 있는데, 처음으로 이 성을 이기고 나자 급하게 다 죽여 없앤다면 아직 떨어뜨리지 못한 성은 선한 곳으로 돌아올 길이 없습니다."

모용황이 마침내 중지하였다.

요동의 대성(大姓)을 나누어 극성(棘城, 요녕성 금주시 서북쪽)으로 옮겼다. 두군(杜羣)을 요동상(遼東相)으로 삼아 유민(遺民)들을 편안하게 살게 하였다.

18 12월에 조의 서주(徐州) 종사(從事)인 난능(蘭陵, 산동성 역현) 사람 주종(朱縱)이 자사 곽상(郭祥)을 찔러 죽이고, 팽성(彭城, 강소성 서주시)을 가지고 와서 항복하였는데, 조의 장수 왕랑(王朗)이 이를 공격하자 주종이 회남(淮南, 안휘성 수현)으로 달아났다.

19 모용인이 병사를 파견하여 신창을 습격하니 독호(督護)인 신흥(新興, 산서성 흔현) 사람 왕우(王寓)가 이들을 쳐서 도망가게 하고 드디어 신창 사람들을 옮겨서 양평으로 들여보냈다.

---

130 모용인을 가리킨다.

소강상태를 이룬 정세

성제 함강 원년(乙未, 335년) ¹³¹

1 봄, 정월 초하루 경오일에 황제가 원복(元服) ¹³²을 입었다. 크게 사면하고 기원을 고쳤다.

2 성·조에서도 모두 크게 사면하고 성에서는 기원을 옥항(玉恒)이 라고 고치고, 조에서는 기원을 건무(建武)라고 고쳤다.

3 성의 주군 이기(李期)가 황후로 염(閻)씨를 세우고, 위(衛)장군 윤 봉(尹奉)을 우승상으로 삼고, 표기(驃騎)장군·상서령인 왕괴(王瓌)를 사도로 삼았다.

---

131 성도(成都) 한(전촉) 은제(隱帝) 옥환(玉恒) 원년, 후조(後趙) 무제 건무 원년, 전량(前涼) 문왕 태원(太元) 12년이다.

132 원이란 머리를 말하므로 원복은 관(冠)이다. 동진의 황제 사마연이 15세가 되어 관례(冠禮)를 치렀다는 말이다.

4 조의 왕[133] 석호가 태자 석수(石邃)에게 명령을 내려 상서에서 상주하는 것을 살피고 결재하게 하고 오직 교외와 종묘에서의 제사지 내는 일·주목이나 태수를 선발하는 일·정벌하는 일·형벌을 내려 죽이는 일만은 친히 처리하였다.

석호는 궁실 만드는 일을 좋아하였는데, 관작대(鸛雀臺)[134]가 무너지자 전장소부(典匠少府)[135] 임왕(任汪)을 죽이고 다시 그것을 짓게 하였으며, 옛날 것의 두 배로 하였다. 석수의 보모 유지(劉芝)를 의성군(宜城君)[136]에 책봉하자, 조정의 권한에 간여하여 뇌물을 받으니, 벼슬을 구하여 나아가려는 사람이 대부분 그의 문에서 나왔다.

5 모용황이 좌·우사마를 두었는데, 사마 한교(韓矯)와 군좨주(軍祭酒) 봉혁(封奕)으로 이것을 삼았다.

6 사도 왕도(王導)가 마르고 병이 들어 조회에 참석하는 일을 감당할 수가 없어서 3월 을유일(17일)에 황제는 그의 사도부로 행차하여 여러 신하들과 더불어 내실에서 연회를 열고, 왕도에게 절을 하고, 아울러 그의 처 조(曹)씨에게도 절을 하였다. 시중 공탄(孔坦)이 비밀리에 표문을 올려서 절실하게 간하였는데, 황제가 처음으로 관례를 치렀으

---

133 석륵이나 석홍처럼 황제의 자리에 오른 경우에 주(主)라는 용어를 사용하여 번역에서는 주군이라고 하였다. 석호가 후조의 최고위직이지만 아직은 천왕이 라고 하였지 황제의 자리에 오르지 아니하였으므로 왕이라고 지칭한 것이다.

134 관작대는 업(鄴)에 있으며 위 무제 즉 조조가 세웠던 동작대를 말한다.

135 한나라 때의 장작대장에 해당하는 직책이다. 즉 공사책임자를 말한다.

136 여자에게 주는 작위는 군(君)이라고 한다.

므로 움직일 때에는 의당 예법을 고려하여야 한다고 하니 황제가 이를 좇았다.

공탄은 또 황제가 왕도에게 정치를 위임하니 조용히 말하였다.

"폐하의 춘추로 보아 이미 장성하셨고, 성스럽고 존경받을 만한 것이 날로 발전하시니 의당 조회에 참석하시는 신하들의 의견을 받아들여서 훌륭한 길을 자문 받도록 하십시오."

왕도가 이 소식을 듣고 싫어하여 공탄을 내보내 정위(廷尉)로 삼았다. 공탄이 자기의 뜻을 이루지 못하자 병이 들었다면서 직책에서 물러났다.

단양윤(丹陽尹) 환경(桓景)은 사람됨이 아첨하고 재주를 피웠는데 왕도가 그를 가까이 하고 아꼈다. 마침 형혹(熒惑)이 남두(南斗)[137]가 있는 곳에서 머무르며 10일간이나 있게 되자 왕도가 영군(領軍)장군 도회(陶回)에게 말하였다.

"두(斗)는 양주(揚州)에 해당되는 것이니[138] 내가 마땅히 자리를 물러나서 하늘의 견책을 막아야겠지요."

도회가 말하였다.

"공께서 밝은 덕으로 보필하여야 하는데 환경과 더불어 무릎을 맞대고 계시니 형혹에게 어떻게 물러나게 하겠습니까?"

---

137 형혹은 화성(火星)이고 남두는 남쪽에 있는 여섯 별[六斗]을 말한다. 고대인들은 이를 땅의 승상이나 태재에 해당하는 것이라고 생각하였다. 그래서 형혹이 남두에 가깝게 있다는 것은 난신적자가 나타난다는 것을 예시하는 것으로 생각하였다.

138 양주 땅은 구강에서 남두로 1도 들어가고, 단양에서는 16도 들어가는 것이라고 보았다. 그러므로 남두는 양주 전역에 해당한다.

왕도가 이를 깊이 부끄러워하였다.

왕도가 태원(太原, 산서성 태원시) 사람 왕몽(王濛)을 벽소(辟召)하여 연리(掾吏)로 삼았고, 왕술(王述)을 중병속(中兵屬)[139]으로 삼았다. 왕술은 왕창(王昶)[140]의 증손자이다. 왕몽은 작은 정도의 청렴함은 닦지 않았으나, 깨끗하고 간결한 것으로 칭찬을 받았다. 패국(沛國, 안휘성 수계현 서쪽) 사람 유담(劉惔)과 같은 명성을 얻었는데 벗으로 잘 사귀었다.

유담은 항상 왕몽의 성격이 아주 통달하지만 자연스럽게 절도가 있다고 칭찬하였다. 왕몽이 말하였다.

"유군(劉君)이 나를 아는 것이 내가 나 스스로를 아는 것보다 더 뛰어나군요."

당시에는 풍류 하는 사람을 칭찬할 때 유담과 왕몽을 첫째로 꼽았다.

왕술의 성품은 가라앉듯 조용하여 매번 손님들과 앉아있을 때마다 변론하는 말이 벌떼처럼 일어나지만 왕술은 스스로 편안하게 앉아 있었다. 나이가 30살이 되었을 때에는 아직도 이름이 알려지지 않아서 사람들이 그를 바보라고 생각하였다.

왕도가 그의 문벌을 보고 벽소(辟召)하였다. 만나보았을 때 오직 동쪽지역의 쌀값을 물었는데, 왕술이 눈을 크게 뜨고 대답하지 않았다. 왕도가 말하였다.

"왕연(王掾)[141]은 바보가 아닌데 사람들이 어찌하여 바보라고 하는가?"

---

139 경비담당부서를 말한다.
140 삼국시대 위나라의 표기장군으로 병서 등 여러 책을 남겼다.
141 왕술을 말한다. 왕술의 직위가 연리(掾吏)였으므로 이렇게 부른 것이다.

일찍이 왕도가 말을 할 때마다 한 자리에 있는 사람들은 찬미하지 않는 사람이 없었는데, 왕술이 정색을 하고 말하였다.

"사람이 요(堯)임금·순(舜)임금이 아닌 바에야 어찌 모든 일이 다 훌륭할 수 있겠는가?"

왕도가 얼굴을 고치고 그에게 사과하였다.

7   조의 왕 석호가 남쪽으로 순수를 가서 장강(長江)에 이르렀다가 돌아왔다. 유기(遊騎)[142] 10여 명이 역양(歷陽, 안휘성 화현)에 도착하니, 역양태수 원탐(袁耽)이 표문을 써서 이 사건을 올렸는데, 기병이 얼마라는 말은 쓰지 않았다. 조정에서는 놀라고 두려워하고, 사도 왕도가 나아가서 이들을 토벌하게 해달라고 청하였다. 여름, 4월에 왕도에게 대사마·가황월(假黃鉞)·도독정토제군사(都督征討諸軍事)[143]를 덧붙여주었다.

계축일(16일)에 황제가 친히 광막문(廣莫門, 건강성의 북문)에서 군사를 사열하고서, 제장들에게 역양을 구원하고, 자호(慈湖, 안휘성 당도현 북쪽)·우저(牛渚, 안휘성 당도현 채석기)·무호(蕪湖, 안휘성 무호시)를 지키라고 나누어 명령을 내리고, 사공 치감(郗鑒)이 광릉(廣陵, 강소성 회음현)의 재상 진광(陳光)에게 군사를 거느리고 들어가서 경사를 호위하게 하였다.

조금 후에 조의 기병의 숫자가 아주 적으며 또한 이미 가버렸다는

142 돌아다니며 척후 활동을 하는 기병을 말한다. 여기서는 석호의 척후병이다.
143 가황월(假黃鉞)은 군왕이 주살할 때 사용하는 도끼인데, 여기서는 왕도에게 이 권한을 빌려준 것이며 도독정토제군사(都督征討諸軍事)는 정벌에 관한 모든 군사적인 업무를 감독하는 관직이다.

소식이 보고되니, 무오일(21일)에 계엄을 해제하고, 왕도도 대사마에서 해제되었다. 원탐은 가볍고 망령되게 말하였다는 죄에 연루되어 관직이 면제되었다.

8   조의 정로(征虜)장군 석우(石遇)가 양양(襄陽)에서 환선(桓宣)[144]을 공격하였으나 이기지 못하였다.

9   큰 가뭄이 들어서 회계(會稽, 절강성 소흥시)와 여요(餘姚, 절강성 여요현)에서 쌀이 1말에 500전이었다.

10   가을, 7월에 모용황이 아들 모용준(慕容儁)을 세워서 세자로 삼았다.

11   9월에 조의 왕 석호가 도읍을 업(鄴, 하북성 임장현)으로 옮기고 크게 사면하였다.

12   애초에, 조의 주군 석륵이 천축(天竺, 인도) 출신의 스님 불도징(佛圖澄)이 성패(成敗)를 예언한 것이 몇 번 맞게 되자, 그를 공경하고 섬겼다. 석호가 즉위하자 그를 받드는 것을 더욱 삼가서, 능금(綾錦)으로 옷을 해 입고, 조각을 한 연(輦)을 타게 했다. 조회가 열리는 날에는 태자와 여러 공작(公爵)이 부축하여 전각에 오르게 하고, 의식을 주관하는 사람이 '대화상(大和尙)'이라고 부르면 무리들은 앉아 있다가 모두

---

144 동진의 남중랑장이다.

일어났다.

사공 이농(李農)에게 아침저녁으로 문안을 드리게 하였고, 태자와 여러 공작(公爵)들이 닷새에 한 번씩 조현(朝見)하게 하였다. 온 나라 사람들이 교화되어 대부분이 부처를 섬기게 되었고, 불도징이 있는 곳이면 감히 그 쪽에 대고 침을 뱉는 일도 없었다. 다투어서 절을 만들고 머리를 깎고 출가(出家)하였다.

석호는 그들 가운데는 진짜와 가짜가 섞여 있고, 혹은 부역을 피하여 간사한 짓을 하는 사람이 있기 때문에 마침내 중서(中書)에 묻는 조서를 내렸다.

"부처는 국가[145]가 받드는 것인데, 마을과 골목에 있는 소인(小人)으로 작위와 관직이 없는 사람이 응당 부처를 섬겨야 할 것인가?"

저작랑(著作郞) 왕도(王度) 등이 의논하고 말하였다.

"제왕이 된 사람은 제사를 지내고 예식을 집행하는 방법이 모두 남아 있습니다. 부처는 외국의 신(神)으로 천자와 여러 화족(華族)[146]들이 응당 받들고 제사지낼 것이 아닙니다. 한씨(漢氏)가 처음으로 그 도(道)를 전달받았을 때에는 오직 서역(西域) 사람들이 도읍에 절을 세우고 이를 받들었을 뿐이며,[147] 한인(漢人)은 모두 출가할 수 없었고 위(魏)나라시절에도 그러했습니다.

---

145 황제를 말한다.

146 한족(漢族)을 말한다.

147 한씨(漢氏)란 한 왕조를 말하며 불교가 전달받았을 때는 한 명제 영평 8년 (65년)의 일이고 그 내용은 《자치통감》권45에 실려 있다. 한대에는 관부(官府)를 절로 사용하였다. 후한대에 서역에서 백마를 타고 불경을 가지고 왔을 때 홍려사(鴻臚寺)에 머물렀기 때문에 그곳을 백마사라고 하였다.

지금 의당 공경(公卿) 이하의 사람들은 절에 가서 향을 피우고 예배하게 할 수 없도록 금지해야 하니 조(趙)의 사람으로 사문(沙門, 스님)이 된 사람은 모두 처음 입었던 복장으로 되돌려 입도록 하십시오.”

석호가 조서를 내렸다.

“짐은 변방 시골에서 태어나서 제하(諸夏)의 군왕이 되었으니, 제사를 지내는 것에 있어서는 응당 본래의 습속을 좇을 것이다. 그러니 이족(夷族)과 조(趙)의 백성들은 즐겨 부처를 섬기는 사람이 있게 되면 특히 이를 허락한다.”

13　조의 장무왕(章武王)인 석빈(石斌)이 정예의 기병 2만 명을 인솔하고, 진주(秦州)와 옹주(雍州) 두 주의 군사를 합하여서 박구대(薄句大)[148]를 토벌하여 평정하였다.

14　성의 태자 이반(李班)의 장인인 나연(羅演)이 한왕(漢王)[149]의 재상인 천수(天水, 감숙성 천수시) 사람 상관담(上官澹)과 더불어 성의 주군 이기(李期)를 죽이고, 이반의 아들을 세우려고 모의하였다. 일이 발각되어 이기는 나연과 상관담 그리고 이반의 어머니 나씨(羅氏)를 죽였다.

이기는 스스로 뜻을 얻었다고 하여 여러 예로부터 내려오는 신하들을 가벼이 여기고, 상서령 경건(景騫)·상서 요화(姚華)와 전포(田褒)·중상시 허부(許涪) 등을 신임하고, 형벌을 주고 상을 주는 커다란 정치를

---

148 북강왕(北羌王)이다.

149 이수(李壽)이다.

모두 몇몇 사람들에게서 결정하게 하고, 공경에게 묻는 일이 드물었다.

전포는 다른 재주는 없지만 일찍이 성의 주군 이웅에게 이기를 태자로 세우라고 권고하였으므로 총애를 받았다. 이로 말미암아서 기강이 떨어지고 문란해지며 이웅이 세운 대업은 쇠퇴하기 시작하였다.

15　겨울, 10월 초하루 을미일에 일식이 있었다.

16　모용인(慕容仁)이 왕제(王齊) 등을 보내어 남쪽으로 돌아가게 하였다.[150] 왕제 등이 바닷길로 극성(棘城, 요녕성 금주시 서북쪽)에 가는데, 왕제가 바람을 만나서 도착하지 못하였다. 12월에 서맹(徐孟) 등이 극성에 이르렀는데 모용황(慕容皝)이 비로소 조정의 명령을 받았다.

단씨(段氏)와 우문씨(宇文氏)[151]가 각기 사자를 파견하여 모용인에게 가게 하자, 평곽(平郭, 요녕성 개평현)의 성 밖에 머물렀다. 모용황의 장하독(帳下督)인 장영(張英)이 100여 기병을 거느리고 샛길로 몰래 가서 이들을 습격하여 우문씨의 사자 10여 명을 죽이고 단씨의 사자를 산 채로 잡아서 돌아갔다.

17　이 해에 명제(明帝)의 어머니인 건안군(建安君) 순씨(荀氏)가 죽었다.[152] 순씨는 금중에 있었는데, 태후와 똑같이 존중되었으며 조서

---

150 모용인은 평곽을 점거하고 배반하였었으며, 성제 함화 9년(334년)에 모용인이 왕제를 억류했었다.

151 단씨는 하북성 천안현에, 우문씨는 요녕성 조양현에 거주하였다.

152 순씨는 원제(사마예)의 궁인이었다가 명제(사마소)를 낳았다. 자신이 지위가 낮다 하여 항상 원망을 하다가 원제에게 나무람을 받았다. 명제가 즉위하자

를 내려서 예장군군(豫章郡君)이라는 칭호로 올려 부르게 하였다.

18   대왕(代王) 탁발예괴(拓跋翳槐)는 하란애두(賀蘭藹頭)가 공손하지 않다 하여 그를 불러서 죽이려고 하니 여러 부(部)가 모두 반란을 일으켰다. 대왕 탁발흘나(拓跋紇那)가 우문부(宇文部)에서부터 들어오니 여러 부(部)가 다시 그를 받들었다.[153] 탁발예괴가 업(鄴, 하남성 임장현)으로 달아났고, 조의 사람들이 그를 후하게 대우하였다.

19   처음에, 장궤(張軌)와 두 아들인 장식(張寔)·장무(張茂)는 비록 하우(河右, 하서주랑)를 점거하여 보존하고 있었지만 군사적인 일이 없는 해가 없었다. 장준(張駿)이 후사를 잇게 되자[154] 경계 지역 안에서 점차로 평온하게 되었다.
    장준이 여러 정치적인 일을 부지런히 챙기고 문무(文武)의 업무를 전체적으로 통솔하며 모두가 그의 쓰임을 받게 되니, 백성들은 부유하여지고 군사는 강하게 되고, 먼 곳이나 가까운 곳에서나 그를 똑똑한 군주라고 칭찬하였다.

원제 영창 원년(322년)에 건안군으로 책봉되었고, 따로 집을 마련해 주었다가 태녕 원년(323년)에 궁으로 들어오게 하여 대우를 받았다. 군(君)은 여자에게 주는 작위이다.

153 하란애두는 탁발예괴의 장인인데, 성제 함화 2년(327년)에 반란이 일어나자 장인인 탁발예괴에게로 도망하였고, 이 일은 《자치통감》 권93에 기록되었고, 성제 함화 4년(329년)에 전임 대왕 탁발흘나가 우문부락을 좇아서 돌아오자 다시 그를 추대하여 대왕으로 삼았다.

154 명제 태녕 2년(324년)이다.

　장준이 장수 양선(楊宣)을 파견하여 구자(龜玆, 신강성 고차현)와 선선(鄯善, 신강성 선선현)을 정벌하니 이에 서역의 여러 나라인 언기(鄢耆, 신강성 언기현)와 우전(于寘, 신강성 화전현) 같은 나라들이 모두 고장(姑藏, 감숙성 무위현)에 와서 조공(朝貢)하였다. 장준이 고장의 남쪽에다 다섯 개의 전각을 지었는데 그 관속들이 모두 칭신(稱臣)하였다.

　장준이 진주(秦州)와 옹주(雍州)를 겸병할 뜻을 갖고서 참군 국호(麴護)를 파견하여 상소문을 올리게 하였다.

　"석륵과 이웅은 이미 죽었고, 석호와 이기는 계속하여 반역하니 많은 사람들이 주군을 떠나 점점 쇠약해지면서 세월을 보내고 있는데, 먼저 난 사람은 늙어서 쇠락(衰落)하고, 후에 태어난 사람은 알지를 못하니 사모하고 그리워하는 마음이 날로 멀어지고 날로 잊어가고 있습니다.

　빌건대 사공 치감(郗鑒)과 정서(征西)장군 유량(庾亮) 등에게 칙령을 내리셔서 장강과 면수(沔水)에 배를 띄워 위아래에서 일제히 거병(擧兵)하게 하십시오."

모용황과 사치에 빠진 석호

성제 함강 2년(丙申, 336년) [155]

1   봄, 정월 신사일(18일)에 혜성이 규(奎)와 누(婁) [156] 자리에 나타
났다.

2   모용황(慕容皝)이 장차 모용인(慕容仁)을 토벌하려고 하니, 사마
고후(高詡)가 말하였다.

"모용인은 임금과 친척을 배반하고 버려서 백성들과 신(神)들이 함
께 화가 났으니, 이전에는 바다가 일찍이 얼지 않았았지만 모용인이 반
란을 일으킨 이후로 계속하여 어는 것이 세 번이나 됩니다. 또 모용인

---

155 성(成, 前蜀) 은제 옥항 2년, 후조 무제 건무 2년, 전량 문왕 태원 13년이다.
    원문에 삼(三)으로 잘못되어 있는 것을 바로잡았다.

156 서방에는 규성이 16개 있는데, 이는 하늘의 무고(武庫)로 주군이 군사를 가
    지고 포악한 것을 금지시키는 것을 뜻하며, 누성은 세 개인데 천옥(天獄)을
    의미하며 주군이 목장에서 희생을 하여 제사에 제공하는 것을 말한다. 또 규
    성과 누성은 중국의 노(魯)나라와 서주(徐州)를 지칭한다.

은 전적으로 육로만을 방비하고 있으니, 하늘이 혹 우리에게 바다에 언 얼음을 타고서 그를 습격하게 하고자 한 것일 것입니다."

모용황이 이를 좇았다.

많은 신료들은 모두 얼음을 타고 하는 것은 위험스러운 일이니 육로로 가는 것만 못하다고 하였다. 모용황이 말하였다.

"나의 계책은 이미 결정되었으니 감히 막으려는 자가 있으면 목을 베겠소."

임오일(19일)에 모용황이 그의 동생인 군사(軍師)장군 모용평(慕容 評) 등을 거느리고 스스로 창여(昌黎, 요녕성 성의현)의 동쪽에서부터 얼음을 밟고 나아갔는데 무릇 300여 리나 되었다. 역림구(歷林口, 요하 하류의 포구)에 도착하여 치중(輜重)을 버리고 병사들을 경무장시켜서 평곽(平郭, 요녕성 개평현)으로 나아갔다. 성에서 7리쯤 되는 곳까지 가자, 척후 기병이 모용인에게 보고하고 모용인이 창졸간에 나와서 싸웠다.

장영(張英)이 두 명의 사자를 포로로 잡아두면서[157] 모용인은 끝까지 쫓아가지 않은 것을 후회하고, 모용황이 도착하였는데도 모용인은 모용황이 한쪽 귀퉁이의 경무장한 군사를 다시 파견하여 나와서 노략질하게 하는 것으로 생각하였지, 모용황이 직접 온 것을 몰라서 주위 사람들에게 말하였다.

"지금 그들의 말 한 필도 돌아갈 수 없게 하라."

을미일[158]에 모용인이 모든 무리를 성의 서북쪽에 늘어놓았다.

모용군(慕容軍)이 자기가 거느린 부대를 인솔하고 모용황에게 항복

---

157 성제 함화 9년(334년)에 우문부락과 단가부락의 사자를 억류하였다.

158 정월 1일이 갑자일이므로 정월에는 을미일이 없다.

하니[159] 모용인의 무리들이 동요하였고, 모용황이 이 기회를 좇아서 멋대로 공격하게 하여 그들을 대파하였다. 모용인이 달아났고, 그의 장하(帳下)[160]에 있는 사람들이 모두 배반하였으며, 드디어 그를 붙잡았다. 모용황은 먼저 그 장하에 있던 배반한 사람들의 목을 베고, 그런 다음에 모용인에게 사형을 내렸다.

정형(丁衡)·유의(游毅)·손기(孫機) 등은 모두 모용인이 신용하던 사람들인데, 모용황이 이들을 잡아서 목을 베니 왕빙(王氷)[161]이 자살하였다. 모용유(慕容幼)·모용치(慕容稚)·동수(佟壽)·곽충(郭充)·적해(翟楷)·방감(龐鑒)이 모두 동쪽으로 달아나고, 모용유는 가다가 중간에서 돌아왔다. 모용황의 군사들이 뒤쫓아 가서 적해와 방감을 붙들어 그들을 죽였다. 동수와 곽충이 고려(高麗)[162]로 달아났다. 그 나머지 관리와 백성들 가운데 모용인에게 끌려서 잘못을 저지른 자들은 모용황이 모두 사면하였다.

3 2월에 상서복야 왕빈(王彬)이 죽었다.

4 신해일(19일)에 황제가 헌(軒)에 나아가서 사신을 파견하여 6례(禮)[163]를 갖추고 옛날에 당양후(當陽侯)였던 두예(杜乂)의 딸 두릉양

---

159 성제 함화 8년(333년)에 모용군은 모용인에게 포로가 되었었다.

160 소단위 부대를 말한다.

161 모용인의 모사꾼이다.

162 우리나라에서는 고구려라고 하는데, 중국의 고대 사서를 보면 고려라고 한 곳이 많다.

(杜陵陽)을 맞이하여 황후로 삼았다. 크게 사면하고 여러 신하들이 축하를 끝냈다.

5   여름, 6월에 단요(段遼)가 중군(中軍)장군 이영(李詠)을 파견하여 모용황을 습격하였다. 이영은 무흥(武興, 하북성 천안현 동쪽)으로 달려갔는데, 도위 장맹(張萌)이 그를 치고 붙잡았다. 단요는 별도로 단란(段蘭)을 파견하여 보병과 기병 수만 명을 거느리고 유성(柳城, 요녕성 조양현)의 서쪽에 있는 회수(回水)에 주둔하고, 우문일두귀(宇文逸頭歸)는 안진(安晉)[164]을 공격하여 단란을 성원(聲援)하였다.

모용황은 보병과 기병 5만 명을 거느리고 유성을 향하는데, 단란이 싸우지도 않고 숨어버렸다. 모용황이 군사를 이끌고 북쪽으로 가서 안진에 가니 우문일두귀가 치중을 버리고 도주하였고, 모용황은 사마 봉혁(封奕)을 파견하여 경무장을 한 기병을 인솔하고 추격하여 그들을 대파하게 하였다.

모용황이 제장들에게 말하였다.

"두 야만인[165]들은 아무런 공로를 세우지 못한 것을 수치로 생각하고 반드시 장차 다시 올 것이니 마땅히 유성의 주위에 매복을 하고 그들을 기다릴 것이다."

마침내 봉혁을 파견하여 기병 수천 명을 인솔하여 마두산(馬兜山, 조

---

163 헌이란 혼례를 치르는 평대(平台)를 말하고, 6례란 혼례의 6가지 예식절차인데, 납채·문명·납길·납징·청지·친영이다.

164 함화 8년(333년)에 모용황이 쌓은 성이다.

165 단란과 우문일두귀를 말한다.

양부근)에 매복하게 하였다. 3월[166]에 단요가 과연 수천 기병을 거느리고 와서 노략질하였다. 봉혁이 멋대로 쳐서 그들을 대파하고 그의 장수 영백보(榮伯保)를 목베었다.

6   전에 정위였던 공탄(孔坦)이 죽었다. 공탄의 병이 위독해지자 유빙(庾氷)이 그를 살펴보고 눈물을 흘렸다. 공탄이 감개(感慨)하며 말하였다.

"대장부가 장차 인생을 끝내려 하는데, 나라를 구제하고 백성을 편안하게 할 방법을 묻지 아니하고 마침내 아녀자처럼 서로 눈물을 흘려야 하겠소?"

유빙이 그에게 깊이 사과하였다.

7   9월에 모용황(慕容皝)이 장사 유빈(劉斌)과 겸낭중령인 요동 사람 양경(陽景)을 파견하여 서맹(徐孟)[167] 등을 호송하여 건강(建康, 남경)으로 돌려보냈다.

8   겨울, 10월에 광주(廣州)자사 등악(鄧岳)이 독호(督護) 왕수(王隨) 등을 파견하여 야랑(夜郞, 치소는 귀주성 관령현)과 흥고(興古, 귀주성 보안현)를 치게 하여 이들을 모두 이겼다. 등악에게 영주(寧州, 운남성)를 감독하는 직책[168]을 덧붙여주었다.

---

166 앞의 기사가 6월에 일어난 것이었는데, 여기서 3월로 한 것은 잘못이다. 다른 판본에는 3월을 7월로 한 것이 있는데, 7월로 하는 것이 합리적이므로 이는 7월의 오자라고 보아야 할 것이다.

167 성제 함강 원년(335년)에 서맹이 억류되었었다.

9   성의 주군 이기(李期)가 조카이자 상서복야인 무릉공(武陵公) 이재(李載)에게는 뛰어난 재주를 갖고 있으므로 그를 꺼리어 모반(謀反)하였다고 무고하여 그를 죽였다.

10   11월에 건위(建威)장군 사마훈(司馬勳)에게 조서를 내려서 군사를 거느리고 한중(漢中, 섬서성 남정현)을 편안하게 점거하라고 하였는데, 성의 한왕(漢王) 이수(李壽)가 이들을 쳐서 패배시켰다. 이수는 드디어 한중에 수재(守宰)를 두고 남정(南鄭)을 수비하게 하고 돌아왔다.

11   색두(索頭) 부족의 욱국(郁鞠)이 무리 3만 명을 거느리고 조(趙)에 항복하였는데, 조에서는 욱국 등 13명을 친조왕(親趙王)으로 삼고, 그 부(部)에 속한 무리를 기주(冀州, 하북성 중남부)와 청주(靑州, 산동반도) 등 여섯 주에 흩어져 살게 하였다.

12   조의 왕 석호(石虎)가 양국(襄國, 도읍지, 하북성 형태시)에 태극전(太極殿)을 짓고, 업(鄴, 하북성 임장현)에는 동궁과 서궁을 지었는데, 12월에 모두 완성되었다. 태극전의 터는 높이가 2장(丈)8척(尺)이고 세로가 65보(步), 너비가 75보이며, 무늬가 있는 돌로 쌓았다. 아래로는 복실(伏室)[169]을 파놓고, 위사(衛士)를 500명 두었다.
    기와에는 칠(漆)을 발랐고, 금으로 장식한 고리와 은으로 장식한 석가래와 구슬로 만든 발, 그리고 옥으로 장식한 벽은 아주 정교하였다.

---

168 관직명은 독영주이다.

169 일종의 지하실이다.

전각 위에는 백옥으로 된 상(牀)과 유소장(流蘇帳)[170]을 펼쳐놓았고,
금으로 만든 연꽃으로 장막의 꼭대기를 장식하였다.

또 현양전(顯陽殿) 뒤에 아홉 개의 전각을 짓고 병사와 백성들의 딸
을 뽑아서 그곳을 채우고, 주옥(珠玉)을 달고 비단옷을 걸친 사람이
1만여 명이나 되었다. 궁인(宮人)들에게 별과 기(氣)를 점치고, 말을 타
거나 걸으면서 활 쏘는 법을 가르쳤다.

여자 태사(太史)를 두고 여러 기예의 교묘한 재주는 모두 밖에 있
는 사람[171]들과 똑같이 하게 하였다. 여자 기병 1천여 명으로 노부(鹵
簿)[172]를 만들고, 모두 자색 수건을 쓰게 하였으며, 비단으로 만든 바
지를 입고, 금으로 장식한 허리띠를 매고, 다섯 가지 무늬로 짠 신발을
신고, 깃털로 된 부채를 잡고, 군악을 연주하였는데, 유람하고 연회를
열 때에 스스로 데리고 다녔다.

이에 조에는 큰 가뭄이 들어서 금 1근의 값이 곡식 두 말이어서 백성
들은 한숨을 쉬었지만 석호는 전쟁하는 일을 쉬지 않았고, 여러 가지
부역을 아울러 일으켰다. 아문(牙門) 장미(張彌)에게 낙양에 있는 종거
(鍾虡)·구룡(九龍)·옹중(翁仲)·동타(銅駝)·비렴(飛廉)[173]을 업(鄴)으

---

170 새의 깃털이나 오색 술로 만든 장식품. 보통 수레나 휘장에 늘어뜨려서 장식
하는 것이다.

171 남자를 말한다.

172 황제의 수레인 거가를 좇는 차례를 적은 장부이다.

173 종거는 종과 종을 거는 틀을 말하고, 옹중은 동으로 만든 사람이고, 동타는
동으로 만든 낙타, 비렴은 풍신(風神)인데, 이 여러 가지 동으로 만든 것들은
대체로 위나라 명제가 장안에서 낙양으로 옮긴 것이거나 아니면 낙양에서
주조한 것들이다.

로 옮기게 하니, 4개의 바퀴를 망(輞)으로 묶은 수레[174]에 실어서 오는데, 바퀴자국의 너비가 4척이었고, 깊이는 2척이었다.

종 한 개가 황하에 빠졌는데, 빠진 것을 들어 올리는 사람을 300명이나 모집하여 황하에 들어가서 대나무로 만든 밧줄을 연결하고 소 100마리를 사용하여 녹노(鹿櫨)[175]로 이것을 끌어당겨서 마침내 끌어내서 1만 곡이 들어가는 배를 만들어서 이를 건넜다. 이미 업에 도착하고 나자 석호가 크게 기뻐하면서 이 때문에 2년간의 형벌을 사면해 주었고, 백관들에게 곡식과 비단을 주었고, 백성들에게는 작(爵)을 일급(一級)[176]씩 하사하였다.

또 상방령(尙方令)[177] 해비(解飛)의 말을 채용하여 업의 남쪽에서 황하에 돌을 던져 넣어서 비교(飛橋)[178]를 만들었는데, 그 공사비용이 수천만억 전이나 되었지만 다리는 끝내 완성하지 못하고, 역부들의 기근이 심하여 마침내 그쳤다.

영장(令長)에게 백성을 인솔하여 산이나 못에 들어가서 나무껍질과 물고기를 채집하여 먹을 것을 보태라고 하였지만 다시 권력 있는 호족들에게 탈취 당하여서 백성들은 아무런 소득이 없었다.

---

174 귀중한 물건을 실었기 때문에 흔들림이 적으라고 한 조치이다.

175 미끄러지게 만든 바퀴로 일종의 기중기이다.

176 작은 작위라는 뜻으로 쓰일 수도 있고, 술잔이라는 의미로도 쓰일 수도 있다. 여기서 작위라고 본다면 백성들에게 작위를 준다는 의미가 되므로 그 수량이나 지정된 사람이 없으므로 이해하기 어렵다. 술을 한 잔씩 먹을 수 있도록 하였다면 어느 정도 이해할 수 있다.

177 소부에 소속된 제왕에게 필요한 물건을 만드는 책임자이다.

178 일종의 조교(弔橋)이다.

13   처음에, 일남(日南, 베트남 광치현)에 사는 이족의 우두머리 범치 (范稚)에게는 노복이 있었는데, 범문(范文)이라고 불렸으며, 항상 상고 (商賈)를 좇아서 중국을 왕래하였으며, 후에 임읍(林邑, 상림현에 있는 왕 국)에 이르러서 임읍왕 범일(范逸)에게 성곽·궁실·기계(器械)를 만드 는 방법을 가르쳐 주니 범일이 그를 믿고 아껴서 장수로 삼았다. 범문 이 드디어 범일의 여러 아들을 참소(讒訴)하여 혹은 이사가거나 혹은 도망하게 하였다.

이 해에 범일이 죽자 범문이 거짓으로 다른 나라에서 범일의 아들을 맞이하여 야자술 속에 독을 넣어서 그를 죽이고, 범문이 스스로 왕이 되었다. 이에 군사를 내어서 대기계(大岐界)·소기계(小岐界)·식복(式 僕)·서랑(徐狼)·굴도(屈都)·건로(乾魯)·부단(扶單)[179] 등의 나라를 공 격하여 모두 멸망시켜 그 무리가 4~5만 명이 되자 사신을 파견하여 표 문을 받들고 들어와서 공물을 바쳤다.

14   조의 좌교령(左校令)인 성공단(成公段)이 정요(庭燎)를 장대 끝에 만들었는데, 높이가 10여 장(丈)이었고, 그 상반(上盤)에는 요(燎)[180] 를 설치해두고, 하반(下盤)에는 사람을 두었는데, 조의 왕은 이를 시험 해 보고 즐거워하였다.

---

179 이것들은 현재의 위치가 분명하지 않은 당시에 있었던 작은 왕국이었던 것 같다.

180 정요(庭燎)는 정원을 비추는 횃불이고, 요(燎)는 정원을 비추는 불을 말한다.

모용씨의 전연

성제 함강 3년(丁酉, 337년) [181]

1   봄, 정월 경진일 [182]에 조의 태보(太保) 기안(夔安) 등 문무관원 500여 명이 들어와서 존호(尊號) [183]를 올렸는데, 정요(庭燎)에 있던 기름이 하반으로 타고 내려와서 불에 타 죽은 사람이 20여 명이나 되었다. 조의 왕 석호가 이를 싫어하여 성공단을 요참(腰斬)에 처하였다.

신사일 [184]에 석호가 은(殷)나라와 주(周)나라의 제도에 의거하여

---

181 성(成, 전촉) 유공 옥항 3년, 후조 무제 건무 3년, 전량 문왕 태원 14년, 전연 문명제 4년이다.

182 정월 1일이 무자일이므로 정월에는 경진일이 없다. 만약에 庚辰이 庚戌의 잘못이라면 이날은 23일이다. 만약에 정월이 이월(二月)의 잘못이라면 역시 2월 23일이다.

183 석호가 아직까지 황제라는 칭호를 쓰지 않고 있었다.

184 통감필법으로 보아 신사일은 정월 신사일로 보아야 하나 정월 1일이 무자일이므로 정월에는 신사일이 없다. 다만 신사 앞에 '이월(二月)'이 누락된 것이라면 이날은 2월 24일이다.

대조천왕(大趙天王)이라고 칭하였다. 남교(南郊)에서 즉위하고 크게
사면하였다. 그의 후(后) 정(鄭)씨를 세워서 천왕(天王)황후[185]라고 하
였고, 태자 석수(石邃)를 천왕황태자라고 하였으며, 여러 아들로 왕이
었던 사람들은 모두 강등시켜서 군공(郡公)으로 삼고, 종실 가운데 왕
이었던 사람들을 내려서 현후(縣侯)로 삼았다. 백관들에게는 작위와
관직을 각기 차등 있게 하였다.

2   국자좨주(國子祭酒) 원괴(袁瓌)와 태상 풍회(馮懷)는 강좌(江左,
강동)가 조금씩 안정되자 학교를 세우자고 청하니 황제가 이를 좇았다.
신묘일[186]에 태학(太學)을 세우고 생도들을 모집하였다. 사대부들은
노자와 장자를 익히기를 숭상하여 유가학술은 끝내 떨쳐지지 않았다.
원괴는 원환(袁渙)의 증손이다.

3   3월에 모용황이 을연성(乙連城)[187]의 동쪽에 호성(好城)을 쌓고
을연성을 압박하며, 절충(折衝)장군 난발(蘭勃)을 남겨두어 이를 지키

---

185 이 호칭은 일반적이지 않다. 일반적으로 왕의 후는 왕후이고, 황제의 후는
    황후라고 호칭하는데, 석호가 천왕이라고 호칭하면서 그 후를 황후라고 한
    것이다. 그의 아들 석수를 천왕황태자라고 한 경우도 같다.

186 앞의 1과 이 기사의 날짜에는 다소 착간이 있는 것 같다. 앞에 정월 경진과
    신사일이 나오더니 다시 신묘일이 나왔는데, 정월 신묘일은 정월 4일이지만
    통감필법에 의하여 앞에 나온 경진과 신사일이 2월의 사건으로 본다면 순서
    가 맞지 않는다. 따라서 1번 기사와 2번 기사의 순서가 뒤바뀐 것으로 보아야
    할 것 같다.

187 모용황은 동진에서 요동공으로 책봉한 바 있고, 을연성(乙連城)은 현재의 지
    명은 분명치가 않다. 아마도 요녕성 건창현이나 혹은 하북성 북청용현 일대일
    것이다. 이 지역은 단씨부락의 관할 지역 가운데 동부지역의 중요한 곳이다.

게 하였다. 여름, 4月에 단요(段遼)가 수레 수천 량(輛)으로 을연성으로 곡식을 나르는데, 난발이 이를 공격하여 빼앗았다. 6月에 단요가 또 그의 사촌 동생인 양위(揚威)장군 단굴운(段屈雲)을 파견하여 정예의 기병을 거느리고 밤중에 모용황의 아들 모용준(慕容遵)을 흥국성(興國城)[188]에서 습격하였는데, 모용준이 이들을 격파하였다.

애초에, 북평(北平, 치소는 하북성 준화현의 동쪽) 사람 양유(陽裕)는 단질육권(段疾陸眷)을 섬겨서 단요의 5세(世)[189]가 될 때까지 모두 존중하는 예의를 보였다.

단요가 자주 모용황과 서로 공격하게 되자 양유가 간하였다.

"어진 사람과 친하게 지내고 이웃과 잘 지내는 것은 나라의 보배[190]인데 하물며 모용씨(慕容氏)는 우리와 대대로 혼인을 하였고, 바꾸어가며 조카와 외삼촌 노릇을 하고 있으며 모용황은 재주와 덕을 갖추었는데, 우리는 그들과 더불어 원수를 맺어서 전쟁으로 텅 빈 달[191]로 보내는 일이 없어서, 백성들은 마르고 피폐하여 그 이익으로 해로움을 메울 수 없으니, 신은 사직의 걱정거리가 장차 이로부터 시작될까 두렵습니다.

바라건대 양쪽에서 전에 실수하였던 것을 더듬어 보시고 처음과 같이 연락하며 잘 지내시어 나라를 편안하게 하시고, 백성들을 쉬게 하십시오."

---

188 현재의 지명은 확실치 않다. 아마도 요녕성 대릉하 상류 일대일 것이다.

189 단질육권·단섭복진·단말배·단아·단요이다.

190 춘추좌전 은공 6년조에 나오는 것으로 진오부의 말이다.

191 전쟁을 하지 않은 달을 말한다.

단요는 좇지 않고서 양유를 북평의 재상으로 내보냈다.

4   조의 태자 석수가 평소 날래고 용감하여 조의 왕인 석호가 그를 아꼈다. 항상 여러 신하들에게 말하였다.

"사마씨 부자와 형제들은 스스로 서로 해쳐서 멸망하였고, 그러므로 짐에게 여기에 이르게 할 수 있었으니, 짐과 같은 경우에 아철(阿鐵)[192]을 죽일 이유가 있겠는가?"

이미 석수는 교만하고 음란하고 잔인하였으며, 아름다운 여인에게 화장하여 성장(盛裝)을 시키고, 그의 목을 베어 그 피를 씻어내고, 쟁반 위에 올려놓고 빈객들과 더불어 전해가면서 이를 보게 하고, 또한 그 살을 삶아서 함께 먹기를 좋아하였다.

하간공(河間公) 석선(石宣)과 낙안공(樂安公) 석도(石韜)[193]가 모두 석호에게 총애를 받자 석수가 그들을 싫어하는 것이 원수 같았다. 석호는 주색(酒色)에 빠져서 정신없이 즐겼고, 기뻐하고 화를 내는 것에서 정상적인 일이 없었다.

석수에게 상서에서 하는 일을 살펴보게 하였는데, 관련된 것을 보고할 때마다 석호가 화를 내며 말하였다.

"이렇게 적은 일을 무슨 그리 보고할만하다는 말이냐?"

때로는 혹 보고를 하지 않으면 또한 화를 내며 말하였다.

"왜 보고를 하지 않았는가?"

---

192 아철은 석수(石邃)의 어릴 적 자(字)이다.

193 아철(阿鐵)은 석수의 어릴 때 이름이다. 하간공(河間公) 석선(石宣)과 낙안공(樂安公) 석도(石韜)는 모두 석수의 동생이다.

나무라면서 태장을 치거나 회초리를 쳤는데, 한 달에 두세 번이나 되었다.

석수가 사사롭게 중서자(中庶子) 이안(李顔) 등에게 말하였다.

"관가(官家)[194]는 마음껏 섬기기가 어려우니 내가 묵돌(冒頓)이 했던 일[195]처럼 하고 싶은데 경은 나를 좇겠는가?"

이안 등이 엎드려서 감히 대답을 하지 못하였다.

가을, 7월에 석수가 병을 핑계로 하여 일을 보지 아니하고 몰래 궁궐의 신하와 문무관원 500여 명을 거느리고 말을 타고 이안의 별장에서 술을 마시면서 이를 이용하여 이안 등에게 말하였다.

"내가 기주(冀州, 하북성 기주현)에 가서 하간공을 죽이려고 하는데, 이를 좇지 않는 사람이 있다면 목을 베겠다."

몇 리를 가다가 말을 탄 사람들이 도망하고 흩어졌다.

이안이 머리를 조아리며 굳게 간하니 석수 또한 너무 술에 취하여 돌아왔다. 그의 어머니 정씨가 이 소식을 듣고 사사롭게 중인(中人)을 파견하여 석수를 나무랐고, 석수가 화가 나서 그를 죽였다. 불도징이 석호에게 말하였다.

"폐하께서는 의당 자주 동궁에 가시지 말아야 합니다."

석호가 장차 석수의 병을 보려고 하였다가 불도징의 말을 생각하고 돌아왔는데 이미 그렇게 하고서 눈을 부릅뜨고 큰 소리로 말하였다.

"나는 천하의 주인인데 아버지와 아들이 서로 믿지 못한단 말인가?"

---

194 천자를 말한다. 천자를 말할 때 전한대에는 현관이라고 하였고, 후한대에는 국가라고 하였다.

195 난제묵돌은 흉노의 2대 선우인데 아버지를 시해하고 자립하였으며, 이 사건은 한 고제 6년(기원전 201년)에 일어났고, 그 내용은 《자치통감》 권11에 보인다.

마침내 믿을 만한 여자 상서에게 명령하여 가서 그를 살펴보게 하였다. 석수가 앞으로 불러서 함께 이야기를 하다가 그 기회를 이용하여 칼을 뽑아서 그녀를 쳤다.

석호가 화가 나서 이안 등을 붙잡아서 힐문하니 이안이 그 상황을 모두 말하자 이안 등 30여 명을 죽였다. 석수를 동궁에 유폐시켰다가 사면하고 태무전(太武殿)의 동당(東堂)으로 불러서 보았는데, 석수는 조회에 나와서 사과를 하지 않고 잠시 후에 나가버렸다.

석호의 사자가 그에게 말하였다.

"태자께서는 응당 중궁에 조현하셔야 할 것인데, 어찌 급하게 나가십니까?"

석수가 지름길로 나가서 돌아보지도 않았다. 석호는 크게 화가 나서 석수를 폐위시켜서 서인으로 삼았다.

그날 밤에 석수와 그의 비 장(張)씨를 죽이고, 아들과 딸 26명을 한 관(棺)에다 넣어서 묻어버리고, 그의 궁신(宮臣)과 곁가지인 무리 200여 명을 죽였으며, 정후(鄭后)[196]를 폐위시켜서 동해태비(東海太妃)로 삼았다. 그의 아들인 석선(石宣)을 천왕황태자로 삼고, 석선의 어머니 두소의(杜昭儀)를 천왕황후로 삼았다.

5 안정(安定, 감숙성 경천현 북쪽) 사람 후자광(侯子光)이 스스로 불태자(佛太子)[197]라고 하면서 대진국(大秦國, 로마)에서 왔는데, 소진국(小秦國, 중국)의 왕을 담당한다고 하면서 무리 수천 명을 두남산(杜

196 석수의 생모이다.

197 부처님의 태자라는 뜻이다.

南山, 섬서성 장안의 동복쪽에 있는 종남산)에서 모으고, 자칭 대황제(大黃帝)라고 하고 기원을 용흥(龍興)이라고 고쳤다. 석광(石廣)[198]이 이를 토벌하여 목을 베었다.

6   9월에 진군(鎭軍)장군부[199]의 좌(左)장사 봉혁(封奕) 등이 모용황(慕容皝)에게 연왕(燕王)을 칭하라고 권고하였더니 모용황이 이를 좇았다. 이에 여러 관청을 두고 봉혁을 국상(國相)으로 삼고, 한수(韓壽)를 사마로 삼고, 배개(裴開)를 봉상(奉常)으로 삼고, 양무(陽騖)를 사예(司隷)로 삼고, 왕우(王寓)를 태복(太僕)으로 삼고, 이홍(李洪)을 대리(大理)로 삼고, 두군(杜群)을 납언령(納言令)으로 삼고, 송해(宋該)·유목(劉睦)·석종(石琮)을 상백(相伯)으로 삼고, 황보진(皇甫眞)과 양협(陽協)을 용기상시(宂騎常侍)[200]로 삼고, 송황(宋晃)·평희(平熙)·장홍(張泓)을 장군으로 삼고, 봉유(封裕)를 기실감(記室監)으로 삼았다. 이홍은 이진(李臻)의 손자이고, 송황은 송석(宋奭)[201]의 아들이다.

   겨울, 10월 정묘일(14일)에 모용황이 연왕에 즉위하고 크게 사면하였다. 11월 갑인일[202]에 무선공(武宣公)[203]을 추존하여 무선왕(武宣

---

198 후조의 대장이다.

199 모용황은 진나라의 진군대장군이었다.

200 납언령(納言令)은 동진의 상서령과 같은 관직이고 상백(相伯)은 동진의 상시와 같은 관직이고, 용기상시(宂騎常侍)는 동진의 산기상시와 같은 관직이다.

201 이진(李臻)에 관하여서는 동진 회제 영가 3년(309년)을 참고하고, 그 내용은 《자치통감》 권78에 실려 있고, 송석(宋奭)에 관한 것은 동진 민제 건흥 원년(313년)을 참고하며, 그 내용은 《자치통감》 권88에 실려 있다.

202 11월 1일이 계미일이므로 11월에는 갑인일이 없다.

王)이라고 하고, 부인 단(段)씨를 무선후(武宣后)라고 하였고, 부인 단(段)씨를 세워서 왕후로 삼고, 세자 모용준(慕容儁)을 왕태자라고 하고, 위(魏) 무제와 진(晉) 문제가 보정(輔政)한 고사[204]와 같이 하였다.[205]

7   단요(段遼)가 자주 조의 변경을 침범하니 연왕 모용황이 양렬(揚烈)장군 송회(宋回)를 조에 파견하여 번속이라 칭하고, 군사를 청하여 단요를 토벌하겠다고 하며, 스스로 나라의 무리를 다 거느리고 여기에 모이겠다고 하면서 아울러 그의 동생인 영원(寧遠)장군 모용한(慕容翰)을 인질로 보내겠다고 하였다. 조왕 석호가 크게 기뻐하면서 후하게 위로하고 답례를 보내고 그 인질을 사양하고 돌려보내면서 비밀리에 다음 해를 기약하였다.

8   이 해에 조의 장수 이목(李穆)이 탁발예괴(拓跋翳槐)를[206] 대녕(大寗, 하북성 평천현 동북쪽)에서 받아들이니, 그의 옛날 부락들이 대부분 그에게 귀부하였다. 대왕(代王) 탁발흘나(拓跋紇那)가 연으로 달아났고, 그 나라 사람들이 다시 탁발예괴를 받들고 성락(盛樂, 내몽고 화린

---

203 모용황의 아버지 모용외를 말한다.

204 위(魏) 무제는 후한 때의 조조를 말하고, 진(晉) 문제는 위나라 때의 사마의를 말한다. 이들은 각기 국가의 모든 권력을 장악하였다.

205 북방민족이 세운 다섯 번째의 정권이다. 특히 연이라고 칭한 나라는 다섯 개나 되어 모용황의 연나라를 전연이라고 한다. 이 해부터 중국 판도에는 다섯 나라(동진·전촉·후조·전량·전연)가 병존하게 된다.

206 성제 함강 원년(335년)에 탁발예괴는 조(趙)로 도망하였다.

거리현 서북쪽)에 성을 쌓고 살았다.[207]

9   구지왕(仇池王, 구지는 감숙성 성현의 서쪽) 양의(楊毅)의 친척 형인
양초(楊初)가 양의를 습격하여 죽이고 그의 무리를 합병하고, 스스로
구지공(仇池公)이 되고서 조에 칭신(稱臣)하였다.＊

---

207 탁발씨들은 이를 북도(北都)라고 하였다. 탁발역미가 위 고귀향공 감로 3년
    (258년)에 성락으로 옮겼으며, 진 민제 건흥 원년(313년)에 탁발의로가 성락
    성을 쌓고 북도라 하였으며, 명제 태녕 2년(324년)에 도읍을 동목근산으로 옮
    겼고, 성제 함화 2년(327년)에 다시 대녕으로 옮겼다가 이번이 다시 성락으로
    돌아간 것이다.

권096

진기18

강성해지는 후조

성제 함강 4년(戊戌, 338년)[1]

1   봄, 정월에 연왕 모용황이 도위 조반(趙槃)을 파견하여 조에 보내서 군사를 발동할 시기를 들었다. 조왕 석호가 장차 단요(段遼)를 치려고 날래고 용감한 사람 3만 명을 모집하여 모두 용등(龍騰)중랑으로 삼았다.

마침 단요가 단굴운(段屈雲)을 파견하여 조의 유주(幽州, 치소는 북경 서남쪽)를 습격하자, 유주자사 이맹(李孟)이 물러나서 역경(易京, 하북성 웅현)을 지켰다. 석호가 마침내 도표(桃豹)를 횡해(橫海)장군으로 삼고, 왕화(王華)를 도요장군으로 삼아 수군(水軍) 10만 명을 거느리고 표유진(漂渝津, 천진시의 동쪽)을 출발하였는데, 지웅(支雄)을 용상(龍驤)대장군으로 삼고, 요익중(姚弋仲)을 관군(冠軍)장군으로 삼아 보병과 기병 7만 명을 거느리고 선봉(先鋒)이 되어 단요를 토벌하였다.

---

1   성(成, 前蜀) 옥항 4년, 후조 무제 건무 4년, 전량 문왕 태원 15년, 전연 문명제 5년이다.

3월에 조반이 돌아와서 극성(棘城, 연의 도읍지, 요녕성 의현 서북쪽)에 도착하였다. 연왕 모용황이 군사를 이끌고 영지(令支) 이북에 있는 여러 성을 공략하였다.

단요가 장차 이들을 추격하려고 하니 모용한(慕容翰)이 말하였다.

"지금 조의 군사가 남쪽에 있으니, 마땅히 힘을 합쳐서 이를 막아야 하는데, 그러나 도리어 연나라와 싸우게 됩니다. 연왕이 스스로 거느리고 오는데, 그 사졸들이 정예의 군사들이어서 만약에 만에 하나라도 이로움을 잃게 되면 장차 어떻게 남쪽에 있는 적을 막으려고 하시오."

단란(段蘭)이 화가 나서 말하였다.

"내가 전에 경에게 오도(誤導)되어서[2] 오늘날의 걱정거리를 이루었는데, 내가 다시 경의 계략 속에 떨어지지는 않겠소."

마침내 보이는 무리를 다 거느리고 그들을 추격하였다. 모용황이 매복을 하고 기다리다가 단란의 군사를 대파하니 참수한 것이 수천 급이고, 5천 호와 가축 1만여 마리로 헤아려지는 것을 노략질하여 돌아갔다.

조의 왕 석호가 나아가서 금대(金臺)[3]에 주둔하였다. 지웅(支雄)이 멀리까지 달려가서 계(薊, 북경시 서남쪽)에 들어가니, 단요가 임명한 어양(漁陽, 북경시 밀운현)·상곡(上谷, 하북성 회래현)·대군(代郡, 하북성 울현)의 태수와 상국들이 모두 항복하여 40여 개의 성을 빼앗았다. 북평(北平, 하북성 준화현의 동쪽)의 상국 양유(陽裕)가 그의 백성 수천 가구를 인솔하고 연산(燕山, 준화현의 북쪽)에 올라서 스스로 굳게 지켰다.

---

2 성제 함화 8년(333년)의 일로,《자치통감》권95에 실려 있다.

3 황금대를 말한다. 연나라의 소왕이 곽외를 섬겼던 곳이다.

제장[4]들은 그것이 후환이 될까 두려워하여 이를 공격하려고 하였다. 석호가 말하였다.

"양유는 유생이어서 이름과 절개를 자랑하고 애석하게 생각하며, 영접하며 항복하는 것을 수치스럽게 생각할 뿐이니 아무 것도 할 수 없을 것이다."

드디어 그곳을 지나쳐서 서무(徐無, 하북성 밀운현의 남쪽)에 도착하였다.

단요는 그의 동생 단란이 이미 패배하였으므로 다시는 감히 싸우려고 하지 않고, 처자·종족·호족들 1천여 집을 인솔하고 영지(令支, 하북성 천안현)를 버리고 밀운산(密雲山, 북경시 밀운현의 남쪽, 橫山이라고도 함)으로 도망하였다. 장차 가려고 하면서 모용한의 손을 잡고 눈물을 흘리며 말하였다.

"경의 말을 채용하지 않아서 스스로 패망하는 길을 골랐으니, 나는 진실로 달게 받겠지만 경에게 이곳을 잃게 하였으니 깊이 부끄럽게 생각하오."

모용한이 북쪽으로 가서 우문씨(宇文氏)에게로 달아났다.

단요의 좌(左)장사인 유군(劉羣)·노심(盧諶)·최열(崔悅) 등이 부고(府庫, 정부의 창고)를 봉쇄하고 항복을 받아달라고 청하였다. 석호가 장군인 곽태(郭太)와 마추(麻秋)를 파견하여 경무장한 기병 2만 명을 거느리고 단요를 쫓아가서 밀운산에 도착하여 그의 어머니와 처를 붙잡고 참수(斬首)한 것이 3천 급(級)이었다. 단요는 말 한 필을 타고 험한 곳으로 도망하고, 그의 아들 단걸특진(段乞特眞)을 파견하여 조에 표

---

4 후조의 장수들을 말한다.

문을 받들어 올리고 이름난 말을 바치니 석호가 이를 받았다.

석호가 영지에 있는 궁(宮)에 들어가서 공로를 계산하여 각기 차등 있게 작위를 주고 상을 내렸다. 단국(段國)의 백성 2만여 호를 사주(司州)·옹주(雍州)·연주(兗州)·예주(豫州)의 네 주로 이사시키고, 사대부 가운데 재주와 행실이 좋은 사람은 모두 발탁하여 임용하였다.

양유는 군영문(軍營門)까지 와서 항복하였다. 석호가 그를 나무라며 말하였다.

"경은 옛날에 노노(奴虜)[5]가 되어 달아났는데, 지금 사인(士人)이 되어서 왔으니, 어찌 천명을 안 것인가? 장차 도망하려고 하여도 숨을 땅이 없다는 것인가?"

대답하였다.

"신은 옛날에 왕공(王公)을 섬겼는데, 널리 구제할 수 없었고, 단씨에게로 도망하였으나[6] 다시 온전할 수가 없었습니다. 지금 폐하께서는 하늘의 그물을 높이 치시고 사해를 마음대로 주무르시는데, 유주와 기주의 호걸 가운데 소식을 듣고 좇지 않는 사람이 없으니, 신 같은 사람이 어깨를 견주어 보면 혼자 부끄러울 것이 없습니다. 살고 죽는 운명은 오직 폐하께서 이를 통제하고 계십니다."

석호가 기뻐하며 바로 북평태수로 임명하였다.

2   여름, 4월 계축일(3일)에 모용황을 정북(征北)대장군·유주목·영

---

5   奴는 노예 또는 노비라는 말로 천시하는 말이고, 虜는 야만인이라는 천시하는 말이다. 그러므로 하찬은 야만인이라는 말이 된다.

6   왕공(王公)은 왕준을 말하고, 양유가 단씨의 궁이 있는 영지로 도망한 것은 민제 건흥 2년(314년)의 일로,《자치통감》권89에 실려 있다.

평주자사(領平州刺史)로 삼았다.[7]

3   성의 주군 이기가 교만하고 학대하는 일이 날로 심하여져서 사람
들을 죽이고 그들의 재산과 부녀자를 다 적몰하는 일이 많았는데, 이로
말미암아서 대신들이 대부분 스스로 불안하였다.

한왕(漢王) 이수(李壽)는 본디부터 존귀하며 중요한 사람이었고, 위
엄 있는 명성을 갖고 있어서 이기와 건녕왕(建寧王) 이월(李越) 등이
모두 그를 꺼렸다. 이수는 죽음을 못 면할까 두려워서 매번 조회에 들
어갈 때마다 항상 거짓으로 변방의 문제로 편지를 만들게 하고 경계하
여야 할 급한 일이 있다고 말하였다.[8]

처음에, 파서(巴西, 사천성 낭중현)에 사는 처사인 공장(龔壯)은 아버
지와 숙부가 모두 이특에게 죽었다. 공장이 원수를 갚고자 하여 여러
해 동안 상복(喪服)을 벗지 않았다. 이수가 예의를 가지고 그를 벽소(辟
召)하였으나, 공장이 응하지 않았지만, 그러나 가서 이수를 보았는데,
이수가 비밀리에 공장에게 스스로 안전할 수 있는 계책을 물었다.

공장이 말하였다.

"파와 촉의 백성들은 본래 모두 진(晉)의 신하였습니다. 절하(節下)[9]
께서 만약에 군사를 발동하여 서쪽으로 가서 성도(成都)를 빼앗을 수
있어서 진나라에 번신(藩臣)임을 자칭하려 한다면 누군들 절하를 위하

---

7   모용황이 연왕으로 독립하였지만, 동진에서 이와 같은 관직을 준 것이다.

8   이때 이수는 부성에서 진수하고 있었다.

9   진한시대에는 군사지휘관에 대한 존칭으로 쓰이다가 그 후에는 사신이나 혹
    은 강역 안에 있는 높은 관리에게도 붙였다.

여 어깨를 떨치고 다투듯 선봉이 된다고 하지 않겠습니까? 이와 같이 된다면 복은 자손들에게 흘러 내려갈 것이고 이름은 썩지 않게 내려갈 것이니 어찌 다만 오늘날의 화만을 벗어날 뿐이겠습니까?"

이수도 그러리라 생각하였다.

몰래 장사인 약양(略陽, 감숙성 천수시의 동북쪽) 사람 나항(羅恒)과 파서 사람 해사명(解思明)과 더불어 성도를 공격할 모의를 하였다.

이기는 자못 이 소식을 듣고, 여러 차례 허부(許涪)[10]를 파견하여 이수가 있는 곳으로 가서 그의 동정을 살피게 하였고, 또 이수의 양제(養弟)인 안북(安北)장군 이유(李攸)를 짐살(鴆殺)하였다. 이수가 마침내 거짓으로 매부 임조(任調)의 편지를 만들어서 이기가 이수를 잡을 것이라고 하니, 그의 무리들은 이 내용을 믿고 드디어 보병과 기병 1만여 명을 거느리고 부(涪, 사천성 삼태현)에서부터 성도를 습격하면서 상(賞)으로 성 안에 있는 재물을 가지는 것을 허락하고, 그의 장수 이혁(李奕)을 선봉으로 삼았다.

이기는 뜻하지 않게 그가 도착하였는데도 처음에 아무런 대비를 하지 않았었다. 이수의 세자 이세(李勢)는 익군(翊軍)교위였는데, 문을 열고 그들을 받아들이니 드디어 성도는 함락되고 궁궐의 문에 군사를 주둔시켰다. 이기는 시중을 파견하여 이수를 위로하였다.

이수는 건녕왕(建寧王) 이월(李越)·경건(景騫)·전포(田褒)·요화(姚華)·허부(許涪)와 정서(征西)장군 이하(李遐)·장군 이서(李西) 등이 간사한 생각을 품고 정치를 어지럽히니 모두 잡아서 죽이라고 상주문을 올렸다.

---

10 중상시였다.

군사를 멋대로 풀어서 크게 노략질하고 며칠이 지나서야 마침내 안정되었다. 이수는 태후 임(任)씨의 명령을 고쳐 이기를 폐위시켜서 공도현공(邛都縣公)으로 삼고 별궁에 유폐시켰다. 여(戾)태자에게 시호를 추가로 붙여서 애(哀)황제라고 하였다.[11]

나항(羅恒)·해사명·이혁 등이 이수에게 진서(鎭西)대장군·익주목·성도왕이라고 칭할 것을 권고하고, 진에 번국(藩國)을 칭하고, 공도왕을 건강으로 보내고, 임조와 사마 채흥(蔡興)·시중 이염(李豔) 등이 이수에게 황제를 자칭하라고 권고하였다. 이수가 이를 점쳐 보라고 명령하니 점치는 사람이 말하였다.

"몇 년은 천자 노릇을 할 수 있습니다."

임조가 기뻐서 말하였다.

"하루라도 충분한데 하물며 몇 년인 경우이겠는가?"

해사명이 말하였다.

"수년 동안 천자 노릇 하는 것이 백 년 동안 제후 노릇 하는 것과 비교할 때 어떠하오?"

이수가 말하였다.

"아침에 도(道)를 듣고 저녁에 죽어도 좋다."

드디어 황제의 자리에 올랐다.

나라의 이름을 바꾸어서 한(漢)이라고 하고 크게 사면하고 기원을 한흥(漢興)이라고 하였다. 안거에 비단을 실어 보내며 공장(龔壯)을 징빙(徵聘)하여 태사로 삼았다. 공장이 벼슬하지 않겠다고 맹세하자 이

---

11 성제 함화 9년(334년)에 이기와 이월이 그의 주군인 이반을 죽이고 시호를 여태자라고 하였다.

수는 보낸 것을 남겨두었으나 하나도 받은 바가 없었다.

이수가 종묘를 고쳐 세우고, 아버지 이양(李驤)을 헌(獻)황제라고 추존(追尊)하였다. 어머니 잠(昝)씨를 황태후라고 하고, 비(妃) 염(閻)씨를 황후로 삼았으며, 세자 이세(李勢)를 황태자라고 하였다. 다시 옛 사당을 대성묘(大成廟)[12]라고 하고, 무릇 모든 제도는 대부분 바꾸었다.

동교(董皎)를 상국(相國)으로 삼고, 나항을 상서령으로 삼고, 해사명을 광한(廣漢, 치소, 사천성 광한현 북쪽)태수로 삼고, 임조를 진북(鎮北)장군·양주(梁州)자사로 삼고, 이혁을 서이(西夷)교위로 삼고, 조카 이권(李權)을 영주(寧州)자사로 삼았다. 공(公)·경(卿)·주·군에는 모두 그의 관료나 보좌역들로 대신하게 하고 성(成)씨의 옛 신하와 가까운 사람 그리고 여섯 군[13]의 사인(士人)들은 모두 멀리 제척(除斥)을 받았다.

공도공 이기가 탄식했다.

"천하의 주인이 마침내 작은 현의 현공(縣公)[14]이 되었으니 죽느니만 못하다."

5월에 목을 매 죽었다.[15] 이수는 시호를 유공(幽公)이라고 하였고, 왕의 의례로 장사지냈다.

---

12 이 이씨들이 세운 나라는 이특에서 이웅 때에 성(成)이라고 하였으며, 이수가 한(漢)이라고 고쳤는데, 성이라는 국호를 쓸 때의 왕은 이특과 이웅이었고, 이 두 사람을 모시는 사당이다.

13 이특 형제와 함께 촉지역으로 들어온 사람들을 말한다.

14 작위의 높낮이는 행정 단위의 높낮이에 따른다. 그러므로 국공(國公), 군공(郡公), 현공(縣公)이 있는데, 현공이 가장 하위의 작위이다.

15 《재기(載記)》에는 이기가 함강 3년(337년)에 죽은 것으로 되어 있으며, 나이는 25세였다.

4   조왕 석호는 연왕(燕王) 모용황이 조의 군사가 단요(段遼)를 공격할 때 같이 만나지 않고, 스스로 그 이익을 오로지하였기 때문에[16] 그를 치고자 하였다. 태사령 조람(趙攬)이 간하였다.

"금년의 별자리는 연지역을 지키게 되어 있으니 군사들은 반드시 공로를 세우지 못할 것입니다."

석호가 화를 내고 그에게 채찍질하였다.

모용황이 이 소식을 듣고, 군사들에게 엄히 경계하도록 하며 대비할 것을 설치하고 육경·납언·상백·용기(宂騎)상시관을 철폐하였다. 조의 병졸이 수십만 명이나 되자 연나라 사람들은 놀라서 두려워하였다.

모용황이 내사(內史)[17] 고후(高詡)에게 말하였다.

"장차 어떻게 해야 하오?"

대답하였다.

"조의 병사가 비록 강하다고 하지만 그러나 우려하기에는 부족하며, 다만 굳게 지키면서 그들을 막으면 할 수 있는 것이 없습니다."

석호가 사신을 사방으로 보내어 백성들과 이족(夷族)을 유인하여 불러들이고, 연의 성주(成周, 요녕성 서남쪽)내사 최도(崔燾)·거취(居就, 요녕성 해성현)현령 유홍(游泓)·무원(武原, 강소성 비현 서북쪽)현령 상패(常霸)·동이(東夷)교위 봉추(封抽)·호군 송황(宋晃) 등이 모두 그에게 호응하여 무릇 36개의 성을 얻게 되었다. 유홍은 유수(劉遂)의 조카이다.

기양(冀陽, 요녕성 능원)의 떠돌아다니던 사람들이 함께 태수 송촉(宋

---

16 모용황은 단씨의 인민과 축산을 약취(掠取)하고서 조의 군사가 도착하는 것을 기다리지 않고 북쪽으로 돌아갔다.

17 요동내사이다.

燭)을 죽이고 조에 항복하였다. 송축은 송황(宋晃)의 사촌형이다. 영구
(營丘, 요녕성 영구시)의 내사 선우굴(鮮于屈)도 역시 사자를 파견하여
조에 항복하고 무녕(武寧, 요녕성 조양시의 동쪽)현령인 광평(廣平, 하북
성 홍택현 동남쪽) 사람 손흥(孫興)이 관리와 백성들에게 알아듣게 이야
기를 하여 선우굴을 잡아서 그의 죄를 헤아리고 죽이고서 성문을 닫아
걸고 막으며 지켰다.

조선(朝鮮, 하북성 노령현 동쪽)현령인 창여(昌黎, 요녕성 의현) 사람 손
영(孫泳)이 무리를 인솔하고 조를 막았다. 대성(大姓) 왕청(王清) 등이
비밀리에 조에 호응하기로 모의하니 손영이 이들을 붙잡아서 목을 베
고, 같이 모의하였던 수백 명이 황당하고 무서워서 죄를 받겠다고 청
하자 손영이 이들을 모두 석방하고 이들과 함께 막으며 지켰다. 낙랑
(樂浪, 치소는 평양)태수 국팽(鞫彭)이 자기 지역 안에서 모두 배반하자
향리(鄕里)에서 장사 200여 명을 뽑아서 함께 극성(棘城)으로 돌아왔
다.[18]

무자일(9일)에 조의 군사들이 나아가서 극성을 압박하였다. 연왕 모
용황이 나아가서 도망하려고 하였으나, 장하장(帳下將) 모여근(慕輿
根)이 간하였다.

"조는 강하고 우리는 약한데, 대왕께서 한쪽 발을 들기만 하면 조의
기세는 드디어 형성되고, 조의 사람들에게 우리나라 백성들을 잡아서
약탈하게 하는 것이며, 군사는 강하고 곡식도 충분하니 다시는 대적할

---

18 여기서 말하는 낙랑은 한대의 낙랑이 아니고 모용외가 민제 건흥 원년
(313년)에 설치한 것이며, 이 내용은《자치통감》권88에 보인다. 국팽이 향리
사람 1천여 호를 인솔하고 모용씨에게 투항한 사건은 원제 태흥 2년(319년)의
일이며, 내용은《자치통감》권90에 실려 있다.

수 없게 될 것입니다.

가만히 생각하건대 조의 사람들은 바로 대왕에게 이렇게 하게 하려고 할 뿐인데, 어찌하여 그들의 계책 속으로 빠져들어가려고 하십니까? 지금 단단한 성을 굳게 지키면 그 기세는 백배나 될 것이어서, 그들이 설사 급하게 공격한다 하여도 오히려 충분히 지탱할 것이며, 형편이나 변화의 상황을 살펴보다가 틈을 내어 이로움을 찾고, 만약에 일이 해결되지 못하게 되어도 도망갈 기회를 잃는 것은 아니니 어찌하여 풍문만을 듣고서 버리고 가서 반드시 망할 일을 만들려고 하십니까?"

모용황이 마침내 중지하였지만, 그러나 오히려 얼굴에 두려운 빛을 띠었다.

현토태수인 하간(河間, 하북성 헌현 동남쪽) 사람 유패(劉佩)가 말하였다.

"지금 강한 도적들은 밖에 있고 많은 사람들의 마음에는 두려움을 품고 있으니 일의 안위(安危)는 한 사람에게 달려 있습니다. 대왕께서 이때에 밀어버릴 수가 없으니 마땅히 스스로 강하게 하고 장군과 사병들을 격려하시고 약함을 보이지 말아야 합니다. 일이 급하게 되었으니, 신이 청컨대 나아가서 그들을 치고자 하니 설사 큰 승리를 하는 일이 없다고 하여도 충분히 무리들을 안정시킬 것입니다."

마침내 결사대 수백 기병을 거느리고 나아가서 조의 군사들과 부딪쳤는데, 그들이 향하는 곳에서 싹쓸이하고 목을 베고 붙잡아서 돌아오니, 이에 사기는 자연히 배가 되었다.

모용황이 봉혁(封奕)에게 계책을 물었더니, 대답하였다.

"석호는 흉측하고 학정이 이미 심하여 백성과 귀신이 함께 그를 싫어 하니, 화를 만나 실패하기에 이르는 날이 그 언제라도 있을 것입니다. 지금 나라를 비워두고 멀리까지 왔으니 공격과 수비에서 다른 형세이고, 전투하는 말이 비록 강하다고 하여도 걱정거리가 없을 수 없으며, 군사를 멈추어 두고 날짜가 자꾸 지나가게 되면 틈새가 스스로 생겨날 것인데, 다만 굳게 지키면서 그것을 기다려야 합니다.”

모용황은 속으로 마침내 편안해졌다. 어떤 사람이 모용황에게 항복하라고 유세하니 모용황이 말하였다.

“고(孤)가 바야흐로 천하를 빼앗을 것인데 어찌 항복이라는 말을 하시오.”

조의 군사들이 사면에서 개미떼처럼 성의 주변에 붙어 있었는데. 모여근 등이 밤낮으로 힘써 싸웠고, 무릇 10여 일이 되어도 조의 군사가 이길 수 없자 임진일(13일)에 군사를 이끌고 물러났다. 모용황이 그의 아들 모용각(慕容恪)을 파견하여 2천여 기병을 거느리고 그들을 추격하니 조의 군사가 대패하였고, 참수하거나 붙잡은 것이 3만여 급이었다.

조의 여러 군사들은 모두 갑옷을 버리고 도망하다가 무너지고, 오직 유격장군 석민(石閔)의 부대 하나만이 홀로 온전하였다. 석민의 아버지 석첨(石瞻)은 내황(內黃, 하남성 내황현) 사람으로 본래의 성은 염(冉)이고 조의 주군 석륵이 진오(陳午)를 깨뜨리고[19] 그를 붙잡았는데, 석호에게 길러서 아들로 삼으라고 명령하였었다. 석민은 날래고 용감하며 잘 싸웠고, 책략을 많이 갖고 있어서 석호가 그를 아끼는 것이 여러 손자들에게 비교될 정도였다.

석호가 업(鄴, 하북성 임장현)으로 돌아와서 유군(劉羣)을 중서령으로

---

19 진오는 병주의 난민집단의 수령으로 진 회제 영가 5년(311년)의 일이다.

삼고, 노심(盧諶)을 중서시랑으로 삼았다. 포홍(蒲洪)은 공로를 세워서 사지절(使持節)·도독육이제군사(都督六夷諸軍事)[20]·관군(冠軍)대장군으로 삼고, 서평군공(西平郡公)으로 책봉하였다.

석민이 석호에게 말하였다.

"포홍은 뛰어나고 걸출한 사람이어서 군사를 거느리고 죽기로 싸울 수 있으며, 여러 아들도 모두 비상한 재주를 가졌으며 또 강한 군사 5만 명을 장악하고 경기(京畿)에서 가까운 곳[21]을 점거하고 주둔하고 있으니, 의당 비밀리에 그를 제거하여서 사직을 편안하게 하십시오."

석호가 말하였다.

"내가 바야흐로 그의 부자에게 의지하여 오(吳)와 촉(蜀)[22]을 빼앗으려고 하는데 어찌 그를 죽이겠는가?"

그에게 더욱 두텁게 대우하였다.[23]

연왕 모용황이 군사를 나누어 여러 배반하였던 성(城)을 토벌하여 모두 떨어뜨렸다. 국경을 늘려서 범성(凡城, 하북성 평천현 경계 지역)에 이르니, 최도(崔燾)·상패(常霸)는 업(鄴)으로 달아나고, 봉추(封抽)·송황(宋晃)·유홍(游泓)은 고구려로 달아났다. 모용황은 국팽(鞠彭)과 모

---

20 사지절(使持節)은 황제의 부절을 준 것인데, 그 권한은 평시에는 태수 이하의 관원을 죽일 수 있는 권한을 부여받는 것이고, 도독육이제군사(都督六夷諸軍事)는 여섯 이족 부락의 모든 군사에 관한 일을 감독하는 직책이다.

21 포홍은 방두(하남성 준현 동남쪽에 있는 기문 나루)에 주둔하고 있었으므로 도읍지인 업과는 직선거리로는 100㎞ 정도 떨어져 있다.

22 오는 동진을 말하고, 촉은 성한제국을 말한다.

23 호삼성은 이 부분에서 '석호가 포홍을 죽이지 못한 것은 마치 부견이 모용수와 요장을 죽이지 못한 것과 같다.'고 하였다.

여근 등에게 상을 주고 여러 반란한 사람들을 처리하게 하니 주살하여 없앤 것이 아주 많았지만 공조(功曹) 유상(劉翔)이 이들을 펼쳐서 처리하니 많은 사람이 온전하게 살았다.

조가 극성을 공격하면서 연의 우사마 이홍(李洪)의 동생인 이보(李普)는 극성이 반드시 패배할 것으로 생각하고 이홍에게 나아가서 화를 피하라고 권고하였다. 이홍이 말하였다.

"하늘의 도(道)는 그윽하고 멀고, 사람들의 일이란 알기 어렵고, 또 일을 맡았으면 가벼이 움직여서 후회할 일을 갖지 말도록 하라."

이보가 굳게 청하기를 그치지 아니하였다.

이홍이 말하였다.

"경의 의견이 분명하게 살핀 것이라면 마땅히 스스로 시행해야 하오. 나는 모용씨에게 큰 은혜를 입었으니, 의리로 보아 가지 못하고 마땅히 여기에서 죽어야 할 뿐이오."

이보와 더불어 눈물을 흘리며 결별하였다. 이보가 드디어 조에 항복하고 조의 군사를 좇아서 남쪽으로 돌아가다가 죽음의 혼란 속에서 죽었다. 이홍이 이로 말미암아서 충성으로 이름이 드러났다.

조의 왕 석호는 도요장군 조복(曹伏)을 파견하여 청주(靑州)의 무리를 거느리고 해도(海島)를 지키게 하며 곡식 3백만 곡(斛)을 운반하여 그에게 공급하고, 또 배 300척으로 곡식 30만 곡을 운반하여 고구려로 가며, 전농(典農)중랑장 왕전(王典)은 무리 1만여 명을 거느리고 바닷가에서 둔전을 하고 또 청주에 명령을 내려서 배 1천 척을 만들게 하여 연(燕)을 치려고 꾀하였다.

5   조의 태자 석선(石宣)이 보병과 기병 2만 명을 인솔하고 삭방(朔方, 내몽고 磴口縣의 북쪽)에 사는 선비족(鮮卑族) 곡마두(斛摩頭)[24]를 쳐서 그들을 깨뜨리고 참수한 것이 4만여 급이었다.

6   기주(冀州, 하북성의 중남부)의 여덟 군(郡)에 큰 황충의 재해가 있어서 조의 사예(司隷)[25]가 태수와 재상들을 연좌시키라고 청하였다. 조의 왕 석호가 말하였다.

"이는 짐(朕)이 정치를 잘못한데서 온 것인데, 허물을 태수와 재상들에게 돌리려고 한다면 어찌 자기에게 죄를 주어야 한다는 뜻[26]에 맞겠소? 사예가 정직한 언론을 올리지 아니하여 짐에게 허물이 이르지 않도록 보좌하려 하다가 죄 없는 사람들을 망령되게 모함하려고 하였으니 백의(白衣)로 직책을 관장하도록[27] 하라."

---

24 선비족의 부락 이름이다.

25 사예교위를 말하는데, 경기지역 방어책임자에 해당하는 관직이다.

26 천자가 모든 정치의 책임을 자기에게 돌리는 것이 고대의 정치적 이상이었다.

석호가 양성공(襄城公) 석섭귀(石涉歸)와 상용공(上庸公) 석일귀(石日歸)에게 무리를 인솔하고 장안을 지키도록 하였다. 귀(歸)자 들어가는 두 사람이 진서(鎭西)장군 석광(石廣)이 사사롭게 은혜와 혜택을 주면서 몰래 불궤(不軌)한 짓을 꾸민다고 고발하니 석호가 석광을 뒤쫓아 업(鄴)에 이르러서 그를 죽였다.

7   을미일(16일)에 사도 왕도를 태부(太傅)·도독중외제군사(都督中外諸軍事)[28]로 삼고, 치감(郗鑒)을 태위로 삼고, 유량(庾亮)을 사공으로 삼았다. 6월에 왕도를 승상으로 삼고, 사도부(司徒府)의 관속을 없애서 승상부에 합병시켰다.

왕도는 성격이 관대하고 넉넉하여 제장(諸將) 조윤(趙胤)과 가녕(賈寧) 등에게 일을 맡겼는데 대부분 법대로 하지 않자 대신들이 이를 근심하였다.

유량이 치감에게 편지를 보내어 말하였다.

"주상께서는 8~9세 때부터 성인이 될 때까지 들어가면 궁인(宮人)들의 손에 있었고, 나오면 오직 무관과 소인들뿐이었으니, 책을 읽는 일에서는 읽는 방법과 구절을 떼어 읽는 것도 배울 곳이 없었고, 돌아보아 물으려고 하여도 일찍이 군자를 만나지 못하였습니다.

진(秦)의 영정(嬴政)[29]은 그의 백성들을 어리석게 만들고 싶었지만

---

27 백의는 서민들이 입는 옷의 색깔인데, 백의를 입고 자기의 직무를 수행하라는 것은 일종의 벌이다.

28 안팎의 모든 군사에 관한 일을 감독하는 직책이다.

29 진나라 시황제의 이름이다.

천하 사람들이 오히려 옳지 않음을 알았는데, 하물며 그 임금을 어리석게 하려고 하는 경우에서야! 인주(人主)의 춘추가 이미 왕성하게 되었으니, 의당 회복시키고 분명하게 벽소해야 할 것입니다.[30]

머리를 숙여 정치를 돌려주지 않고, 바야흐로 사부라는 높은 자리에 있으면서 무뢰한 인사들을 많이 양성하니, 공(公)과 하관(下官)은 부탁을 받은 무거운 짐을 지고 있는데,[31] 크게 간사한 사람을 쓸어내지 못하면 어떻게 지하에 가서 먼저 돌아가신 황제를 뵙겠습니까?"

함께 군사를 일으켜서 왕도를 폐출(廢黜)하려고 하였으나, 치감이 듣지 아니하였다.

남만(南蠻)교위 도칭(陶稱)은 도간(陶侃)의 아들인데, 유량의 꾀를 왕도에게 말하였다. 어떤 사람이 왕도에게 비밀리에 그들을 대비하라고 권고하니, 왕도가 말하였다.

"나는 원규(元規)[32]와 더불어 휴척(休戚)을 같이하면서 유유히 담화하는 사이인데, 의당 지혜로운 사람의 이야기는 끊겨졌을 것이오. 그러하니 그대의 말대로 원규가 만약에 오게 되면 나는 바로 네모난 건(巾)[33]을 쓰고 집으로 돌아갈 것이니 무엇이 두렵단 말이오?"

또 도칭에게 편지를 보내어 말하였다.

"유공(庾公)은 황제의 큰외삼촌이니, 마땅히 그를 잘 섬겨야 하겠지!"

---

30 정권을 황제에게 돌려주어야 한다는 뜻이다.

31 하관이란 유량이 자신을 낮추어 지칭한 것이며 선제(先帝)에게 고명을 받았다는 말이다.

32 유량의 자이다.

33 보통은 숨어 지내는 은사(隱士)들이 쓰는 모자이다.

정서(征西)장군부의 참군인 손성(孫盛)이 유량에게 간하였다.

"왕공은 항상 세상 사람들이 생각하지 않는 것을 가슴에 품고 있는데, 어찌 보통 사람이 하는 일이라 하겠습니까? 이는 반드시 아첨하고 사악한 무리들이 안팎을 떼어놓고자 하는 것일 것입니다."

유량이 마침내 중지하였다. 손성은 손초(孫楚)[34]의 손자이다.

이때 유량이 비록 외진(外鎭)[35]에 있었지만 멀리서 조정의 권한을 잡고, 이미 상류(上流)[36]를 점거하고 강한 병사를 가지고 있어서 세력을 좇는 사람들이 대부분 그에게 귀부하였다. 왕도는 속으로 편안할 수가 없어서 항상 서쪽에서 불어오는 바람이 먼지를 일으키는 경우를 만나면 부채를 들어 자신을 가리면서 천천히 말하였다.

"원규의 먼지가 사람들을 더럽히는군!"

왕도가 강하(江夏, 호북성 운몽현) 사람 이충(李充)을 승상부의 연리(掾吏)로 삼았다. 이충은 당시의 습관이나 풍속이 들뜨고 헛된 것을 숭상하였으므로 마침내《학잠(學箴)》을 저술하였다.

여기에서 말하였다.

"노자(老子)가 말하기를 '어짊을 끊고, 의로움을 버리면 백성들은 다시 효도하고 자애로워질 것이다.'라고 하였는데, 어찌 인의(仁義)의 도(道)가 끊어지고 나서 효도하고 자애로움이 마침내 생길 것인가? 대개 인의를 마음속에 간직한 사람이 적고, 인의를 이로움으로 보려는 사람이 많은 것을 걱정하는 것이니, 장차 책임을 성인에게 지우고 묵은 흔

---

34 서진 초기의 명사이다.

35 수도권의 밖에 설치한 진수 지역을 말한다. 당시 유량은 강릉에 있었다.

36 장강의 상류를 말한다.

적에다 허물을 보내는 것이다.

무릇 사람이란 드러난 모습을 보는 경우가 많고, 도(道)에 이르는 사람은 적은데, 흔적을 쫓는 것이 더욱 심하면 심할수록 근본을 떠나는 것은 더욱 더 멀어지는 것이다. 그러므로 《학잠》을 지어서 그 폐단을 물리치려 한 것이다."

말하였다.

"이름이 드러날수록 도(道)는 더욱 없어지고, 우뚝 솟은 것을 덜어내게 되면 마침내 대체될 것이 숭상될 것이다. 어짊이 아니면 사물을 자라게 할 수 없고, 의로움이 아니면 부끄러움을 아는 마음이 없게 되니, 인의는 진실로 멀리 할 수 없는 것이고, 그 인의를 해치는 것을 없앨 뿐이다."

8   한의 이혁(李奕)[37]의 사촌형인 광한(廣漢, 사천성 광한현)태수 이건(李乾)이 대신들이 폐립(廢立)[38]을 모의하였다고 알렸다. 가을, 7월에 한의 주군 이수(李壽)가 그의 아들 이광(李廣)에게 앞에 있는 전각에서 대신들과 더불어 맹세를 하게 하고 이건을 한가(漢嘉, 사천성 아안현)태수로 옮기고, 이굉(李閎)을 형주(荊州, 사천성 남부)자사로 삼아 파군(巴郡, 사천성 중경시)에서 진수하게 하였다. 이굉은 이공(李恭)[39]의 아들이다.

---

37 한나라의 서이교위이다.

38 현 황제를 폐위시키고 신 황제를 세우는 것을 말한다.

39 이공은 이반의 동생으로 혜제 영녕 원년(301년)조에 그에 관한 사건이 실려 있다.

8월에 촉에 오래도록 비가 내려서 백성들이 굶고 역질(疫疾)에 걸렸다. 이수가 여러 신하들에게 자신이 잘하고 잘못한 것을 심하게 말하도록 명령하였다.

공장(龔壯)이 봉사(封事)[40]를 올려서 말하였다.

"폐하께서 군사를 일으키시던 처음에는 위로는 성신(星辰)을 가리키고 하늘과 땅에 분명하게 알리셨으며, 피를 입에 대서 무리들에게 맹세하기를, 나라를 들어서 번국(藩國)을 칭하겠다고 말하니, 하늘은 감응하고 사람들은 기뻐하여 커다란 공로를 모을 수가 있었지만, 그러나 논의하는 사람들은 아직도 알지 못하고, 임시방편으로 칭제(稱制)[41]하게 하였습니다.

지금 궂은비가 100일 동안 내리고 기근과 역질이 함께 나타나니, 그것은 혹시 하늘이 장차 폐하를 감독할 것임을 보여주시는 연고일 수도 있습니다.

어리석은 제가 생각하기로는 의당 앞에서 맹세하였던 것을 준수하고, 건강(建康, 동진의 도읍지)을 미루어 받들면 저들도 반드시 높은 작위와 무거운 자리를 아끼지 아니하고 큰 공로에 보답할 것이며, 비록 한 등급이 떨어진다고[42] 하여도 자손은 무궁할 것이고, 영원히 복록(福祿)을 보존할 것이니, 또한 아름답지 아니합니까?

---

40 봉함해서 올리는 상소문으로 중간에서 상서가 볼 수 없고, 제왕이 직접 보게 한 것이다.

41 번국(藩國)은 제후국이라는 말로 여기서는 동진의 번국임을 선언하는 것이며, 칭제(稱制)는 황제의 명령을 칭하는 것이다. 여기서는 황제를 자칭하였다는 말이다.

42 현재에 황제를 칭하고 있으므로 한 등급 떨어지면 왕으로 되는 것이다.

논의하는 자들은 혹 두 개의 주가 진(晉)나라에 붙어 있게 되면 영광이라고 하지만 여섯 군에 사는 인사[43]들은 불편할 것입니다. 옛날에 공손술(公孫述)이 촉(蜀)에 있을 때에 기객(羈客)[44]이 정치를 쥐고 있었고, 유비가 촉(蜀)에 있을 때에는 초(楚)의 인사[45]들이 대부분 귀하게 되었습니다.

오한(吳漢)과 등애(鄧艾)[46]가 서쪽으로 가서 정벌할 때 저들은 마침내 온 나라를 들어서 도륙(屠戮)하여 없애버리게 되니, 어찌 손님과 주인이 따로 있단 말입니까? 논의하는 자들은 편안하고 굳은 기반을 알지 못하고, 진실로 이름과 직위만을 애석하게 생각하니, 유씨(劉氏)[47] 시대의 태수와 현령들이 바야흐로 주와 군에서 벼슬한 것이라고 생각하고, 일찍이 저들이 마침내 나라가 망하고 주군이 바뀌는 것을 알지 못하는데, 어찌 오늘날 의롭게 들어 올려서 주군은 영광스러워지고 신하는 드러나는 것과 같겠습니까?[48]

---

43 두 개의 주란 현재의 통치 지역인 양주(梁州)와 익주(益州)를 말한다. 여섯 군이란 이특이 처음에 진주(秦州, 감숙성 동부)에 소속된 여섯 군의 난민을 인솔하고 현재의 곳으로 와서 성한제국을 건립하였으며, 이들은 지금 모두 성한의 상층부 귀족이 되어 있었다.

44 기객이란 외지의 사람으로 형한(荊邯), 왕원(王元), 전융(田戎), 연잠(延岑) 같은 사람을 말하며 이들에 관하여서는 《자치통감》 권30에서 권34 사이에 실려 있다.

45 이때 촉에서 온 인사로는 방통(龐統)·황충(黃忠)·동화(董和)·유파(劉巴)·마량(馬良) 형제·여예(呂乂)·요립(廖立)·이엄(李嚴)·양의(楊儀)·위연(魏延)·장왕(蔣琬)·비의(費禕)·동윤(董允) 등이다.

46 후한 유수 때의 인물이다.

47 촉한을 말한다.

논의하는 자들은 또한 신에게 마땅히 법정(法正)⁴⁹에 해당하는 사람이라고 생각합니다. 신은 폐하의 큰 은혜를 입어서 신이 편안하게 하도록 내버려두시고, 영광스러운 녹봉에 있어서는 한(漢)과 진(晉)의 경우를 물을 것도 없이 신은 모두 안 가질 것인데, 어찌 다시 법정을 본받으려 하겠습니까?"

이수는 편지를 살펴보고 속으로 부끄러웠지만 비밀에 붙이고 드러내지 않았다.

9   9월에 한의 복야 임안(任顏)이 모반을 하여 주살되었다. 임안은 임(任)태후의 동생이다. 한의 주군 이수(李壽)가 이 때문에 성(成)의 주군이었던 이웅(李雄)의 여러 아들을 다 죽였다.⁵⁰

10   겨울, 10월에 광록훈 안함(顏含)이 늙었다고 하여 자리를 물려주었다. 논하는 자들이 말하였다.

___

48 나라를 들어 거국적으로 진나라를 받드는 것은 의거(義擧)이며, 진나라는 총애와 작위를 높여줄 것이니, 주군은 영광스럽게 되고, 신하는 드러난다는 의미이다.

49 삼국시대 유비의 모사이다. 한 헌제 건안 초기에 촉으로 들어와서 익주목 유장에게 의탁하였다가 명령을 받고 유비를 맞아서 촉으로 들어오게 하였다. 그리고 북으로 장로를 막고 사사롭게 유비에게 성도를 탈취하라고 권고하고 한중을 탈취하는 계책을 냈다. 그 후에 한중왕이 되고 상서령이 되었으며 호군장군이 되었다. 그런데 공장은 지금 이수에게 이기에게서 나라를 빼앗으라고 하였으므로 공장을 삼국시대의 법정에 비유하고 있는 것이다.

50 임태후는 이웅의 정실이었다. 그러므로 임안이 모반한 뒤에는 그의 생질인 이웅의 아들을 세우려고 한 것이라고 생각한 것이다.

"왕도는 황제의 사부(師傅)이고 명성과 지위가 뛰어나고 중요한데 백관들은 의당 항례(降禮)[51]를 하여야 한다."

태상 풍회(馮懷)가 안함에게 물었다. 안함이 말하였다.

"왕공은 비록 귀하고 중요한 분이지만 이치로 보아서 치우치게 존경할 수는 없소. 항례를 가지고 말한다면 혹은 여러 분들의 적당히 해야할 것이겠고, 비인(鄙人)은 늙었으니, 시무(時務)[52]는 모르오."

이미 그리하고서 다른 사람에게 말하였다.

"내가 듣기로는 다른 나라를 칠 때에는 어진 사람에게 가서 묻지 않는다고 하였는데, 방금 풍조사(馮祖思)[53]가 나에게 망령된 것을 물었으니, 내 어찌 이토록 사악한 덕(德)을 가졌단 말이오?"

곽박(郭璞)이 일찍이 안함을 만났는데 그를 위하여 점을 치려고 하였다. 안함이 말하였다.

"사는 나이는 하늘에 달려 있고, 자리는 사람에게 달려 있는 것이오. 자기를 잘 닦았으나 하늘이 주지 않는다면 이것은 운명이고, 도(道)를 잘 지키는데 다른 사람이 알아주지 않는다면 이는 성품이니, 스스로 성품과 운명을 갖고 있는데, 수고롭게 시귀(蓍龜)[54]로 점칠 것이 없소."

---

51 무릎을 꿇고 절하는 것을 말한다.

52 비인은 촌사람이라는 말로 자기를 낮추는 말이고 시무란 당시에 당장 해야할 일을 말한다.

53 조사는 풍회의 자이다. 동중서가 말하기를, 옛날에 노군이 유하혜에게 묻기를 '내가 제를 치려고 하는데 어떠합니까?'라고 하자 유하혜가 '안 됩니다' 하였더니 돌아가면서 걱정스런 기색으로 말하기를 '내가 듣기로는 다른 나라를 정벌하려면 어진 사람에게 묻지 않는다고 하였는데, 이 말이 어찌 나에게 이르렀는가?' 하였다.

54 점치는데 쓰는 톱풀과 거북을 합쳐 쓴 말인데, 〈역계사전(易繫辭傳)〉에는 '시

벼슬을 그만두고 20여 년을 더 살다 나이가 93세가 되어 죽었다.

의 덕은 원만하고 신비스럽다(蓍之德圓而神)'고 하여 시를 신비한 풀로 설명했고, 거북은 은대에 점치는데 사용하였고 그 점친 내용을 거북의 등에 써 놓은 경우 복사(卜辭)라고 하였다. 이 두 개를 합쳐 써서 보통 '점'이라는 뜻으로 쓴다.

11   대왕(代王) 탁발예괴(拓跋翳槐)의 동생 탁발십익건(拓跋什翼犍)
이 조에 인질이 되었는데,[55] 탁발예괴가 병이 들자 여러 대인들에게
명령을 내려서 그를 세우라고 하였다. 탁발예괴가 죽자 여러 대인 가
운데 양개(梁蓋) 등이 새로 큰 변고가 있고, 탁발십익건은 먼 곳에 있으
며, 오라고 하여도 반드시 그럴 것도 아니며, 그가 올 때쯤에는 아마도
변란이 일어날까 걱정이 되어 바꾸어서 주군을 세우기로 모의하였다.
   탁발예괴의 다음 동생 탁발굴(拓跋屈)은 강하고 맹렬하며 속임수도
많아서 탁발굴의 동생 탁발고(拓跋孤)의 어질고 후덕(厚德)함만 못하
다고 하여, 마침내 서로 탁발굴을 죽이고, 탁발고를 세우려고 하였다.
탁발고가 옳지 않다고 하고, 스스로 업(鄴, 하북성 임장현)으로 가서 탁
발십익건을 맞이하고 자기가 남아서 인질이 되기를 청하니, 조왕 석호
가 의롭다고 생각하고 그들을 함께 보냈다.
   11월에 탁발십익건이 번치(繁畤, 산서성 혼원 서남쪽)의 북쪽에서 대

---

55 탁발십익건이 조에 인질이 된 일은 함화 4년(329년)의 일로,《자치통감》권
   94에 실려 있다.

왕의 자리에 올랐다. 기원을 고쳐서 건국(建國)이라고 하고 나라를 반으로 나누어서 탁발고에게 주었다.

애초에, 대왕 탁발의로(拓跋猗盧)가 죽자[56] 나라에는 많은 내란이 있었고, 부락들은 떨어져 나가고 흩어졌으며, 탁발씨도 점점 쇠퇴하여갔다. 탁발십익건이 서기에 이르자, 크고 용감하며 지략도 갖추고 있어서 조상들의 대업을 닦아나갈 수 있게 되어서 그 나라 사람들이 그에게 귀부하니, 처음으로 백관을 설치하고, 많은 업무를 나누어 관장하였다.

대(代, 하북성 울현)지역 사람인 연봉(燕鳳)을 장사(長史)로 삼고, 허겸(許謙)을 낭중령으로 삼았다. 처음으로 반역·살인·간사한 도적질에 관한 법률을 제정하고, 호령을 분명하게 하며, 정치적인 일의 처리는 깨끗하고 간단하게 하여 잡아서 신문하고 이어서 지체시키는 번거로움을 없게 하니, 백성들이 이것을 편안하게 생각하였다.

이에 동쪽으로는 예맥(濊貊, 한반도 북부)에서 서쪽으로는 파락나(破落那, 중앙아시아, 진주하의 북쪽)까지 이르고, 남쪽으로 음산(陰山, 하투의 북쪽)에서 막으며, 북쪽으로는 사막에서까지 모두를 인솔하고 귀순하여 복종하였는데, 그 무리가 수십만 명이었다.

12   12월에 단요(段遼)[57]가 밀운산(密雲山)에서부터 사신을 파견하여 조에 영접해 주기를 요구하였다. 그러고 나서 중간에 후회하고, 다시 사신을 파견하여 연(燕)나라에 영접해줄 것을 요구하였다.

조의 왕 석호가 정동(征東)장군 마추(麻秋)를 파견하여 무리 3만 명

---

56 민제 건흥 4년(316년)의 일로, 《자치통감》 권89에 실려 있다.
57 단씨 집안의 우두머리인 단요는 도망중이었다.

을 인솔하고 그를 영접하게 하면서 마추에게 칙령을 내렸다.

"항복한 사람을 받아들이는 것은 적을 받아들이는 것과 같으니 가벼이 생각해서는 안 되오."

상서성의 좌승 양유(陽裕)는 단요의 옛 신하였으므로 마추의 사마가 되게 하였다.

연왕 모용황(慕容皝)이 스스로 제장을 인솔하고 단요를 영접하였는데, 단요가 비밀리에 연과 더불어 모의하여 조의 군대를 뒤집어엎자고 하였다. 모용황이 모용락(慕容恪)을 파견하여 정예의 기병 7천 명을 밀운산에 숨겨놓았다가 삼장구(三藏口, 북경시 밀운현의 북쪽)[58]에서 마추를 대패시키니 죽은 사람이 열에 6~7명이었다. 마추는 걸어서 도망하여 죽음을 면하였고, 양유는 연에 잡혔다.

조의 장군인 범양(范陽, 하북성 탁현) 사람 선우량(鮮于亮)이 말을 잃고 걸어서 산으로 가다가 나아갈 수 없게 되자 그 때문에 멈추고 단정히 앉아 있는데, 연의 병사들이 그를 둘러싸고 질책을 하며 일어나게 하였다.

선우량이 말하였다.

"내 자신이 귀한 사람이고, 의로 보아도 소인(小人)에게 굴복할 수 없으니, 너희들이 죽일 수 있다면 빨리 죽이고, 할 수 없다면 가버려라."

선우량의 태도와 모습이 장관이고 소리와 기상이 크고 매서워서 연의 병사들이 그를 꺼려서 감히 죽이지 못하고 모용황에게 보고하였다.

모용황이 말을 가지고서 그를 맞이하며 더불어 이야기 해 보고 대단

---

58 삼장수의 입구라는 말이다. 삼장수란 중장수·동장수·서장수를 합하여 부르는 것이다.

히 기뻐하여 채용하여 좌(左)상시로 삼고, 최비(崔悲)의 딸을 그에게 처로 삼게 하였다.

　모용황이 단요의 무리들을 다 얻었다. 단요를 상빈(上賓)의 예로 대우하였고, 양유를 낭중령으로 삼았다.

　조왕 석호는 마추가 패배하였다는 소식을 듣고, 화가 나서 그의 관작을 깎아버렸다.

성제 함강 5년(己亥, 339년)[59]

1　봄, 정월 신축일(25일)에 크게 사면하였다.

2　3월 을축일[60]에 광주(廣州)자사 등악(鄧岳)이 병사를 거느리고 한(漢)의 영주(寧州, 운남성)를 치니, 한의 건녕(建寧, 운남성 곡정현)태수 맹언(孟彦)이 그의 자사 곽표(霍彪)를 붙잡아서 항복시켰다.[61]

3　정서(征西)장군 유량(庾亮)이 중원지역을 복구하려고 하여 표문

---

59 성(成, 前蜀) 소문제 한홍 2년, 후조 무제 건무 5년, 전량 문왕 태원 16년, 전연 문명제 6년이다.

60 3월 1일은 병자일이므로 3월 중에는 을축일이 없다. 다만 乙과 己가 가끔 오기되는 일이 많으므로 을축이 기축의 잘못이라면 기축일은 14일이다.

61 함화 8년(333년)에 동진이 성에게 녕주를 잃었었는데, 이번에 다시 회복한 것이다. 성은 곽자로 녕주를 치게 한 것이 함화 9년(334년)의 일로,《자치통감》 권95에 실려 있다.

을 올려서 환선(桓宣)을 도독면북전봉제군사(都督沔北前鋒諸軍事)·사주(司州, 하남성 북부)자사로 삼아 양양(襄陽, 호북성 양번시)에 진수하게 하라고 하고, 또 표문을 올려서 그의 동생인 임천(臨川, 강서성 임천현) 태수 유역(庾懌)을 감양옹이주제군사(監梁·雍二州諸軍事)·양주자사로 삼아 위홍(魏興, 섬서성 안강현)을 진수하게 하라고 하고, 서양(西陽, 호북성 황강의 동쪽)태수 유익(庾翼)을 남만교위로 삼아 영남군(領南郡, 호북성 강릉현)태수로 하여 강릉(江陵)을 진수하라고 하며, 모두에게 가절(假節)을 주었다. 또 예주(豫州, 하남성 동부)자사 직책을 해제시켜서 정로(征虜)장군 모보(毛寶)에게 주기를 청하였다.

조서를 내려서 모보를 감양주지강서제군사(監揚州之江西諸軍事)[62]·예주자사로서 서양(西陽)태수 번준(樊峻)과 함께 정병 1만여 명을 인솔하고 주성(邾城, 호북성 황강현의 서북쪽)을 지키라고 하였다. 건위(建威)장군 도칭(陶稱)을 남(南)중랑장·강하(江夏, 호북성 운몽현)의 재상으로 삼아 면수(沔水)로 들어가게 하였다. 도칭이 200명을 거느리고 내려와서 유량을 만나보니[63] 유량이 평소 도칭이 경솔하고 교활한 것을 미워하여 도칭이 전후로 지은 죄악을 헤아리고 잡아서 그의 목을 베었다.[64]

---

62 도독면북전봉제군사는 면북(沔北)지역 선봉부대의 모든 군사를 감독하게 하는 직책이고, 감양옹이주제군사은 양주(梁州)와 옹주(雍州) 두 주의 모든 군사를 감독하는 직책이며, 감양주지강서제군사는 양주(揚州)의 강서(江西)지역 모든 군사에 관한 일을 감독하는 직책이다.

63 도칭이 유량이 있는 무창으로 온 것이다.

64 도칭은 도간의 아들인데, 유량이 평소 도간에게 원한을 품고 있었고 또한 도칭이 유량을 왕도와 틈이 벌어지게 하였으므로 사사로운 원한으로 죽인 것이다.

그 뒤에 위홍은 험하고 멀리 있었기 때문에 유역에게 명령을 내려 옮겨서 반주(半洲, 강서성 구강시의 서쪽)에 주둔하게 하고, 다시 무창(武昌)태수 진효(陳囂)를 양주(梁州)자사로 삼아 한중(漢中, 섬서성 한중시)으로 나아가게 하였다. 참군 이송(李松)을 파견하여 한(漢)의 파군(巴郡, 사천성 중경시)과 강양(江陽, 사천성 노주시)을 공격하였다.

여름, 4월에 한의 형주(荊州)자사 이굉(李閎)과 파군태수 황식(黃植)을 붙잡아 건강으로 호송하였다. 한의 주군 이수(李壽)가 이혁(李奕)을 진동(鎭東)장군으로 삼아 이굉을 대신하여 파군을 지키게 하였다.

유량이 상소문을 올렸다.

"촉(蜀)은 아주 약하고 호족(胡族)[65]은 오히려 강하니, 큰 무리 10만 명을 거느리고 이동하여 석성(石城)을 진수하면서, 여러 군사를 보내 장강과 면수(沔水)에 늘어놓고서 조를 정벌하는 계획을 세우고자 합니다."

황제는 그것을 의논하도록 내려보냈다. 승상 왕도가 이것을 허락하도록 청하였는데, 태위 치감(郗監)이 의견을 내놓았다.

"쓸만한 밑천이 아직 준비되어 있지 않아서 크게 거동할 수는 없습니다."

태상 채모(蔡謨)가 논의하였다.

"때에는 꽉 막힐 때와 형통할 때[66]가 있으며, 도(道)에는 구부려야 하는 것과 펴야 하는 것이 있으니, 진실로 강한지 약한지를 계산해 보

---

65 촉(蜀)은 이수의 성한제국을 말하고 호족(胡族)이란 석호의 후조를 말한다.
66 주역의 태괘(泰卦)는 형통한 것을, 비괘(否卦)는 폐색하여 막힌 상태를 말하는데, 여기서는 비태(否泰)라고 표현하였다.

지 않고 가벼이 움직이면 망하는 것은 해가 떨어지기 전에 있을 것인데, 어찌 공로를 세우겠습니까?

오늘의 입장에서 계책을 세운다면 위엄을 기르면서 때를 기다리는 것 만한 것이 없습니다. 때가 맞는지 아닌지는 호족(胡族)의 강약에 관계된 것이며, 호족들이 강한지 약한지는 석호(石虎)의 능력 여부에 달려 있습니다.

석륵이 일을 일으키면서부터 석호는 항상 조아(爪牙)[67]가 되어서 백 번 싸워도 백 번 이기게 되고 드디어 중원지역을 평정하였으니 그들이 점거하고 있는 땅은 위(魏)나라시대와 같습니다. 석륵이 죽은 다음에 석호가 뒤를 이은 군주를 끼고서 장군과 재상들을 죽였으며,[68] 내부의 어려움도 이미 평정되고, 외구(外寇)도 없앴으며, 한 번 군사를 들어서 금용(金墉, 낙양에 있는 성)을 뽑아버리고, 두 번째 싸워서 석생(石生)을 사로잡고, 석총(石聰)을 죽이는 것은 마치 길에 떨어진 것을 줍듯 하고, 곽권(郭權)을 빼앗는 것은 마치 마른 나뭇가지를 흔들듯 하였으니, 사방으로 경계 지역 안에서는 한 자의 땅도 잃지 않았습니다.

이러한 것으로 볼 때 석호는 할 수 있는 사람입니까? 장차 할 수 없겠습니까? 논의하는 자들은 호족들이 전에 양양(襄陽)을 공격하였다가 뽑아버리지 못한 것[69]을 가지고 아무것도 할 수 없다고 생각합니

---

67 손톱과 이빨이라는 말로 싸움에서 사납게 싸울 때 사용하는 것인데, 여기에서 주군의 측근에서 호위를 담당하는 역할을 말한다.

68 석감(石堪), 정하(程遐), 서광(徐光)을 말한다.

69 성제 함화 8년(333년)의 일이다. 석호가 석총을 죽이고, 또 금용성을 뽑아버리고 나아가서 석생을 죽였으며, 9년(334년)에는 곽권을 붙잡았는데 이 사건들은 모두 《자치통감》 권95에 실려 있다.

다. 무릇 백 번 싸워서 백 번 이기는 강한 사람도 한 개의 성을 뽑아버리지 못한다고 하여 열등하다고 하는 것은 비유하건대 활 쏘는 사람이 백 번 쏘아 백 번 맞추는 가운데 하나를 실수한 것과 같으니 이를 무능하다고 말하겠습니까?

또 석우(石遇)의 군사는 곁가지에 해당하는 군사였고, 환(桓) 평북(平北)장군[70]은 변방을 책임지는 장수인데, 다툰 것이 변강(邊疆)에 있는 일이어서 이로우면 나아가고 그렇지 않으면 물러나야 하는 급한 곳이 아니었습니다. 지금 정서(征西)장군은 중요하게 진수(鎭守)를 맡은 이름나고 현명한 사람으로 스스로 대군을 거느리고 황하의 남쪽을 석권하려고 하며, 석호는 반드시 스스로 한 전체의 무리를 인솔하고 와서 승패를 결정지으려고 하는데, 어찌 양양에서의 전투와 비교할 수 있겠습니까?

지금 정서장군이 그와 싸우려고 한다면 석생(石生)보다는 어떠합니까? 만약에 성을 지키려고 한다면 금용(金墉)보다는 어떠합니까? 면수(沔水)에서 저지하려고 한다면 대강(大江)보다는 어떠합니까? 석호를 막으려고 한다면 소준(蘇峻)보다는 어떠합니까? 무릇 이 몇 가지의 것들은 의당 자세히 비교해 보아야 할 것입니다.[71]

석생은 사나운 장수로 관중(關中)의 정예 병사를 가졌는데, 정서(征西)장군이 싸웠다면 아마도 거의 이길 수 없을 것입니다. 또 당시에 낙양(洛陽)과 관중(關中)에 있는 모든 군사를 들어서 석호를 쳤는데, 지

---

70 당시에 환선(桓宣)은 진나라의 평북장군으로 진나라에서도 강한 군사력을 지녔었다.

71 채모는 과거에 실패하였던 것보다 현재의 유량의 형편이 부족하다는 뜻이다.

금은 이 세 진(鎭)⁷²을 도리어 그가 사용하고 있고, 앞의 경우에 비교하면 한편은 배(倍)가 되고 다른 한편은 반이 되는 형세여서 석생은 그 반을 대적할 수 없었는데, 정서장군은 그 배나 되는 것을 감당하려고 하니 어리석은 저는 의심하는 바입니다.

소준이 갖고 있는 강함은 석호에 미치지 못하였으며, 면수가 험하다고 하여도 대강에는 미치지 못하니, 대강으로도 소준을 막을 수 없었는데 면수를 가지고 석호를 막으려고 하니 또 의심하는 바입니다.

옛날에 조사치(祖士稚)⁷³가 초(譙, 안휘성 박현)에 있으면서 성의 북쪽 경계 지역에서 둔전을 하다가 호족이 와서 공격하므로 미리 군사 주둔지를 두어서 그 밖에서 막게 하였습니다. 곡식이 장차 익으려 하자 호족들이 과연 나타났고, 정부(丁夫)들은 밖에서 싸우고, 노약자들은 안에서 수확을 하였는데, 대부분이 큰 횃불을 갖고 있다가 급하게 되면 곡식을 불태우고 달아났습니다. 이와 같이 몇 년을 하자 결국 그것의 이로움을 얻지 못했습니다. 당시 호족은 오직 황하의 북쪽만 점거하였으니, 바야흐로 오늘에 비하면 4분의 1이었을 뿐인데, 조사치가 그 하나를 막을 수 없었는데, 정서장군은 그 네 배를 막으려 하니 또 의심하는 바입니다.

그러나 이것은 다만 정서장군이 이미 그곳에 도착한 다음의 일을 말하는 것뿐이고, 아직은 도로에 있는 염려스런 것을 논하지 아니하였습니다. 면수(沔水)에서 서쪽으로 가면 물길은 급하고 강둑이 높아서 물

---

72 호삼성은 낙양과 관중 외에 상규까지 포함하여 3진이라고 말하였다고 하였다. 그러나 《진서》〈채모전〉에 보면 연주·낙양·관중이라고 되어 있다.

73 조적을 말한다. 아사는 조적의 자이다.

고기를 한 줄에 꿰듯이 물을 거슬러 올라가게 되는데 앞에 가는 것에서 맨 뒤까지는 백 리쯤 될 것입니다.[74] 만약에 호족이 송(宋) 양공(襄公)과 같은 의로움[75]을 갖지 아니하였다면 우리가 아직 진을 치지 아니하였을 때 공격할 것인데, 장차 이를 어떻게 할 것입니까?

지금 왕토(王土)[76]와 호족들과는 물길과 육로의 형세가 다르며 익힌 것[77]도 같지 않으며 호족들이 만약에 죽음을 바치려고 한다면 그들을 대적하는 데에 여유가 있겠지만, 만약에 장강을 버리고 멀리까지 나아간다면 우리가 못하는 것을 가지고 저들이 잘하는 것을 공격하려는 것이니 아마도 묘승(廟勝)[78]이라도 계산되지 않을 것입니다."

조정에서 의논하니 대부분 채모와 같았다. 마침내 유량에게 조서를 내려서 진수를 옮기는 것을 들어주지 않는다고 하였다.

---

74 강폭이 좁고 물살이 빨라서 배가 일렬로 나란히 나아갈 수 없다는 말이다.

75 《춘추좌전》에 나오는 고사이다. 춘추시대에 초나라가 송나라를 공격할 때 송의 양공이 전쟁터에서도 예의를 지켜서 초의 군사가 홍수(泓水)를 다 건널 때까지 기다렸다가 전쟁을 하였다는 고사이다.

76 제왕의 영토라는 말로, 여기서는 진나라의 영토를 말한다.

77 전투 연습을 말한다. 동진은 수전을, 호족은 육지전에 익숙하다.

78 묘당(廟堂) 즉 조정에서 전선에 나가지 않고 이길 계책을 세우는 것을 말한다.

4 연(燕)의 전군사(前軍師)[79] 모용평(慕容評)·광위(廣威)장군 모용군(慕容軍)·절충(折衝)장군 모용근(慕容根)·탕구(蕩寇)장군 모여니(慕輿埿)가 조의 요서(遼西)를 습격하여 1천여 호를 포로로 잡아갔다. 조의 진원(鎭遠)장군 석성(石成)·적노(積弩)장군 호연황(呼延晃)·건위(建威)장군 장지(張支) 등이 그들을 추격하자 모용평 등이 이들과 싸워서 호연황과 장지의 목을 베었다.

5 단요(段遼)가 연을 배반하기로 모의하자 연 나라 사람이 단요와 그의 무리 수십 명을 죽이고 단요의 머리를 조로 보냈다.

6 5월에 대왕(代王) 탁발십익건이 참합피(參合陂, 내몽고 량성 동북쪽)에 여러 대인들을 모아놓고 유원천(灅源川)에 도읍하자고 논의하였다. 그의 어머니 왕(王)씨가 말하였다.

---

79 전군사는 후한말과 삼국시대에 승상부에 속한 관속의 명칭으로 모의에 차여하고 군사계획을 하는 직책이었다. 이것이 위진시기에 연에도 있었던 것으로 보인다.

"나는 전시대부터 옮기는 것을 직업처럼 하며 살았지만, 지금 국가가 여러 가지 어려움이 있으며 만약에 성곽에 살다가[80] 어느 날 아침에 도적들이 오면 그들을 피할 곳이 없다."

마침내 중지하였다.

대(代, 도읍이 내몽고 허린걸 서북쪽) 사람들은 다른 나라 백성들 가운데 와서 귀부한 사람들을 모두 오환족(烏桓族)이라고 생각하였는데, 탁발십익건이 이들을 두 부로 나누어 각기 대인을 두어 감독하게 하였다. 동생 탁발고는 그 북부를 감독하고, 아들 탁발식군(拓跋寔君)은 그 남부를 감독하였다.

탁발십익건이 연에 혼인을 맺자고 청구하니 연왕은 그의 누이동생을 그의 처로 삼게 하였다.

7 가을, 7월에 조왕 석호가 태자 석선(石宣)을 대선우로 삼고, 천자의 정기(旌旗)를 세우게 하였다.

8 경신일(18일)에 시흥문헌공(始興文獻公)[81] 왕도가 죽었는데, 상례와 장사를 치루는 예절은 한(漢)나라 때의 박육후(博陸侯)와 안평헌왕(安平獻王)[82]의 고사를 보고, 천자의 예법을 참작하여 사용하였다.

---

80 일정한 지역에 거주하는 것을 말한다. 유목민들은 일정한 장소에 거주하지 않기 때문에 적이 와도 다른 지역으로 피할 수가 있음을 말한 것이다.

81 왕도는 시흥공이었는데, 죽자 시호를 문헌공이라고 했다.

82 박육후는 전한시대의 곽광을 말하는데, 곽광에 관한 사건은 한 선제 지절 2년(기원전 68년)의 일로, 그 내용은 《자치통감》 권25에 실려 있고, 안평헌왕은 진나라의 사마부(司馬孚)를 말하며 그에 관한 일은 진 무제 태시 8년

왕도는 간소하였고 욕심이 적었으며, 일에 따라 공로를 세우는 데로 나가기를 잘하였는데 비록 매일 사용하는 것에는 이익이 없었지만 1년을 계산해 보면 남는 것이 있었다.[83] 재상으로 삼세(三世)[84]를 보필하였는데도 창고에 저축한 곡식이 없었고, 의복에는 두 벌의 비단옷이 없었다.

처음에, 왕도가 유량과 더불어 단양윤(丹楊尹)[85] 하충(何充)을 황제에게 추천하고, 자기의 부관(副官)으로 삼아주기를 청하고 또 말하였다.

"신이 죽는 날, 바라건대 하충을 끌어서 안에서 시중을 들게 하면 사직은 걱정거리가 없을 것입니다."

이로 말미암아서 이부상서를 덧붙여주었다.

왕도가 죽자 유량을 징소하여 승상·양주자사·녹상서사(錄尙書事)로 삼으니 유량이 굳게 사양하였다. 신유일(19일)에 하충을 호군(護軍)장군으로 삼고, 유량의 동생인 회계(會稽, 절강성 소흥시)내사 유빙(庾氷)을 중서감(中書監)·양주자사·참록상서사(參錄尙書事)[86]로 삼았다.

(272년)에 있었고, 《자치통감》 권79에 실려 있다.

83 장자(莊子)는 하루를 계산해 보면 모자라지만 1년 전체를 놓고 계산하면 남는다고 하였다. 이 말을 향수(向秀)는 하루를 계산하면 부족하다는 것은 아침저녁으로 작은 이익을 내지는 못하지만 1년을 전체적으로 따져보면 시절에 순응하여 큰 수확을 얻게 된다는 말이라고 해석하였다.

84 세 황제를 말하며, 구체적으로는 진나라의 원제 사마예, 명제 사마소, 성제 사마연을 말한다.

85 동진의 도읍인 건강의 행정책임자이다.

86 상서는 황제에게 가는 모든 사무를 관장하는 직책이며, 그 수장은 상서령이다. 이 상서의 업무를 관장하는 직책을 녹상서사라 하고, 이 일에 참여하는 직책을 참록상서사라고 하였다.

유빙은 이미 중요한 책임을 맡고 있었고, 당시 업무에 경륜을 갖고 있었으며, 밤낮을 가리지 않고 조정의 현명한 사람을 손님으로 예우하고, 후진들을 발탁하여 승진시키니 이로 말미암아서 조야(朝野)에서는 기쁘게 그를 칭찬하며 현명한 재상이라고 하였다.

애초에, 왕도가 정치를 보필할 때 매번 관대하고 용서해 주었는데 유빙이 자못 위엄과 형벌로써 일을 맡으니 단양윤 은융(殷融)이 그에게 간하였다. 유빙이 말하였다.

"전에 재상이셨던 분의 현명함으로도 오히려 그 관대함에 대한 결과를 감당하지 못하였는데, 하물며 나와 같은 사람의 경우에서야!"

범왕(范汪)이 유빙에게 말하였다.

"최근에 천문을 보면 정상궤도를 벗어나고 있으니, 족하(足下)께서는 마땅히 막고 없애는 길[87]을 가는데 힘을 다하십시오."

유빙이 말하였다.

"현묘한 현상[88]을 어찌 내가 헤아리겠소? 올바로 마땅히 부지런히 사람이 할 일을 다 할 뿐이오."

또한 은밀히 호구(戶口)를 실제대로 조사하여 명적(名籍)에 올라 있지 않은 1만 명을 찾아내어 군대에 채워 넣어 알차게 하였다.

유빙은 규찰(糾察)하기를 좋아하여 번거롭고 세세함에 가까웠는데, 뒤에 가서는 더욱 고치고 바꾸어서 다시 관대하고 방종한 상태를 유지하니, 성기게 처리하든가 세세하게 처리하든가 하는 것이 자기 마음대

---

87 족하란 평배인 사람에 대하여 높여 부르는 말이고, 막고 없애라는 말은 간사한 사람을 제거하라는 뜻이었다.

88 천문 현상을 말한다.

로 하였으므로 율령은 쓸모가 없어졌다.

9   8월 임오일(10일)에 다시 승상을 사도라고 고쳤다.[89]

10   남창문성공(南昌文成公) 치감(郗鑒)이 병에 걸려 위독하여 부 (府)[90]의 업무를 장사 유하(劉遐)에게 부탁하고, 상소문을 올려 해골 (骸骨)[91]하겠다고 하면서 또한 말하였다.

"신이 통솔하고 있는 사람들은 여러 가지가 섞여 있는데, 대부분이 북쪽 사람들이고 혹은 억지로 옮겨왔거나, 혹은 새로이 귀부한 사람들 이니 백성들은 고향을 마음속에 품고 모두가 본래의 고향으로 돌아가 고 싶은 생각을 품었으며, 신이 나라의 은혜에 관하여 설명하고, 무엇 이 좋은지 나쁜지를 보여주어 농지와 집을 주며 살게 하여서 점차로 조금씩 안정할 수 있었습니다.

신의 질병이 위독하다는 소식을 듣고 무리들이 마음속으로 놀라 움 직이니, 만약에 북쪽으로 건너간다면[92] 반드시 노략질할 마음을 열어 주게 됩니다. 태상(太常)의 신하 채모(蔡謨)는 공평하고 간결하며, 곧

---

89 지난해에 사도의 직책을 없애서 승상부에 합병했었는데, 이를 회복시킨 것이 다.

90 태위 치감은 남창공이었는데, 죽고 나서 시호를 문성공이라고 하였다. 이 기 사는 그가 죽는 것에 대한 기록이므로 함께 병렬하여 쓴 것이다. 따라서 부란 태위부를 말한다.

91 관리가 퇴직하겠다는 뜻이다.

92 당시 태위부는 경구(京口)에 있었는데 이것을 강북으로 옮겨야 한다는 논의 가 있었다.

고 올바르기 때문에 평소에 바라는 사람들이 그에게 쏠리고 있으니 도독의 업무와 서주(徐州)자사를 시킬 만합니다."

조서를 내려서 채모를 태위부(太尉府) 군사(軍司)로 삼고 시중을 덧붙여주었다.

신유일[93]에 치감이 죽으니, 바로 채모를 정북(征北)장군·도독서연청삼주제군사(都督徐·兗·靑三州諸軍事)·서주자사[94]로 삼고, 가절(假節)을 주었다.

그때 좌위(左衛)장군 진광(陳光)이 조를 정벌하게 해달라고 청하니 조서를 내려서 진광을 파견하여 수양(壽陽)[95]을 치게 하니 채모가 상소문을 올렸다.

"수양성은 작지만 견고합니다. 수양에서 낭야(琅邪)까지는 성벽이 서로 바라볼 정도이고 한 성이 공격당하는 것을 보면 여러 성이 반드시 구원하러 올 것입니다. 또 왕의 군대가 길바닥에 50여 일 동안 있어야 하는데, 선봉부대가 도착하기도 전에 이 소식이 전해진 지 오래 되고, 도적[96]들의 우역(郵驛)은 하루에 천 리를 가므로 하북의 기병이 충분히 달려오게 됩니다.

---

93 8월 1일은 계유일이므로 8월 중에는 신유일이 없으니, 착오인 것 같다.

94 도독서청연삼주제군사(都督徐·兗·靑三州諸軍事)란 서주(徐州), 연주(兗州), 청주(靑州) 세 주의 모든 군사적인 일을 감독하는 직책이고, 다른 판본에는 서주자사의 앞에 영(領)자가 들어가서 서주자사를 영직으로 한 것 같기도 하다.

95 수춘(안휘성 수현)이다. 얼마 후에 즉위한 간문제(14대 황제) 사마욱의 어머니 이름이 정아춘(鄭阿春)이었는데, 피휘법에 따라서 수춘에서 춘(春) 자를 고쳐서 양(陽)으로 한 것이다.

96 후조를 말한다.

무릇 백기(白起)·한신(韓信)·항적(項籍)의 용맹함을 가지고도 오히려 교량을 부숴버리고 배를 불태우며 물을 뒤로하고 진을 쳤습니다.[97] 지금 배를 수저(水渚)[98]에 정박시켜놓고 병사를 이끌고 성을 공격하려 하는데, 앞에는 굳건한 적을 상대하면서 돌아올 길을 돌아보고 있는 상태이니 이러한 것은 병법에서 경계하는 것입니다. 만약에 진격하여 공격하다가 성을 뽑아버리지는 못하였는데, 호족(胡族)의 기병이 갑자기 도착한다면 환자(桓子)가 어찌할 바를 알지 못하고 배 안에서 손가락을 한 움큼이나 쥐는 상황이 될까 두렵습니다.[99]

지금 진광이 거느린 것은 모두 궁정의 정예 병사들인데, 의당 그들이 향하는 곳에서는 정벌하는 일은 있어도 싸우는 일은 없어야 합니다.[100] 그들을 굳건한 성벽 아래에 두는 것은 나라의 발톱과 같은 군사

---

97 백기가 초나라를 공격할 때 적 지역으로 깊이 들어가서 교량을 파괴하고 배를 불태워서 퇴로가 없고 싸우다 지면 죽을 수밖에 없다는 것을 보여주었다. 항우는 거록을 구원하려고 하면서 밥솥과 배를 깨뜨렸으며, 한신은 조를 공격하면서 물을 등지고 진을 쳤다. 모두 지면 죽음 밖에 없다는 것을 보여서 죽음을 무릅쓰고 싸우게 한 전법을 사용하였다.

98 물가를 말한다. 강 중간에 있는 작은 주(洲)를 말하기도 한다.

99 《좌전》에 있는 이야기이다. 진나라의 중행환자(中行桓子)가 군사를 거느리고 필(邲)에서 초나라와 전투를 하는데, 초의 사람들이 전차를 타고 갑자기 달려와서 진나라 군사를 덮쳤다. 환자는 어찌할 줄 모르고 군중에서 북을 치며 말하기를 '먼저 물을 건너는 사람에게 상을 주리라.'고 하였다. 그러자 중군과 하군이 서로 배를 빼앗으려고 하였다. 병사들이 뱃전을 붙잡고 놓지 않자 배 안에서는 도끼로 손가락을 잘라서 사람이 배에서 떨어지게 하였으며, 손가락이 배 안으로 떨어지니 배 안에는 손가락을 한 움큼이나 잡을 수 있었다.

100 궁정을 호위하는 군사는 가장 강한 군사이기 때문에 혹 실패한다면 국가의 체면이 크게 떨어지므로 정벌이라는 큰 전투를 할 때에는 동원되어 위엄으로 적을 항복시키는 데는 동원될 수 있지만 정말로 작은 싸움에 동원되어서는

를 가지고 도적들의 하급 읍을 치는 것인데, 그것을 얻었다 하여도 얻는 이익은 옅고 적들에게 손해 주기에는 부족하며, 이를 잃는다면 손해는 엄중하여 도적들에게 충분히 이익이 되니 정책 가운데 훌륭한 것이 아닐까 걱정이 됩니다."

마침내 중지하였다.

11   애초에, 도간(陶侃)이 무창(武昌)에 있는데, 의논하는 자들이 장강의 북쪽에 주성(邾城, 호북성 황강현의 서북쪽)이 있으므로 의당 병사를 나누어서 그곳을 지켜야한다고 하니, 도간은 그럴 때마다 대답을 아니 하자, 말하는 사람은 그치지 아니하였다.

도간이 마침내 물을 건너서 사냥을 하고서 보좌하는 장수들을 이끌고서 그들에게 말하였다.

"우리가 험준한 곳을 만들어서 도적을 막을 수 있는 까닭은 바로 장강 때문이다. 주성(邾城)은 장강의 북쪽에 떨어져 있는데 안으로는 의탁할 곳이 없고, 밖으로는 여러 이족(夷族)과 맞대어 있다.[101] 이족 가운데는 이로운 것이 많은데, 우리 진(晉)나라 사람들이 이익을 탐하게 되면 이족들은 그 명령을 감당할 길이 없게 되어 반드시 야만인을 이끌어 침입하여 올 것이다.

이것은 화를 불러오는 원인이 되는 것이지 야만인을 막는 것이 아니다. 또 오(吳)나라 때에는 이 성에서 수(戍)자리를 서느라고 3만 명의 군사를 사용하였는데, 지금 멋대로 군사를 동원하여 지킨다는 것은

안 된다는 말이다.

101 서쪽으로 서양(西陽)에 있는 여러 만족과 맞대고 있다.

또한 장강의 남쪽에 아무런 이익이 되지 않고, 만약에 야만인 갈(羯)족 [102]이 탈 수 있는 기회를 갖게 되면 이는 또한 보탬이 되는 것이 아니 요."

유량이 무창을 진수하게 되자 갑자기 모보(毛寶)와 번준(樊峻)에게 주성을 지키게 하였다. 조왕 석호가 이를 싫어하여 기안(夔安)을 대도 독으로 삼아 석감(石鑒)·석민(石閔)·이농(李農)·장학(張貉)·이토(李 菟) 등 다섯 명의 장군과 군사 5만 명을 인솔하고 형주와 양주의 북쪽 을 노략하고, 2만 명의 기병은 주성을 공격하게 하였다. 모보는 유량에 게 구원해 주기를 요청하였으나 유량은 성이 견고하다고 생각하고서 때에 맞추어 군사를 파견하지 않았다.

9월에 석민이 진의 군사를 면음(沔陰)[103]에서 패배시키고 장군 채 회(蔡懷)를 죽이고, 기안과 이농은 면남(沔南)[104]을 함락시키고, 주보 (朱保)는 백석(白石, 안휘성 함산현의 서남쪽)에서 진의 군사를 패배시키 고 정표(鄭豹) 등 다섯 장군을 죽이고, 장학이 주성을 함락시키니 죽은 사람이 6천 명이고, 모보와 번준이 포위망을 돌파하고 나와서 달아나 다가 장강에 도착하여 물에 빠져 죽었다.

기안은 진격하여 호정(胡亭, 호북성 안륙현의 서북쪽)을 점거하고 강하 (江夏)로 침구하고, 의양(義陽, 하남성 신양현)장군 황충(黃沖)과 의양태 수 정진(鄭進)이 모두 조에 항복하였다. 기안이 나아가서 석성(石城, 호

---

102 야만인 또는 야만인 갈(羯)족이란 후조를 말한다.

103 면수(沔水)의 남쪽이다. 음이라 할 때 강의 경우에는 남쪽이고, 산은 북쪽을 말한다.

104 면수의 남쪽이다.

북성 종상현)을 포위하니 경릉(竟陵, 호북성 잠강 서남쪽)태수 이양(李陽)
이 막고 싸워서 그들을 깨뜨리고 참수한 것이 5천여 급이 되자 기안이
마침내 후퇴하였다. 드디어 한수(漢水)[105]의 동쪽을 노략질하여 7천여
호를 붙잡아 유주(幽州)와 기주(冀州)로 옮겼다.

이때 유량이 오히려 상소문을 올려서 석성으로 옮겨 진수하려고 하
였으나, 주성이 함락되었다는 말을 듣고, 마침내 중지하였다. 표문을
올려서 사죄하고 스스로 3등급을 깎아내리고 행안서(行安西)장군[106]
이 되었는데, 조서를 내려서 본래의 직위를 회복하게 하였다.

보국(輔國)장군 유역(庾懌)을 예주(豫州)자사·감선성여강역양안풍
사군제군사(監宣城·廬江·歷陽·安豊四郡諸軍事)[107]·가절로 임명하고
무호(蕪湖, 안휘성 무호시)를 진수하게 하였다.

---

105 고대에는 한수를 면수라고도 하여 한수와 면수는 같은 강이다.

106 행직(行職), 즉 임시 혹은 대리직이다. 진나라의 방백은 동서남북으로 정, 진,
　　안, 평(정동장군·진동장군·안동장군·평동장군 등)을 두고 있다. 유량은 본래 정
　　서장군이었는데 스스로 3등급을 깎아내렸으므로 안서장군 대리직인 행안서
　　장군이 된 것이다.

107 선성(宣城)·여강(廬江)·역양(歷陽)·안풍(安豊) 네 군의 모든 군사적인 일을
　　감독하는 관직명이다.

진·조·연·한 등 각국의 연합

12 조왕 석호는 귀한 친척들이 호방하고 방자한 것을 근심하여 마침내 전중(殿中)어사 이거(李巨)를 어사중승(御史中丞)으로 삼고 특별히 친하게 지내고 신임을 보내니, 안팎이 숙연해졌다.

석호가 말하였다.

"짐이 듣기로는 훌륭한 신하는 사나운 호랑이와 같아서 광야(曠野)에서 높이 걸으면 시랑(豺狼)이들이 길을 피해준다고 하더니 믿을 말이로구나!"

석호가 무군(撫軍)장군 이농(李農)을 사지절(使持節)[108]·감요서북평제군사(監遼西·北平諸軍事)[109]·정동(征東)장군·영주목(營州牧, 하북성 동북부)으로 삼아 영지(令支, 하북성 천안현)에서 진수하게 하였다. 이농이 무리 3만 명을 인솔하고 정북(征北)대장군 장거(張擧)와 더불어 연의 범성(凡城, 하북성 평천현 경계 지역)을 공격하였다.

연왕 모용황(慕容皝)이 합노(榼盧, 산해관 부근)의 성대(城大) 열관(悅

---

108 평상시에도 태수 이하를 주살할 수 있는 권한을 가진다.

109 요서와 북평(北平)지역의 모든 군사에 관한 일을 감독하는 관직명이다.

絹)을 어난(禦難)장군으로 삼고 군사 1천 명을 주어 범성을 지키게 하였다. 조의 군사가 도착하자 장군과 관리들이 모두 두려워하여 성을 버리고 달아나려고 하였다. 열관이 말하였다.

"명령을 받고 도적[110]을 막는 데는 이것을 가지고 죽거나 살거나 해야 할 것이다. 또 성에 의지하여 굳게 지키면 한 사람이 백 명을 대적할 수 있을 것인데, 감히 망령된 말을 하여 대중을 현혹시키는 사람이 있으면 목을 베리라!"

무리들이 그러한 다음에 안정되었다.

열관 자신이 사졸들보다 먼저 나서서 친히 화살과 돌을 무릅쓰니 장거 등이 그곳을 공격하여 열흘이 지나도 이길 수 없자 드디어 물러났다. 석호는 요서(遼西)가 연의 경계에 아주 가까워서 자주 공격과 습격을 받았으므로 마침내 그곳의 백성들을 기주(冀州)의 남쪽으로 옮겼다.

13 한(漢)의 주군 이수가 병이 들자 나항(羅恒)과 해사명(解思明)이 다시 진(晉)나라를 받들자고 논의하였는데, 이수가 좇지 않았다. 이연(李演)이 다시 편지를 올려서 이것을 말하였더니 이수가 화가 나서 이연을 죽였다.

이수는 항상 한의 무제와 위(魏)의 명제(明帝)[111]의 사람됨을 흠모하고 아버지와 형님[112]시절에 있었던 일을 듣는 것을 수치스럽게 여기

---

110 성대(城大)란 성주(城主)를, 도적이란 후조를 말한다.

111 한 무제는 전한 7대 황제인 유철이고, 위 명제는 위나라 2대 황제인 조예를 말한다.

112 이수의 아버지는 사부였던 이양(李驤)이고, 형이란 사촌형인 성의 첫째 황제 이웅(李雄)을 말한다.

면서 편지를 올리는 사람은 전 시대의 정치와 교화에 관하여 이야기할 수 없게 하고 스스로 그때보다 수승(殊勝)하다고 생각하였다.

사인(舍人) 두공(杜襲)이 시(詩) 10편을 지어서 응거(應璩)[113]의 작품이라고 가탁하여 넌지시 간하였다. 이수가 회보하였다.

"시를 살펴보았는데, 그 뜻을 알겠다. 만약에 오늘날 사람이 지은 것이라면 현명하고 밝은 사람의 말일 테고, 만약에 옛날 사람이 지은 것이라면 죽은 귀신이 일상적으로 하는 말일 뿐이다."

14　연왕 모용황이 스스로 왕이라고 하면서 진(晉)의 명령을 아직 받지 아니하였다 하여, 겨울에 장사 유상(劉翔)과 참군 국운(鞫運)을 파견하여 승리한 사실을 바치고 공로를 논의하면서 또한 임시방편으로 일을 처리하였다[114]는 뜻을 말하고, 아울러 시기를 기약하여 크게 군사를 일으켜서 함께 중원을 평정하자고 청하였다.

모용황이 고구려를 쳐서 군사들이 신성(新城, 요녕성 신빈현)에 이르니 고구려왕 고소(高釗)[115]가 동맹을 맺자고 빌어서 마침내 돌아왔다. 또 그의 아들 모용낙(慕容烙)과 모용패(慕容霸)에게 우문씨(宇文氏)의 별부(別部)를 치게 하였다. 모용패는 나이 13세였는데 용감하기가 3군에서 으뜸이었다.

---

113 응거는 위(魏)나라 때의 사람으로 문명(文名)이 있었다.

114 연왕이 승리한 사실은 조와 싸워서 승리한 것을 말하며, 임시방편으로 일을 처리한다는 것은 권가(權假)라는 말인데, 실제로는 칭왕하였다는 말이다.

115 고구려 16대 원왕이다.

15   장준(張駿)이 벽옹(辟雍)과 명당(明堂)을 세우고서 전례(典禮)를 실시하였다. 11월에 세자 장중화(張重華)를 행양주사(行涼州事)[116]로 삼았다.

16   12월 정축일(7일)에 조의 태보(太保) 도표(桃豹)가 죽었다.

17   병술일(16일)에 표기(驃騎)장군인 낭야왕 사마악(司馬岳)을 시중·사도로 삼았다.

18   한의 이혁(李奕)[117]이 파동(巴東, 사천성 봉절현 동쪽)을 침략하니, 지키던 장수 노양(勞楊)이 패하여 죽었다.

성제 함강 6년(庚子, 340년)[118]

1   봄, 정월 초하루 경자일에 도정문강후(都亭文康侯) 유량(庾亮)이 죽었다.[119] 호군(護軍)장군·녹상서 하충(何充)을 중서령으로 삼았다.

---

116 행직, 즉 대리직이다. 양주의 업무를 수행한다는 말이다.

117 이때 이혁의 나이 18세였고, 직책은 서이교위였다.

118 성(成, 前蜀) 소문제 한흥 3년, 후조 무제 건무 6년, 전량 문왕 태원 17년, 전연 문명제 7년이다. 그리고 대왕 탁발십익건 건국 3년이다.

119 유량의 작위는 도정후였는데 죽자 시호를 문강후라고 하였으며, 그가 죽은 사건을 기록하는 것이므로 시호를 함께 기록해준 것이며 이때 유량의 나이는 52세였다.

경술일(11일)에 남군(南郡)태수 유익(庾翼)을 도독강형사옹양익육주
제군사(都督江·荊·司·雍·梁·益六州諸軍事)[120]·안서(安西)장군·형주
(荊州)자사·가절로 삼아 유량을 대신하여 무창에서 진수하게 하였다.

　당시의 사람들은 유익이 나이가 어려서[121] 그의 형의 일을 이을 수
없을 것이라고 의심하였다. 유익은 모든 마음을 다하여 다스리고 군정
(軍政)을 엄하고 분명하게 처리하여 몇 년이 지나는 사이에 공사(公私)
가 충실해졌고, 사람들은 그의 재주를 칭찬하였다.

2　　신해일(12일)에 좌(左)광록대부 육완(陸玩)을 시중·사공으로 삼
았다.

3　　우문일두귀(宇文逸頭歸)가 모용한(慕容翰)이 재주와 명성이 있음
을 꺼리자[122] 모용한이 겉으로 미친 척하며 술에 취하고, 혹은 자기가
편안한대로 아무 곳에나 누워서 배설하거나 혹은 머리를 풀어헤치고
노래를 부르면서 무릎을 꿇고 절을 하면서 밥을 빌었다.

　우문부락에서는 거국적으로 그를 천하게 보고 다시는 살펴보거나
기록해두지 않으니, 그러한 연고로 가고 오는 것을 스스로 할 수 있어
서, 산천의 형편을 모두 암암리에 기억해두었다.

　연왕 모용황은 모용한이 처음부터 반란을 일으킨 것이 아니고, 시기

---

120 강주(江州)·형주(荊州)·사주(司州)·옹주(雍州)·양주(梁州)·익주(益州) 여
　섯 주의 모든 군사적인 일을 감독하는 관직명이다.

121 유익의 나이는 이때 36세였다.

122 모용한은 성제 함강 4년(338년)에 우문부락으로 달아났다.

와 혐의를 받아서 달아났으며,[123] 비록 다른 나라에 있지만 항상 몰래 연을 위하여 계책을 세우고 있다는 것을 알아서, 마침내 장사꾼 왕거(王車)를 파견하여 우문부에 가서 장사를 하면서 모용한을 살피게 하였다.

모용한이 왕거를 보자 아무 말 없이 그의 가슴을 두드리거나 목을 끄떡일 뿐이었다. 모용황이 말하였다.

"모용한이 오고자 하는구나."

다시금 왕거에게 그를 맞이하게 하였다. 모용한은 3석(石)이 넘는 활을 당기는데, 그 화살이 아주 길었지만 모용황이 그를 위하여 손으로 사용할 수 있는 활과 화살을 만들어서 왕거에게 길옆에 묻어놓고 이 사실을 비밀리에 알리게 하였다.

2월에 모용한이 우문일두귀의 유명한 말을 훔치고 그의 아들 두 명을 데리고 지나가다가 활과 화살을 가지고 도망하여 돌아왔다. 우문일두귀가 날랜 기병 100여 명에게 그를 뒤쫓게 하였다. 모용한이 말하였다.

"나는 오랫동안 손님 노릇하여 돌아갈 생각을 하였고, 이미 말을 얻어서 타고 있으니 다시 돌아갈 이유가 없소. 내가 과거에 겉으로 어리석은 체하여 너를 속였는데, 나의 옛날 기술이 오히려 그대로 있으니 가까이 다가와서 스스로 죽을 곳을 차지하지 마라."

추격하던 기병들은 그것을 가벼이 생각하고 곧장 돌격하여 앞으로 왔다.

모용한이 말하였다.

"내가 너의 나라에 살면서 오랫동안 사모하여 너를 죽이고 싶지 않으니 너희들이 나에게서 100보 떨어져서 네 칼을 세워놓고 한 발을 쏘아

---

123 이 사건은 함화 8년(333년)에 있었고, 그 내용은 《자치통감》 권95에 실려 있다.

맞추면 너희들을 돌아갈 수 있을 것이고, 맞추지 못하면 앞으로 오라."

좇아오던 기병이 칼을 풀어서 이를 세워놓자 한 발을 쏘았는데, 그 칼의 고리를 정확히 맞추니, 추격하던 기병들이 흩어져서 달아났다. 모용황은 모용한이 도착하였다는 소식을 듣고 크게 기뻐하며 은혜로 아주 후하게 대우하였다.

4   경진일(11일)에 패성(孛星)이 태미성(太微星)[124] 자리에 나타났다.

5   3월 정묘일(29일)에 크게 사면하였다.

6   한의 사람들이 단천(丹川, 운남성 곡정현)을 공격하여 뽑아버리니 지키던 장수 맹언(孟彦)[125]·유제(劉齊)·이추(李秋)가 모두 죽었다.

7   대왕(代王) 탁발십익건이 처음으로 운중(雲中)에 있는 성락궁(盛樂宮)[126]에 도읍하였다.

8   조왕 석호가 한의 주군 이수에게 편지를 보내서 그와 더불어 군사를 연합하여 침입해 들어가 강남을 나누어 갖자고 약속하였다. 이수는 크게 기뻐하고 산기상시 왕하(王嘏)와 중상시 왕광(王廣)을 파견하여

---

124 패성은 꼬리가 짧은 혜성이고, 태미성은 천자의 자리를 상징하였다. 이는 황제에게 불길한 일이 있을 것을 예고하는 것으로 받아들인다.

125 맹언은 건녕을 가지고 함강 5년(339년)에 동진에 항복하였다. 단천은 건녕의 경계 지역에 있다.

126 내몽고 허린커리에 있다.

조에 사신으로 가게 하였다. 공장(龔壯)이 간하였으나 듣지 않았다. 이수는 배를 많이 만들고, 무기를 수리하고 양식을 모아들였다.

가을, 9월에 상서령 마당(馬當)을 6군 도독으로 삼아 사졸 7만여 명을 징집하여 수군을 만들고, 성도(成都)에서 크게 열병(閱兵)을 하니 북소리가 강(江)에 가득하였는데, 이수가 성에 올라가서 이것을 보고 강남지역을 먹어치울 생각을 가졌다.

해사명(解思明)이 간하여 말하였다.

"우리나라는 작고, 군사는 약합니다. 오(吳)와 회계(會稽)[127]는 멀고 험난하여 그것을 도모하는 것이 쉽지 않습니다."

이수는 마침내 여러 신하들에게 그 이로움과 해로움을 크게 논의하도록 명령하였다.

공장(龔壯)이 말하였다.

"폐하께서 흉노[128]와 왕래하시는 것이 진(晉)과 왕래하시는 것과 어떠합니까? 흉노는 승냥이이며 이미 진나라를 멸망시키고 나면 부득불 북쪽으로 얼굴을 돌려서 그들을 섬겨야 할 것인데, 만약에 그들과 더불어 천하를 놓고 다툰다면 강하고 약한 것으로 보아 대적할 수 없어서 위태롭고 망하게 될 형세이고, 우(虞)와 괵(虢)의 일[129]은 이미 그러한

---

127 진나라지역을 말한다.

128 후조를 말한다.

129 《좌전》 희공(獻公) 2년(기원전 658년)에 기록된 내용이다. 진(晉)나라 희공이 우국(虞國)과 괵국(虢國)을 멸망시키려고 이름난 말과 좋은 구슬을 우국에 보내면서 괵국을 토벌할 길을 빌려달라고 하였다. 그리하여 진나라가 괵국을 멸망시키고 오는 길에 우국도 멸망시키고 전에 주었던 이름난 말과 구슬도 다시 빼앗아버렸다.

일의 경계가 되니 바라건대 폐하께서 깊이 이를 생각하십시오."

여러 신하들이 모두 공장의 말이 그러할 것이라고 하니 이수는 마침내 그쳤다. 사졸들이 모두 만세를 불렀다.

공장은 사람의 행동 가운데 충성과 효도보다 더 큰 것이 없다고 생각하여 이미 아버지와 삼촌의 원수를 갚고 나서 또 이수에게 진을 섬기게 하려고 하였지만 이수가 좇지 아니하였다. 마침내 거짓으로 귀머거리라고 하고 손으로는 물건을 잡지 못하며 사직하고 돌아가서 문적(文籍)을 가지고 스스로 즐기다가 죽을 때까지 다시는 성도에 오지 아니하였다.

9   조의 상서령 기안(夔安)이 죽었다.

10   조왕 석호가 사주(司州)·청주(靑州)·서주(徐州)·유주(幽州)·병주(幷州)·옹주(雍州)의 일곱 주의 백성들에게 명령을 내려서 다섯 명의 장정이 있는 집에서는 세 명을 뽑고, 네 명이 있는 집에서는 두 명을 뽑고, 업성(鄴城, 하북성 임장현)에 있는 옛날 병사들까지 합쳐서 50만 명을 채우고, 배를 1만 척을 구비하여 황하에서 바다로 통하여 곡식을 1천1백만 곡(斛)을 낙안성(樂安城, 하북성 낙정현)으로 운반하였다.

요서(遼西)·북평(北平, 하북성 준화현)·어양(漁陽, 북경시 밀운현)에 사는 1만여 호를 연주(兗州)·예주(豫州)·옹주(雍州)·낙주(洛州, 하남성 중부)의 네 주가 있는 곳으로 이사시켰다. 유주의 동쪽에서 백랑(白狼, 요녕성 객라심의 좌익)까지 크게 둔전을 일으켰다. 백성들의 말을 모두 빼앗았는데, 감히 사사롭게 숨기는 사람이 있으면 요참(腰斬)을 하니 무릇 4만여 필을 얻었다. 완양(宛陽)[130]에서 크게 열병(閱兵)을 하고 연

(燕)을 치고자 하였다.

연왕 모용황이 제장들에게 말하였다.

"석호가 스스로 낙안성에서 막고 지키는 것을 중복하고 있어서 계성
(薊城, 북경시 서남쪽)의 남북에는 반드시 방비를 해두지 않았을 것이니,
지금 만약에 길을 속여서 그들이 생각하지 아니한 곳으로 나아가면 다
깨뜨릴 수 있다."

겨울, 10월에 모용황이 제군(諸軍)을 인솔하고 열옹새(蠮螉塞, 거용
관 ; 용성에서 서쪽 길을 가서 도착하는 곳)에서부터 들어와서 조를 습격하
여 지키는 장수로 그 길목에 있던 사람을 모두 사로잡고서 곧바로 계
성에 도착하였다.

조의 유주자사 석광(石光)이 군사 수만 명을 가지고 성문을 닫고 감
히 나오지 못하였다. 연의 병사들이 나아가서 무수진(武遂津, 하북성 서
수현 서쪽)을 깨뜨리고 고양(高陽, 하북 보정시)에 들어가서 이르는 곳에
서는 쌓아놓은 곡식에 불 지르고 3만여 집을 약취하여 갔다. 석광이 나
약하였다는 죄에 걸려서 불려 돌아갔다.

11   조왕 석호가 진공(秦公) 석도(石韜)를 태위로 삼고, 태자 석선(石
宣)과 더불어 날짜를 바꾸어 가며 상서(尙書)의 상주문을 살펴보고 처
리하게 하였는데, 상을 주고 벌을 내리는 일을 전결(專決)하고 다시 보
고하지 아니하였다.

사도 신종(申鍾)이 간하였다.

130 열마대(閱馬臺)라고도 한다. 하북성 임장현 서남쪽 장하(漳河)의 남쪽 하안
이며, 옛날 업성의 서쪽에 있는 열병을 할 수 있는 높은 건물이다.

"상을 주고 형벌을 내리는 것은 임금이 갖는 커다란 권력이니 다른 사람에게 빌려줄 수 없는 것은 미약한 싹이 나는 것을 막고 조금씩 물드는 것을 틀어막아 아직 그렇게 되지 않은 상태에서 반역과 혼란을 없애려는 것입니다.

태자의 직책은 음식을 보살피는 것이며 정치에 참여하는 것이 마땅하지 않은데, 서인이 된 석수(石邃)는 정치에 참여하다가 실패하기에 이르렀으니,[131] 넘어진 수레가 그다지 먼 곳에 있지 않습니다. 또 두 분의 정치가 권한을 나누고 있으니 화가 닥치지 않는 일이 아주 적을 것입니다. 아끼지만 도(道)를 가지고 하지 않는다면 바로 그를 해치는 것에 해당합니다."

석호가 듣지 않았다.

중알자령(中謁者令) 신편(申扁)이 지혜 있게 깨우치고 말하는 것으로 석호에게 총애를 받았는데, 석선이 그를 가까이하면서 그에게 기밀을 관장하게 하였다. 석호는 이미 일을 살피지 아니하였으며, 석선과 석도는 모두 술 마시거나 사냥하는 것을 좋아하니, 이로 말미암아서 관직을 주거나 살리고 죽이는 일은 모두 신편에게서 결정되었으므로, 9경(卿) 이하의 관원 모두가 멀리서 먼지가 이는 것만 보아도 절을 하였다.

태자인 첨사(詹事)[132] 손진(孫珍)이 눈병이 나서 시중 최약(崔約)에게 처방을 구하였더니 최약이 그를 놀리며 말하였다.

"가운데가 오줌을 넣으면 낫는다."

---

131 성제 함강 3년(337년)의 일이며, 이 사건은 《자치통감》 권95에 보인다.

132 태자궁을 관리하는 총책임자이다.

손진이 말하였다.

"눈을 어떻게 오줌에 빠뜨릴 수 있는가?"

최약이 말하였다.

"경의 눈은 완완(腕腕)[133]하니 바로 오줌을 넣을 수 있겠소."

손진이 이 말을 듣고 한을 품고 이를 석선에게 말하였다.

석선은 형제들 가운데 가장 흉노족의 모습으로 눈이 깊어서 이 말을 듣고 화가 나서 최약의 부자를 죽였다. 이에 공경 이하의 관원들은 손진을 두려워하여 곁눈질을 하였다.

연공(燕公) 석빈(石斌)이 변방의 주를 감독하는데, 역시 사냥을 좋아하여 항상 성문열쇠를 걸고 다녔다.[134] 정북(征北)장군 장하도(張賀度)가 매번 제재하며 그에게 간하였더니 석빈이 화가 나서 장하도에게 욕을 보였다.

석호가 이 소식을 듣고 주서(主書) 예의(禮儀)[135]에게 지절을 가지고 그를 감독하게 하였다. 석빈이 예의를 죽이고 또 장하도를 죽이고자 하니 장하도가 엄하게 호위를 하며 말을 달려서 이 사실을 보고하였다. 석호가 상서 장리(張離)를 파견하여 기병을 거느리고 석빈을 뒤

---

133 눈이 움푹 패여 들어간 것을 말한다. 북방민족의 특징 가운데 하나이므로 북방족임을 희롱한 말이다.

134 성문 밖으로 사냥을 자주 나가기 때문에 직접 그 성문의 열쇠를 가지고 다닌 것이다.

135 주서(主書)는 후한대부터 상서에 속한 각 조(曹)에 주서라는 직책이 있었는데 이는 이직(吏職)이지만 제(齊)·양(梁)시대에 이르러서는 그 권한과 책임이 무거워졌으며, 예의(禮儀)는 사람 이름으로 예가 성이고 의가 이름이며, 춘추시대에 위(衛)의 대부인 예지(禮至)라는 사람이 있었다.

쫓아 가서 그에게 채찍 300대를 치고, 관직을 면직시켜서 집에 가 있게 하고, 그가 가까이하고 믿었던 사람 10여 명을 죽였다.

12   장준(張駿)[136]이 별가(別駕) 마선(馬詵)을 파견하여 조(趙)에 들어가서 공물을 바치는데, 표문에 쓰인 말씨가 거만하니, 석호가 화가 나서 마선의 목을 베려고 하였다.

시중 석박(石璞)이 간하였다.

"지금 국가께서는 마땅히 먼저 제거해야 할 것은 남겨진 진(晉)입니다. 하서(河西)는 치우쳐 있고 보잘것없으니 마음속에 두기에는 모자랍니다. 지금 마선의 목을 베면 반드시 장준을 정벌해야 하는데, 병력이 나뉘어 두 개가 되고 건강[137]은 다시 몇 년 동안의 운명을 연장하게 됩니다."

마침내 중지하였다. 석박은 석포(石苞)[138]의 증손자이다.

13   애초에, 한의 장수 이굉(李閎)이 진에 잡혔다가 도망하여 조로 달아났고, 한의 주군 이수가 조왕 석호에게 편지를 보내 그를 보내달라고 청하면서, 편지에 '조왕(趙王) 석군(石君)'[139]이라고 하였다. 석호가 기쁘지 않아서 이것을 밖에 붙여서 논의하게 하였다.

---

136 전량의 주군인 양왕이다.

137 하서(河西)는 전량이 있는 지역이고, 건강은 동진의 도읍지이다.

138 석포는 진나라 문제와 무제를 섬겼던 사람이다.

139 후조의 석호가 이미 황제의 자리에 올랐는데 그냥 왕이라고 호칭하였고, 성을 직접 썼으므로 이는 석호를 낮추어 호칭한 것이었다.

중서감(中書監) 왕파(王波)가 말하였다.

"지금[140] 이굉이 죽음으로써 스스로 맹세하고 말하기를, '진실로 촉(蜀)으로 내 뼈를 돌아가게 할 수만 있다면 마땅히 종족들을 규합하고 인솔하여 왕도(王道)의 교화[141]를 섞어 같게 되도록 하여야 할 것입니다.'라고 하였으니, 만약 그것을 믿는다고 한다면 한 개의 여단(旅團)[142]이라도 번거롭게 하지 않고 앉아서 양주(梁州)와 익주(益州)를 평정하게 될 것이며, 만약에 진전되기도 하고 물러나기도 하는 상태[143]라면 한 명의 망명한 사람을 잃는 것에 지나지 않을 것이니 우리 조에 무슨 손해가 되겠습니까?

이수는 이미 커다란 명호[144]를 참칭(僭稱)하고 있으며, 지금 제(制)와 조(詔)[145]를 가지고 그에게 내려주었으니 저 사람은 반드시 답을 가지고 돌아갈 것이므로 다시금 편지를 써서 그에게 주는 것만 못합니다."

마침 읍루국(挹婁國, 길림성 영안현)에서 고시(楛矢)와 석노(石砮)[146]

---

140 중화서국 활자본(용조조 등 표점본)에서는 왕파가 말한 부분의 맨 앞이 령(令)으로 되어 있는데, 앞뒤 문맥으로 보아 적당하지 않으며, 또 중화서국의 사부비요본(방원간본)에는 금(今)으로 되어 있으며, 내용으로 보아 금(今)이 옳을 것으로 보인다.

141 조는 왕도를 실천하는 나라라고 인정하고 그 교화를 말하는 것이다.

142 여단은 군대가 행군할 때의 단위로 500명을 1개의 여(旅)라고 하였다.

143 오늘날의 표현으로 한다면 마음속에서 오락가락 망설이는 마음을 품은 경우를 말한다.

144 한의 이수는 이미 황제의 칭호를 사용하고 있다.

145 황제의 명령이다. 황제의 명(命)은 제(制)이고 영(令)은 조(詔)라고 하는데, 이는 진 시황 이후에 사용된 용어이다.

146 고는 가시나무 종류인데 이 나무로 만든 화살이 고시이고, 돌로 만든 화살

를 우리 조에 바쳤는데, 왕파가 이를 이용하여 이들을 한에 보내기를 청하면서 말하였다.

"그들에게 우리가 능히 먼 곳에 있는 나라까지 항복시킬 수 있다는 것을 알게 하십시오."

석호가 이 말을 좇아서 이굉을 돌려보내며 그에게 후하게 예(禮)를 베풀었다.

이굉이 성도(成都)에 도착하자 이수가 조서를 내려서 말하였다.

"갈족(羯族)[147]의 사자가 우리 왕정에 와서 고시를 바쳤다."

석호가 이 소식을 듣고 화가 나서 왕파를 내쫓고 백의(白衣)[148]를 입고 직무를 수행하게 하였다.

촉을 석노라고 한다.

147 석호가 속한 종족 이름이다. 이수가 석호를 낮추어 부른 말이다.

148 평민들의 복장이다.

모용씨의 유상과 진

성제 함강 7년(辛丑, 341년)[149]

1   봄, 정월에 연왕 모용황(慕容皝)이 당국(唐國, 산서성 향녕현)내사 양유(陽裕) 등에게 유성(柳城, 요녕성 조양현의 동남쪽)의 북쪽과 용산(龍山, 조양현)의 서쪽에 성을 쌓고 종묘와 궁궐을 세우게 하고 이름을 용성(龍城)이라고 하였다.[150]

2   2월 초하루 갑자일에 일식이 있었다.

3   유상(劉翔)이 건강(建康, 진의 도읍, 남경)에 도착하였는데, 황제가 불러 보고 모용진군(慕容鎭軍)[151]이 평안한지를 물었다. 대답하였다.

---

149 성(成, 前蜀) 소문제 한흥 4년, 후조 무제 건무 7년, 전량 문왕 태원 18년, 전연 문명제 8년이다. 그리고 대왕 탁발십익건 건국 4년이다.

150 유성은 새로 쌓은 용성에서 아주 가깝게 있었으므로 이후에는 유성이라는 말 대신에 모두 용성으로 불렸다.

151 유상(劉翔)은 연 모용황의 사절로 이에 대한 사건은 함강 5년(339년)에 실려

"신이 파견 명령을 받은 그날, 조복(朝服)을 입고 절을 하고 주장(奏章)을 주었습니다."[152]

유상은 연왕 모용황을 위하여 대장군·연왕이란 글이 새겨진 인새를 청구하였다. 조당에서 의논하여 말하였다.

"옛 일을 보면, 대장군은 변방에 거주하지 않았고 한(漢)과 위(魏) 이후로 이성(異姓)은 왕으로 책봉하지 않았으니 청구하는 것을 허락할 수 없습니다."

유상이 말하였다.

"유연(劉淵)과 석륵(石勒)[153]이 혼란을 만들어내고 장강의 이북은 잘려져서 융족(戎族)들의 온상이 되었는데도 아직 중화(中華)에 살았던 공경들의 후예 가운데 어느 한 사람도 능히 어깨를 걷어붙이고 창을 휘두르며 흉악한 역적들을 부러뜨리고 깨뜨렸다는 소식을 못 들었습니다.

다만 모용진군의 부자(父子)만이 힘을 다하며 마음을 본래의 조정[154]에 두고서 적은 숫자를 가지고 많은 숫자를 쳐서 여러 차례 강한 적을 섬멸하여 석호에게 두렵고 무섭게 하고, 변방에 있는 백성들을 삼위(三魏)지역[155]으로 모두 옮겨놓으면서 나라를 1천 리나 오그라들게

있고 모용진군(慕容鎭軍)은 모용황인데, 그는 전연의 왕이지만 진으로부터는 진군장군의 칭호를 받았으므로 이와 같이 부른 것이다.

152 모용황이 사신을 파견하는 날, 진의 조복을 입고 진 황제에게 절을 하였다는 말이다.

153 유연은 전조를 일으킨 사람이고 석륵은 후조를 일으킨 사람이다.

154 진 조정을 말한다.

155 옛 위나라지역에 있는 세 군을 말하는데, 위군, 양평군, 광평군이다.

하면서 계성(薊城, 북경 서남쪽)을 북쪽 경계 지역으로 만들었습니다.

공로를 매섭게 세운 것이 이와 같은데, 바다 북쪽의 땅을 애석하게 생각하시어 읍에다 책봉하지 않는 것은 무엇 때문입니까? 옛날에 한의 고조는 한신과 팽월에게 왕작(王爵)을 주는 것을 아끼지 아니하였으므로 그의 황제의 대업을 이룩할 수 있었습니다. 항우는 인새(印璽)를 새겨놓고 차마 주지 못하다가 끝내 위험이 닥치고 망하게 되었습니다.[156]

나의 지극한 마음은 다만 그 맡은 일을 존중받으려고 할 뿐만이 아니고, 가만히 성스러운 조정에서 충성스럽고 의로운 나라를 멀리하여 사해에 사는 사람들에게 사모하라고 권고할 것이 없어지게 될까 걱정할 뿐입니다."

상서 제갈회(諸葛恢)는 유상의 누나의 남편이었는데, 홀로 다른 뜻을 주장하여 말하였다.

"이적(夷狄)들이 서로 공격하는 것은 중국의 이익이니, 다만 기물(器物)과 명칭[157]을 가벼이 허락할 수 없습니다."

이에 유상에게 말하였다.

"설사 모용진군이 능히 석호를 제거할 수 있다고 하여도 바로 다시 하나의 석호를 얻게 될 것인데[158] 조정이 어떻게 의뢰하겠소?"

---

156 이 내용들은 모두 《자치통감》 권11 한기에 실려 있다.

157 기물이란 관직에 따라서 주는 의복 등을 말하므로 관직을 말하고, 명칭도 관직의 명칭 혹은 작위의 명칭을 말한다.

158 모용황이 석호를 제거한다고 하여도 그 자리에는 모용황이 다시 석호가 취하였던 세력가가 되어 존재하게 되니 진에게는 아무 도움이 되지 않는다는 말이다.

유상이 말하였다.

"이부(嫠婦)라도 오히려 종주(宗周)가 망하는 것을 아낄 줄 알았었소.[159] 지금 진(晉)나라 황실은 위험에 직면해 있고, 그대의 직위는 원(元)과 개(凱)[160]와 같은데 일찍이 나라를 근심하는 마음을 갖지 않았다는 말입니까?

설사 미(靡)와 격(鬲)의 공로가 세워지지 못하였다고 하면 소강(少康)이 어찌 하(夏)나라에 제사를 지냈겠소?[161] 환공(桓公)과 문공(文公)[162]이 싸움에서 승리하지 못하였다면 주(周)나라 사람들은 모두 좌임(左袵)[163]을 하였을 것이오.

모용진군은 창을 베고 아침을 기다리면서 흉악한 역적을 섬멸하는 데 뜻을 두었는데, 그대는 다시 잘못되고 현혹하는 말을 부르짖으며 충성스러운 신하를 꺼리고 이간질하는군요. 사해가 아직 하나가 되지 못한 까닭이 바로 그대와 같은 무리들로 말미암은 것일 뿐이오."

---

159 《춘추좌전》에 실려 있는 말이다. 정자태숙(鄭子太叔)이 범헌자(范獻子)를 보고 한 말이다. 과부라도 위선(緯線)을 조심하지 않으면 도리어 주나라 왕실이 멸망할지도 모른다고 걱정하는 것이며, 이로 인하여 우환이 그 여자에게 닥쳤다는 내용이다.

160 《좌전》에 실려 있는 말이다. 고신씨에게 재주 있는 보좌역이 여덟 명이 있어서 이를 8원이라고 하고, 고양씨에게 재주 있는 여덟 명의 보좌관이 있었는데 이를 8개라고 하여 후에는 황제를 보필하는 사람을 원개라고 불렀다.

161 미는 하나라 때 제상(帝相)의 신하였다. 제상이 유궁씨에게 멸망되자 미는 격(산동성 평원의 북쪽)으로 도망하여 하나라의 유민을 모아서 유궁씨를 멸망시키고 제상의 아들인 소강을 왕으로 삼았는데, 이를 소강의 중흥이라고 한다.

162 춘추시대에 패권을 장악하였던 진 문공과 제 환공을 말한다.

163 고대에 중국 사람들은 오른쪽으로 옷깃을 여몄고, 이민족들은 왼쪽으로 옷을 여며서 이를 좌임이라고 하였다. 따라서 좌임이란 이민족을 말한다.

유상이 건강에 1년을 넘게 머물렀지만 여러 사람들의 의견은 끝내 결정되지 못하였다.

유상이 마침내 중상시 욱홍(彧弘)[164]에게 말하였다.

"석호는 여덟 주의 땅을 차지하고 갑옷을 입은 병사 1백만 명을 가지고서 속으로 장강과 한수(漢水)을 병탄하고자 하며, 색두(索頭)[165]와 우문씨(宇文氏) 그리고 여러 작은 나라들이 신하로 복종하지 않는 나라가 없는데, 오직 모용진군만이 천자를 도와 추대하여 바로 해를 꿰뚫을 것 같으니, 다시 특별히 예우하라는 명령을 얻지 못하게 되면 천하 사람들이 마음을 옮기고 국체를 해체할 것이며 다시는 남쪽을 향하지 않게 될까 걱정입니다.

공손연(公孫淵)이 오(吳)에 한 자 정도의 이익을 주지 않게 되어도 오의 주군은 연왕(燕王)으로 책봉하고 구석(九錫)을 덧붙여주었습니다.[166] 지금 모용진군은 여러 번 도적들의 칼날을 꺾어서 그 위엄이 진(秦)과 농(隴)지역을 흔들어놓아 석호가 근래에 중요한 사신을 파견하여 달콤한 말과 후한 선물을 주면서 요위(曜威)대장군·요서왕(遼西王)을 주려고 하였으나[167] 모용진군은 그가 바르지 않은 것을 미워하여 도리어 물리치고 받지 않았습니다.

---

164 욱(彧)은 욱(郁)이라고도 쓰는데, 이는 성(姓)이다.

165 대국(代國)을 말한다.

166 삼국시대의 오나라 손권의 이야기이며, 위 명제 청룡 원년(233년)의 일로,《자치통감》권72에 실려 있다.

167 도적이란 후조를 가리키는 말이며, 요위(曜威)대장군·요서왕(遼西王)을 주려고 했다는 것은 유상이 꾸며 한 말이고 사실이 아니지만 모용황을 요위라고 부르는 일은 있었다.

지금 조정에서 마침내 헛된 이름 하나를 아끼려고 하다가 충성스럽고 순종하는 사람을 막고 억누른다면 어찌 사직의 장구한 계책이겠습니까? 후에는 비록 이를 후회하여도 아마도 따라잡을 수 없을까 걱정입니다."

욱홍이 그를 위하여 들어가서 황제에게 말하니 황제의 뜻으로도 또한 그것을 허락하고자 하였다.

마침 모용황이 표문을 올렸다.

"유씨(庾氏) 형제가 권력을 멋대로 부려서 혼란을 불러 왔으니[168] 의당 배척하여 물리쳐서 사직을 편안하게 하십시오."

또 유빙(庾氷)에게 편지를 보내어 그가 나라의 일을 담당하고 권력을 잡고서 나라를 위하여 수치를 깨끗하게 씻어낼 수 없었던 것을 책망하였다. 유빙은 아주 두려워하였지만 그가 뚝 떨어진 먼 곳에 있으므로 통제할 수도 없다 하여 마침내 하충(何充)과 더불어 그들의 요청을 좇도록 상주문을 올렸다.

을묘일[169]에 모용황을 사지절(使持節)[170]·대장군·도독하북제군사(都督河北諸軍事)[171]·유주목(幽州牧)·대선우·연왕으로 삼고, 갖추어

---

168 유량이 소준과 조약의 변란을 불러 일으켰고, 유량이 죽자 그의 동생 유익이 밖에서 병권을 쥐고 유빙은 안에서 정치를 오로지하였다.

169 2월 1일이 갑자일이므로 2월에는 을묘일이 없다. 다만 乙卯가 己卯의 잘못이라면 이날은 정월 16일이다.

170 절이란 황제의 부절(符節)을 말하는 것으로 황제의 권위를 갖고 있음을 의미한다. 여기에도 등급이 있는데 1급은 사지절이고, 다음은 지절, 그리고 3급은 가절이다.

171 하북(河北)지역의 모든 군사적인 일을 감독하는 관직명이다.

져야 할 물건[172]과 법전(法典)과 책서(策書)를 갖추고 특별한 예우가 따르게 하였다.

또 그의 세자 모용준(慕容儁)을 가절(假節)·안북(安北)장군·동이(東夷)교위·좌현왕으로 삼고 군사물자와 기계(器械)를 하사하는데, 1천만 전으로 헤아렸다. 또 여러 공신 100여 명에게 작위를 책봉하는데, 유상을 대군(代郡)태수로 삼고 임천향후(臨泉鄕侯)로 책봉하고 원외(員外)[173]산기상시를 덧붙여주었으나 유상이 사양하고 받지 않았다.

유상이 강남지역의 사대부들이 교만하고 사치하며 술을 먹으며 방종하면서 서로 높여주고 있는 것을 싫어하였는데, 일찍이 조정의 귀한 사람들이 연회를 하려고 모인 자리에서 하충 등에게 말하였다.

"사해가 반대로 가서 모든 것이 무너진 지 3기(紀)[174]를 넘겨서 종묘와 사직은 빈터가 되고, 백성들이 도탄에 빠졌으니 이는 바로 묘당(廟堂)에서 속을 태우고 염려를 하여야 할 시기이며, 충신들은 목숨을 다 바칠 때요.

그런데 여러분은 강타(江沱)[175]에서 편안하게 연회를 하며 제멋대로 마음을 쓰면서 사치를 영광으로 삼고 오만하고 방자한 것을 현명함으로 여기고 있으면서, 공정하고 솔직한 말은 듣지 아니하고 정벌하는 공로가 세워지지 않으니, 장차 어떻게 주군을 높이고 백성들을 건지겠소?"

---

172 의장용 물건들을 말하는데, 차로(車輅)·기장(旂章)·궁시(弓矢)·부월(斧鉞) 등이다.

173 원외란 편제 외에 있는 관직을 말한다.

174 1기(紀)를 12년으로 보아 36년간을 말한다. 이 시점은 혜제 영흥 원년(305년)에 유연이 반란을 일으킨 후로 36년이 지난 시점이다.

175 강남지역을 말한다. 강수를 별도로 타수라고도 한다.

하충 등이 아주 부끄러워하였다.

대홍려(大鴻臚)를 겸직하고 있는 곽희(郭悕)를 파견하여 지절(持節)[176]을 가지고 극성(棘城, 요녕성 의현 서북쪽)에 가서 연왕으로 책명(冊命)하도록[177] 조서를 내려서 유상 등과 함께 북쪽으로 가게 하였다.

공경들이 강상(江上)에서 전별을 하는데, 유상이 여러 공경들에게 말하였다.

"옛날에 소강(少康)은 1여단(旅團)의 밑천을 가지고 유궁(有窮)을 멸망시켰고, 구천(句踐)은 회계(會稽, 절강성 소흥시)에 의지하여 강한 오(吳)에 보복을 하였습니다.[178] 만초(蔓草)라도 오히려 일찍 제거해야 하는데[179] 하물며 도적질하는 원수의 경우에야!

지금 석호와 이수는 마음속으로 서로 씹어 삼키려고 하고 있는데, 왕의 군대가 설사 아직도 북쪽을 깨끗이 정리하지 못한다 하여도 또 마땅히 파(巴)와 촉(蜀)[180]에다 일을 벌여야 할 것입니다. 어느 날 석호가 먼저 일을 벌여서 이수를 병탄하여 이곳을 소유하게 되면 형세와 편리한 곳을 점거하여 동남으로 올 것이니 비록 지혜로운 사람이 있다

---

176 황제가 부절을 주는 등급으로는 2급 권력을 행사할 수 있는 지위이다.

177 모용황에게 연왕의 작위를 주게 한 것이다.

178 소강(少康)은 하나라의 8대 군왕이고 유궁(有窮)은 하나라 때 방국(方國)의 이름으로 유궁씨가 소강의 아버지를 죽이고 7대 군왕이 되었고, 구천(句踐)은 춘추시대의 월나라 왕이며 구천이 회계(會稽, 절강성 소흥시)에 의지하여 오(吳)에 보복한 것은 기원전 473년의 일이다.

179 만초란 넝쿨이 있는 들풀을 말하는데,《좌전》에 정채중(鄭祭仲)의 말로 '넝쿨을 자라게 하지 않으면 넝쿨풀로 오히려 뽑아버릴 수 없다.'고 한데서 인용한 말이다.

180 이수가 주군으로 있는 성의 영토이다.

고 하여도 그 다음을 잘 처리할 수 없을 것입니다."

중호군 사광(謝廣)이 말하였다.

"이것이 내가 마음먹는 것입니다."

4   3월 무술일(5일)에 황후 두씨(杜氏)가 붕어하였다.[181] 여름, 4월 정묘일(5일)에 공(恭)황후를 흥평릉(興平陵)에 장사지냈다.

5   왕공(王公)에서 그 아래로 서인(庶人)에 이르기까지 사실대로 조사하여 모두가 토단(土斷)과 백적(白籍)[182]을 올바로 잡으라고 조서를 내렸다.

6   가을, 7월에 곽희(郭晞)와 유상 등이 연에 도착하니 연왕 모용황이 유상을 동이(東夷)호군·영(領)대장군부 장사(長史)[183]로 삼고, 당국(唐國)내사 양유(陽裕)를 좌(左)사마로 삼고, 전서령(典書令)[184] 이홍(李

---

181 두씨가 진(晉) 왕조의 황후이므로 붕이라는 용어를 사용하였다. 그러나 진은 이때 통일왕조가 아니어서 일견 훙(薨)이라는 단어를 써야 할 것 같으나, 진(晉)이 통일왕조였었다는 사실을 인정하였던 것으로 볼 수 있다.

182 이 당시 왕공에서 서인까지 많은 사람들이 북쪽에서 내려와서 강동지역에 우거하였는데, 이들을 우거하는 지역에 토착하는 사람들로 단안을 내리고 흰 종이로 된 호적에 등록하게 하였다. 다만 원래 거주하였던 사람들의 호적은 황색 종이에 기록하여 황적이라고 하였으며, 백적에 기록된 사람들은 면역, 면세의 특권을 가졌으나 이들이 황적에 편입되면 원주민과 같이 부역과 세금을 부담하게 된다.

183 영직이다. 여기서 대장군은 모용황을 말하는데, 진으로부터 대장군 직책을 받았기 때문이며, 장사는 대장군보다 한 등급 아래의 관직이다. 영(領)은 별도로 직책을 가지고 있으면서 이 일을 관장하게 하는 것을 말한다.

洪)을 우(右)사마로 삼았으며, 중위 정림(鄭林)을 군자(軍諮)좨주로 삼았다.

7   8월 신유일(1일)에 동해애왕(東海哀王) 사마충(司馬沖)[185]이 죽었다.

8   9월에 대왕(代王) 탁발십익건(拓跋什翼犍)이 성락성(盛樂城, 내몽고 허린커리)을 옛 성이 있던 곳에서 남쪽으로 8리(里)되는 곳에 쌓았다.

9   대왕(代王)의 왕비 모용씨[186]가 죽었다.

10   겨울, 10월에 흉노 유호(劉虎)가 대(代)의 서부지역을 침략하니 대왕 탁발십익건이 군사를 파견하여 맞아 쳐서 이들을 대파하였다. 유호가 죽자, 아들 유무환(劉務桓)이 뒤를 잇고, 사신을 보내어 대(代)에 화의를 요구하니 탁발십익건이 딸을 그의 처로 삼게 했다. 유무환이 또한 조(趙)에도 조공을 하니, 조에서는 유무환을 평북(平北)장군·좌현왕으로 삼았다.

---

184 중앙정부에 오면 이부상서에 해당하는 직책으로 연은 명목상 진의 지방왕국이므로 이부상서라는 직책을 사용하지 못한 것이다.

185 사마충은 동해왕이었는데, 죽은 다음에 시호를 애왕으로 했으며, 그에 관하여서는 회제 영가 5년(311년),《자치통감》권87에 기록되어 있다.

186 모용황의 누이동생이다.

11 조의 횡해(横海)장군 왕화(王華)가 수군을 인솔하고 바닷길로 연의 안평(安平, 하북성 안평)을 습격하여 깨뜨렸다.

12 연왕 모용황이 모용각(慕容恪)을 도요(渡遼)장군으로 삼고 평곽(平郭)을 진수하게 하였다. 모용한(慕容翰)과 모용인(慕容仁)의 뒤로부터는 여러 장군 가운데 뒤를 이을 사람이 없었다. 모용각이 평곽에 도착하자 옛 사람들을 어루만져 주고 새로 온 사람들을 품어주며 여러 차례 고구려의 군사를 격파하니, 고구려에서는 그를 두려워하여 감히 국경으로 들어오지 못하였다.

13 12월에 흥평강백(興平康伯)[187] 육완(陸玩)이 죽었다.

14 한의 주군 이수가 그의 태자 이세(李勢)를 영(領)대장군·녹상서사로 삼았다.

처음에, 성의 주군 이웅(李雄)은 검소하고 절약하며 관대하고 은혜를 베풀어서 촉(蜀)지역 사람들의 인심을 얻었다. 이기(李期)시대에 이르자 왕하(王嘏)가 업(鄴, 하북성 임장현)에서 돌아와서[188] 업중(鄴中)이 번성하고 궁전이 웅장하고 아름답다고 큰 소리를 치고, 또 조왕 석호가 형벌로 사람을 죽이는 방법으로 아랫사람을 통제하였던 고로 국경 지역 안을 통제할 수 있었다고 말하였다.

이수가 이러한 것을 흠모하여 이웃에 사는 군의 백성들 가운데 한

---

187 육완이 죽자 시호를 강백했다. 백(伯)은 작위 가운데 하나인 백작을 말한다.
188 성제 함강 6년(340년)의 일이다.

집에 3명 이상의 정남(丁男)이 있는 사람들을 옮겨서 성도를 꽉 채우고, 궁실을 크게 수리하고 그릇과 노리개를 만들게 하며 사람들 가운데 조그만 정도의 허물이 있으면 번번이 죽여서 그의 위엄을 세웠다.

좌복야 채홍(蔡興)과 우복야 이억(李嶷)이 모두 직접 간언하였다는 죄에 연좌되어 죽었다. 백성들이 부세와 부역으로 피곤해졌으며, 한탄하는 소리가 길거리에 가득하여 반란을 일으키려고 생각하는 사람이 많았다.＊

5호16국표

★는 16국에 들어가지 않음

종족	나라이름	기 간	창 업 자	도 읍 지
匈奴	前趙(漢)	304~329년	劉淵	平陽(한)
			劉曜	長安(전조)
	北涼	397~439년	段業	張掖
			沮渠蒙遜	
	夏	407~431년	赫連勃勃	統萬
羯	後趙	319~350년	石勒	襄國 → 鄴城
鮮卑	前燕	384~409년	慕容廆	龍城 → 薊 → 鄴城
	後燕	337~370년	慕容垂	中山
	西燕 ★	384~394년	慕容冲	長安 → 長子
	南燕	398~410년	慕容德	廣固
	西秦	385~431년	乞伏國仁	勇士堡 → 金城
	南涼	397~414년	禿髮烏孤	兼川堡 → 樂都
	遼西 ★	303~338년	段務勿塵	令支
	代(魏) ★	315~376년	拓跋猗廬	盛樂(北都) 平城(南都)
氐	成漢	302~347년	李特	成都
	前秦	351~394년	苻洪	長安
	後涼	386~403년	呂光	姑臧
	仇池 ★	296~371년	楊茂搜	仇池
羌	後秦	384~417년	姚弋仲	長安
漢人	前涼	301~376년	張軌	姑臧
	魏 ★	350~352년	冉閔	鄴城
	西涼	400~420년	李暠	酒泉
	北燕	409~436년	馮跋	和龍
	後蜀 ★	405~413년	譙縱	成都

❖ 황제계보도

진(晉)

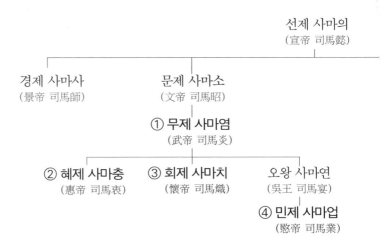

선제 사마의
(宣帝 司馬懿)

경제 사마사
(景帝 司馬師)

문제 사마소
(文帝 司馬昭)

① 무제 사마염
(武帝 司馬炎)

② 혜제 사마충
(惠帝 司馬衷)

③ 회제 사마치
(懷帝 司馬熾)

오왕 사마연
(吳王 司馬晏)

④ 민제 사마업
(愍帝 司馬業)

낭야왕 사마주
(琅邪王 司馬伷)

사마근
(司馬覲)

東晉
⑤ 원제 사마예
(元帝 司馬睿)

⑥ 명제 사마소
(明帝 司馬紹)

⑫ 간문제 사마욱
(簡文帝 司馬昱)

⑦ 성제 사마연
(成帝 司馬衍)

⑧ 강제 사마악
(康帝 司馬岳)

⑬ 효무제 사마요
(孝武帝 司馬曜)

⑪ 폐제 사마혁
(廢帝 司馬奕)

⑩ 애제 사마비
(哀帝 司馬丕)

⑨ 목제 사마담
(穆帝 司馬聃)

⑭ 안제 덕종
(安帝 德宗)

⑮ 공제 덕문
(恭帝 德文)

資治通鑑 卷091

【晉紀十三】

起屠維單閼(己卯) 盡重光大荒落(辛巳) 凡三年.

❖ 中宗元皇帝中 太興 2年(己卯, 319年)

1　　春 二月 劉遐·徐龕擊周撫於寒山 破斬之. 初 掖人蘇峻
帥鄉里數千家結壘以自保 遠近多附之. 曹嶷惡其強 將攻之 峻
率眾浮海來奔. 帝以峻爲鷹揚將軍 助劉遐討周撫有功 詔以遐
爲臨淮太守 峻爲淮陵內史.

2　　石勒遣左長史王脩獻捷於漢 漢主曜遣兼司徒郭汜授勒太
宰·領大將軍 進爵趙王 加殊禮 出警入蹕 如曹公輔漢故事
拜王脩及其副劉茂皆爲將軍 封列侯. 脩舍人曹平樂從脩至粟
邑 因留仕漢 言於曜曰"大司馬遣脩等來 外表至誠 內覘大駕
強弱 俟其復命 將襲乘輿." 時漢兵實疲弊 曜信之. 乃追汜還
斬脩於市. 三月 勒還至襄國. 劉茂逃歸 言脩死狀. 勒大怒曰
"孤事劉氏 於人臣之職有加矣. 彼之基業 皆孤所爲 今既得志

還欲相圖. 趙王·趙帝 孤自爲之 何待於彼邪！"乃誅曹平樂
三族.

3   帝令羣臣議郊祀 尚書令刁協等以爲宜須還洛乃修之 司徒
荀組等曰"漢獻帝都許 何必洛邑！"帝從之 立郊丘於建康城
之巳地. 辛卯 帝親祀南郊. 以未有北郊 幷地祗合祭之. 詔"琅
邪恭王宜稱皇考."賀循曰"《禮》子不敢以己爵加於父."乃止.

4   初 蓬陂塢主陳川自稱陳留太守. 祖逖之攻樊雅也 川遣其
將李頭助之. 頭力戰有功 逖厚遇之. 頭每歎曰"得此人爲主
吾死無恨！"川聞而殺之. 頭黨馮寵帥其衆降逖 川益怒 大掠
豫州諸郡 逖遣兵擊破之. 夏 四月 川以浚儀叛 降石勒.

5   周撫之敗走也 徐龕部將于藥追斬之 及朝廷論功 而劉遐
先之. 龕怒 以泰山叛 降石勒 自稱兗州刺史.

6   漢主曜還 都長安 立妃羊氏爲皇后 子熙爲皇太子 封子
襲爲長樂王 闡爲太原王 沖爲淮南王 敞爲齊王 高爲魯王 徽
爲楚王 諸宗室皆進封郡王. 羊氏 卽故惠帝后也. 曜嘗問之曰
"吾何如司馬家兒？"羊氏曰"陛下 開基之聖主 彼 亡國之暗
夫 何可並言！彼貴爲帝王 有一婦·一子及身三耳 曾不能庇.
妾於爾時 實不欲生 意謂世間男子皆然. 自奉巾櫛已來 始知天
下自有丈夫耳！"曜甚寵之 頗干預國事.

7　南陽王保自稱晉王 改元建康 置百官 以張寔爲征西大將軍‧開府儀同三司. 陳安自稱秦州刺史 降于漢 又降于成. 上邽大饑 士衆困迫 張春奉保之南安祁山. 寔遣韓璞帥步騎五千救之 陳安退保縣諸 保歸上邽. 未幾 保復爲安所逼 寔遣其將宋毅救之 安乃退.

8　江東大饑 詔百官各上封事. 益州刺史應詹上疏曰"元康以來 賤《經》尚道 以玄虛弘放爲夷達 以儒術清儉爲鄙俗. 宜崇獎儒官 以新俗化."

9　祖逖攻陳川于蓬關 石勒遣石虎將兵五萬救之 戰于浚儀 逖兵敗 退屯梁國. 勒又遣桃豹將兵至蓬關 逖退屯淮南. 虎徙川部衆五千戶于襄國 留豹守川故城.

10　石勒遣石虎擊鮮卑日六延於朔方 大破之 斬首二萬級 俘虜三萬餘人. 孔萇攻幽州諸郡 悉取之. 段匹磾士衆飢散 欲移保上谷 代王鬱律勒兵將擊之 匹磾棄妻子奔樂陵 依邵續.

11　曹嶷遣使賂石勒 請以河爲境 勒許之.

12　梁州刺史周訪擊杜曾 大破之. 馬俊等執曾以降 訪斬之 幷獲荊州刺史第五猗 送於武昌. 訪以猗本中朝所署 加有時望 白王敦不宜殺 敦不聽而斬之. 初 敦患杜曾難制 謂訪曰"若擒曾

當相論爲荊州." 及曾死而敦不用. 王廙在荊州 多殺陶侃將佐
以皇甫方回爲侃所敬 責其不詣己 收斬之. 士民怨怒 上下不
安. 帝聞之 徵廙爲散騎常侍 以周訪代爲荊州刺史. 王敦忌訪
威名 意難之. 從事中郎郭舒說敦曰"鄙州雖荒弊 乃用武之國
不可以假人 宜自領之 訪爲梁州足矣." 敦從之. 六月 丙子 詔
加訪安南將軍 餘如故. 訪大怒 敦手書譬解 幷遺玉環 · 玉椀以
申厚意. 訪抵之於地 曰"吾豈賈豎 可以寶悅邪!"訪在襄陽
務農訓兵 陰有圖敦之志 守宰有缺輒補 然後言上 敦患之而不
能制.

魏該爲胡寇所逼 自宜陽帥衆南遷新野 助周訪討杜曾有功
拜順陽太守.

趙固死 郭誦留屯陽翟 石生屢攻之 不能克.

13　　漢主曜立宗廟 · 社稷 · 南北郊於長安 詔曰"吾之先 興於
北方. 光文立漢宗廟以從民望. 今宜改國號 以單于爲祖. 亟議
以聞!"羣臣奏"光文始封盧奴伯 陛下又王中山 中山 趙分也
請改國號爲趙."從之. 以冒頓配天 光文配上帝.

14　　徐龕寇掠濟 · 岱 破東莞. 帝問將帥可以討龕者於王導 導
以爲太子左衛率太山羊鑒 龕之州里冠族 必能制之. 鑒深辭 才
非將帥 郗鑒亦表鑒非才 不可使 導不從. 秋 八月 以羊鑒爲征
虜將軍 · 征討都督 督徐州刺史蔡豹 · 臨淮太守劉遐 · 鮮卑段
文鴦等討之.

15　冬 石勒左・右長史張敬・張賓, 左・右司馬張屈六・程
遐等 勸勒稱尊號 勒不許. 十一月 將佐等復請勒稱大將軍・大
單于・領冀州牧・趙王 依漢昭烈在蜀・魏武在鄴故事 以河內
等二十四郡爲趙國 太守皆爲內史 準《禹貢》復冀州之境 以大
單于鎭撫百蠻 罷幷・朔・司三州 通置部司以監之 勒許之. 戊
寅 卽趙王位 大赦 依春秋時列國稱元年.

　初 勒以世亂 律令煩多 命法曹令史貫志 采集其要 作《辛亥
制》五千文 施行十餘年 乃用律令. 以理曹參軍上黨續咸爲律
學祭酒 咸用法詳平 國人稱之. 以中壘將軍支雄・游擊將軍王
陽領門臣祭酒 專主胡人辭訟 重禁胡人 不得陵侮衣冠華族 號
胡爲國人. 遣使循行州郡 勸課農桑. 朝會 始用天子禮樂・衣
冠・儀物 從容可觀矣. 加張賓大執法 專總朝政 以石虎爲單
于・元輔・都督禁衛諸軍事 尋加驃騎將軍・侍中・開府 賜爵
中山公 自餘羣臣 授位進爵各有差.

　張賓任遇優顯 羣臣莫及 而廉虛敬愼 開懷下士 屛絕阿私 以
身帥物 入則盡規 出則歸美. 勒甚重之 每朝 常爲之正容貌 簡
辭令 呼曰右侯而不敢名.

16　十二月 乙亥 大赦.

17　平州刺史崔毖 自以中州人望 鎭遼東 而士民多歸慕容廆
心不平. 數遣使招之 皆不至 意廆拘留之 乃陰說高句麗・段
氏・宇文氏 使共攻之 約滅廆 分其地. 毖所親勃海高瞻力諫

慙不從.

三國合兵伐廆. 諸將請擊之 廆曰"彼爲崔毖所誘 欲邀一切
之利. 軍勢初合 其鋒甚銳 不可與戰 當固守以挫之. 彼烏合而
來 旣無統壹 莫相歸服 久必攜貳 一則疑吾與毖詐而覆之 二
則三國自相猜忌. 待其人情離貳 然後擊之 破之必矣."

三國進攻棘城 廆閉門自守 遣使獨以牛酒犒宇文氏. 二國疑
宇文氏與廆有謀 各引兵歸. 宇文大人悉獨官曰"二國雖歸 吾
當獨取之."

宇文氏士卒數十萬 連營四十里. 廆使召其子翰於徒河. 翰遣
使白廆曰"悉獨官舉國爲寇 彼衆我寡 易以計破 難以力勝. 今
城中之衆 足以禦寇 翰請爲奇兵於外 伺其間而擊之 內外俱奮
使彼震駭不知所備 破之必矣. 今幷兵爲一 彼得專意攻城 無復
他虞 非策之得者也. 且示衆以怯 恐士氣不戰先沮矣." 廆猶疑
之. 遼東韓壽言於廆曰"悉獨官有憑陵之志 將驕卒惰 軍不堅
密 若奇兵卒起 掎其無備 必破之策也." 廆乃聽翰留徒河.

悉獨官聞之 曰"翰素名驍果 今不入城 或能爲患 當先取之
城不足憂." 乃分遣數千騎襲翰. 翰知之 詐爲段氏使者 逆於道
曰"慕容翰久爲吾患 聞當擊之 吾已嚴兵相待 宜速進也!"使
者旣去 翰卽出城 設伏以待之. 宇文氏之騎見使者 大喜馳行
不復設備 進入伏中. 翰奮擊 盡獲之 乘勝徑進 遣間使語廆出
兵大戰. 廆使其子皝與長史裴嶷將精銳爲前鋒 自將大兵繼之.
悉獨官初不設備 聞廆至 驚 悉衆出戰. 前鋒始交 翰將千騎從
旁直入其營 縱火焚之 衆皆惶擾 不知所爲 遂大敗 悉獨官僅

爲身免. 廆盡俘其衆 獲皇帝玉璽三紐.

崔毖聞之 懼 使其兄子燾詣棘城僞賀. 會三國使者亦至 請和曰"非我本意 崔平州教我耳." 廆以示燾 臨之以兵 燾懼 首服. 廆乃遣燾歸謂毖曰"降者上策 走者下策也." 引兵隨之. 毖與數十騎棄家奔高句麗 其衆悉降於廆. 廆以其子仁爲征虜將軍 鎭遼東 官府・市里 按堵如故.

高句麗將如奴子據于河城 廆遣將軍張統掩擊 擒之 俘其衆千餘家 以崔燾・高瞻・韓恒・石琮歸于棘城 待以客禮. 恒 安平人 琮 鑒之孫也. 廆以高瞻爲將軍 瞻稱疾不就 廆數臨候之 撫其心曰"君之疾在此 不在他也. 今晉室喪亂 孤欲與諸君共淸世難 翼戴帝室. 君中州望族 宜同斯願 奈何以華・夷之異 介然疏之哉! 夫立功立事 惟問志略何如耳 華・夷何足問乎!" 瞻猶不起 廆頗不平. 龍驤主簿宋該 與瞻有隙 勸廆除之 廆不從. 瞻以憂卒.

初 鞠羨既死 苟晞復以羨子彭爲東萊太守. 會曹嶷徇靑州 與彭相攻 嶷兵雖強 郡人皆爲彭死戰 嶷不能克. 久之 彭歎曰"今天下大亂 強者爲雄. 曹亦鄕里 爲天所相 苟可依憑 卽爲民主 何必與之力爭 使百姓肝腦塗地! 吾去此 則禍自息矣." 郡人以爲不可 爭獻拒嶷之策 彭一無所用 與鄕里千餘家浮海歸崔毖. 北海鄭林客於東萊 彭・嶷之相攻 林情無彼此. 嶷賢之不敢侵掠 彭與之俱去. 比至遼東 毖已敗 乃歸慕容廆. 廆以彭參龍驤軍事. 遺鄭林車牛粟帛 皆不受 躬耕於野.

宋該勸廆獻捷江東 廆使該爲表 裴嶷奉之 幷所得三璽詣建

康獻之.

高句麗數寇遼東 廆遣慕容翰 · 慕容仁伐之 高句麗王乙弗利
逆來求盟 翰 · 仁乃還.

18　是歲 蒲洪降趙 趙主曜以洪爲率義侯.

19　屠各路松多起兵於新平 · 扶風以附晉王保 保使其將楊
曼 · 王連據陳倉 張顗 · 周庸據陰密 松多據草壁 秦 · 隴氏 ·
羌多應之. 趙主曜遣諸將攻之 不克 曜自將擊之.

❖ 中宗元皇帝中 太興 3年(庚辰. 330年)

1　春 正月 曜攻陳倉 王連戰死 楊曼奔南氏. 曜進拔草壁 路
松多奔隴城 又拔陰密. 晉王保懼 遷于桑城. 曜還長安 以劉雅
爲大司徒.

　張春謀奉晉王保奔涼州 張寔遣其將陰監將兵迎之 聲言翼衛
其實拒之.

2　段末杯攻段匹磾 破之. 匹磾謂邵續曰"吾本夷狄 以慕義
破家. 君不忘久要 請相與共擊末杯."續許之 遂相與追擊末杯
大破之. 匹磾與弟文鴦攻薊. 後趙王勒知續勢孤 遣中山公虎將
兵圍厭次 孔萇攻續別營十一 皆下之. 二月 續自出擊虎 虎伏

騎斷其後 遂執續 使降其城. 續呼兄子竺等謂曰"吾志欲報國 不幸至此. 汝等努力奉匹磾爲主 勿有貳心！"匹磾自薊還 未至厭次 聞續已沒 衆懼而散 復爲虎所遮 文鴦以親兵數百力戰 始得入城 與續子緝·兄子存·竺等嬰城固守. 虎送續於襄國 勒以爲忠 釋而禮之 以爲從事中郞. 因下令"自今克敵 獲士人 毋得擅殺 必生致之."

吏部郞劉胤聞續被攻 言於帝曰"北方藩鎮盡矣 惟餘邵續而已 如使復爲石虎所滅 孤義士之心 阻歸本之路 愚謂宜發兵救之."帝不能從. 聞續已沒 乃下詔以續位任授其子緝.

3   趙將尹安·宋始·宋恕·趙愼四軍屯洛陽 叛 降後趙. 後趙將石生引兵赴之 安等復叛 降司州刺史李矩. 矩使潁川太守郭默將兵入洛. 石生虜宋始一軍 北渡河. 於是河南之民皆相帥歸矩 洛陽遂空.

4   三月 裴嶷至建康 盛稱慕容廆之威德 賢雋皆爲之用 朝廷始重之. 帝謂嶷曰"卿中朝名臣 當留江東 朕別詔龍驤送卿家屬."嶷曰"臣少蒙國恩 出入省闥 若得復奉輦轂 臣之至榮. 但以舊京淪沒 山陵穿毀 雖名臣宿將 莫能雪恥 獨慕容龍驤竭忠王室 志除凶逆 故使臣萬里歸誠. 今臣來而不返 必謂朝廷以其僻陋而棄之 孤其嚮義之心 使懈體於討賊 此臣之所甚惜 是以不敢徇私而忘公也."帝曰"卿言是也."乃遣使隨嶷拜廆安北將軍·平州刺史.

5   閏月 以周顗爲尙書左僕射.

6   晉王保將張春·楊次與別將楊韜不協 勸保誅之 且請擊陳
安 保皆不從. 夏 五月 春·次幽保 殺之. 保體肥大 重八百斤
喜睡 好讀書 而暗弱無斷 故及於難. 保無子 張春立宗室子瞻
爲世子 稱大將軍. 保衆散 奔涼州者萬餘人. 陳安表於趙主曜
請討瞻等. 曜以安爲大將軍 擊瞻 殺之 張春奔枹罕. 安執楊次
於保柩前斬之 因以祭保. 安以天子禮葬保於上邽 諡曰元王.

7   羊鑒討徐龕 頓兵下邳 不敢前. 蔡豹敗龕於檀丘 龕求救於
後趙. 後趙王勒遣其將王伏都救之 又使張敬將兵爲之後繼. 勒
多所邀求 而伏都淫暴 龕患之. 張敬至東平 龕疑其襲己 乃斬
伏都等三百餘人 復來請降. 勒大怒 命張敬據險以守之. 帝亦
惡龕反覆 不受其降 敕鑒·豹以時進討. 鑒猶疑憚不進 尙書令
刁協劾奏鑒 免死除名 以蔡豹代領其兵. 王導以所擧失人 乞自
貶 帝不許.

8   六月 後趙孔萇攻段匹磾 恃勝而不設備 段文鴦襲擊 大破
之.

9   京兆人劉弘客居涼州天梯山 以妖術惑衆 從受道者千餘人
西平元公張寔左右皆事之. 帳下閻涉·牙門趙印 皆弘鄕人 弘
謂之曰 "天與我神璽 應王涼州." 涉·印信之 密與寔左右十餘

人謀殺寔 奉弘爲主. 寔弟茂知其謀 請誅弘. 寔令牙門將史初收之 未至 涉等懷刃而入 殺寔於外寢. 弘見史初至 謂曰"使君已死 殺我何爲!"初怒 截其舌而囚之 轘於姑臧市 誅其黨與數百人. 左司馬陰元等以寔子駿尚幼 推張茂爲涼州刺史·西平公 赦其境內 以駿爲撫軍將軍.

10　丙辰 趙將解虎及長水校尉尹車謀反 與巴酋句徐·庫彭等相結 事覺 虎·車皆伏誅. 趙主曜囚徐·彭等五十餘人于阿房 將殺之 光祿大夫游子遠諫曰"聖王用刑 惟誅元惡而已 不宜多殺."爭之 叩頭流血. 曜怒 以爲助逆而囚之 盡殺徐·彭等尸諸市十日 乃投於水. 於是巴衆盡反 推巴酋句渠知爲主 自稱大秦 改元曰平趙. 四山氐·羌·巴·羯應之者三十餘萬 關中大亂 城門晝閉. 子遠又從獄中上表諫爭 曜手毀其表曰"大荔奴 不憂命在須臾 猶敢如此 嫌死晚邪!"叱左右速殺之. 中山王雅·郭汜·朱紀·呼延晏等諫曰"子遠幽囚 禍在不測 猶不忘諫爭 忠之至也. 陛下縱不能用 奈何殺之! 若子遠朝誅 臣等亦當夕死 以彰陛下之過. 天下將皆捨陛下而去 陛下誰與居乎!"曜意解 乃赦之.

　曜敕內外戒嚴 將自討渠知. 子遠又諫曰"陛下誠能用臣策 一月可定 大駕不必親征也."曜曰"卿試言之."子遠曰"彼非有大志 欲圖非望也 直畏陛下威刑 欲逃死耳. 陛下莫若廓然大赦 與之更始 應前日坐虎·車等事 其家老弱沒入奚官者 皆縱遣之 使之自相招引 聽其復業. 彼既得生路 何爲不降! 若其中

自知罪重 屯結不散者 願假臣弱兵五千 必爲陛下梟之. 不然
今反者彌山被谷 雖以天威臨之 恐非歲月可除也." 曜大悅 卽
日大赦 以子遠爲車騎大將軍 · 開府儀同三司 · 都督雍 · 秦征
討諸軍事. 子遠屯于雍城 降者十餘萬 移軍安定 反者皆降. 惟
句氏宗黨五千餘家保于陰密 進攻 滅之 遂引兵巡隴右. 先是
氐 · 羌十餘萬落據險不服 其酋虛除權渠自號秦王. 子遠進造
其壁 權渠出兵拒之 五戰皆敗. 權渠欲降 其子伊餘大言於衆
曰"往者劉曜自來 猶無若我何 況此偏師 何謂降也!" 帥勁
卒五萬 晨壓子遠壘門. 諸將欲擊之 子遠曰"伊餘勇悍 當今無
敵 所將之兵 復精於我. 又其父新敗 怒氣方盛 其鋒不可當也
不如緩之 使氣竭而後擊之."乃堅壁不戰. 伊餘有驕色 子遠伺
其無備 夜 勒兵蓐食 旦 値大風塵昏 子遠悉衆出掩之 生擒伊
餘 盡俘其衆. 權渠大懼 被髮 · 劖面請降. 子遠啓曜 以權渠爲
征西將軍 · 西戎公 分徙伊餘兄弟及其部落二十餘萬口于長安.
曜以子遠爲大司徒 · 錄尙書事.

曜立太學 選民之神志可敎者千五百人 擇儒臣以敎之. 作酆
明觀及西宮 起陵霄臺於滈池 又於霸陵西南營壽陵. 侍中喬
豫 · 和苞上疏諫 以爲"衛文公承亂亡之後 節用愛民 營建宮
室 得其時制 故能興康叔之業 延九百之祚. 前奉詔書營酆明觀
市道細民咸譏其奢曰'以一觀之功 足以平涼州矣!'今又欲擬
阿房而建西宮 法瓊臺而起陵霄 其爲勞費 億萬酆明 若以資軍
旅 乃可兼吳 · 蜀而壹齊 · 魏矣! 又聞營建壽陵 周圍四里 深
三十五丈 以銅爲椁 飾以黃金 功費若此 殆非國內之所能辦也.

秦始皇下錮三泉 土未乾而發毀. 自古無不亡之國 不掘之墓 故
聖王之儉葬 乃深遠之慮也. 陛下奈何於中興之日 而踵亡國之
事乎！”曜下詔曰“二侍中懇懇有古人之風 可謂社稷之臣矣.
其悉罷宮室諸役 壽陵制度 一遵霸陵之法. 封豫安昌子 苞平輿
子 並領諫議大夫 仍布告天下 使知區區之朝 欲聞其過也.”又
省酆水囿以與貧民.

11　　祖逖將韓潛與後趙將桃豹分據陳川故城 豹居西臺 潛居東
臺 豹由南門 潛由東門 出入相守四旬. 逖以布囊盛土如米狀
使千餘人運上臺 又使數人擔米 息於道. 豹兵逐之 棄擔而走.
豹兵久飢 得米 以爲逖士衆豐飽 益懼. 後趙將劉夜堂以驢千頭
運糧饋豹 逖使韓潛及別將馮鐵邀擊於汴水 盡獲之. 豹宵遁 屯
東燕城 逖使潛進屯封丘以逼之. 馮鐵據二臺 逖鎮雍丘 數遣兵
邀擊後趙兵 後趙鎮戍歸逖者甚多 境土漸蹙.

　先是 趙固·上官巳·李矩·郭默 互相攻擊 逖馳使和解之
示以禍福 遂皆受逖節度. 秋 七月 詔加逖鎮西將軍. 逖在軍 與
將士同甘苦 約己務施 勸課農桑 撫納新附 雖疏賤者皆結以恩
禮. 河上諸塢 先有任子在後趙者 皆聽兩屬 時遣游軍僞抄之
明其未附. 塢主皆感恩 後趙有異謀 輒密以告 由是多所克獲
自河以南 多叛後趙歸于晉.

　逖練兵積穀 爲取河北之計. 後趙王勒患之 乃下幽州爲逖修
祖·父墓 置守冢二家 因與逖書 求通使及互市. 逖不報書 而
聽其互市 收利十倍. 逖牙門童建殺新蔡內史周密 降于後趙 勒

斬之 送首於逖 曰"叛臣逃吏 吾之深仇 將軍之惡 猶吾惡也."
逖深德之 自是後趙人叛歸逖者 逖皆不納 禁諸將不使侵暴後
趙之民 邊境之間 稍得休息.

12 八月 辛未 梁州刺史周訪卒. 訪善於撫士 衆皆爲致死. 知
王敦有不臣之心 私常切齒. 敦由是終訪之世 未敢爲逆. 敦遣
從事中郎郭舒監襄陽軍 帝以湘州刺史甘卓爲梁州刺史 督沔北
諸軍事 鎭襄陽. 舒旣還 帝徵爲右丞 敦留不遣.

13 後趙王勒遣中山公虎帥步騎四萬擊徐龕 龕送妻子爲質 乞
降 勒許之. 蔡豹屯卞城 石虎將擊之 豹退守下邳 爲徐龕所敗.
虎引兵城封丘而旋 徙士族三百家置襄國崇仁里 置公族大夫以
領之.

14 後趙王勒用法甚嚴 諱"胡"尤峻. 宮殿旣成 初有門戶之
禁. 有醉胡乘馬 突入止車門. 勒大怒 責宮門小執法馮翥. 翥惶
懼忘諱 對曰"向有醉胡 乘馬馳入 甚呵禦之 而不可與語." 勒
笑曰"胡人正自難與言."怒而不罪.
  勒使張賓領選 初定五品 後更定九品. 命公卿及州郡歲舉秀
才 · 至孝 · 廉淸 · 賢良 · 直言 · 武勇之士各一人.

15 西平公張茂立兄子駿爲世子.

16　蔡豹旣敗 將詣建康歸罪 北中郎將王舒止之. 帝聞豹退 遣
使收之. 舒夜以兵圍豹 豹以爲他寇 帥麾下擊之 聞有詔 乃止.
舒執豹送建康 冬 十月 丙辰 斬之.

17　王敦殺武陵內史向碩.

帝之始鎭江東也 敦與從弟導同心翼戴 帝亦推心任之 敦總
征討 導專機政 羣從子弟布列顯要 時人爲之語曰“王與馬 共
天下.” 後敦自恃有功 且宗族强盛 稍益驕恣 帝畏而惡之. 乃
引劉隗·刁協等以爲腹心 稍抑損王氏之權 導亦漸見疏外. 中
書郎孔愉陳導忠賢 有佐命之勳 宜加委任 帝出愉爲司徒左長
史. 導能任眞推分 澹如也 有識皆稱其善處興廢. 而敦益懷不
平 遂構嫌隙.

初 敦辟吳興沈充爲參軍 充薦同郡錢鳳於敦 敦以爲鎧曹參
軍. 二人皆巧諂凶狡 知敦有異志 陰贊成之 爲之畫策 敦寵信
之 勢傾內外. 敦上疏爲導訟屈 辭語怨望. 導封以還敦 敦復遣
奏之. 左將軍譙王承 忠厚有志行 帝親信之. 夜 召承 以敦疏示
之 曰“王敦以頃年之功 位任足矣 而所求不已 言至於此 將若
之何？” 承曰“陛下不早裁之 以至今日 敦必爲患.”

劉隗爲帝謀 出心腹以鎭方面. 會敦表以宣城內史沈充代甘
卓爲湘州刺史 帝謂承曰“王敦姦逆已著 朕爲惠皇 其勢不遠.
湘州據上流之勢 控三州之會 欲以叔父居之 何如？” 承曰“臣
奉承詔命 惟力是視 何敢有辭！然湘州經蜀寇之餘 民物凋弊
若得之部 比及三年 乃可卽戎 苟未及此 雖復灰身 亦無益也.”

十二月 詔曰"晉室開基 方鎮之任 親賢並用 其以譙王承爲湘
州刺史."長沙鄧騫聞之 歎曰"湘州之禍 其在斯乎！"承行至
武昌 敦與之宴 謂承曰"大王雅素佳士 恐非將帥才也."承曰
"公未見知耳 鉛刀豈無一割之用！"敦謂錢鳳曰"彼不知懼而
學壯語 足知其不武 無能爲也."乃聽之鎮. 時湘土荒殘 公私
困弊 承躬自儉約 傾心綏撫 甚有能名.

18　高句麗寇遼東 慕容仁與戰 大破之 自是不敢犯仁境.

❖ 中宗元皇帝中 太興 4年(辛巳. 321年)

1　春 二月 徐龕復請降.

2　張茂築靈鈞臺 基高九仞. 武陵閻曾夜叩府門呼曰"武公
遣我來 言'何故勞民築臺！'"有司以爲妖 請殺之. 茂曰"吾信
勞民. 曾稱先君之命以規我 何謂妖呼！"乃爲之罷役.

3　三月 癸亥 日中有黑子. 著作佐郎河東郭璞以帝用刑過差
上疏 以爲"陰陽錯繆 皆繁刑所致. 赦不欲數 然子產知鑄刑書
非政之善 不得不作者 須以救弊故也. 今之宜赦 理亦如之."

4　後趙中山公虎攻幽州刺史段匹磾於厭次 孔萇攻其統內諸

城 悉拔之. 段文鴦言於匹磾曰"我以勇聞 故爲民所倚望. 今
視民被掠而不救 是怯也. 民失所望 誰復爲我致死！"遂帥壯
士數十騎出戰 殺後趙兵甚衆. 馬乏 伏不能起. 虎呼之曰"兄
與我俱夷狄 久欲與兄同爲一家. 今天不違願 於此得相見 何爲
復戰！請釋仗."文鴦罵曰"汝爲寇賊 當死日久 吾兄不用吾策
故令汝得至此. 我寧鬬死 不爲汝屈！"遂下馬苦戰 槊折 執刀
戰不已 自辰至申. 後趙兵四面解馬羅披自郛 前執文鴦 文鴦力
竭被執 城内奪氣.

　　匹磾欲單騎歸朝 邵續之弟樂安内史洎勒兵不聽. 洎復欲執
臺使王英送於虎 匹磾正色責之曰"卿不能遵兄之志 逼吾不得
歸朝 亦已甚矣！復欲執天子使者 我雖夷狄 所未聞也！"洎
與兄子緝 · 竺等輿櫬出降. 匹磾見虎曰"我受晉恩 志在滅汝
不幸至此 不能爲汝敬也."後趙王勒及虎素與匹磾結爲兄弟
虎即起拜之. 勒以匹磾爲冠軍將軍 文鴦爲左中郎將 散諸流民
三萬餘戶 復其本業 置守宰以撫之. 於是幽 · 冀 · 幷三州皆入
於後趙. 匹磾不爲勒禮 常著朝服 持晉節. 久之 與文鴦 · 邵續
皆爲後趙所殺.

5　　五月 庚申 詔免中州良民遭難爲揚州諸郡僮客者 以備征
役. 尚書令刁協之謀也 由是衆益怨之.

6　　終南山崩.

7 秋 七月 甲戌 以尙書僕射戴淵爲征西將軍·都督司·
兗·豫·幷·雍·冀六州諸軍事·司州刺史 鎭合肥 丹楊尹劉
隗爲鎭北將軍·都督靑·徐·幽·平四州諸軍事·靑州刺史
鎭淮陰. 皆假節領兵 名爲討胡 實備王敦也.

隗雖在外 而朝廷機事 進退士大夫 帝皆與之密謀. 敦遺隗書
曰“頃承聖上顧眄足下 今大賊未滅 中原鼎沸 欲與足下及周
生之徒戮力王室 共靜海內. 若其泰也 則帝祚於是乎隆 若其否
也 則天下永無望矣.”隗答曰“‘魚相忘於江湖 人相忘於道術.’
‘竭股肱之力 效力以忠貞’吾之志也.”敦得書 甚怒.

壬午 以驃騎將軍王導爲侍中·司空·假節·錄尙書·領中
書監. 帝以敦故 幷疏忌導. 御史中丞周嵩上疏 以爲“導忠素
竭誠 輔成大業 不宜聽孤臣之言 惑疑似之說 放逐舊德 以佞
伍賢 虧旣往之恩 招將來之患.”帝頗感寤 導由是得全.

8 八月 常山崩.

9 豫州刺史祖逖 以戴淵吳士 雖有才望 無弘致遠識 且己翦
荊棘·收河南地 而淵雍容 一旦來統之 意甚怏怏 又聞王敦與
劉·刁構隙 將有內難 知大功不遂 感激發病 九月 壬寅 卒於
雍丘. 豫州士女若喪父母 譙·梁間皆爲立祠. 王敦久懷異志
聞逖卒 益無所憚.

冬 十月 壬午 以逖弟約爲平西將軍·豫州刺史 領逖之衆.
約無綏御之才 不爲士卒所附.

初 范陽李產避亂依遜 見約志趣異常 謂所親曰 "吾以北方
鼎沸 故遠來就此 冀全宗族. 今觀約所爲 有不可測之志. 吾託
名姻親 當早自爲計 無事復陷身於不義也 爾曹不可以目前之
利而忘久長之策." 乃帥子弟十餘人間行歸鄕里.

10   十一月 皇孫衍生.

11   後趙王勒悉召武鄕耆舊詣襄國 與之共坐歡飲. 初 勒微時
與李陽鄰居 數爭漚麻池相毆 陽由是獨不敢來. 勒曰 "陽 壯士
也 漚麻 布衣之恨 孤方兼容天下 豈讎匹夫乎!" 遽召與飲 引
陽臂曰 "孤往日厭卿老拳 卿亦飽孤毒手." 因拜參軍都尉. 以
武鄕比豐 · 沛 復之三世.
    勒以民始復業 資儲未豐 於是重制禁釀 郊祀宗廟 皆用醴酒
行之數年 無復釀者.

12   十二月 以慕容廆爲都督幽 · 平二州 · 東夷諸軍事 · 車騎
將軍 · 平州牧 封遼東公 單于如故 遣謁者卽授印綬 聽承制置
官司守宰. 廆於是備置僚屬 以裴嶷 · 游邃爲長史 裴開爲司馬
韓壽爲別駕 陽耽爲軍諮祭酒 崔燾爲主簿 黃泓 · 鄭林參軍事.
廆立子皝爲世子. 作東橫 以平原劉贊爲祭酒 使皝與諸生同受
業 廆得暇 亦親臨聽之. 皝雄毅多權略 喜經術 國人稱之. 廆
徙慕容翰鎭遼東 慕容仁鎭平郭. 翰撫安民夷 甚有威惠 仁亦次
之.

13   拓跋猗㐌妻惟氏 忌代王鬱律之強 恐不利於其子 乃殺鬱
律而立其子賀傉 大人死者數十人. 鬱律之子什翼犍 幼在繦褓
其母王氏匿於袴中 祝之曰"天苟存汝 則勿啼." 久之 不啼 乃
得免. 惟氏專制國政 遣使聘後趙 後趙人謂之"女國使."*

資治通鑑 卷092

【晉紀十四】

起玄黓敦牂(壬午) 盡昭陽協洽(癸未) 凡二年.

❖ 中宗元皇帝下 永昌 元年(壬午, 322年)

1 春 正月 郭璞復上疏 請因皇孫生 下赦令 帝從之. 乙卯 大
赦 改元.

王敦以璞爲記室參軍. 璞善卜筮 知敦必爲亂 己預其禍 甚
憂之. 大將軍掾穎川陳述卒 璞哭之極哀 曰 "嗣祖 焉知非福
也！"

敦既與朝廷乖離 乃羈錄朝士有時望者 置己幕府 以羊曼及
陳國謝鯤爲長史. 曼 祜之兄孫也. 曼‧鯤終日酣醉 故敦不委
以事. 敦將作亂 謂鯤曰 "劉隗姦邪 將危社稷 吾欲除君側之惡
何如？" 鯤曰 "隗誠始禍 然城狐社鼠." 敦怒曰 "君庸才 豈達
大體！" 出爲豫章太守 又留不遣.

戊辰 敦舉兵於武昌 上疏罪狀劉隗 稱 "隗佞邪讒賊 威福自
由 妄興事役 勞擾士民 賦役煩重 怨聲盈路. 臣備位宰輔 不可

坐視成敗 輒進軍致討 隗首朝懸 諸軍夕退. 昔太甲顚覆厥度
幸納伊尹之忠 殷道復昌. 願陛下深垂三思 則四海乂安 社稷
永固矣."沈充亦起兵於吳興以應敦 敦以充爲大都督・督護東
吳諸軍事. 敦至蕪湖 又上表罪狀刁協. 帝大怒 乙亥 詔曰"王
敦憑恃寵靈 敢肆狂逆 方朕太甲 欲見幽囚. 是可忍也 孰不可
忍！今親帥六軍以誅大逆 有殺敦者 封五千戶侯."敦兄光錄
勳含乘輕舟逃歸于敦.

太子中庶子溫嶠謂僕射周顗曰"大將軍此舉似有所在 當無
濫邪？"顗曰"不然. 人主自非堯・舜 何能無失 人臣安可舉
兵以脅之！舉動如此 豈得云非亂乎！處仲狼抗無上 其意寧有
限邪！"

敦初起兵 遣使告梁州刺史甘卓 約與之俱下 卓許之. 及敦升
舟 而卓不赴 使參軍孫雙詣武昌諫止敦. 敦驚曰"甘侯前與吾
語云何 而更有異？正當慮吾危朝廷耳！吾今但除姦凶 若事濟
當以甘侯作公."雙還報 卓意狐疑. 或說卓"且僞許敦 待敦至
都而討之."卓曰"昔陳敏之亂 吾先從而後圖之 論者謂吾懼逼
而思變 心常愧之. 今若復爾 何以自明！"

卓使人以敦旨告順陽太守魏該 該曰"我所以起兵拒胡賊者
正欲忠於王室耳. 今王公舉兵向天子 非吾所宜與也."遂絕之.

敦遣參軍桓羆說譙王承 請承爲軍司. 承歎曰"吾其死矣！地
荒民寡 勢孤援絕 將何以濟！然得死忠義 夫復何求！"承檄
長沙虞悝爲長史 會悝遭母喪 承往弔之 曰"吾欲討王敦 而兵
少糧乏 且新到 恩信未洽. 卿兄弟 湘中之豪俊 王室方危 金革

之事 古人所不辭 將何以敎之？"悝曰"大王不以悝兄弟猥劣
親屈臨之 敢不致死！然鄙州荒弊 難以進討 宜且收衆固守 傳
檄四方 敦勢必分 分而圖之 庶幾可捷也."承乃囚桓羆 以悝爲
長史 以其弟望爲司馬 督護諸軍 與零陵太守尹奉·建昌太守
長沙王循·衡陽太守淮陵劉翼·春陵令長沙易雄 同擧兵討敦.
雄移檄遠近 列敦罪惡 於是一州之內皆應承. 惟湘東太守鄭澹
不從 承使虞望討斬之 以徇四境. 澹 敦姊夫也.

承遣主簿鄧騫至襄陽 說甘卓曰"劉大連雖驕蹇失衆心 非有
害於天下. 大將軍以其私憾 稱兵向闕 此忠臣義士竭節之時也.
公受任方伯 奉辭伐罪 乃桓·文之功也."卓曰"桓·文則非吾
所能 然志在徇國 當共詳思之."參軍李梁說卓曰"昔隗囂跋扈
竇融保河西以奉光武 卒受其福. 今將軍有重望於天下 但當按
兵坐以待之 使大將軍事捷 當委將軍以方面 不捷 朝廷必以將
軍代之 何憂不富貴 而釋此廟勝 決存亡於一戰邪？"騫謂梁
曰"光武當創業之初 故隗·竇可以文服從容顧望. 今將軍之
於本朝 非竇融之比也 襄陽之於太府 非河西之固也. 使大將軍
克劉隗 還武昌 增石城之戍 絕荊·湘之粟 將軍欲安歸乎！勢
在人手 而曰我處廟勝 未之聞也. 且爲人臣 國家有難 坐視不
救 於義安乎！"卓尙疑之. 騫曰"今旣不爲義擧 又不承大將
軍檄 此必至之禍 愚智所見也. 且議者之所難 以彼強而我弱
也. 今大將軍兵不過萬餘 其留者不能五千 而將軍見衆旣倍之
矣. 以將軍之威名 帥此府之精銳 杖節鳴鼓 以順討逆 豈王含
所能禦哉！溯流之衆 勢不自救 將軍之擧武昌 若摧枯拉朽 尙

何顧慮邪！武昌既定 據其軍實 鎮撫二州 以恩意招懷士卒 使還者如歸 此呂蒙所以克關羽也. 今釋必勝之策 安坐以待危亡 不可以言智矣."

敦恐卓於後爲變 又遣參軍丹楊樂道融往邀之 必欲與之俱東. 道融雖事敦 而忿其悖逆 乃說卓曰"主上親臨萬機 自用譙王爲湘州 非專任劉隗也. 而王氏擅權日久 卒見分政 便謂失職 背恩肆逆 擧兵向闕. 國家遇君至厚 今與之同 豈不違負大義！生爲逆臣 死爲愚鬼 永爲宗黨之恥 不亦惜乎！爲君之計 莫若僞許應命 而馳襲武昌 大將軍士衆聞之 必不戰自潰 大勳可就矣." 卓雅不欲從敦 聞道融之言 遂決 曰"吾本意也." 乃與巴東監軍柳純·南平太守夏侯承·宜都太守譚該等露檄數敦逆狀 帥所統致討 遣參軍司馬讚·孫雙奉表詣臺. 羅英至廣州約陶侃同進. 戴淵在江西 先得卓書 表上之 臺內皆稱萬歲. 陶侃得卓信 卽遣參軍高寶帥兵北下. 武昌城中傳卓軍至 人皆奔散.

敦遣從母弟南蠻校尉魏乂·將軍李恒帥甲卒二萬攻長沙. 長沙城池不完 資儲又闕 人情震恐. 或說譙王承 南投陶侃或退據零·桂. 承曰"吾之起兵 志欲死於忠義 豈可貪生苟免 爲奔敗之將乎！事之不濟 令百姓知吾心耳." 乃嬰城固守. 未幾 虞望戰死 甘卓欲留鄧騫爲參軍 騫不可 乃遣參軍虞沖與騫偕至長沙 遺譙王承書 勸之固守 當以兵出沔口 斷敦歸路 則湘圍自解. 承復書稱"江左中興 草創始爾 豈圖惡逆萌自寵臣！吾以宗室受任 志在隕命 而至止尙淺 凡百茫然. 足下能卷甲電赴 猶有所及 若其狐疑 則求我於枯魚之肆矣." 卓不能從.

2　二月 甲午 封皇子昱爲琅邪王.

3　後趙王勒立子弘爲世子. 遣中山公虎將精卒四萬擊徐龕.
龕堅守不戰 虎築長圍守之.

4　趙主曜自將擊楊難敵 難敵逆戰 不勝 退保仇池. 仇池諸
氏·羌及故晉王保將楊韜·隴西太守梁勖皆降於曜. 曜遷隴西
萬餘戶於長安 進攻仇池. 會軍中大疫 曜亦得疾 將引兵還 恐
難敵躡其後 乃遣光國中郎將王獷說難敵 諭以禍福 難敵遣使
稱藩. 曜以難敵爲假黃鉞·都督益·寧·南秦·涼·梁·巴六
州·隴上·西域諸軍事·上大將軍·益·寧·南秦三州牧·
武都王.

　秦州刺史陳安求朝於曜 曜辭以疾. 安怒 以爲曜已卒 大掠
而歸. 曜疾甚 乘馬輿而還. 使其將呼延寔監輜重於後 安邀擊
獲之 謂寔曰"劉曜已死 子尚誰佐！吾當與子共定大業."寔
叱之曰"汝受人寵祿而叛之 自視智能何如主上？吾見汝不日
梟首於上邽市 何謂大業！宜速殺我！"安怒 殺之 以寔長史
魯憑爲參軍. 安遣其弟集帥騎三萬追曜 衛將軍呼延瑜逆擊 斬
之. 安乃還上邽 遣將襲汧城 拔之. 隴上氏·羌皆附於安 有衆
十餘萬 自稱大都督·假黃鉞·大將軍·雍·涼·秦·梁四州
牧·涼王 以趙募爲相國. 魯憑對安大哭曰"吾不忍見陳安之
死也！"安怒 命斬之. 憑曰"死自吾分 懸吾頭於上邽市 觀趙
之斬陳安也！"遂殺之. 曜聞之 慟哭曰"賢人 民之望也. 陳安

於求賢之秋而多殺賢者 吾知其無所爲也！"

休屠王石武以桑城降趙 趙以武爲秦州刺史 封酒泉王.

5　　　帝徵戴淵 · 劉隗入衞建康. 隗至 百官迎于道 隗岸幘大言 意氣自若. 及入見 與刁協勸帝盡誅王氏 帝不許 隗始有懼色.

司空導帥其從弟中領軍邃 · 左衞將軍廙 · 侍中侃 · 彬及諸 宗族二十餘人 每旦詣臺待罪. 周顗將入 導呼之曰"伯仁 以百 口累卿！"顗直入不顧. 旣見帝 言導忠誠 申救甚至 帝納其 言. 顗喜飲酒 至醉而出 導猶在門 又呼之. 顗不與言 顧左右曰 "今年殺諸賊奴 取金印如斗大 繫肘後."旣出 又上表明導無罪 言甚切至. 導不之知 甚恨之.

帝命還導朝服 召見之. 導稽首曰"逆臣賊子 何代無之 不意 今者近出臣族！"帝跣而執其手曰"茂弘 方寄卿以百里之命 是何言邪！"

三月 以導爲前鋒大都督 加戴淵驃騎將軍. 詔曰"導以大義 滅親 可以吾爲安東時節假之."以周顗爲尚書左僕射 王邃爲 右僕射. 帝遣王廙往諭止敦 敦不從而留之 廙更爲敦用. 征虜 將軍周札 素矜險好利 帝以爲右將軍 · 都督石頭諸軍事. 敦將 至 帝使劉隗軍金城 札守石頭 帝親被甲徇師於郊外. 以甘卓爲 鎮南大將軍 · 侍中 · 都督荊 · 梁二州諸軍事 陶侃領江州刺史 使各帥所統以躡敦後.

敦至石頭 欲攻劉隗. 杜弘言於敦曰"劉隗死士衆多 未易可 克 不如攻石頭. 周札少恩 兵不爲用 攻之必敗 札敗則隗自走

矣."敦從之 以弘爲前鋒 攻石頭 札果開門納弘. 敦據石頭. 歎曰"吾不復得爲盛德事矣！"謝鯤曰"何爲其然也！但使自今已往 日忘日去耳."

帝命刁協 · 劉隗 · 戴淵帥衆攻石頭 王導 · 周顗 · 郭逸 · 虞潭等三道出戰 協等兵皆大敗. 太子紹聞之 欲自帥將士決戰 升車將出 中庶子溫嶠執鞚諫曰"殿下國之儲副 奈何以身輕天下！"抽劍斬鞅 乃止.

敦擁兵不朝 放士卒劫掠 宮省奔散 惟安東將軍劉超按兵直衛 及侍中二人侍帝側. 帝脫戎衣 著朝服 顧而言曰"欲得我處 當早言！何至害民如此！"又遣使謂敦曰"公若不忘本朝 於此息兵 則天下尚可共安. 如其不然 朕當歸琅邪以避賢路."

刁協 · 劉隗旣敗 俱入宮 見帝於太極東除. 帝執協 · 隗手 流涕嗚咽 勸令避禍. 協曰"臣當守死 不敢有貳."帝曰"今事逼矣 安可不行！"乃令給協 · 隗人馬 使自爲計. 協老 不堪騎乘 素無恩紀 募從者 皆委之 行至江乘 爲人所殺 送首於敦. 隗奔後趙 官至太子太傅而卒.

帝令公卿百官詣石頭見敦 敦謂戴淵曰"前日之戰 有餘力乎？"淵曰"豈敢有餘 但力不足耳！"敦曰"吾今此舉 天下以爲何如？"淵曰"見形者謂之逆 體誠者謂之忠."敦笑曰"卿可謂能言."又謂周顗曰"伯仁 卿負我！"顗曰"公戎車犯順 下官親帥六軍 不能其事 使王旅奔敗 以此負公."

辛未 大赦. 以敦爲丞相 · 都督中外諸軍 · 錄尚書事 · 江州牧 封武昌郡公 並讓不受.

初 西都覆沒 四方皆勸進於帝. 敦欲專國政 忌帝年長難制 欲更議所立 王導不從. 及敦克建康 謂導曰"不用吾言 幾至覆族."

敦以太子有勇略 爲朝野所嚮 欲誣以不孝而廢之 大會百官 問溫嶠曰"皇太子以何德稱？"聲色俱厲. 嶠曰"鉤深致遠 蓋非淺局所量 以禮觀之 可謂孝矣."衆皆以爲信然 敦謀遂沮.

帝召周顗於廣室 謂之曰"近日大事 二宮無恙 諸人平安 大將軍固副所望邪？"顗曰"二宮自如明詔 臣等尙未可知."護軍長史郝嘏等勸顗避敦 顗曰"吾備位大臣 朝廷喪敗 寧可復草間求活 外投胡·越邪！敦參軍呂猗 嘗爲臺郞 性姦諂 戴淵爲尙書 惡之. 猗說敦曰"周顗·戴淵 皆有高名 足以惑衆 近者之言 曾無怍色 公不除之 恐必有再擧之憂."敦素忌二人之才 心頗然之 從容問王導曰"周·戴南北之望 當登三司無疑也."導不答. 又曰"若不三司 止應令僕邪？"又不答. 敦曰"若不爾 正當誅爾！"又不答. 丙子 敦遣部將陳郡鄧岳收顗及淵. 先是 敦謂謝鯤曰"吾當以周伯仁爲尙書令 戴若思爲僕射."是日 又問鯤"近來人情何如？"鯤曰"明公之擧 雖欲大存社稷 然悠悠之言 實未達高義. 若果能擧用周·戴 則羣情貼然矣！"敦怒曰"君粗疏邪！二子不相當 吾已收之矣！"鯤愕然自失. 參軍王嶠曰"'濟濟多士 文王以寧.'奈何戮諸名士！"敦大怒 欲斬嶠 衆莫敢言. 鯤曰"明公擧大事 不戮一人. 嶠以獻替忤旨 便以釁鼓 不亦過乎！"敦乃釋之 黜爲領軍長史. 嶠 渾之族孫也.

顗被收 路經太廟 大言曰"賊臣王敦 傾覆社稷 枉殺忠臣 神祇有靈 當速殺之！"收人以戟傷其口 血流至踵 容止自若 觀者皆爲流涕. 幷戴淵殺之於石頭南門之外.

帝使侍中王彬勞敦 彬素與顗善 先往哭顗 然後見敦. 敦怪其容慘 問之. 彬曰"向哭伯仁 情不能已."敦怒曰"伯仁自致刑戮 且凡人遇汝 汝何哀而哭之？"彬曰"伯仁長者 兄之親友 在朝雖無謇愕 亦非阿黨 赦後加之極刑 所以傷惋也."因勃然數敦曰"兄抗旌犯順 殺戮忠良 圖爲不軌 禍及門戶矣！"辭氣慷慨 聲淚俱下. 敦大怒 厲聲曰"爾狂悖乃至此 以吾爲不能殺汝邪！"時王導在坐 爲之懼 勸彬起謝. 彬曰"腳痛不能拜！且此復何謝！"敦曰"腳痛孰若頸痛！"彬殊無懼容 竟不肯拜.

王導後料檢中書故事 乃見顗救己之表 執之流涕曰"吾雖不殺伯仁 伯仁由我而死 幽冥之中 負此良友！"

沈充拔吳國 殺內史張茂.

初 王敦聞甘卓起兵 大懼. 卓兄子卬爲敦參軍 敦使卬歸卓曰"君此自是臣節 不相責也. 吾家計急 不得不爾. 想便旋軍襄陽 當更結好."卓雖慕忠義 性多疑少決 軍于豬口 欲待諸方同出軍稽留 累旬不前. 敦既得建康 乃遣臺使以騶虞幡駐卓軍. 卓聞周顗·戴淵死 流涕謂卬曰"吾之所憂 正爲今日. 且使聖上元吉 太子無恙 吾臨敦上流 亦未敢遽危社稷. 適吾徑據武昌 敦勢逼 必劫天子以絶四海之望 不如還襄陽 更思後圖."卽命旋軍. 都尉秦康與樂道融說卓曰"今分兵斷彭澤 使敦上下不

得相赴 其衆自然離散 可一戰擒也. 將軍起義兵而中止 竊爲將
軍不取. 且將軍之下 士卒各求其利 欲求西還 亦恐不可得也."
卓不從. 道融晝夜泣諫 卓不聽 道融憂憤而卒. 卓性本寬和 忽
更強塞 徑還襄陽 意氣騷擾 擧動失常 識者知其將死矣.

王敦以西陽王羕爲太宰 加王導尙書令 王廙爲荊州刺史 改
易百官及諸軍鎭 轉徙黜免者以百數 或朝行暮改 惟意所欲. 敦
將還武昌 謝鯤言於敦曰"公至都以來 稱疾不朝 是以雖建勳
而人心實有未達. 今若朝天子 使君臣釋然 則物情皆悅服矣."
敦曰"君能保無變乎？"對曰"鯤近日入覲 主上側席 遲得見
公 宮省穆然 必無虞也. 公若入朝 鯤請侍從."敦勃然曰"正復
殺君等數百人 亦復何損於時！"竟不朝而去. 夏 四月 敦還武
昌.

初 宜都內史天門周級聞譙王承起兵 使其兄子該潛詣長沙
申款於承. 魏乂等攻湘州急 承遣該及從事邵陵周崎間出求救
皆爲邏者所得. 乂使崎語城中 稱大將軍已克建康 甘卓還襄
陽 外援理絕. 崎僞許之 既至城下 大呼曰"援兵尋至 努力堅
守！"乂殺之. 乂考該至死 竟不言其故 周級由是獲免.

乂等攻戰日逼 敦又送所得臺中人書疏 令乂射以示承. 城中
知朝廷不守 莫不悵惋. 相持且百日 劉翼戰死 士卒死傷相枕.
癸巳 乂拔長沙 承等皆被執. 乂將殺虞悝 子弟對之號泣. 悝曰
"人生會當有死 今闔門爲忠義之鬼 亦復何恨！"

乂以檻車載承及易雄送武昌 佐吏皆奔散 惟主簿桓雄·西曹
書佐韓階·從事武延 毀服爲僮 從承 不離左右. 乂見桓雄姿貌

舉止非凡人 憚而殺之. 韓階‧武延執志愈固. 荊州刺史王廙承
敦旨 殺丞於道中 階‧延送丞喪至都 葬之而去. 易雄至武昌
意氣忼慨 曾無懼容. 敦遣人以檄示雄而數之 雄曰"此實有之
惜雄位微力弱 不能救國難耳. 今日之死 固所願也！"敦憚其
辭正 釋之 遣就舍. 衆人皆賀之 雄笑曰"吾安得生！"既而敦
遣人潛殺之.

魏乂求鄧騫甚急 鄉人皆爲之懼 騫笑曰"此欲用我耳 彼新
得州 多殺忠良 故求我以厭人望也."乃往詣乂. 乂喜曰"君 古
之解揚也."以爲別駕.

詔以陶侃領湘州刺史 王敦上侃復還廣州 加散騎常侍.

6 甲午 前趙羊后卒 謚曰獻文.

7 甘卓家人皆勸卓備王敦 卓不從 悉散兵佃作 聞諫 輒怒.
襄陽太守周慮密承敦意 詐言湖中多魚 勸卓遣左右悉出捕魚.
五月 乙亥 慮引兵襲卓於寢室 殺之 傳首於敦 幷殺其諸子. 敦
以從事中郎周撫督沔北諸軍事 代卓鎮沔中. 撫 訪之子也.

敦既得志 暴慢滋甚 四方貢獻多入其府 將相岳牧皆出其門.
以沈充‧錢鳳爲謀主 唯二人之言是從 所譖無不死者. 以諸葛
瑤‧鄧岳‧周撫‧李恒‧謝雍爲爪牙. 充等並凶險驕恣 大起
營府 侵人田宅 剽掠市道 識者咸知其將敗焉.

8 秋 七月 後趙中山公虎拔泰山 執徐龕送襄國 後趙王勒盛

之以囊 於百尺樓上撲殺之 命王伏都等妻子剖而食之 阮其降
卒三千人.

9　兗州刺史郗鑒在鄒山三年 有衆數萬. 戰爭不息 百姓饑饉
掘野鼠 · 蟄燕而食之 爲後趙所逼 退屯合肥. 尙書右僕射紀瞻
以鑒雅望淸德 宜從容臺閣 上疏請徵之 乃徵拜尙書. 徐 · 兗間
諸塢多降於後趙 後趙置守宰以撫之.

10　王敦自領寧 · 益二州都督.
　冬 十月 己丑 荆州刺史武陵康侯王廙卒.
　王敦以下邳內史王邃都督靑 · 徐 · 幽 · 平四州諸軍事 鎭淮
陰 衛將軍王含都督沔南諸軍事 領荆州刺史 武昌太守丹楊王
諒爲交州刺史. 使諒收交州刺史脩湛 · 新昌太守梁碩殺之. 諒
誘湛. 斬之. 碩舉兵圍諒於龍編.

11　祖逖既卒 後越屢寇河南 拔襄城 · 城父 圍譙. 豫州刺史祖
約不能禦 退屯壽春. 後趙遂取陳留 梁 · 鄭之間復騷然矣.

12　十一月 以臨潁元公荀組爲太尉 辛酉 薨.

13　罷司徒 幷丞相府. 王敦以司徒官屬爲留府.

14　帝憂憤成疾 閏月 己丑 崩. 司空王導受遺詔輔政. 帝恭儉

有餘而明斷不足 故大業未復而禍亂內興. 庚寅 太子卽皇帝位 大赦 尊所生母荀氏爲建安君.

15　十二月 趙主曜葬其父母於粟邑 大赦. 陵下周二里 上高百尺 計用六萬夫 作之百日乃成. 役者夜作 繼以脂燭 民甚苦之. 游子遠諫 不聽.

16　後趙濮陽景侯張賓卒 後趙王勒哭之慟 曰"天不欲成吾事邪 何奪吾右侯之早也!"程遐代爲右長史. 遐 世子弘之舅也 勒每與遐議 有所不合 輒歎曰"右侯捨我去 乃令我與此輩共事 豈非酷乎!"因流涕彌日.

17　張茂使將軍韓璞帥衆取隴西 · 南安之地 置秦州.

18　慕容廆遣其世子皝襲段末杯 入令支 掠其居民千餘家而還.

❖ 肅宗明皇帝上 太寧 元年(癸未, 323年)

1　春 正月 成李驤 · 任回寇臺登 將軍司馬玖戰死 越嶲太守李釗 · 漢嘉太守王載皆以郡降于成.

2 　二月 庚戌 葬元帝于建平陵.

3 　三月 戊寅朔 改元.

4 　饒安·東光·安陵三縣災 燒七千餘家 死者萬五千人.

5 　後趙寇彭城·下邳 徐州刺史卞敦與征北將軍王邃退保盱眙. 敦 壺之從父兄也.

6 　王敦謀簒位 諷朝廷徵己 帝手詔徵之. 夏 四月 加敦黃鉞·班劍 奏事不名 入朝不趨 劍履上殿. 敦移鎮姑孰 屯于湖 以司空導爲司徒 敦自領揚州牧. 敦欲爲逆 王彬諫之甚苦. 敦變色 目左右 將收之. 彬正色曰"君昔歲殺兄 今又殺弟邪！" 敦乃止 以彬爲豫章太守.

7 　後趙王勒遣使結好於慕容廆 廆執送建康.

8 　成李驤等進攻寧州 刺史褒中壯公王遜使將軍姚嶽等拒之 戰於螳蜋 成兵大敗. 嶽追至瀘水 成兵爭濟 溺死者千餘人. 嶽以道遠 不敢濟而還. 遜以嶽不窮追 大怒 鞭之 怒甚 冠裂而卒. 遜在州十四年 威行殊俗. 州人立其子堅行州府事. 詔除堅寧州刺史.

9　廣州刺史陶侃遣兵救交州 未至 梁碩拔龍編 奪刺史王諒節 諒不與 碩斷其右臂. 諒曰"死且不避 斷臂何爲！"踰旬而卒.

10　六月 壬子 立妃庾氏爲皇后 以后兄中領軍亮爲中書監.

11　梁碩據交州 凶暴失衆心. 陶侃遣參軍高寶攻碩 斬之. 詔以侃領交州刺史 進號征南大將軍·開府儀同三司. 未幾 吏部郎阮放求爲交州刺史 許之. 放行至寧浦 遇高寶 爲寶設饌 伏兵殺之. 寶兵擊放 放走 得免 至州少時 病卒. 放 咸之族子也.

12　陳安圍趙征西將軍劉貢于南安 休屠王石武自桑城引兵趣上邽以救之 與貢合擊安 大破之. 安收餘騎八千 走保隴城. 秋七月 趙主曜自將圍隴城 別遣兵圍上邽. 安頻出戰 輒敗. 右軍將軍劉幹攻平襄 克之 隴上諸縣悉降. 安留其將楊伯支·姜沖兒守隴城 自帥精騎突圍 出奔陝中. 曜遣將軍平先等追之. 安左揮七尺大刀 右運丈八蛇矛 近則刀矛俱發 輒殪五六人 遠則左右馳射而走. 先亦勇捷如飛 與安搏戰 三交 遂奪其蛇矛. 會日暮雨甚 安棄馬與左右匿於山中 趙兵索之 不知所在. 明日安遣其將石容覘趙兵 趙輔威將軍呼延靑人獲之 拷問安所在 容卒不肯言 靑人殺之. 雨霽 靑人尋其跡 獲安於澗曲 斬之. 安善撫將士 與同甘苦 及死 隴上人思之 爲作《壯士之歌》. 楊伯支斬姜沖兒 以隴城降 別將宋亭斬趙募 以上邽降. 曜徙秦州大

姓楊・姜諸族二千餘戶于長安. 氐・羌皆送任請降 以赤亭羌
酋姚弋仲爲平西將軍 封平襄公.

13   帝畏王敦之逼 欲以郗鑒爲外援 拜鑒兗州刺史 都督揚州
江西諸軍事 鎮合肥. 王敦忌之 表鑒爲尙書令. 八月 詔徵鑒還
道經姑孰 敦與之論西朝人士 曰"樂彥輔 短才耳. 考其實 豈
勝滿武秋邪！"鑒曰"彥輔道韻平淡 愍懷之廢 柔而能正. 武
秋失節之士 安得擬之！"敦曰"當是時 危機交急."鑒曰"丈
夫當死生以之."敦惡其言 不復相見 久留不遣. 敦黨皆勸敦殺
之 敦不從. 鑒還臺 遂與帝謀討敦.

14   後趙中山公虎帥步騎四萬擊安東將軍曹嶷 靑州郡縣多降
之 遂圍廣固. 嶷出降 送襄國殺之 阬其衆三萬. 虎欲盡殺嶷衆
靑州刺史劉徵曰"今留徵 使牧民也 無民焉牧！徵將歸耳！"
虎乃留男女七百口配徵 使鎮廣固.

15   趙主曜自隴上西擊涼州 遣其將劉咸攻韓璞於冀城 呼延晏
攻寧羌護軍陰鑒於桑壁 曜自將戎卒二十八萬軍于河上 列營百
餘里 金鼓之聲動地 河水爲沸 張茂臨河諸戍 皆望風奔潰. 曜
揚聲欲百道俱濟 直抵姑臧 涼州大震. 參軍馬岌勸茂親出拒戰
長史氾褘怒 請斬之. 岌曰"氾公糟粕書生 刺舉小才 不思家國
大計. 明公父子欲爲朝廷誅劉曜有年矣 今曜自至 遠近之情 共
觀明公此舉 當立信勇之驗以副秦・隴之望. 力雖不敵 勢不可

以不出."茂曰"善!"乃出屯石頭. 茂謂參軍陳珍曰"劉曜舉
三秦之衆 乘勝席卷而來 將若之何？"珍曰"曜兵雖多 精卒
至少 大抵皆氐‧羌烏合之衆 恩信未洽 且有山東之虞 安能舍
其腹心之疾 曠日持久 與我爭河西之地邪！若二旬不退 珍請
得弊卒數千 爲明公擒之."茂喜 使珍將兵救韓璞. 趙諸將爭欲
濟河 趙主曜曰"吾軍勢雖盛 然畏威而來者三分有二 中軍疲
困 其實難用. 今但按甲勿動 以吾威聲震之 若出中旬張茂之表
不至者 吾爲負卿矣."茂尋遣使稱藩 獻馬‧牛‧羊‧珍寶不
可勝紀. 曜拜茂侍中‧都督涼‧南北秦‧梁‧益‧巴‧漢‧隴
右‧西域雜夷‧匈奴諸軍事‧太師‧涼州牧 封涼王 加九錫.

16 楊難敵聞陳安死 大懼 與弟堅頭南奔漢中 趙鎮西將軍劉
厚追擊之 大獲而還. 趙主曜以大鴻臚田崧爲鎮南大將軍‧益
州刺史 鎮仇池. 難敵送任請降於成 成安北將軍李稚受難敵賂
不送難敵於成都. 趙兵退 卽遣歸武都 難敵遂據險不服. 稚自
悔失計 亟請討之. 雄遣稚兄侍中‧中領軍玲與稚出白水 征東
將軍李壽及玲弟玝出陰平 以擊難敵 羣臣諫 不聽. 難敵遣兵拒
之 壽‧玝不得進 而玲‧稚長驅至下辨. 難敵遣兵斷其歸路 四
面攻之. 玲‧稚深入無繼 皆爲難敵所殺 死者數千人. 玲 蕩之
長子 有才望 雄欲以爲嗣 聞其死 不食者數日.

17 初 趙主曜長子儉 次子胤. 胤年十歲 長七尺五寸 漢主聰
奇之 謂曜曰"此兒神氣 非義眞之比也 當以爲嗣."曜曰"藩

國之嗣 能守祭祀足矣 不敢亂長幼之序."聰曰"卿之勳德 當世受專征之任 非他臣之比也 吾當更以一國封義眞."乃封儉爲臨海王 立胤爲世子. 旣長 多力善射 驍捷如風. 靳準之亂 沒於黑匿郁鞠部. 陳安旣敗 胤自言於郁鞠 郁鞠大驚 禮而歸之. 曜悲喜 謂君臣曰"義光雖已爲太子 然沖幼儒謹 恐不堪今之多難. 義孫 故世子也 材器過人 且涉歷艱難. 吾欲法周文王・漢光武 以固社稷而安義光 何如?"太傅呼延晏等皆曰"陛下爲國家無窮之計 豈惟臣等賴之 實宗廟四海之慶."左光祿大夫卜泰・太子太保韓廣進曰"陛下以廢立爲是 不應更問羣臣 若以爲疑 固樂聞異同之言. 臣竊以爲廢太子 非也. 昔文王定嗣於未立之前 則可也 光武以母失恩而廢其子 豈足爲聖朝之法! 曩以東海爲嗣 未必如明帝也. 胤文武才略 誠高絶於世. 然太子孝友仁慈 亦足爲承平賢主. 況東宮者 民・神所繫 豈可輕動! 陛下誠欲如是 臣等有死而已 不敢奉詔"曜默然. 胤進曰"父之於子 當愛之如一 今黜熙而立臣 臣何敢自安! 陛下苟以臣爲頗堪驅策 豈不能輔熙以承聖業乎! 必若以臣代熙 臣請效死於此 不敢聞命."因歔欷流涕. 曜亦以熙羊后所生 不忍廢也 乃追謚前妃卜氏爲元悼皇后. 泰 卽胤之舅也 曜嘉其公忠 以爲上光祿大夫・儀同三司・領太子太傅 封胤爲永安王 拜侍中・衛大將軍・都督二宮禁衛諸軍事・開府儀同三司・錄尚書事 命熙於胤盡家人之禮.

18　張茂大城姑臧 修靈鈞臺. 別駕吳紹諫曰"明公所以修城

築臺者 蓋懲旣往之患耳. 愚以爲苟恩未洽於人心 雖處層臺 亦無所益 適足以疑臺下忠信之志 失士民繫託之望 示怯弱之形 啓鄰敵之謀 將何以佐天子 霸諸候乎！願亟罷茲役 以息勞費."茂曰"亡兄一旦失身於物 豈無忠臣義士欲盡節者哉！顧禍生不意 雖有智勇無所施耳. 王公設險 勇夫重閉 古之道也. 今國家未靖 不可以太平之理責人於屯邅之世也."卒爲之.

19　王敦從子允之 方總角 敦愛其聰警 常以自隨. 敦常夜飮 允之辭醉先臥. 敦與錢鳳謀爲逆 允之悉聞其言. 卽於臥處大吐 衣面並汚. 鳳出 敦果照視 見允之臥於吐中 不復疑之. 會其父舒拜廷尉 允之求歸省父 悉以敦·鳳之謀白舒. 舒與王導俱啓帝 陰爲之備.

敦欲强其宗族 陵弱帝室 冬 十一月 徙王含爲征東將軍·都督揚州江西諸軍事 王舒爲荊州刺史·監荊州沔南諸軍事 王彬爲江州刺史.

20　後趙王勒以參軍樊坦爲章武內史 勒見其衣冠弊壞 問之. 坦率然對曰"頃爲羯賊所掠 資財蕩盡." 勒笑曰"羯賊乃爾無道邪！今當相償."坦大懼 叩頭泣謝. 勒賜車馬·衣服·裝錢三百萬而遣之.

21　是歲 越巂斯叟攻成將任回 成主雄遣征南將軍費黑討之.

22   會稽內史周札 一門五侯 宗族強盛 吳士莫與爲比 王敦忌之. 敦有疾 錢鳳勸敦早除周氏 敦然之. 周嵩以兄顗之死 心常憤憤. 敦無子 養王含之子應爲嗣 嵩嘗於衆中言應不宜統兵 敦惡之. 嵩與札兄子莚皆爲敦從事中郎. 會道士李脫以妖術惑衆 士民頗信事之.＊

資治通鑑 卷093

【晉紀十五】
起閼逢涒灘(甲申) 盡強圉大淵獻(丁亥) 凡四年.

❖ 肅宗明皇帝下 太寧 2年(甲申, 324年)

1   春 正月 王敦誣周嵩 · 周莚與李脫謀爲不軌 收嵩 · 莚於軍中 殺之 遣參軍賀鸞就沈充於吳 盡殺周札諸兄子 進兵襲會稽 札拒戰而死.

2   後趙將兵都尉石瞻寇下邳 · 彭城 取東莞 · 東海 劉遐退保泗口.

司州刺史石生擊趙河南太守尹平於新安 斬之 掠五千餘戶而歸. 自是二趙構隙 日相攻掠 河東 · 弘農之間 民不聊生矣.

石生寇許 · 潁 俘獲萬計 攻郭誦于陽翟 誦與戰 大破之 生退守康城. 後趙汲郡內史石聰聞生敗 馳救之 進攻司州刺史李矩 · 潁川太守郭默 皆破之.

3　　成主雄 后任氏無子 有妾子十餘人 雄立其兄蕩之子班爲
太子 使任后母之. 羣臣請立諸子 雄曰"吾兄 先帝之嫡統 有
奇材大功 事垂克而早世 朕常悼之. 且班仁孝好學 必能負荷先
烈."太傅驤 · 司徒王達諫曰"先王立嗣必子者 所以明定分而
防篡奪也. 宋宣公 · 吳餘祭 足以觀矣."雄不聽. 驤退而流涕
曰"亂自此始矣！"班爲人謙恭下士 動遵禮法 雄每有大議 輒
令豫之.

4　　夏 五月 甲申 張茂疾病 執世子駿手泣曰"吾家世以孝友
忠順著稱 今雖天下大亂 汝奉承之 不可失也."且下令曰"吾
官非王命 苟以集事 豈敢榮之！死之日 當以白帢入棺 勿以朝
服斂."是日 薨. 愍帝使者史淑在姑臧 左長史氾褘 · 右長史馬
謨等使淑拜駿大將軍 · 涼州牧 · 西平公 赦其境內. 前趙主曜
遣使贈茂太宰 諡曰成烈王. 拜駿上大將軍 · 涼州牧 · 涼王.

5　　王敦疾甚 矯詔拜王應爲武衛將軍以自副 以王含爲驃騎
大將軍 · 開府儀同三司. 錢鳳謂敦曰"脫有不諱 便當以後事
付應邪？"敦曰"非常之事 非常人所能爲. 且應年少 豈堪大
事！我死之後 莫若釋兵散衆 歸身朝廷 保全門戶 上計也 退
還武昌 收兵自守 貢獻不廢 中計也 及吾尚存 悉衆而下 萬一
僥幸 下計也."鳳謂其黨曰"公之下計 乃上策也."遂與沈充定
謀 俟敦死卽作亂. 又以宿衛尙多 奏令三番休二.
　初 帝親任中書令溫嶠 敦惡之 請嶠爲左司馬. 嶠乃繆爲勤敬

綜其府事 時進密謀以附其欲. 深結錢鳳 爲之聲譽 每曰“錢世
儀精神滿腹.”嶠素有藻鑒之名 鳳甚悅 深與嶠結好. 會丹楊尹
缺 嶠言於敦曰“京尹咽喉之地 公宜自選其才 恐朝廷用人 或
不盡理.”敦然之 問嶠“誰可者？”嶠曰“愚謂無如錢鳳.”鳳
亦推嶠 嶠僞辭之 敦不聽 六月 表嶠爲丹楊尹 且使覘伺朝廷.
嶠恐既去而錢鳳於後間止之 因敦餞別 嶠起行酒 至鳳 鳳未及
飮 嶠僞醉 以手版擊鳳幘墜 作色曰“錢鳳何人 溫太眞行酒而
敢不飮！”敦以爲醉 兩釋之. 嶠臨去 與敦別 涕泗橫流 出閤
復入者再三. 行後 鳳謂敦曰“嶠於朝廷甚密 而與庾亮深交 未
可信也.”敦曰“太眞昨醉 小加聲色 何得便爾相讒！”嶠至建
康 盡以敦逆謀告帝 請先爲之備 又與庾亮共畫討敦之謀. 敦聞
之 大怒曰“吾乃爲小物所欺！”與司徒導書曰“太眞別來幾
日 作如此事！當募人生致之 自拔其舌.”

帝將討敦 以問光祿勳應詹 詹勸成之 帝意遂決. 丁卯 加司
徒導大都督‧領揚州刺史 以溫嶠都督東安北部諸軍事 與右將
軍卞敦守石頭 應詹爲護軍將軍‧都督前鋒及朱雀橋南諸軍事
郗鑒行衛將軍‧都督從駕諸軍事 庾亮領左衛將軍 以吏部尙
書卞壼行中軍將軍. 郗鑒以爲軍號無益事實 固辭不受 請召臨
淮太守蘇峻‧兗州刺史劉遐同討敦. 詔徵峻‧遐及徐州刺史王
邃‧豫州刺史祖約‧廣陵太守陶瞻等入衛京師. 帝屯于中堂.

司徒導聞敦疾篤 帥子弟爲敦發哀 衆以爲敦信死 咸有奮志.
於是尙書騰詔下敦府 列敦罪惡曰“敦輒立兄息以自承代 未有
宰相繼體而不由王命者也. 頑凶相獎 無所顧忌 志騁凶醜 以窺

神器. 天不長姦 敦以隕斃 鳳承凶宄 彌復煽逆. 今遣司徒導等
虎旅三萬 十道並進 平西將軍邃等精銳三萬 水陸齊勢 朕親統
諸軍 討鳳之罪. 有能殺鳳送首 封五千戶侯. 諸文武爲敦所授
用者 一無所問 無或猜嫌 以取誅滅. 敦之將士 從敦彌年 違離
家室 朕甚愍之. 其單丁在軍 皆遣歸家 終身不調 其餘皆與假
三年 休訖還臺 當與宿衛同例三番."

敦見詔 甚怒 而病轉篤 不能自將 將舉兵伐京師 使記室郭
璞筮之 璞曰"無成." 敦素疑璞助溫嶠 · 庾亮 及聞卦凶 乃問
璞曰"卿更筮吾壽幾何？"璞曰"思向卦 明公起事 必禍不久.
若住武昌 壽不可測."敦大怒曰"卿壽幾何？"曰"命盡今日."
日中 敦乃收璞 斬之.

敦使錢鳳及冠軍將軍鄧岳 · 前將軍周撫等帥衆向京師. 王含
謂敦曰"此乃家事 吾當自行."於是以含爲元帥. 鳳等問曰"事
克之日 天子云何？"敦曰"尙未南郊 何得稱天子！便盡卿兵
勢 保護東海王及裴妃而已."乃上疏 以誅姦臣溫嶠等爲名. 秋
七月 壬申朔 王含等水陸五萬奄至江寧南岸 人情恟懼. 溫嶠移
屯水北 燒朱雀桁以挫其鋒 含等不得渡. 帝欲新將兵擊之 聞橋
已絕 大怒. 嶠曰"今宿衛寡弱 徵兵未至 若賊豕突 危及社稷
宗廟且恐不保 何愛一橋乎！"

司徒導遺含書曰"近承大將軍困篤 或云已有不諱. 尋知錢
鳳大嚴 欲肆姦逆 謂兄當抑制不逞 還蕃武昌 今乃與犬羊俱下.
兄之此舉 謂可得如大將軍昔年之事乎？昔年佞臣亂朝 人懷不
寧 如導之徒 心思外濟. 今則不然. 大將軍來屯于湖 漸失人心

君子危怖 百姓勞弊. 臨終之日 委重安期 安期斷乳幾日？又於時望 便可襲宰相之迹邪？自開闢以來 頗有宰相以孺子爲之者乎？諸有耳者 皆知將爲禪代 非人臣之事也. 先帝中興 遺愛在民 聖主聰明 德洽朝野. 兄乃欲妄萌逆節 凡在人臣 誰不憤歎！導門戶小大受國厚恩 今日之事 明目張膽 爲六軍之首 寧爲忠臣而死 不爲無賴而生矣！"含不答.

或以爲"王含・錢鳳衆力百倍 苑城小而不固 宜及軍勢未成大駕自出拒戰."郗鑒曰"羣逆縱逸 勢不可當 可以謀屈 難以力競. 且含等號令不一 抄盜相尋 吏民懲往年暴掠 皆人自爲守. 乘逆順之勢 何憂不克！且賊無經略遠圖 惟恃豕突一戰 曠日持久 必啓義士之心 令智力得展. 今以此弱力敵彼強寇 決勝負於一朝 定成敗於呼吸 萬一蹉跌 雖有申胥之徒 義存投袂 何補於既往哉！"帝乃止.

帝帥諸軍出屯南皇堂. 癸酉夜 募壯士 遣將軍段秀・中軍司馬曹渾等帥甲卒千人渡水 掩其未備. 平旦 戰於越城 大破之斬其前鋒將何康. 秀 匹磾之弟也.

敦聞含敗 大怒曰"我兄 老婢耳！門戶衰. 世事去矣！"顧謂參軍呂寶曰"我當力行."因作勢而起 困乏 復臥 乃謂其舅少府羊鑒及王應曰"我死 應便即位 先立朝廷百官 然後營葬事."敦尋卒 應祕不發喪 裹尸以席 蠟塗其外 埋于廳事中 與諸葛瑤等日夜縱酒淫樂.

帝使吳興沈楨說沈充 許以爲司空. 充曰"三司具瞻之重 豈吾所任！幣厚言甘 古人所畏也. 且丈夫共事 終始當同 豈可中

道改易 人誰容我乎！"遂舉兵趣建康. 宗正卿虞潭以疾歸會
稽 聞之 起兵餘姚以討充. 帝以潭領會稽內史. 前安東將軍劉
超‧宣城內史鍾雅皆起兵以討充. 義興人周蹇殺王敦所署太守
劉芳 平西將軍祖約逐敦所署淮南太守任台.

　沈充帥衆萬餘人與王含軍合 司馬顧颺說充曰"今舉大事 而
天子已扼其咽喉 鋒摧氣沮 相持日久 必致禍敗. 今若決破柵塘
因湖水以灌京邑 乘水勢 縱舟師以攻之 此上策也 藉初至之銳
幷東‧西軍之力 十道俱進 衆寡過倍 理必摧陷 中策也 轉禍
爲福 召錢鳳計事 因斬之以降 下策也."充皆不能用 颺逃歸于
吳.

　丁亥 劉遐‧蘇峻等帥精卒萬人至 帝夜見 勞之 賜將士各有
差. 沈充‧錢鳳欲因北軍初到疲困擊之 乙未夜 充‧鳳從竹格
渚渡淮. 護軍將軍應詹‧建威將軍趙胤等拒戰 不利 充‧鳳至
宣陽門 拔柵 將戰 劉遐‧蘇峻自南塘橫擊 大破之 赴水死者
三千人. 遐又破沈充于青溪. 尋陽太守周光聞敦舉兵 帥千餘人
來赴. 既至 求見敦. 王應辭以疾. 光退曰"今我遠來而不得見
公其死乎！"遽見其兄撫曰"王公已死 兄何爲與錢鳳作賊！"
衆皆愕然.

　丙申 王含等燒營夜遁. 丁酉 帝還宮 大赦 惟敦黨不原. 命庾
亮督蘇峻等追沈充於吳興 溫嶠督劉遐等追王含‧錢鳳於江寧
分命諸將追其黨與. 劉遐軍人頗縱虜掠 嶠責之曰"天道助順
故王含剿絶 豈可因亂爲亂也！"遐惶恐拜謝.

　王含欲奔荊州 王應曰"不如江州."含曰"大將軍平素與江

州云何 而欲歸之？”應曰“此乃所以宜歸也. 江州當人強盛
時 能立同異 此非常人所及 今覩困厄 必有愍惻之心. 荊州守
文 豈能意外行事邪！”含不從 遂奔荊州. 王舒遣軍迎之 沈含
父子於江. 王彬聞應當來 密具舟以待之 不至 深以爲恨. 錢鳳
走至闔廬洲 周光斬之 詣闕自贖. 沈充走失道 誤入故將吳儒
家. 儒誘充內重壁中 因笑謂充曰“三千戶侯矣！”充曰“爾以
義存我 我家必厚報汝 若以利殺我 我死 汝族滅矣.”儒遂殺之
傳首建康. 敦黨悉平. 充子勁當坐誅 鄉人錢舉匿之 得免 其後
勁竟滅吳氏.

有司發王敦瘞 出尸 焚其衣冠 跽而斬之. 與沈充首同懸於南
桁. 郗鑒言於帝曰“前朝誅楊駿等 皆先極官刑 後聽私殯. 臣
以爲王誅加於上 私義行於下 宜聽敦家收葬 於義爲弘.”帝許
之. 司徒導等皆以討敦功受封賞.

周撫與鄧岳俱亡 周光欲資給其兄而取岳. 撫怒曰“我與伯山
同亡 何不先斬我！”會岳至 撫出門遙謂之曰“何不速去！今
骨肉尚欲相危 況他人乎！”岳廻舟而走 與撫共入西陽蠻中.
明年 詔原敦黨 撫‧嶽出首 得免死禁錮.

故吳內史張茂妻陸氏 傾家產 帥茂部曲爲先登以討沈充 報
其夫仇. 充敗 陸氏詣闕上書 爲茂謝不克之責 詔贈茂太僕.

有司奏“王彬等敦之親族 皆當除名.”詔曰“司徒導以大義
滅親 猶將百世宥之 況彬等皆公之近親乎！”悉無所問.

有詔“王敦綱紀除名 參佐禁錮”溫嶠上疏曰“王敦剛愎不仁
忍行殺戮 朝廷所不能制 骨肉所不能諫 處其朝者 恒懼危亡

故人士結舌 道路以目 誠賢人君子道窮數盡 遵養時晦之辰也. 原其私心 豈遑晏處！如陸玩‧劉胤‧郭璞之徒常與臣言 備知之矣. 必其贊導凶悖 自當正以典刑 如其枉陷姦黨 謂宜施之寬貸. 臣以玩等之誠 聞於聖聽 當受同賊之責 苟默而不言 實負其心. 惟陛下仁聖裁之！"郗鑒以爲先王立君臣之敎 貴於伏節死義. 王敦佐吏 雖多逼迫 然進不能止其逆謀 退不能脫身遠遁 準之前訓 宜加義責. 帝卒從嶠議.

6   冬 十月 以司徒導爲太保‧領司徒 加殊禮 西陽王羕領太尉 應詹爲江州刺史 劉遐爲徐州刺史 代王邃鎭淮陰 蘇峻爲歷陽內史 加庾亮護軍將軍 溫嶠前將軍. 導固辭不受. 應詹至江州 吏民未安 詹撫而懷之 莫不悅服.

7   十二月 涼州將辛晏據枹罕 不服 張駿將討之. 從事劉慶諫曰 "霸王之師 必須天時‧人事相得 然後乃起. 辛晏凶狂安忍 其亡可必 柰何以饑年大舉 盛寒攻城乎！"駿乃止.
    駿遣參軍王騭聘於趙 趙主曜謂之曰 "貴州款誠和好 卿能保之乎？"騭曰 "不能."侍中徐邈曰 "君來結好 而云不能保 何也？"騭曰 "齊桓貫澤之盟 憂心兢兢 諸侯不召自至 葵丘之會 振而矜之 叛者九國. 趙國之化 常如今日 可也 若政敎陵遲 尙未能察邇者之變 況鄙州乎！"曜曰 "此涼州之君子也 擇使可謂得人矣！"厚禮而遣之.

8　　是歲 代王賀傉始親國政 以諸部多未服 乃築城於東木根山 徙居之.

1　　春 二月 張駿承元帝凶問 大臨三日. 會黃龍見嘉泉 氾禕等請改年以章休祥 駿不許. 辛晏以枹罕降 駿復收河南之地.

2　　贈故譙王承‧甘卓‧戴淵‧周顗‧虞望‧郭璞‧王澄等官. 周札故吏爲札訟冤 尙書卞壼議 以爲"札守石頭 開門延寇 不當贈諡." 司徒導以爲"往年之事 敦姦逆未彰 自臣等有識以上 皆所未悟 與札無異 旣悟其姦 札便以身許國 尋取梟夷. 臣謂宜與周‧戴同例." 郗鑒以爲"周‧戴死節 周札延寇 事異賞均 何以勸沮! 如司徒議 謂往年有識以上皆與札無異 則譙王‧周‧戴皆應受責 何贈諡之有! 今三臣旣褒 則札宜受貶明矣." 導曰"札與譙王‧周‧戴 雖所見有異同 皆人臣之節也." 鑒曰"敦之逆謀 履霜日久 緣札開門 令王師不振. 若敦前者之擧 義同桓‧文 則先帝可爲幽‧厲邪!" 然卒用導議 贈札衛尉.

3　　後趙王勒加宇文乞得歸官爵 使之擊慕容廆. 廆遣世子皝‧索頭‧段國共擊之 以遼東相裴嶷爲右翼 慕容仁爲左翼.

乞得歸據澆水以拒銚 遣兄子悉拔雄拒仁. 仁擊悉拔雄 斬之 乘
勝與銚攻乞得歸 大破之. 乞得歸棄軍走 銚‧仁進入其國城 使
輕兵追乞得歸 過其國三百餘里而還 盡獲其國重器 畜產以百
萬計 民之降附者數萬.

4   三月 段末柸卒 弟牙立.

5   戊辰 立皇子衍爲太子 大赦.

6   趙主曜立皇后劉氏.

7   北羌王盆句除附於趙 後趙將石佗自鴈門出上郡襲之 俘
三千餘落 獲牛‧馬‧羊百餘萬而歸. 趙主曜遣中山王岳追之
曜屯于富平 爲岳聲援. 岳與石佗戰於河濱 斬之 後趙兵死者
六千餘人 岳悉收所虜而歸.

8   楊難敵襲仇池 克之 執田崧 立之於前 左右令崧拜 崧瞋
目叱之曰"氐狗！安有天子牧伯而向賊拜乎！"難敵字謂之曰
"子岱 吾當與子共定大業 子忠於劉氏 豈不能忠於我乎！"崧
厲色大言曰"賊氐 汝本奴才 何謂大業！我寧爲趙鬼 不爲汝
臣！"顧排一人 奪其劍 前刺難敵 不中 難敵殺之.

9   都尉魯潛以許昌叛 降于後趙.

10 　夏 四月 後趙將石瞻攻兗州刺史檀斌于鄒山 殺之.

11 　後趙西夷中郎將王騰襲殺幷州刺史崔琨 · 上黨內史王㬭 據幷州降趙.

12 　五月 以陶侃爲征西大將軍 · 都督荊 · 湘 · 雍 · 梁四州諸 軍事 · 荊州刺史 荊州士女相慶. 侃性聰敏恭勤 終日斂膝危坐 軍府衆事 檢攝無遺 未嘗少閒. 常語人曰"大禹聖人 乃惜寸陰 至於衆人 當惜分陰. 豈可但逸游荒醉 生無益於時 死無聞於 後 是自棄也!"諸參佐或以談戲廢事者 命取其酒器 · 蒲博之 具 悉投之於江 將吏則加鞭扑 曰"樗蒲者 牧豬奴戲耳!老 · 莊浮華 非先王之法言 不益實用. 君子當正其威儀 何有蓬頭 · 跣足 自謂宏達耶!"有奉饋者 必問其所由 若力作所致 雖微 必喜 慰賜參倍 若非理得之 則切厲訶辱 還其所饋. 嘗出游 見 人持一把未熟稻 侃問"用此何爲?"人云"行道所見 聊取之 耳."侃大怒曰"汝旣不佃 而戲賊人稻!"執而鞭之. 是以百姓 勤於農作 家給人足. 嘗造船 其木屑竹頭 侃皆令籍而掌之 人 咸不解所以. 後正會 積雪始晴 聽事前餘雪猶濕 乃以木屑布 地. 及桓溫伐蜀 又以侃所貯竹頭作丁裝船. 其綜理微密 皆此 類也.

13 　後趙將石生屯洛陽 寇掠河南 司州刺史李矩 · 潁川太守 郭默軍數敗 又乏食 乃遣使附於趙. 趙主曜使中山王岳將兵萬

五千人趣孟津 鎭東將軍呼延謨帥荊 · 司之衆自崤 · 澠而東 欲
會矩 · 默共攻石生. 岳克孟津 · 石梁二戍 斬獲五千餘級 進圍
石生於金墉. 後趙中山公虎帥步騎四萬 入自成皋關 與岳戰于
洛西. 岳兵敗 中流矢 退保石梁. 虎作塹柵環之 遏絕內外. 岳
衆飢甚 殺馬食之. 虎又擊呼延謨 斬之. 曜自將兵救岳 虎帥騎
三萬逆戰. 趙前軍將軍劉黑擊虎將石聰於八特阪 大破之. 曜
屯于金谷 夜 軍中無故大驚 士卒奔潰 乃退屯澠池. 夜 又驚潰
遂歸長安. 六月 虎拔石梁 禽岳及其將佐八十餘人 氐 · 羌三千
餘人 皆送襄國 阬其士卒九千人. 遂攻王騰於幷州 執騰 殺之
阬其士卒七千餘人. 曜還長安 素服郊次 哭 七日乃入城 因憤
恚成疾. 郭默復爲石聰所敗 棄妻子南奔建康. 李矩將士陰謀叛
降後趙 矩不能討 亦帥衆南歸 衆皆道亡 惟郭誦等百餘人隨之
卒於魯陽. 矩長史崔宣帥其餘衆二千降于後趙. 於是司 · 豫 ·
徐 · 兗之地 率皆入於後趙 以淮爲境矣.

14   趙主曜以永安王胤爲大司馬 · 大單于 徙封南陽王 置單于
臺于渭城 其左 · 右賢王以下 皆以胡 · 羯 · 鮮卑 · 氐 · 羌豪桀
爲之.

15   秋 七月 辛未 以尚書令郗鑒爲車騎將軍 · 都督徐 · 兗 ·
靑三州諸軍事 · 兗州刺史 鎭廣陵.

16   閏月 以尚書左僕射荀崧爲光祿大夫 · 錄尚書事 尚書鄧攸

爲左僕射.

17　右衛將軍虞胤 元敬皇后之弟也 與左衛將軍南頓王宗俱
爲帝所親任 典禁兵 直殿內 多聚勇士以爲羽翼 王導・庾亮皆
忌之 頗以爲言 帝待之愈厚 宮門管鑰 皆以委之. 帝寢疾 亮夜
有所表 從宗求鑰 宗不與 叱亮使曰"此汝家門戶邪！"亮益忿
之. 及帝疾篤 不欲見人 羣臣無得進者. 亮疑宗・胤及宗兄西
陽王羕有異謀 排闥入升御床 見帝流涕 言羕與宗等謀廢大臣
自求輔政 請黜之 帝不納. 壬午 帝引太宰羕・司徒導・尚書令
卞壼・車騎將軍郗鑒・護軍將軍庾亮・領軍將軍陸曄・丹楊
尹溫嶠 並受遺詔輔太子 更入殿將兵直宿 復拜壼右將軍 亮中
書令 曄錄尚書事. 丁亥 降遺詔. 戊子 帝崩. 帝明敏有機斷 故
能以弱制強 誅剪逆臣 克復大業.

己丑 太子卽皇帝位 生五年矣. 君臣進璽 司徒導以疾不至.
卞壼正色於朝曰"王公豈社稷之臣邪！大行在殯 嗣皇未立 寧
是人臣辭疾之時也！"導聞之 輿疾而至. 大赦 增文武位二等
尊庾后爲皇太后.

羣臣以帝幼沖 奏請太后依漢和熹皇后故事 太后辭讓數四
乃從之. 秋 九月 癸卯 太后臨朝稱制. 以司徒導錄尚書事 與中
書令庾亮・尚書令卞壼參輔朝政 然事之大要皆決於亮. 加郗
鑒車騎大將軍 陸曄左光祿大夫 皆開府儀同三司. 以南頓王宗
爲驃騎將軍 虞胤爲大宗正.

尚書召樂廣子謨爲郡中正 庾珉族人怡爲廷尉評 謨・怡各稱

父命不就. 卞壼奏曰 "人無非父而生 職無非事而立 有父必有
命 居職必有悔. 有家各私其子 則爲王者無民 君臣之道廢矣.
樂廣·庾珉受寵聖世 身非己有 況及後嗣而可專哉！所居之職
若順夫羣心 則戰戍者之父母皆當命子以不處也." 謨·怡不得
已 各就職.

18 辛丑 葬明帝于武平陵.

19 冬 十一月 癸巳朔 日有食之.

20 慕容廆與段氏方睦 爲段牙謀 使之徙都 牙從之 卽去令支
國人不樂. 段疾陸眷之孫遼欲奪其位 以徙都爲牙罪 十二月 帥
國人攻牙 殺之 自立. 段氏自務勿塵以來 日益強盛 其地西接
漁陽 東界遼水 所統胡·晉三萬餘戶 控弦四五萬騎.

21 荊州刺史陶侃以寧州刺史王堅不能禦寇 是歲 表零陵太守
南陽尹奉爲寧州刺史以代之. 先是 王遜在寧州 蠻酋梁水太守
爨量·益州太守李逷 皆叛附於成. 遜討之不能克. 奉至州 重
募徼外夷刺爨量 殺之 諭降李逷 州境遂安.

22 代王賀傉卒 弟紇那立.

1　春 二月 大赦 改元.

2　趙以汝南王咸爲太尉·錄尙書事 光祿太夫劉綏爲大司徒 卜泰爲大司空. 劉后疾病 趙主曜問所欲言 劉氏泣曰 "妾幼鞠于叔父昶 願陛下貴之. 叔父皚之女芳有德色 願以備後宮." 言終而卒. 曜以昶爲侍中·大司徒·錄尙書事 立芳爲皇后 尋又以昶爲太保.

3　三月 後趙主勒夜微行檢察諸營衛 齎金帛以賂門者 求出. 永昌門候王假欲收捕之 從者至 乃止. 旦 召假 以爲振忠都尉 爵關內侯. 勒召記室參軍徐光 光醉不至 黜爲牙門. 光侍直 有慍色 勒怒 幷其妻子囚之.

4　夏 四月 後趙將石生寇汝南 執內史祖濟.

5　六月 癸亥 泉陵公劉遐卒. 癸酉 以車騎大將軍郗鑒領徐州刺史 征虜將軍郭默爲北中郎將·監淮北諸軍事 領遐部曲. 遐子肇尙幼 遐妹夫田防及故將史迭等不樂他屬 共以肇襲遐故位而叛. 臨淮太守劉矯掩襲遐營 斬防等. 遐妻 邵續女也 驍果有父風. 遐嘗爲後趙所圍 妻單將數騎 拔遐出於萬衆之中. 及田防等欲作亂 遐妻止之 不從 乃密起火 燒甲仗都盡 故防等卒

敗. 詔以肇襲逿爵.

　司徒導稱疾不朝 而私送郗鑒. 卞壺奏"導虧法從私 無大臣
之節 請免官."雖事寢不行 舉朝憚之. 壺儉素廉絜 裁斷切直
當官幹實 性不弘裕 不肯苟同時好 故爲諸名士所少. 阮孚謂
之曰"卿常無閒泰 如含瓦石 不亦勞乎！"壺曰"諸君子以道
德恢弘 風流相尙 執鄙吝者 非壺而誰！"時貴游子弟多慕王
澄・謝鯤爲放達 壺厲色於朝曰"悖禮傷敎 罪莫大焉 中朝傾
覆 實由於此."欲奏推之 王導・庾亮不聽 乃止.

6　成人討越巂斯叟 破之.

7　秋 七月 癸丑 觀陽烈侯應詹卒.

8　初 王導輔政 以寬和得衆. 及庾亮用事 任法裁物 頗失人
心. 豫州刺史祖約 自以名輩不後郗・卞 而不豫顧命 又望開府
復不得 及諸表請多不見許 遂懷怨望. 及遺詔褒進大臣 又不及
約與陶侃 二人皆疑庾亮刪之. 歷陽內史蘇峻 有功於國 威望漸
著 有銳卒萬人 器械甚精 朝廷以江外寄之 而峻頗懷驕溢 有
輕朝廷之志 招納亡命 衆力日多 皆仰食縣官 運漕相屬 稍不
如意 輒肆忿言. 亮旣疑峻・約 又畏侃之得衆 八月 以丹楊尹
溫嶠爲都督江州諸軍事・江州刺史 鎭武昌 尙書僕射王舒爲會
稽內史 以廣聲援 又修石頭以備之.

　丹楊尹阮孚以太后臨朝 政出舅族 謂所親曰"今江東創業尙

淺 主幼 時艱 庾亮年少 德信未孚 以吾觀之 亂將作矣." 遂求
出爲廣州刺史. 孚 咸之子也.

9　　冬 十月 立帝母弟岳爲吳王.

10　　南頓王宗自以失職怨望 又素與蘇峻善 庾亮欲誅之 宗亦
欲廢執政. 御史中丞鍾雅劾宗謀反 亮使右衛將軍趙胤收之. 宗
以兵拒戰 爲胤所殺 貶其族爲馬氏 三子綽 · 超 · 演皆廢爲庶
人. 免太宰西陽王羕 降封弋陽縣王 大宗正虞胤左遷桂陽太守.
宗 宗室近屬 羕 先帝保傅. 亮一旦剪黜 由是失遠近之心. 宗
黨卞闡亡奔蘇峻 亮符峻送闡 峻保匿不與. 宗之死也 帝不之知
久之 帝問亮曰 "常日白頭公何在?" 亮對以謀反伏誅. 帝泣曰
"舅言人作賊 便殺之 人言舅作賊 當如何!" 亮懼 變色.

11　　趙將黃秀等寇酇 順陽太守魏該帥衆奔襄陽.

12　　後趙王勒用程遐之謀 營鄴宮 使世子弘鎭鄴 配禁兵萬人
車騎所統五十四營悉配之 以驍騎將軍領門臣祭酒王陽專統六
夷以輔之. 中山公虎自以功多 無去鄴之意 及修三臺 遷其家室
虎由是怨程遐.

13　　十一月 後趙石聰攻壽春 祖約屢表請救 朝廷不爲出兵. 聰
遂進寇逡遒 · 阜陵 殺掠五千餘人. 建康大震 詔加司徒導大司

馬·假黃鉞·都督中外諸軍事以禦之 軍于江寧. 蘇峻遣其將
韓晃擊石聰 走之 導解大司馬. 朝議又欲作涂塘以遏胡寇 祖約
曰"是棄我也！"益懷憤恚.

14　十二月 濟岷太守劉闓等殺下邳內史夏侯嘉 以下邳叛 降
于後趙. 石瞻攻河南太守王瞻于邴 拔之. 彭城內史劉續復據蘭
陵石城 石瞻攻拔之.

15　後趙王勒以牙門將王波爲記室參軍 典定九流 始立秀·孝
試經之制.

16　張竣畏趙人之逼 是歲 徙隴西·南安民二千餘家于姑臧
又遣儁好於成 以書勸成主雄去尊號 稱藩於晉. 雄復書曰"吾
過爲士大夫所推 然本無心於帝王 思爲晉室元功之臣 掃除氛
埃 而晉室陵遲 德聲不振 引領東望 有年月矣. 會獲來貺 情在
闇至 有何已已."自是聘使相繼.

❖ 顯宗成皇帝上之上 咸和 2年(丁亥, 327年)

1　春 正月 朱提太守楊術與成將羅恒戰于臺登 兵敗 術死.

2　夏 五月 甲申朔 日有食之.

3   趙武衛將軍劉朗帥騎三萬襲楊難敵於仇池 弗克 掠三千餘戶而歸.

4   張竣聞趙兵爲後趙所敗 乃去趙官爵 復稱晉大將軍・涼州牧 遣武威太守竇濤・金城太守張閬・武興太守辛嚴・揚烈將軍宋輯等帥衆數萬 會韓璞攻掠趙秦州諸郡. 趙南陽王胤將兵擊之 屯狄道. 枹罕護軍辛晏告急 秋 駿使韓璞・辛嚴救之. 璞進度沃干嶺. 嚴欲速戰 璞曰 “夏末以來 日星數有變 不可輕動. 且曜與石勒相攻 胤必不能久與我相守也.” 與胤夾洮相持七十餘日. 冬 十月 璞遣辛嚴督運於金城 胤聞之 曰 “韓璞之衆 十倍於吾. 吾糧不多 難以持久. 今虜分兵運糧 天授我也. 若敗辛嚴 璞等自潰.” 乃帥騎三千襲嚴于沃干嶺 敗之 遂前逼璞營 璞衆大潰. 胤乘勝追奔 濟河 攻拔令居 斬首二萬級 進據振武 河西大駭. 張閬・辛晏帥其衆數萬降趙 駿遂失河南之地.

5   庾亮以蘇峻在歷陽 終爲禍亂 欲下詔徵之 訪於司徒導. 導曰 “峻猜險 必不奉詔 不若且苞容之.” 亮言於朝曰 “峻狼子野心 終必爲亂. 今日徵之 縱不順命 爲禍猶淺 若復經年 不可復制 猶七國之於漢也.” 朝臣無敢難者 獨光祿大夫卞壼爭之曰 “峻擁強兵 逼近京邑 路不終朝. 一旦有變 易爲蹉跌 宜深思之！” 亮不從. 壼知必敗 與溫嶠書曰 “元規召峻意定 此國之大事. 峻已出狂意 而召之 是更速其禍也 必縱毒蠚以向朝廷. 朝廷威雖盛 不知果可擒不 王公亦同此情. 吾與之爭甚懇切 不

能如之何. 本出足下以爲外援 而今更恨足下在外 不得相與共
諫止之 或當相從耳." 嶠亦累書止亮. 擧朝以爲不可 亮皆不
聽.

峻聞之 遣司馬何仍詣亮曰"討賊外任 遠近惟命 至於內輔
實非所堪." 亮不許 召北中郞將郭默爲後將軍 · 領屯騎校尉
司徒右長史庾冰爲吳國內史 皆將兵以備峻. 冰 亮之弟也. 於
是下優詔 徵峻爲大司農 加散騎常侍 位特進 以弟逸代領部曲.
峻上表曰"昔明皇帝親執臣手 使臣北討胡寇. 今中原未靖 臣
何敢卽安! 乞補靑州界一荒郡 以展鷹犬之用." 復不許. 峻嚴
裝將赴召 猶豫未決. 參軍任讓謂峻曰"將軍求處荒郡而不見
許 事勢如此 恐無生路 不如勒兵自守." 阜陵令匡術亦勸峻反
峻遂不應命.

溫嶠聞之 卽欲帥衆下衛建康 三吳亦欲起義兵 亮並不聽 而
報嶠書曰"吾憂西陲 過於歷陽 足下無過雷池一步也." 朝廷遣
使諭峻 峻曰"臺下云我欲反 豈得活邪! 我寧山頭望廷尉 不
能廷尉望山頭. 往者國家危如累卵 非我不濟 狡兔旣死 獵犬宜
烹. 但當死報造謀者耳!"

峻知祖約怨朝廷 乃遣參軍徐會推崇約 請共討庾亮. 約大喜
其從子智 · 衍並勸成之. 譙國內史桓宣謂智曰"本以强胡未滅
將戮力討之. 使君若欲爲雄霸 何不助國討峻 則威名自擧. 今
乃與峻俱反 此安得久乎!"智不從. 宣詣約請見 約知其欲諫
拒而不內. 宣遂絕約 不與之同. 十一月 約遣兄子沛內史渙 ·
女壻淮南太守許柳以兵會峻. 渙妻 柳之姊也 固諫 不從. 詔復

以卞壼爲尙書令·領右衛將軍 以鄶稽內史王舒行揚州刺史事 吳興太守虞潭督三吳等諸郡軍事.

尙書左丞孔坦·司徒司馬丹楊陶回言於王導 請"及峻未至 急斷阜陵 守江西當利諸口 彼少我眾 一戰決矣. 若峻未來 可往逼其城. 今不先往 峻必先至 峻至則人心危駭 難與戰矣. 此時不可失也." 導然之 庾亮不從. 十二月 辛亥 蘇峻使其將韓晃·張健等襲陷姑孰 取鹽米 亮方悔之.

王子 彭城王雄·章武王休叛奔峻. 雄 釋之子也.

庚申 京師戒嚴 假庾亮節 都督征討諸軍事 以左衛將軍趙胤爲歷陽太守 使左將軍司馬流將兵據慈湖以拒峻. 以前射聲校尉劉超爲左衛將軍 侍中褚翜典征討軍事. 亮使弟翼以白衣領數百人備石頭.

6　丙寅 徙琅邪王昱爲會稽王 吳王岳爲琅邪王.

7　宣城內史桓彝欲起兵以赴朝廷 其長史裨惠以郡兵寡弱 山民易擾 謂宜且按甲以待之. 彝厲色曰"'見無禮於其君者 若鷹鸇之逐鳥雀.'今社稷危逼 義無宴安." 辛未 彝進屯蕪湖. 韓晃擊破之 因進攻宣城 彝退保廣德 晃大掠諸縣而還. 徐州刺史郗鑒欲帥所領赴難 詔以北寇 不許.

8　是歲 後趙中山公虎擊代王紇那 戰于句注陘北 紇那兵敗 徙都大審以避之.

9   代王鬱律之子翳槐居於其舅賀蘭部 紇那遣使求之 賀蘭大
人藹頭擁護不遣. 紇那與宇文部共擊藹頭 不克.＊

資治通鑑 卷094

【晉紀十六】

起著雍困敦(戊子) 盡重光單閼(辛卯) 凡四年.

❖ 顯宗成皇帝上之下 咸和 3年(戊子, 328年)

1　　春 正月 溫嶠入救建康 軍于尋陽.

韓晃襲司馬流於慈湖 流素懦怯 將戰 食炙不知口處 兵敗而死.

丁未 蘇峻帥祖渙 · 許柳等衆二萬人 濟自橫江 登牛渚 軍于陵口. 臺兵禦之 屢敗. 二月 庚戌 峻至蔣陵覆舟山. 陶回謂庾亮曰 "峻知石頭有重戍 不敢直下 必向小丹楊 南道步來 宜伏兵邀之 可一戰擒也." 亮不從. 峻果自小丹楊來 迷失道 夜行無復部分. 亮聞 乃悔之.

朝士以京邑危逼 多遣家人入東避難 左衞將軍劉超獨遷妻孥入居宮內.

詔以卞壼都督大桁東諸軍事 與侍中鍾雅帥郭默 · 趙胤等軍及峻戰于西陵. 壼等大敗 死傷以千數. 丙辰 峻攻靑溪柵 卞壼

帥諸軍拒擊 不能禁. 峻因風縱火 燒臺省及諸營寺署 一時蕩
盡. 壺背癰新愈 創猶未合 力疾帥左右苦戰而死 二子眕‧盰隨
父後 亦赴敵而死. 其母撫尸哭曰"父爲忠臣 子爲孝子 夫何恨
乎！"

丹楊尹羊曼勒兵守雲龍門 與黃門侍郎周導‧廬江太守陶
瞻皆戰死. 庾亮帥衆將陳于宣陽門內 未及成列 士衆皆棄甲
走 亮與弟懌‧條‧翼及郭默‧趙胤俱奔尋陽. 將行 顧謂鍾雅
曰"後事深以相委." 雅曰"棟折榱崩 誰之咎也！"亮曰"今日
之事 不容復言." 亮乘小船 亂兵相剝掠 亮左右射賊 誤中柁工
應弦而倒. 船上咸失色欲散 亮不動 徐曰"此手何可使著賊！"
衆乃安.

峻兵入臺城 司徒導謂侍中褚翜曰"至尊當御正殿 君可啓
令速出." 翜卽入上閤 躬自抱帝登太極前殿 導及光祿大夫陸
曄‧荀崧‧尚書張闓共登御床 擁衛帝. 以劉超爲右衛將軍 使
與鍾雅‧褚翜侍立左右 太常孔愉朝服守宗廟. 時百官奔散 殿
省蕭然. 峻兵既入 叱褚翜令下. 翜正立不動 呵之曰"蘇冠軍
來覲至尊 軍人豈得侵逼！"由是峻兵不敢上殿 突入後宮 宮
人及太后左右侍人皆見掠奪. 峻兵驅役百官 光祿勳王彬等皆
被捶撻 令負提登蔣山. 裸剝士女 皆以壞席苫草自鄣 無草者坐
地以土自覆 哀號之聲 震動內外.

初 姑孰既陷 尚書左丞孔坦謂人曰"觀峻之勢 必破臺城 自
非戰士 不須戎服." 及臺城陷 戎服者多死 白衣者無他.

時官有布二十萬匹 金銀五千斤 錢億萬 絹數萬匹 他物稱是

峻盡費之. 太官惟有燒餘米數石以供御膳.

　或謂鍾雅曰"君性亮直 必不容於寇讎 盍早爲之計！"雅曰
"國亂不能匡 君危不能濟 各遁逃以求免 何以爲臣！"

　丁巳 峻稱詔大赦 惟庾亮兄弟不在原例. 以王導有德望 猶使
以本官居己之右. 祖約爲侍中‧太尉‧尙書令 峻自爲驃騎將
軍‧錄尙書事 許柳爲丹楊尹 馬雄爲左衛將軍 祖渙爲驍騎將
軍. 弋陽王羕詣峻 稱述峻功 峻復以羕爲西陽王‧太宰‧錄尙
書事.

　峻遣兵攻吳國內史庾冰 冰不能禦 棄郡奔會稽 至浙江 峻購
之甚急. 吳鈴下卒引冰入船 以蘧蒢覆之 吟嘯鼓枻 泝流而去.
每逢邏所 輒以杖叩船曰"何處覓庾冰 庾冰正在此." 人以爲醉
不疑之 冰僅免. 峻以侍中蔡謨爲吳國內史.

　溫嶠聞建康不守 號慟 人有候之者 悲哭相對. 庾亮至尋陽
宣太后詔 以嶠爲驃騎將軍‧開府儀同三司 又加徐州刺史郗鑒
司空. 嶠曰"今日當以滅賊爲急 未有功而先拜官 將何以示天
下！"遂不受. 嶠素重亮 亮雖奔敗 嶠愈推奉之 分兵給亮.

2　　後趙大赦 改元太和.

3　　三月 丙子 庾太后以憂崩.

4　　蘇峻南屯于湖.

5　　夏 四月 後趙將石堪攻宛 南陽太守王國降之 遂進攻祖約
軍于淮上. 約將陳光起兵攻約 約左右閤禿 貌類約 光謂爲約而
擒之. 約踰垣獲免 光奔後趙.

6　　壬申 葬明穆皇后于武平陵.

7　　庾亮·溫嶠將起兵討蘇峻 而道路斷絕 不知建康聲聞. 會
南陽范汪至尋陽 言"峻政令不壹 貪暴縱橫 滅亡已兆 雖強易
弱 朝廷有倒懸之急 宜時進討."嶠深納之. 亮辟汪參護軍事.
　亮·嶠互相推爲盟主 嶠從弟充曰"陶征西位重兵強 宜共推
之."嶠乃遣督護王愆期詣荊州 邀陶侃與之同赴國難. 侃猶以
不豫顧命爲恨 答曰"吾疆場外將 不敢越局."嶠屢說 不能回
乃順侃意 遣使謂之曰"仁公且守 仆當先下."使者去已二日
平南參軍滎陽毛寶別使還 聞之 說嶠曰"凡舉大事 當與天下
共之. 師克在和 不宜異同. 假令可疑 猶當外示不覺 況自爲攜
貳邪！宜急追信改書 言必應俱進 若不及前信 當更遣使."嶠
意悟 卽追使者 改書 侃果許之 遣督護龔登帥兵詣嶠. 嶠有衆
七千 於是列上尙書 陳祖約·蘇峻罪狀 移告征鎭 灑泣登舟.
　陶侃復追龔登還. 嶠遺侃書曰"夫軍有進而無退 可增而不
可減. 近已移檄遠近 言於盟府 刻後月半大舉 諸郡軍並在路次
惟須仁公軍至 便齊進耳. 仁公今召軍還 疑惑遠近 成敗之由
將在於此. 僕才輕任重 實憑仁公篤愛 遠稟成規 至於首啓戎行
不敢有辭 僕與仁公 如首尾相衛 脣齒相依也. 恐或者不達高旨

將謂仁公緩於討賊 此聲難追. 僕與仁公並受方嶽之任 安危休
戚 理既同之. 且自頃之顧 綢繆往來 情深義重 一旦有急 亦望
仁公悉衆見救 況社稷之難乎！今日之憂 豈惟僕一州 文武莫
不翹企. 假令此州不守 約·峻樹置官長於此 荊楚西逼強胡 東
接逆賊 因之以饑饉 將來之危 乃當甚於此州之今日也. 仁公進
當爲大晉之忠臣 參桓·文之功 退當以慈父之情 雪愛子之痛.
今約·峻凶逆無道 痛感天地 人心齊壹 咸皆切齒. 今之進討
若以石投卵耳 苟復召兵還 是爲敗於幾成也. 願深察所陳！"
王愆期謂侃曰"蘇峻 豺狼也 如得遂志 四海雖廣 公寧有容足
之地乎！"侃深感悟 卽戎服登舟 瞻喪至不臨 晝夜兼道而進.

郗鑒在廣陵 城孤糧少 逼近胡寇 人無固志. 得詔書 卽流涕
誓衆 入赴國難 將士爭奮. 遣將軍夏侯長等間行謂溫嶠曰"或
聞賊欲挾天子東入會稽 當先立營壘 屯據要害 既防其越逸 又
斷賊糧運 然後淸野堅壁以待賊. 賊攻城不拔 野無所掠 東道既
斷 糧運自絕 必自潰矣."嶠深以爲然.

五月 陶侃帥衆至尋陽. 議者咸謂侃欲誅庾亮以謝天下 亮
甚懼 用溫嶠計 詣侃拜謝. 侃驚 止之曰"庾元規乃拜陶士行
邪！"亮引咎自責 風止可觀 侃不覺釋然 曰"君侯脩石頭以
擬老子 今日反見求邪！"卽與之談宴終日 遂與亮·嶠同趣建
康. 戎卒四萬 旌旗七百餘里 鉦鼓之聲 震於遠近.

蘇峻聞西方兵起 用參軍賈寧計 自姑孰還據石頭 分兵以拒
侃等.

乙未 峻逼遷帝於石頭. 司徒導固爭 不從. 帝哀泣升車 宮中

慟哭. 時天大雨 道路泥濘 劉超‧鍾雅步侍左右. 峻給馬 不肯乘 而悲哀慷慨. 峻聞而惡之 然未敢殺也. 以其親信許方等補司馬督‧殿中監 外託宿衛 內實防禦超等. 峻以倉屋爲帝宮 日來帝前肆醜言. 劉超‧鍾雅與右光祿大夫荀崧‧金紫光祿大夫華恒‧尙書荀邃‧侍中丁潭侍從 不離帝側. 時饑饉米貴 峻問遺 超一無所受 繾綣朝夕 臣節愈恭 雖居幽厄之中 超猶啓帝授《孝經》‧《論語》.

峻使左光祿大夫陸曄守留臺 逼近居民 盡聚之後苑 使匡術守苑城.

尙書左丞孔坦奔陶侃 侃以爲長史.

初 蘇峻遣尙書張闓權督東軍 司徒導密令以太后詔諭三吳吏士 使起義兵救天子. 會稽內史王舒以庾冰行奮武將軍 使將兵一萬 西渡浙江. 於是吳興太守虞潭‧吳國內史蔡謨‧前義興太守顧從等皆擧兵應之. 潭母孫氏謂譚曰“汝當捨生取義 勿以吾老爲累!”盡遣其家僮從軍 鬻其環珮以爲軍資. 謨以庾冰當還舊任 卽去郡以讓冰.

蘇峻聞東方兵起 遣其將管商‧張健‧弘徽等拒之 虞潭等與戰 互有勝負 未能得前.

陶侃‧溫嶠軍于茄子浦 嶠以南兵習水 蘇峻兵便步 令將士“有上岸者死!”會峻送米萬斛饋祖約 約遣司馬桓撫等迎之. 毛寶帥千人爲嶠前鋒 告其衆曰“兵法‘軍令有所不從’豈可視賊可擊 不上岸擊之邪!”乃擅往襲撫 悉獲其米 斬獲萬計 約由是飢乏. 嶠表寶爲廬江太守.

陶侃表王舒監浙東軍事 虞潭監浙西軍事 郗鑒都督揚州八郡
諸軍事 令舒・潭皆受鑒節度. 鑒帥衆渡江 與侃等會與于茄子
浦 雍州刺史魏該亦以兵會之.

丙辰 侃等舟師直指石頭 至于蔡洲 侃屯查浦 嶠屯沙門浦.
峻登烽火樓 望見士衆之盛 有懼色 謂左右曰"吾本知溫嶠能
得衆也."

庾亮遣督護王彰擊峻黨張曜 反爲所敗. 亮送節傳以謝侃 侃
答曰"古人三敗 君侯始二 當今事急 不宜數爾."亮司馬陳郡
殷融詣侃謝曰"將軍爲此 非融等所裁."王彰至曰"彰自爲之
將軍不知也."侃曰"昔殷融爲君子 王彰爲小人 今王彰爲君子
殷融爲小人."

宣城內史桓彝 聞京城不守 慷慨流涕 進屯涇縣. 時州郡多
遣使降蘇峻 裨惠復勸彝宜且與通使 以紓交至之禍. 彝曰"吾
受國厚恩 義在致死 焉能忍恥與逆臣通問！如其不濟 此則命
也."彝遣將軍俞縱守蘭石 峻遣其將韓晃攻之. 縱將敗 左右勸
縱退軍. 縱曰"吾受桓侯厚恩 當以死報. 吾之不可負桓侯 猶
桓侯之不負國也."遂力戰而死. 晃進軍攻彝 六月 城陷 執彝
殺之.

諸軍初至石頭 卽欲決戰 陶侃曰"賊衆方盛 難與爭鋒 當以
歲月 智計破之."旣而屢戰無功 監軍部將李根請築白石壘 侃
從之. 夜 築壘 至曉而成. 聞峻軍嚴聲 諸將咸懼其來攻. 孔坦
曰"不然. 若峻攻壘 必須東北風急 令我水軍不得往救 今天淸
靜 賊必不來. 所以嚴者 必遣軍出江乘 掠京口以東矣."已而

果然. 侃使庾亮以二千人守白石 峻帥步騎萬餘四面攻之 不克.

王舒·虞潭等數與峻兵戰 不利. 孔坦曰"本不須召郗公 遂使東門無限. 今宜遣還 雖晚 猶勝不也."侃乃令鑒與後將軍郭默還據京口 立大業·曲阿·庱亭三壘以分峻之兵勢 使郭默守大業.

壬辰 魏該卒.

祖約遣祖渙·桓撫襲湓口. 陶侃聞之 將自擊之. 毛寶曰"義軍恃公 公不可動 寶請討之."侃從之. 渙·撫過皖 因攻譙國內史桓宣. 寶往救之 爲渙·撫所敗. 箭貫寶髀 徹鞍 寶使人蹋鞍拔箭 血流滿韡. 還擊渙·撫 破走之 宣乃得出 歸于溫嶠. 寶進攻祖約軍于東關 拔合肥戍 會嶠召之 復歸石頭.

祖約諸將陰與後趙通謀 許爲內應. 後趙將石聰 石堪引兵濟淮 攻壽春. 秋 七月 約衆潰 奔歷陽 聰等虜壽春二萬餘戶而歸.

8　後趙中山公虎帥衆四萬自軹關西入 擊趙河東. 應之者五十餘縣 遂進攻蒲阪. 趙主曜遣河間王述發氐·羌之衆屯秦州以備張駿·楊難敵 自將中外精銳水陸諸軍以救蒲阪 自衛關北濟 虎懼 引退. 曜追之 八月 及於高候 與虎戰 大破之 斬石瞻 枕尸二百餘里 收其資仗億計 虎奔朝歌. 曜濟自大陽 攻石生于金墉 決千金堨以灌之. 分遣諸將攻汲郡·河內 後趙榮陽太守尹矩·野王太守張進等皆降之. 襄國大震.

9　張駿治兵 欲乘虛襲長安. 理曹郎中索詢諫曰"劉曜雖東

征 其子胤守長安 未易輕也. 借使小有所獲 彼若釋東方之圖
還與我校 禍難之期 未可量也"駿乃止.

10　　蘇峻腹心路永·匡術·賈寧聞祖約敗 恐事不濟 勸峻盡誅
司徒導等諸大臣 更樹腹心 峻雅敬導 不許. 永等更貳於峻 導
使參軍袁耽潛誘永歸順. 九月 戊申 導攜二子與永皆奔白石.
耽 渙之曾孫也.

　陶侃·溫嶠等與蘇峻久相持不決 峻分遣諸將東西攻掠 所向
多捷 人情恟懼. 朝士之奔西軍者皆曰"峻狡黠有膽決 其徒驍
勇 所向無敵. 若天討有罪 則峻終滅亡 止以人事言之 未易除
也."溫嶠怒曰"諸君怯懦 乃更譽賊！"及累戰不勝 嶠亦憚之.
　嶠軍食盡 貸於陶侃. 侃怒曰"使君前云不憂無良將及兵食
惟欲得老僕爲主耳. 今數戰皆北 良將安在！荊州接胡·蜀二
虜 當備不虞 若復無食 僕便欲西歸 更思良算. 徐來殄賊 不
爲晚也."嶠曰"凡師克在和 古之善敎也. 光武之濟昆陽 曹公
之拔官渡 以寡敵衆 杖義故也. 峻·約小豎 凶逆滔天 何憂不
滅！峻驟勝而驕 自謂無前 今挑之戰 可一鼓而擒也. 奈何捨垂
立之功 設進退之計乎！且天子幽逼 社稷危殆 乃四海臣子肝
腦塗地之日. 嶠等與公並受國恩 事若克濟 則臣主同祚 如其
不捷 當灰身以謝先帝耳. 今之事勢 義無旋踵 譬如騎虎 安可
中下哉！公若違衆獨返 人心必沮 沮衆敗事 義旗將迴指於公
矣."毛寶言於嶠曰"下官能留陶公."乃往說侃曰"公本應鎮
蕪湖 爲南北勢援 前旣已下 勢不可還. 且軍政有進無退 非直

整齊三軍 示衆必死而已 亦謂退無所據 終至滅亡. 往者杜弢非
不強盛 公竟滅之 何至於峻 獨不可破邪！賊亦畏死 非皆勇健
公可試與寶兵 使上岸斷賊資糧. 若寶不立效 然後公去 人心
不恨矣."侃然之 加寶督護而遣之. 竟陵太守李陽說侃曰"今
大事若不濟 公雖有粟 安得而食諸！"侃乃分米五萬石以餉嶠
軍. 毛寶燒峻句容‧湖孰積聚 峻軍乏食 侃遂留不去.

　張健‧韓晃等急攻大業 壘中乏水 人飲糞汁. 郭默懼 潛突圍
出外 留兵守之 郗鑒在京口 軍士聞之皆失色. 參軍曹納曰"大
業 京口之扞蔽也 一旦不守 則賊兵徑至 不可當也. 請還廣陵
以俟後舉."鑒大會僚佐 責納曰"吾受先帝顧託之重 正復捐軀
九泉 不足報塞. 今強寇在近 衆心危逼 君腹心之佐 而生長異
端 當何以帥先義衆 鎮壹三軍邪！"將斬之 久乃得釋.

　陶侃將救大業 長史殷羨曰"吾兵不習步戰 救大業而不捷
則大事去矣. 不如急攻石頭 則大業自解."侃從之. 羨 融之兄
也. 庚午 侃督水軍向石頭. 庾亮‧溫嶠‧趙胤帥步兵萬人從
白石南上 欲挑戰. 峻將八千人逆戰 遣其子碩及其將匡孝分兵
先薄趙胤軍 敗之. 峻方勞其將士 乘醉望見胤走 曰"孝能破
賊 我更不如邪！"因舍其衆 與數騎北下突陳 不得入 將回趨
白木陂 馬躓 侃部將彭世‧李千等投之以矛 峻墜馬 斬首 臠
割之 焚其骨 三軍皆稱萬歲. 餘衆大潰. 峻司馬任讓等共立峻
弟逸爲主 閉城自守. 溫嶠乃立行臺 布告遠近 凡故吏二千石以
下 皆令赴臺 於是至者雲集. 韓晃聞峻死 引兵趣石頭. 管商‧
弘徽攻庱亭壘 督護李閎‧輕車長史滕含擊破之. 含 脩之孫也.

商走詣庾亮降 餘衆皆歸張健.

11　　冬 十一月 後趙王勒欲自將救洛陽 僚佐程遐等固諫曰
“劉曜懸軍千里 勢不支久. 大王不宜親動 動無萬全.”勒大怒
按劍叱遐等出. 乃赦徐光 召而謂之曰“劉曜乘一戰之勝 圍守
洛陽 庸人之情皆謂其鋒不可當. 曜帶甲十萬 攻一城而百日不
克 帥老卒怠 以我初銳擊之 可一戰而擒也. 若洛陽不守 曜必
送死冀州 自河已北 席卷而來 吾事去矣. 程遐等不欲吾行 卿
以爲何如？”對曰“劉曜乘高候之勢 不能進臨襄國 更守金墉
此其無能爲可知也. 以大王威略臨之 彼必望旗奔敗. 平定天下
在今一擧 不可失也.”勒笑曰“光言是也.”乃使內外戒嚴 有諫
者斬. 命石堪 · 石聰及豫州刺史桃豹等各統見衆會滎陽 中山
公虎進據石門 勒自統步騎四萬趣金墉 濟自大堨.

　　勒謂徐光曰“曜盛兵成皐關 上策也 阻洛水 其次也 坐守洛
陽 此成擒耳.”十二月 乙亥 後趙諸軍集于成皐 步卒六萬 騎
二萬七千. 勒見趙無守兵 大喜 擧手指天復加額 曰“天也！”
卷甲銜枚 詭道兼行 出于鞏 · 訾之間.

　　趙主曜專與嬖臣飲博 不撫士卒 左右或諫 曜怒 以爲妖言 斬
之. 聞勒已濟河 始議增滎陽戌 杜黃馬關. 俄而洛水候者與後
趙前鋒交戰 擒羯送之. 曜問“大胡自來邪？其衆幾何？”羯曰
“王自來 軍勢甚盛.”曜色變 使攝金墉之圍 陳于洛西 衆十餘
萬 南北十餘里. 勒望見 益喜 謂左右曰“可以賀我矣！”勒帥
步騎四萬入洛陽城.

己卯 中山公虎引步卒三萬自城北而西 攻趙中軍 石堪·石聰等各以精騎八千自城西而北 擊趙前鋒 大戰于西陽門. 勒躬貫甲冑 出自閶闔門 夾擊之. 曜少而嗜酒 末年尤甚 將戰 飲酒數斗. 常乘赤馬無故停頓 乃乘小馬. 比出 復飲酒斗餘. 至西陽門 揮陳就平. 石堪因而乘之 趙兵大潰. 曜昏醉退走 馬陷石渠墜于冰上 被瘡十餘 通中者三 爲堪所執. 勒遂大破趙兵 斬首五萬餘級. 下令曰"所欲擒者一人耳 今已獲之. 其敕將士抑鋒止銳 縱其歸命之路."

曜見勒 曰"石王 頗憶重門之盟否？" 勒使徐光謂之曰"今日之事 天使其然 復云何邪！"乙酉 勒班師. 使征東將軍石邃將兵衛送曜. 邃 虎之子也. 曜瘡甚 載以馬輿 使醫李永與同載. 己亥 至襄國 舍曜于永豐小城 給其妓妾 嚴兵圍守. 遣劉岳嶽·劉震等從男女盛服以見之 曜曰"吾謂卿等久爲灰土 石王仁厚 乃全宥至今邪！我殺石佗 愧之多矣. 今日之禍 自其分耳."留宴終日而去. 勒使曜與其太子熙書 諭令速降 曜但敕熙與諸大臣"匡維社稷 勿以吾易意也."勒見而惡之 久之 乃殺曜.

12　是歲 成漢獻王驤卒 其子征東將軍壽以喪還成都. 成主雄以李玝爲征北將軍·梁州刺史 代壽屯晉壽.

1   春 正月 光祿大夫陸曄及弟尚書左僕射玩說匡術 以苑城
附于西軍 百官皆赴之 推曄督宮城軍事. 陶侃命毛寶守南城 鄧
岳守西城.

右衛將軍劉超‧侍中鍾雅與建康令管旆等謀奉帝出赴西軍
事泄 蘇逸使其將平原任讓將兵入宮收超‧雅. 帝抱持悲泣曰
"還我侍中‧右衛!" 讓奪而殺之. 初 讓少無行 太常華恒爲本
州大中正 黜其品. 及讓爲蘇峻將 乘勢多所誅殺 見恒輒恭敬
不敢縱暴. 及鍾‧劉之死 蘇逸欲幷殺恒 讓盡心救衛 恒乃得
免.

2   冠軍將軍趙胤遣部將甘苗擊祖約于歷陽 戊辰 約夜帥左右
數百人奔後趙 其將牽騰帥衆出降.

3   蘇逸‧蘇碩‧韓晃幷力攻臺城 焚太極東堂及祕閣 毛寶登
城 射殺數十人. 晃謂寶曰 "君名勇果 何不出鬬?" 寶曰 "君
名健將 何不入鬬?" 晃笑而退.

4   趙太子熙聞趙主曜被擒 大懼 與南陽王胤謀西保秦州. 尚
書胡勳曰 "今雖喪君 境土尚完 將士不叛 且當幷力拒之 力不
能拒 走未晚也." 胤怒 以爲沮衆 斬之 遂帥百官奔上邽 諸征
鎭亦皆棄所守從之 關中大亂. 將軍蔣英‧辛恕擁衆數十萬據

長安 遣使降于後趙 後趙遣石生帥洛陽之衆赴之.

5   二月 丙戌 諸軍攻石頭. 建威長史滕含擊蘇逸 大破之. 蘇
碩帥驍勇數百 渡淮而戰 溫嶠擊斬之. 韓晃等懼 以其衆就張健
於曲阿 門隘不得出 更相蹈藉 死者萬數. 西軍獲蘇逸 斬之. 滕
含部將曹據抱帝奔溫嶠船 羣臣見帝 頓首號泣請罪. 殺西陽王
羕 幷其二子播‧充‧孫崧及彭城王雄. 陶侃與任讓有舊 爲請
其死. 帝曰"是殺吾侍中‧右衛者 不可赦也." 乃殺之. 司徒導
入石頭 令取故節 陶侃笑曰"蘇武節似不如是." 導有慙色. 丁
亥 大赦.

　張健疑弘徽等貳於己 皆殺之 帥舟師自延陵將入吳興. 乙未
揚烈將軍王允之與戰 大破之 獲男女萬餘口. 健復與韓晃‧馬
雄等西趨故鄣 郗鑒遣軍李閎追之 及於平陵山 皆斬之.

　是時宮闕灰燼 以建平園爲宮. 溫嶠欲遷都豫章 三吳之豪請
都會稽 二論紛紜未決. 司徒導曰"孫仲謀‧劉玄德俱言'建康
王者之宅.'古之帝王 不必以豐儉移都 苟務本節用 何憂凋弊！
若農事不修 則樂土爲墟矣. 且北寇游魂 伺我之隙 一旦示弱
竄於蠻越 求之望實 懼非良計. 今特宜鎭之以靜 羣情自安."
由是不復徙都. 以褚翜爲丹楊尹. 時兵火之後 民物凋殘 翜收
集散亡 京邑遂安.

6   壬寅 以湘州幷荊州.

7 　三月 壬子 論平蘇峻功 以陶侃爲侍中‧太尉 封長沙郡公 加都督交‧廣‧寧州諸軍事 郗鑒爲侍中‧司空‧南昌縣公 溫嶠爲驃騎將軍‧開府儀同三司 加散騎常侍 始安郡公 陸曄進爵江陵公 自餘賜爵侯‧伯‧子‧男者甚衆. 卞壺及二子眕‧盱‧桓彝‧劉超‧鍾雅‧羊曼‧陶瞻 皆加贈諡. 路永‧匡術‧賈寧 皆蘇峻之黨也 峻未敗 永等去峻歸朝廷 王導欲賞以官爵. 溫嶠曰“永等皆峻之腹心 首爲亂階 罪莫大焉. 晚雖改悟 未足以贖前罪 得全首領 爲幸多矣 豈可復褒寵之哉！”導乃止.

陶侃以江陵偏遠 移鎮巴陵.

朝議欲留溫嶠輔政 嶠以王導先帝所任 固辭還藩 又以京邑荒殘 資用不給 乃留資蓄 具‧器用 而後旋于武昌.

帝之出石頭也 庾亮見帝 稽顙哽咽 詔亮與大臣俱升御座. 明日 亮復泥首謝罪 乞骸骨 欲闔門投竄山海. 帝遣尚書‧侍中手詔慰喻曰“此社稷之難 非舅之責也.”亮上疏自陳“祖約‧蘇峻縱肆凶逆 罪由臣發 寸斬屠戮 不足以謝七廟之靈 塞四海之責. 朝廷復何理齒臣於人次 臣亦何顏自次於人理！願陛下雖垂寬宥 全其首領 猶宜棄之 任其自存自沒 則天下粗知勸戒之綱矣.”優詔不許. 亮又欲遁逃山海 自暨陽東出 詔有司錄奪舟船. 亮乃求外鎮自效 出爲都督豫州‧揚州之江西‧宣城諸軍事‧豫州刺史 領宣城內史 鎮蕪湖.

陶侃‧溫嶠之討蘇峻也 移檄征‧鎮 使各引兵入援. 湘州刺史益陽侯卞敦擁兵不赴 又不給軍糧 遣督護將數百人隨大軍而

已 朝野莫不怪歎. 及峻平 陶侃奏敦沮軍 顧望不赴國難 請檻
車收付廷尉. 王導以喪亂之後 宜加寬宥 轉敦安南將軍 · 廣州
刺史 病不赴 徵爲光祿大夫 · 領少府. 敦憂愧而卒 追贈本官
加散騎常侍 諡曰敬.

❖臣光曰

　"庾亮以外戚輔政 首發禍機 國破君危 竄身苟免 卞敦
位列方鎮 兵糧俱足 朝廷顚覆 坐觀勝負 人臣之罪 孰大
於此！既不能明正典刑 又以寵祿報之 晉室無政 亦可知
矣. 任是責者 豈非王導乎！

8　　徙高密王紘爲彭城王. 紘 雄之弟也.

9　　夏 四月 乙未 始安忠武公溫嶠卒 葬於豫章. 朝廷欲爲之
造大墓於元 · 明二帝陵之北 太尉侃上表曰"嶠忠誠著於聖世
勳義感於人神 使亡而有知 豈樂今日勞費之事！願陛下慈恩
停其移葬."詔從之.
　以平南軍司劉胤爲江州刺史. 陶侃 · 郗鑒皆言胤非方伯才
司徒導不從. 或謂導子悅曰"今大難之後 紀綱弛頓 自江陵至
于建康三千餘里 流民萬計 布在江州. 江州 國之南藩 要害之
地 而胤以怵侈之性 臥而對之 不有外變 必有內患矣."悅曰
"此溫平南之意也."

10 秋 八月 趙南陽王胤帥衆數萬自上邽趣長安 隴東 · 武
都 · 安定 · 新平 · 北地 · 扶風 · 始平諸郡戎 · 夏皆起兵應之.
胤軍于仲橋 石生嬰城自守 後趙中山公虎帥騎二萬救之. 九月
虎大破趙兵於義渠 胤奔還上邽. 虎乘勝追擊 枕尸千里. 上邽
潰 虎執趙太子熙 · 南陽王胤及其將王公卿校以下三千餘人 皆
殺之 徙其臺省文武 · 關東流民 · 秦雍大族九千餘人于襄國 又
阬五郡屠各五千餘人于洛陽. 進攻集木且羌于河西 克之 俘獲
數萬 秦 · 隴悉平. 氐王蒲洪 · 羌酋姚弋仲俱降于虎 虎表洪監
六夷軍事 弋仲爲六夷左都督. 徙氐 · 羌十五萬落于司 · 冀州.

11 初 隴西鮮卑乞伏述延居于苑川 侵幷鄰部 士馬強盛. 及趙
亡 述延懼 遷于麥田. 述延卒 子傉大寒立 傉大寒卒 子司繁立.

12 江州刺史劉胤矜豪日甚 專務商販 殖財百萬 縱酒耽樂 不
卹政事. 冬 十二月 詔徵後將軍郭默爲右軍將軍. 默樂爲邊將
不願宿衛 以情愬於胤. 胤曰 "此非小人之所及也." 默將赴召
求資於胤 胤不與 默由是怨胤. 胤長史張滿等素輕默 或保露
見之 默常切齒. 臘日 胤餉默豚酒 默對信投之水中. 會有司奏
"今朝廷空竭 百官無祿 惟資江州運漕 而胤商旅繼路 以私廢
公 請免胤官." 書下 胤不卽歸罪 方自申理. 僑人蓋肫掠人女
爲妻 張滿使還其家 肫不從 而謂郭默曰 "劉江州不受免 密有
異圖 與張滿等日夜計議 惟忌郭侯一人 欲先除之." 默以爲然
帥其徒候旦門開襲胤. 胤將吏欲拒默 默呵之曰 "我被詔有所

討 動者誅三族！"遂入至內寢 牽胤下 斬之 出 取胤僚佐張滿等 誣以大逆 悉斬之. 傳胤首于京師 詐作詔書 宣示內外. 掠胤女及諸妾幷金寶還船 初云下都 既而停胤故府. 招引譙國內史桓宣 宣固守不從.

13　是歲 賀蘭部及諸大人共立拓跋翳槐爲代王 代王紇那奔宇文部. 翳槐遣其弟什翼犍質於趙以請和.

14　河南王吐延 雄勇多猜忌 羌酋薑聰刺之 吐延不抽劍 召其將紇扢泥 使輔其子葉延 保于白蘭 抽劍而死. 葉延孝而好學 以爲禮"公孫之子得以王父字爲氏"乃自號其國曰吐谷渾.

❖ 顯宗成皇帝上之下 咸和 5年(庚寅, 330年)

1　春 正月 劉胤首至建康. 司徒導以郭默驍勇難制 己亥 大赦 梟胤首於大航 以默爲江州刺史. 太尉侃聞之 投袂起曰"此必詐也."卽將兵討之. 默遣使送妓妾及絹 幷寫中詔呈侃. 參佐多諫曰"默不被詔 豈敢爲此！若欲進軍 宜待詔報."侃厲色曰"國家年幼 詔令不出胸懷. 劉胤爲朝廷所禮 雖方任非才 何緣猥加極刑！郭默恃勇 所在貪暴 以大難新除 禁網寬簡 欲因際會騁其從橫耳！"發使上表言狀 且與導書曰"郭默殺方州 卽用爲方州 害宰相便爲宰相乎？"導乃收胤首 答侃書曰"默

據上流之勢 加有船艦成資 故苞含隱忍 使有其地 朝廷得以潛嚴 俟足下軍到 風發相赴 豈非遵養時晦以定大事者邪！”侃笑曰“是乃遵養時賊也！”

豫州刺史庾亮亦請討默. 詔加亮征討都督 帥步騎二萬往與侃會.

西陽太守鄧岳·武昌太守劉詡皆疑桓宣與默同. 豫州西曹王隨曰“宣尚不附祖約 豈肯同郭默邪！”岳·詡遣隨詣宣觀之 隨說宣曰“明府心雖不爾 無以自明 惟有以賢子付隨耳！”宣乃遣其子戎與隨俱迎陶侃. 侃辟戎爲掾 上宣爲武昌太守.

2　二月 後趙羣臣請後趙王勒卽皇帝位 勒乃稱大趙天王 行皇帝事. 立妃劉氏爲王后 世子弘爲太子. 以其子宏爲驃騎大將軍·都督中外諸軍事·大單于 封秦王 斌爲左衛將軍 封太原王 恢爲輔國將軍 封南陽王. 以中山公虎爲太尉·尚書令 進爵爲王 虎子邃爲冀州刺史 封齊王 宣爲左將軍 挺爲侍中 封梁王. 又封石生爲河東王 石堪爲彭城王. 以左長史郭敖爲尚書左僕射 右長史程遐爲右僕射·領吏部尚書 左司馬夔安·右司馬郭殷·從事中郎李鳳·前郎中令裴憲 皆爲尚書 參軍事徐光爲中書令·領祕書監. 自餘文武 封拜各有差.

中山王虎怒 私謂齊王邃曰“主上自都襄國以來 端拱仰成 以吾身當矢石 二十餘年 南擒劉岳 北走索頭 東平齊·魯 西定秦·雍 克十有三州. 成大趙之業者 我也 大單于當以授我 今乃以與黃吻婢兒 念之令人氣塞 不能寢食！待主上晏駕之後

不足復留種也."

程遐言於勒曰"天下粗定 當顯明逆順 故漢高祖赦季布 斬丁公. 大王自起兵以來 見忠於其君者輒褒之 背叛不臣者輒誅之 此天下所以歸盛德也. 今祖約猶存 臣竊惑之."安西將軍姚弋仲亦以爲言. 勒乃收約 并其親屬中外百餘人悉誅之 妻妾‧兒女分賜諸胡.

初 祖逖有胡奴曰王安 逖甚愛之. 在雍丘 謂安曰"石勒是汝種類 吾亦無在爾一人."厚資送而遣之. 安以勇幹 仕趙 爲左衛將軍. 及約之誅 安歎曰"豈可使祖士稚無後乎?"乃往就市觀刑. 逖庶子道重 始十歲 安竊取以歸 匿之 變服爲沙門. 及石氏亡 道重復歸江南.

3　郭默欲南據豫章 會太尉侃兵至 默出戰 不利 入城固守 聚米爲壘 以示有餘. 侃築土山臨之. 三月 庚亮兵至溢口 諸軍大集. 夏 五月 乙卯 默將宋侯縛默父子出降. 侃斬默于軍門 傳首建康 同黨死者四十人. 詔以侃都督江州 領刺史 以鄧岳督交‧廣諸軍事 領廣州刺史. 侃還巴陵 因移鎭武昌. 庚亮還蕪湖 辭爵賞不受.

4　趙將劉徵帥衆數千 浮海抄東南諸縣 殺南沙都尉許儒.

5　張駿因前趙之亡 復收河南地 至于狄道 置五屯護軍 與趙分境. 六月 趙遣鴻臚孟毅拜駿征西大將軍‧涼州牧 加九錫.

駿恥爲之臣 不受 留毅不遣.

6   初 丁零翟斌 世居康居 後徙中國 至是入朝於趙 趙以斌爲
句町王.

7   趙羣臣固請正尊號 秋 九月 趙王勒卽皇帝位. 大赦 改元
建平. 文武封進各有差. 立其妻劉氏爲皇后 太子弘爲皇太子.
   弘好屬文 親敬儒素. 勒謂徐光曰 "大雅愔愔 殊不似將家
子." 光曰 "漢祖以馬上取天下 孝文以玄默守之. 聖人之後 必
有勝殘去殺者 天之道也." 勒甚悅. 光因說曰 "皇太子仁孝溫
恭 中山王雄暴多詐 陛下一旦不諱 臣恐社稷非太子所有也. 宜
漸奪中山王權 使太子早參朝政." 勒心然之 而未能從.

8   趙荊州監軍郭敬寇襄陽. 南中郎將周撫監沔北軍事 屯襄
陽. 趙主勒以驛書敕敬退屯樊城 使之偃藏旗幟 寂若無人 曰
"彼若使人觀察 則告之曰 '汝宜自愛堅守 後七八日 大騎將至
相策 不復得走矣.'" 敬使人浴馬于津 周而復始 晝夜不絕. 偵
者還以告周撫 撫以爲趙兵大至 懼 奔武昌. 敬入襄陽 中州流
民悉降于趙 魏該弟遐帥其部衆自石城降敬. 敬毀襄陽城 遷其
民于沔北 城樊城以戍之. 趙以敬爲荊州刺史. 周撫坐免官.

9   休屠王羌叛趙 趙河東王生擊破之 羌奔涼州. 西平公駿懼
遣孟毅還 使其長史馬詵稱臣入貢於趙.

10 更造新宮.

11 甲辰 徙樂成王欽爲河間王 封彭城王紘子俊爲高密王.

12 冬 十月 成大將軍壽督征南將軍費黑等攻巴東建平 拔之. 巴東太守楊謙·監軍毌丘奧退保宜都.

❖ 顯宗成皇帝上之下 咸和 6年(辛卯, 331年)

1 春 正月 趙劉徵復寇婁縣 掠武進 郗鑒擊卻之.

2 三月 壬戌朔 日有食之.

3 夏 趙主勒如鄴 將營新宮 廷尉上黨續咸苦諫 勒怒 欲斬之. 中書令徐光曰 "咸言不可用 亦當容之 奈何一旦以直言斬列卿乎!" 勒歎曰 "爲人君 不得自專如是乎! 匹夫家貲滿百匹 猶欲市宅 況富有四海乎! 此宮終當營之 且敕停作 以成吾直臣之氣." 因賜咸絹百匹 稻百斛. 又詔公卿以下歲擧賢良方正 仍令擧人得更相薦引 以廣求賢之路. 起明堂·辟雍·靈臺于襄國城西.

4 秋 七月 成大將軍壽攻陰平·武都 楊難敵降之.

5   九月 趙主勒復營鄴宮 以洛陽爲南都 置行臺.

6   冬 蒸祭太廟 詔歸胙於司徒導 且命無下拜 導辭疾不敢當.
初 帝卽位沖幼 每見導必拜 與導手詔則云"惶恐言"中書作詔
則曰"敬問." 有司議"元會日 帝應敬導不？"博士郭熙・杜
援議 以爲"禮無拜臣之文 謂宜除敬."侍中馮懷議 以爲"天
子臨辟雍 拜三老 況先帝師傅！謂宜盡敬."侍中荀奕議 以爲
"三朝之首 宜明君臣之體 則不應敬. 若他日小會 自可盡禮."
詔從之. 奕 組之子也.

7   慕容廆遣使與太尉陶侃牋 勸以興兵北伐 共淸中原. 僚
屬宋該等共議 以"廆立功一隅 位卑任重 等差無別 不足以鎭
華・夷 宜表請進廆官爵."參軍韓恒駁曰"夫立功者患信義不
著 不患名位不高. 桓・文有匡復之功 不先求禮命以令諸侯.
宜繕甲兵 除羣凶 功成之後 九錫自至. 比於邀君以求寵 不亦
榮乎！"廆不悅 出恒爲新昌令. 於是東夷校尉封抽等疏上侃
府 請封廆爲燕王 行大將軍事. 侃復書曰"夫功成進爵 古之成
制也. 車騎雖未能爲官摧勒 然忠義竭誠 今騰牋上聽 可不・遲
速 當在天臺也."*

資治通鑑　卷095

【晉紀十七】

起玄黓執徐(壬辰) 盡強圉作噩(丁酉) 凡六年.

❖ 顯宗成皇帝中之上 咸和 7年(壬辰, 332年)

1　春 正月 辛未 大赦.

2　趙主勒大饗羣臣 謂徐光曰"朕可方自古何等主?"對曰
"陛下神武謀略過於漢高 後世無可比者."勒笑曰"人豈不自
知! 卿言太過. 朕若遇漢高祖 當北面事之 與韓·彭比肩 若遇
光武 當並驅中原 未知鹿死誰手. 大丈夫行事 宜礌礌落落 如
日月皎然 終不效曹孟德·司馬仲達欺人孤兒·寡婦 狐媚以取
天下也."羣臣皆頓首稱萬歲.
　勒雖不學 好使諸生讀書而聽之 時以其意論古今得失 聞者
莫不悅服. 嘗使人讀《漢書》聞酈食其勸立六國後 驚曰"此法
當失 何以遂得天下?"及聞留侯諫 乃曰"賴有此耳!"

3　郭敬之退戍樊城也　晉人復取襄陽. 夏　四月　敬復攻拔之
留戍而歸.

4　趙右僕射程遐言於趙主勒曰“中山王勇悍權略　羣臣莫及
觀其志　自陛下之外　視之蔑如　加以殘賊安忍　久爲將帥　威振
外內　其諸子年長　皆典兵權　陛下在　自當無他　恐非少主之臣
也. 宜早除之　以便大計.”勒曰“今天下未安　大雅沖幼　宜得強
輔. 中山王骨肉至親　有佐命之功　方當委以伊‧霍之任　何至
如卿所言！卿正恐不得擅帝舅之權耳　吾亦當參卿顧命　勿過
憂也.”遐泣曰“臣所慮者公家　陛下乃以私計拒之　忠言何自而
入乎！中山王雖爲皇太后所養　非陛下天屬　雖有微功　陛下酬
其父子恩榮亦足矣　而其志願無極　豈將來有益者乎！若不除之
臣見宗廟不血食矣.”勒不聽.

遐退　告徐光　光曰“中山王常切齒於吾二人　恐非但危國　亦
將爲家禍也.”他日　光承間言於勒曰“今國家無事　而陛下神色
若有不怡　何也？”勒曰“吳‧蜀未平　吾恐後世不以吾爲受命
之王也.”光曰“魏承漢運　劉備雖興於蜀　漢豈得爲不亡乎！”
孫權在吳　猶今之李氏也. 陛下苞括二都　平蕩八州　帝王之統不
在陛下　復當在誰！且陛下不憂腹心之疾　而更憂四支乎！中山
王藉陛下威略　所向輒克　而天下皆言其英武亞於陛下. 且其資
性不仁　見利忘義　父子並據權位　勢傾王室　而耿耿常有不滿之
心. 近於東宮侍宴　有輕皇太子之色. 臣恐陛下萬年之後　不可
復制也.”勒默然　始命太子省可尚書奏事　且以中常侍嚴震參

綜可否 惟征伐斷斬大事乃呈之. 於是嚴震之權過於主相 中山
王虎之門可設雀羅矣. 虎愈怏怏不悅.

5　　秋 趙郭敬南掠江西 太尉侃遣其子平西參軍斌及南中郎將
桓宣乘虛攻樊城 悉俘其衆. 敬旋救樊 宣與戰於涅水 破之 皆
得其所掠. 侃兄子臻及竟陵太守李陽攻新野 拔之. 敬懼 遁去
宣陽遂拔襄陽.
　　侃使宣鎭襄陽 宣招懷初附 簡刑罰 略威儀 勸課農桑 或載鉏
耒於軺軒 親帥民芸獲. 在襄陽十餘年 趙人再攻之 宣以寡弱拒
守 趙人不能勝 時人以爲亞於祖逖 · 周訪.

6　　成大將軍壽寇寧州 以其征東將軍費黑爲前鋒 出廣漢 鎭
南將軍任回出越巂 以分寧州之兵.

7　　冬 十月 壽 · 黑至朱提 朱提太守董炳城守 寧州刺史尹奉
遣建寧太守霍彪引兵助之. 壽欲逆拒彪 黑曰“城中食少 宜縱
彪入城 共消其穀 何爲拒之！”壽從之. 城久不下 壽欲急攻
之. 黑曰“南中險阻難服 當以日月制之 待其智勇俱困 然後取
之 涸牢之物 何足汲汲也.”壽不從 攻 果不利 乃悉以軍事任
黑.

8　　十一月 壬子朔 進太尉侃爲大將軍 劍履上殿 入朝不趨 贊
拜不名 侃固辭不受.

9   十二月 庚戌 帝遷于新宮.

10   是歲 涼州僚屬勸張駿稱涼王 領秦 · 涼二州牧 置公卿百官如魏武 · 晉文故事. 駿曰"此非人臣所宜言也. 敢言此者 罪不赦!"然境內皆稱之爲王. 駿立次子重華爲世子.

❖ 顯宗成皇帝中之上 咸和 8年(癸巳, 333年)

1   春 正月 成大將軍李壽拔朱提 董炳 · 霍彪皆降 壽威震南中.

2   丙子 趙主勒遣使來脩好 詔焚其幣.

3   三月 寧州刺史尹奉降于成 成盡有南中之地 大赦 以大將軍壽領寧州.

4   夏 五月 甲寅 遼東武宣公慕容廆卒. 六月 世子皝以平北將軍行平州刺史 督攝部內 赦繫囚. 以長史裴開爲軍諮祭酒 郎中令高詡爲玄菟太守. 皝以帶方太守王誕爲左長史 誕以遼東太守陽鶩爲才而讓之 皝從之 以誕爲右長史.

5   趙主勒寢疾 中山王虎入侍禁中 矯詔 羣臣親戚皆不得入

疾之增損 外無知者. 又矯詔召秦王宏·彭城王堪還襄國. 勒疾
小瘳 見宏 驚曰"吾使王處藩鎮 正備今日 有召王者邪 將自來
邪? 有召者 當按誅之!"虎懼曰"秦王思慕 暫還耳 今遣之."
仍留不遣. 數日 復問之 虎曰"受詔卽遣 今已半道矣."廣阿有
蝗 虎密使其子冀州刺史邃帥騎三千游於蝗所.

秋 七月 勒疾篤 遺命曰"大雅兄弟 宜善相保 司馬氏 汝曹
之前車也. 中山王宜深思周·霍 勿爲將來口實."戊辰 勒卒.
中山王虎劫太子弘使臨軒 收右光祿大夫程遐·中書令徐光 下
廷尉 召邃使將兵入宿衛 文武皆奔散. 弘大懼 自陳劣弱 讓位
於虎. 虎曰"君終 太子立 禮之常也."弘涕泣固讓 虎怒曰"若
不堪重任 天下自有大義 何足豫論!"弘乃卽位. 大赦. 殺程
遐·徐光. 夜 以勒喪潛瘞山谷 莫知其處. 己卯 備儀衛 虛葬于
高平陵 謚曰明帝 廟號高祖.

趙將石聰及譙郡太守彭彪 各遣使來降. 聰本晉人 冒姓石氏.
朝廷遣督護喬球將兵救之 未至 聰等爲虎所誅.

6   慕容皝遣長史勃海王濟等來告喪.

7   八月 趙主弘以中山王虎爲丞相·魏王·大單于 加九錫
以魏郡等十三郡爲國 總攝百揆. 虎赦其境內 立妻鄭氏爲魏王
后 子邃爲魏太子 加使持節·侍中·都督中外諸軍事·大將
軍·錄尙書事 次子宣爲使持節·車騎大將軍·冀州刺史 封河
間王 韜爲前鋒將軍·司隷校尉 封樂安王 遵封齊王 鑒封代王

苞封樂平王 徙平原王斌爲章武王. 勒文武舊臣 皆補散任 虎之
府寮親黨 悉署臺省要職. 以鎭軍將軍夔安領左僕射 尙書郭殷
爲右僕射. 更命太子宮曰崇訓宮 太后劉氏以下皆徙居之. 選勒
宮人及車馬‧服玩之美者 皆入丞相府.

8   宇文乞得歸爲其東部大人逸豆歸所逐 走死于外. 慕容皝
引兵討之 軍于廣安 逸豆歸懼而請和 遂築楡陰‧安晉二城而
還.

9   成建寧‧牂柯二郡來降 李壽復擊取之.

10   趙劉太后謂彭城王堪曰"先帝甫晏駕 丞相遽相陵籍如此.
帝祚之亡 殆不復久. 王將若之何?"堪曰"先帝舊臣 皆被疏
斥 軍旅不復由人 宮省之內 無可爲者 臣請奔兗州 挾南陽王
恢爲盟主 據廩丘 宣太后詔於牧‧守‧征‧鎭 使各擧兵以誅
暴逆 庶幾猶有濟也."劉氏曰"事急矣! 當速爲之."九月 堪微
服‧輕騎襲兗州 不克 南奔譙城. 丞相虎遣其將郭太追之 獲堪
于城父 送襄國 炙而殺之. 徵南陽王恢還襄國. 劉氏謀泄 虎廢
而殺之 尊弘母程氏爲皇太后. 堪本田氏子 數有功 趙主勒養以
爲子. 劉氏有膽略 勒每與之參決軍事 佐勒建功業 有呂后之風
而不妬忌更過之.
    趙河東王生鎭關中 石朗鎭洛陽. 冬 十月 生‧朗皆擧兵以討
丞相虎 生自稱秦州刺史 遣使來降. 氐帥蒲洪自稱雍州刺史 西

附張駿.

虎留太子邃守襄國 將步騎七萬攻朗于金墉 金墉潰 獲朗 剒而斬之 進向長安 以梁王挺爲前鋒大都督. 生遣將軍郭權帥鮮卑涉璝衆二萬爲前鋒以拒之 生將大軍繼發 軍于蒲阪. 權與挺戰於潼關 大破之 挺及丞相左長史劉隗皆死 虎還奔澠池 枕尸三百餘里. 鮮卑潛與虎通謀 反擊生. 生不知挺已死 懼 單騎奔長安. 權收餘衆 退屯渭汭. 生遂棄長安 匿於雞頭山. 將軍蔣英據長安拒守 虎進兵擊英 斬之. 生麾下斬生以降 權奔隴右.

虎分命諸將屯汧·隴 遣將軍麻秋討蒲洪. 洪帥戶二萬降於虎 虎迎拜洪光烈將軍·護氐校尉. 洪至長安 說虎徙關中豪傑及氐·羌以實東方 曰“諸氐皆洪家部曲 洪帥以從 誰敢違者！”虎從之 徙秦·雍民及氐·羌十餘萬戶于關東. 以洪爲龍驤將軍·流民都督 使居枋頭 以羌帥姚弋仲爲奮武將軍·西羌大都督 使帥其衆數萬徙居清河之灄頭.

虎還襄國 大赦. 趙主弘命虎建魏臺 一如魏武王輔漢故事.

11　　慕容皝初嗣位 用法嚴峻 國人多不自安 主簿皇甫眞切諫不聽.

皝庶兄建威將軍翰·母弟征虜將軍仁 有勇略 屢立戰功 得士心 季弟昭 有才藝 皆有寵於廆. 皝忌之 翰歎曰“吾受事於先公 不敢不盡力 幸賴先公之靈 所向有功 此乃天贊吾國非人力也. 而人謂吾之所辦 以爲雄才難制 吾豈可坐而待禍邪！”乃與其子出奔段氏. 段遼素聞其才 冀收其用 甚愛重之.

仁自平郭來奔喪 謂昭曰"吾等素驕 多無禮於嗣君 嗣君剛嚴 無罪猶可畏 況有罪乎！"昭曰"吾輩皆體正嫡 於國有分. 兄素得士心 我在內未爲所疑 伺其間隙 除之不難. 兄趣舉兵以來 我爲內應 事成之日 與我遼東. 男子舉事 不克則死 不能效建威偷生異域地."仁曰"善！"遂還平郭. 閏月 仁舉兵而西.

或以仁・昭之謀告皝 皝未之信 遣使按驗. 仁兵已至黃水 知事露 殺使者 還據平郭. 皝賜昭死 遣軍祭酒封奕慰撫遼東. 以高詡爲廣武將軍 將兵五千與庶弟建武將軍幼・稚・廣威將軍軍・寧遠將軍汗・司馬遼東佟壽共討仁. 與仁戰於汶城北 皝兵大敗 幼・稚・軍皆爲仁所獲 壽嘗爲仁司馬 遂降於仁. 前大農孫機等舉遼東城以應仁. 封奕不得入 與汗俱還. 東夷校尉封抽・護軍平原乙逸・遼東相太原韓矯皆棄城走 於是仁盡有遼東之地 段遼及鮮卑諸部皆與仁遙相應援. 皝追思皇甫眞之言 以眞爲平州別駕.

12   十二月 郭權據上邽 遣使來降 京兆・新平・扶風・馮翊・北地皆應之.

13   初 張駿欲假道於成以通表建康 成主雄不許. 駿乃遣治中從事張淳稱藩於成以假道 雄僞許之 將使盜覆諸東峽. 蜀人橋贊密以告淳 淳謂雄曰"寡君使小臣行無跡之地 萬里通誠於建康者 以陛下嘉尙忠義 能成人之美故也. 若欲殺臣者 當斬之都市 宣示衆目曰'涼州不忘舊德 通使琅邪 主聖臣明 發覺殺之.'

如此 則義聲遠播 天下畏威. 今使盜殺之江中 威刑不顯 何足以示天下乎！"雄大驚曰"安有此邪！"

司隸校尉景騫言於雄曰"張淳壯士 請留之."雄曰"壯士安肯留！且試以卿意觀之."騫謂淳曰"卿體豐大 天熱 可且遣下吏 小住須涼."淳曰"寡君以皇輿播越 梓宮未返 生民塗炭 莫之振救 故遣淳通誠上都. 所論事重 非下吏所能傳 使下吏可了則淳亦不來矣. 雖火山湯海 猶將赴之 豈寒暑之足憚哉！"雄謂淳曰"貴主英名蓋世 土險兵強 何不亦稱帝自娛一方？"淳曰"寡君祖考以來 世篤忠貞 以讎恥未雪 枕戈待旦 何自娛之有！"雄甚慙 曰"我之祖考本亦晉臣 遭天下大亂 與六郡之民避難此州 爲眾所推 遂有今日. 琅邪若能中興大晉於中國者 亦當帥眾輔之."厚爲淳禮而遣之. 淳卒致命于建康.

長安之失守也 敦煌計吏耿訪自漢中入江東 屢上書請遣大使慰撫涼州. 朝廷以訪守侍書御史 拜張駿鎮西大將軍 選隴西賈陵等十二人配之. 訪至梁州 道不通 以詔書付賈陵 詐爲賈客以達之. 是歲 陵始至涼州 駿遣部曲督王豐等報謝.

❖ 顯宗成皇帝中之上 咸和 9年(甲午, 334年)

1   春 正月 趙改元延熙.

2   詔以郭權爲鎮西將軍·雍州刺史.

3 　仇池王楊難敵卒 子毅立 自稱龍驤將軍·左賢王·下辨公 以叔父堅頭之子盤爲冠軍將軍·右賢王·河池公 遣使來稱藩.

4 　二月 丁卯 詔遣耿訪·王豐齎印綬授張駿大將軍·都督陝 西·雍·秦·涼州諸軍事. 自是每歲使者不絶.

5 　慕容仁以司馬翟楷領東夷校尉 前平州別駕龐鑒領遼東相.

6 　段遼遣兵襲徒河 不克 復遣其弟蘭與慕容翰共攻柳城 柳 城都尉石琮·城大慕輿埿幷力拒守 蘭等不克而退. 遼怒 切責 蘭等 必令拔之. 休息二旬 復益兵來攻. 士皆重袍蒙楯 作飛 梯 四面俱進 晝夜不息. 琮·埿拒守彌固 殺傷千餘人 卒不能 拔. 慕容皝遣慕容汗及司馬封奕等共救之. 皝戒汗曰"賊氣銳 勿與爭鋒!"汗性驍果 以千餘騎爲前鋒 直進. 封奕止之 汗不 從. 與蘭遇於牛尾谷 汗兵大敗 死者太半 奕整陳力戰 故得不 沒.

　蘭欲乘勝窮追 慕容翰恐遂滅其國 止之曰"夫爲將當務愼重 審己量敵 非萬全不可動. 今雖挫其偏師 未能屈其大勢. 皝多 權詐 好爲潛伏 若悉國中之衆自將以拒我 我縣軍深入 衆寡不 敵 此危道也. 且受命之日 正求此捷 若違命貪進 萬一取敗 功 名俱喪 何以返面!"蘭曰"此已成擒 無有餘理 卿正慮遂滅卿 國耳! 今千年在東 若進而得志 吾將迎之以爲國嗣 終不負卿 使宗廟不祀也."千年者 慕容仁小字也. 翰曰"吾投身相依 無

復還理 國之存亡 於我何有！但欲爲大國之計 且相爲惜功名耳."乃命所部欲獨還 蘭不得已而從之.

7　　三月 成主雄分寧州置交州 以霍彪爲寧州刺史 爨深爲交州刺史.

8　　趙丞相虎遣其將郭敖及章武王斌 帥步騎四萬西擊郭權 軍于華陰 夏 四月 上邽豪族殺權以降. 虎徙秦州三萬餘戶于靑・幷二州. 長安人陳良夫奔黑羌 與北羌王薄句大等侵擾北地・馮翊. 章武王斌・樂安王韜合擊 破之 句大奔馬蘭山. 郭敖乘勝逐北 爲羌所敗 死者什七八. 斌等收軍還三城. 虎遣使誅郭敖. 秦王宏有怨言 虎幽之.

9　　慕容仁自稱平州刺史・遼東公.

10　　長沙桓公陶侃 晚年深以滿盈自懼 不預朝權 屢欲告老歸國 佐吏等苦留之. 六月 侃疾篤 上表遜位. 遣左長史殷羨奉送所假節・麾・幢・曲蓋・侍中貂蟬・太尉章・荊・江・雍・梁・交・廣・益・寧八州刺史印傳 棨戟 軍資・器仗・牛馬・舟船 皆有定薄 封印倉庫 侃自加管鑰. 以後事付右司馬王愆期 加督護統領文武. 甲寅 輿車出 臨津就船 將歸長沙 顧謂愆期曰 "老子婆娑 正坐諸君！" 乙卯 薨於樊谿. 侃在軍四十一年 明毅善斷 識察纖密 人不能欺 自南陵迄于白帝 數

千里中 路不拾遺. 及薨 尙書梅陶與親人曹識書曰"陶公機神
明鑒似魏武 忠順勤勞似孔明 陸抗諸人不能及也." 謝安每言
"陶公雖用法 而恒得法外意." 安 鯤之從子也.

11　　成主雄生瘍於頭. 身素多金創 及病 舊痕皆膿潰 諸子皆惡
而遠之 獨太子班晝夜侍側 不脱衣冠 親爲吮膿. 雄召大將軍建
寧王壽受遺詔輔政. 丁卯 雄卒 太子班卽位. 以建寧王壽錄尙
書事 政事皆委于壽及司徒何點 · 尙書王瓌 班居中行喪禮 一
無所預.

12　　辛未 加平西將軍庾亮征西將軍 · 假節 · 都督江 · 荊 ·
豫 · 益 · 梁 · 雍六州諸軍事 · 領江 · 豫 · 荊三州刺史 鎭武昌.
亮辟殷浩爲記室參軍. 浩 羨之子也 與豫章太守褚裒 · 丹楊丞
杜乂 皆以識度淸遠 善談《老》·《易》擅名江東 而浩尤爲風流
所宗. 裒 碧之孫 乂 錫之子也. 桓彝嘗謂裒曰"季野有皮裏《春
秋》." 言其外無臧否而内有褒貶也. 謝安曰"裒雖不言 而四時
之氣亦備矣."

13　　秋 八月 王濟還遼東 詔遣侍御史王齊祭遼東公廆 又遣
謁者徐孟策拜慕容皝鎭軍大將軍 · 平州刺史 · 大單于 · 遼東
公 · 持節 · 都督 承制封拜 一如廆故事. 船下馬石津 皆爲慕容
仁所留.

14　九月 戊寅 衛將軍江陵穆公陸曄卒.

15　成主雄之子車騎將軍越屯江陽 奔喪至成都. 以太子班非
雄所生 意不服 與其弟安東將軍期謀作亂. 班弟玝勸班遣越還
江陽 以期爲梁州刺史 鎭葭萌. 班以未葬 不忍遣 推心待之 無
所疑間 遣玝出屯於涪. 冬 十月 癸亥朔 越因班夜哭 弑之於殯
宮 幷殺班兄領軍將軍都 矯太后任氏令 罪狀班而廢之.
　初 期母冉氏賤 任氏母養之. 期多才藝 有令名. 及班死 衆欲
立越 越奉期而立之. 甲子 期卽皇帝位. 諡班曰戾太子. 以越爲
相國 封建寧王 加大將軍壽大都督 徙封漢王 皆錄尙書事. 以
兄霸爲中領軍・鎭南大將軍 弟保爲鎭西大將軍・汶山太守 從
兄始爲征東大將軍 代越鎭江陽. 丙寅 葬雄於安都陵 諡曰武皇
帝 廟號太宗.
　始欲與壽共攻期 壽不敢發. 始怒 反譖壽於期 請殺之. 期欲
籍壽以討李玝 故不許 遣壽將兵向涪. 壽先遣使告玝以去就利
害 開其去路 玝遂來奔. 詔以王玝爲巴郡太守. 期以壽爲梁州
刺史 屯涪.

16　趙主弘自齎璽綬詣魏宮 請禪位於丞相虎. 虎曰 "帝王大
業 天下自當有議 何爲自論此邪!" 弘流涕還宮 謂太后程氏
曰 "先帝種眞無復遺矣!" 於是尙書奏 "魏臺請依唐・虞禪讓
故事." 虎曰 "弘愚暗 居喪無禮 便當廢之 何禪讓也!" 十一
月 虎遣郭殷入宮 廢弘爲海陽王. 弘安步就車 容色自若 謂羣

臣曰"庸昧不堪纂承大統 夫復何言！"羣臣莫不流涕 宮人慟
哭. 羣臣詣魏臺勸進 虎曰"皇帝者盛德之號 非所敢當 且可稱
居攝趙天王." 幽弘及太后程氏‧秦王宏‧南陽王恢于崇訓宮
尋皆殺之.

西羌大都督姚弋仲稱疾不賀 虎累召之 乃至. 正色謂虎曰
"弋仲常謂大王命世英雄 奈何把臂受託而返奪之邪？"虎曰
"吾豈樂此哉！顧海陽年少 恐不能了家事 故代之耳." 心雖不
平 然察其誠實 亦不之罪.

虎以夔安爲侍中‧太尉‧守尙書令 郭殷爲司空 韓晞爲尙書
左僕射 魏郡申鐘爲侍中 郎闓爲光祿大夫 王波爲中書令. 文武
封拜各有差. 虎行如信都 復還襄國.

17　慕容皝討遼東 甲申 至襄平. 遼東人王岌密信請降. 師進
入城 翟楷‧龐鑒單騎走 居就‧新昌等縣皆降. 皝欲悉阬遼東
民 高詡諫曰"遼東之叛 實非本圖 直畏仁凶威 不得不從. 今
元惡猶存 始克此城 遽加夷滅 則未下之城 無歸善之路矣." 皝
乃止. 分徙遼東大姓於棘城. 以杜羣爲遼東相 安輯遺民.

18　十二月 趙徐州從事蘭陵朱縱斬刺史郭祥 以彭城來降 趙
將王朗攻之 縱奔淮南.

19　慕容仁遣兵襲新昌 督護新興王寓擊走之 遂徙新昌入襄
平.

1 　春 正月 庚午朔 帝加元服. 大赦 改元.

2 　成‧趙皆大赦 成改元玉恒 趙改元建武.

3 　成主期立皇后閻氏 以衛將軍尹奉爲右丞相 驃騎將軍‧尙書令王瓌爲司徒.

4 　趙王虎命太子邃省可尙書奏事 惟祀郊廟‧選牧守‧征伐‧刑殺乃親之. 虎好治宮室 鸛雀臺崩 殺典匠少府任汪 復使脩之 倍於其舊. 邃保母劉芝封宜城君 關預朝權 受納賄賂 求仕進者多出其門.

5 　慕容皝置左‧右司馬 以司馬韓矯‧軍祭酒封奕爲之.

6 　司徒導以羸疾 不堪朝會 三月 乙酉 帝幸其府 與羣臣宴于內室 拜導幷拜其妻曹氏. 侍中孔坦密表切諫 以爲帝初加元服 動宜顧禮 帝從之. 坦又以帝委政於導 從容言曰 "陛下春秋已長 聖敬日躋 宜博納朝臣 諮諏善道." 導聞而惡之 出坦爲廷尉. 坦不得意 以疾去職.
　丹楊尹桓景 爲人諂巧 導親愛之. 會熒惑守南斗經旬 導謂領軍將軍陶回曰 "斗 揚州之分 吾當遜位以厭天譴." 回曰 "公以

明德作輔 而與桓景造膝 使熒惑何以退舍！”導深愧之.

　　導辟太原王濛爲掾 王述爲中兵屬. 述 昶之曾孫也. 濛不脩小廉 而以淸約見稱. 與沛國劉惔齊名 友善. 惔常稱濛性至通而自然有節. 濛曰“劉君知我 勝我自知.”當時稱風流者 以惔・濛爲首. 述性沈靜 每坐客辯論蠭起 而述處之恬如也. 年三十 尙未知名 人謂之癡. 導以門地辟之. 旣見 唯問在東米價述張目不答. 導曰“王掾不癡 人何言癡也！”嘗見導每發言一坐莫不贊美 述正色曰“人非堯・舜 何得每事盡善！”導改容謝之.

7　　趙王虎南遊 臨江而還. 有遊騎十餘至歷陽 歷陽太守袁耽表上之 不言騎多少. 朝廷震懼 司徒導請出討之. 夏 四月 加導大司馬・假黃鉞・都督征討諸軍事. 癸丑 帝觀兵廣莫門 分命諸將救歷陽及戍慈湖・牛渚・蕪湖 司空郗鑒使廣陵相陳光將兵入衛京師. 俄聞趙騎至少 又已去 戊午 解嚴 王導解大司馬. 袁耽坐輕妄免官.

8　　趙征虜將軍石遇攻桓宣於襄陽 不克.

9　　大旱 會稽・餘姚米斗五百.

10　　秋 七月 慕容皝立子儁爲世子.

11　九月 趙王虎遷都于鄴 大赦.

12　初 趙主勒以天竺僧佛圖澄豫言成敗 數有驗 敬事之. 及虎卽位 奉之尤謹 衣以綾錦 乘以雕輦. 朝會之日 太子‧諸公扶翼上殿 主者唱"大和尙" 衆坐皆起. 使司空李農旦夕問起居 太子‧諸公五日一朝. 國人化之 率多事佛. 澄之所在 無敢向其方面涕唾者. 爭造寺廟 削髮出家. 虎以其眞僞雜糅 或避賦役爲姦宄 乃下詔問中書曰"佛 國家所奉 里閭小人無爵秩者 應事佛不？"著作郞王度等議曰"王者祭祀 典禮具存. 佛外國之神 非天子諸華所應祠奉. 漢氏初傳其道 唯聽西域人立寺都邑以奉之 漢人皆不得出家 魏世亦然. 今宜禁公卿以下毋得詣寺燒香‧禮拜 其趙人爲沙門者 皆返初服."虎詔曰"朕生自邊鄙 忝君諸夏 至於饗祀 應從本俗. 其夷‧趙百姓樂事佛者特聽之."

13　趙章武王斌帥精騎二萬幷秦‧雍二州兵以討薄句大 平之.

14　成太子班之舅羅演 與漢王相天水上官澹謀殺成主期 立班子. 事覺 期殺演‧澹及班母羅氏.
　期自以得志 輕諸舊臣 信任尙書令景騫‧尙書姚華‧田褒‧中常侍許涪等 刑賞大政 皆決於數人 希復關公卿. 褒無他才 嘗勸成主雄立期爲太子 故有寵. 由是紀綱隳紊 雄業始衰.

15 冬 十月 乙未朔 日有食之.

16 慕容仁遣王齊等南還. 齊等自海道趣棘城 齊遇風不至.
十二月 徐孟等至棘城 慕容皝始受朝命.

段氏・宇文氏各遣使詣慕容仁 館于平郭城外. 皝帳下督張
英將百餘騎間道潛行掩擊之 斬宇文氏使十餘人 生擒段氏使以
歸.

17 是歲 明帝母建安君荀氏卒. 荀氏在禁中 尊重同於太后 詔
贈豫章郡君.

18 代王翳槐以賀蘭藹頭不恭 將召而戮之 諸部皆叛. 代王紇
那自宇文部入 諸部復奉之. 翳槐奔鄴 趙人厚遇之.

19 初 張軌及二子寔・茂 雖保據河右 而軍旅之事無歲無之.
及張駿嗣位 境內漸平. 駿勤脩庶政 總御文武 咸得其用 民富
兵強 遠近稱之以爲賢君. 駿遣將楊宣伐龜茲・鄯善 於是西域
諸國焉耆・于闐之屬 皆詣姑臧朝貢. 駿於姑臧南作五殿 官屬
皆稱臣.

駿有兼秦・雍之志 遣參軍麴護上疏 以爲 "勒・雄既死
虎・期繼逆 兆庶離主 漸冉經世 先老消落 後生不識 慕戀之
心 日遠日忘. 乞敕司空鑒・征西亮等汎舟江・沔 首尾齊舉."

1　春 正月 辛巳 彗星見于奎·婁.

2　慕容皝將討慕容仁 司馬高詡曰"仁叛棄君親 民神共怒
前此海未嘗凍 自仁反以來 連年凍者三矣. 且仁專備陸道 天其
或者欲使吾乘海冰以襲之也."皝從之. 羣僚皆言涉冰危事 不
若從陸道. 皝曰"吾計已決 敢沮者斬！"

　王午 皝帥其弟軍師將軍評等自昌黎東 踐冰而進 凡三百餘
里. 至歷林口 捨輜重 輕兵趣平郭. 去城七里 候騎以告仁 仁
狼狽出戰. 張英之俘二使也 仁恨不窮追 及皝至 仁以爲皝復遣
偏師輕出寇抄 不知皝自來 謂左右曰"今茲當不使其匹馬得返
矣！"乙未 仁悉衆陳於城之西北. 慕容軍帥所部降於皝 仁衆
沮動 皝從而縱擊 大破之. 仁走 其帳下皆叛 遂擒之. 皝先爲斬
其帳下之叛者 然後賜仁死. 丁衡·游毅·孫機等 皆仁所信用
也 皝執而斬之 王冰自殺. 慕容幼·慕容稚·佟壽·郭充·翟
楷·龐鑒皆東走 幼中道而還 皝兵追及楷·鑒 斬之 壽·充奔
高麗. 自餘吏民爲仁所詿誤者 皝皆赦之. 封高詡爲汝陽侯.

3　二月 尙書僕射王彬卒.

4　辛亥 帝臨軒 遣使備六禮逆故當陽侯杜乂女陵陽爲皇后
大赦 羣臣畢賀.

5 　夏 六月 段遼遣中軍將軍李詠襲慕容皝. 詠趣武興 都尉張
萌擊擒之. 遼別遣段蘭將步騎數萬屯柳城西回水 宇文逸豆歸
攻安晉以爲蘭聲援. 皝帥步騎五萬向柳城 蘭不戰而遁. 皝引兵
北趣安晉 逸豆歸棄輜重走 皝遣司馬封奕帥輕騎追擊 大破之.
皝謂諸將曰"二虜恥無功 必將復至 宜於柳城左右設伏以待
之."乃遣封奕帥騎數千伏於馬兜山. 三月 段遼果將數千騎來
寇抄. 奕縱擊 大破之 斬其將榮伯保.

6 　前廷尉孔坦卒. 坦疾篤 庾冰省之 流涕. 坦慨然曰"大丈
夫將終 不問以濟國安民之術 乃爲兒女子相泣邪!"冰深謝
之.

7 　九月 慕容皝遣長史劉斌·兼郎中令遼東陽景送徐孟等還
建康.

8 　冬 十月 廣州刺史鄧岳遣督護王隨等擊夜郎·興古 皆克
之 加嶽督寧州.

9 　成主期以從子尚書僕射武陵公載有儁才 忌之 誣以謀反
殺之.

10 　十一月 詔建威將軍司馬勳將兵安集漢中 成漢王壽擊敗
之. 壽遂置漢中守宰 戍南鄭而還.

11　索頭郁鞠帥衆三萬降於趙　趙拜郁鞠等十三人爲親趙王　散其部衆於冀·靑等六州.

12　趙王虎作太武殿於襄國　作東·西宮於鄴　十二月　皆成. 太武殿基高二丈八尺　縱六十五步　廣七十五步　甃以文石. 下穿伏室　置衛士五百人. 以漆灌瓦　金璫　銀楹　珠簾　玉壁　窮極工巧. 殿上施白玉牀·流蘇帳　爲金蓮華以冠帳頂. 又作九殿于顯陽殿後　選士民之女以實之　服珠玉·被綺縠者萬餘人. 敎宮人占星氣·馬步射. 置女太史　及雜伎工巧　皆與外同. 以女騎千人爲鹵簿　皆著紫綸巾　熟錦袴　金銀鏤帶　五文織成鞾　執羽儀　鳴鼓吹　遊宴以自隨. 於是趙大旱　金一斤直粟二斗　百姓嗷然　而虎用兵不息　百役並興. 使牙門將張彌行徙洛陽鍾虡·九龍·翁仲·銅駝·飛廉於鄴　載以四輪纏輞車　轍廣四尺　深二尺. 一鍾沒於河　募浮沒三百人入河　繫以竹絙　用牛百頭　鹿櫨引之乃出　造萬斛之舟以濟之. 旣至鄴　虎大悅　爲之赦二歲刑　賚百官穀帛　賜民爵一級. 又用尙方令解飛之言　於鄴南投石於河　以作飛橋　功費數千萬億　橋竟不成　役夫飢甚　乃止. 使令長帥民入山澤采橡及魚以佐食　復爲權豪所奪　民無所得.

13　初　日南夷帥范稚　有奴曰范文　常隨商賈往來中國　後至林邑　敎林邑王范逸作城郭·宮室·器械　逸愛信之　使爲將. 文遂譖逸諸子　或徙或逃. 是歲　逸卒　文詐迎逸子於他國　置毒於椰酒而殺之　文自立爲王. 於是出兵攻大岐界·小岐界·式僕·

徐狼·屈都·乾魯·扶單等國 皆滅之 有衆四五萬 遣使奉表
入貢.

14　趙左校令成公段作庭燎於杠末 高十餘丈 上盤置燎 下盤
置人 趙王虎試而悅之.

❖ 顯宗成皇帝中之上 咸康 3年(丁酉, 337年)

1　春 正月 庚辰 趙太保夔安等文武五百餘人入上尊號 庭燎
油灌下盤 死者二十餘人 趙王虎惡之 腰斬成公段. 辛巳 虎依
殷·周之制 稱大趙天王 卽位於南郊 大赦. 立其后鄭氏爲天王
皇后 太子邃爲天王皇太子 諸子爲王者皆降爲郡公 宗室爲王
者降爲縣侯. 百官封署各有差.

2　國子祭酒袁瓌·太常馮懷 以江左寖安 請興學校 帝從之.
辛卯 立太學 徵集生徒. 而士大夫習尙老·莊 儒術終不振. 瓌
渙之曾孫也.

3　三月 慕容皝於乙連城東築好城以逼乙連 留折衝將軍蘭勃
守之. 夏 四月 段遼以車數千兩輸乙連粟 蘭勃擊而取之. 六月
遼又遣其從弟揚威將軍屈雲 將精騎夜襲皝子遵於興國城 遵擊
破之.

初 北平陽裕事段疾陸眷及遼五世 皆見尊禮. 遼數與虓相攻
裕諫曰"'親仁善鄰 國之寶也.'況慕容氏與我世婚 迭爲甥舅
虓有才德 而我與之搆怨 戰無虛月 百姓凋弊 利不補害 臣恐
社稷之憂將由此始. 願兩追前失 通好如初 以安國息民."遼不
從 出裕爲北平相.

4 　　趙太子邃素驍勇 趙王虎愛之 常謂羣臣曰"司馬氏父子兄
弟自相殘滅 故使朕得至此 如朕有殺阿鐵理否？"既而邃驕淫
殘忍 好妝飾美姬 斬其首 洗血置盤上 與賓客傳觀之 又烹其
肉共食之. 河間公宣·樂安公韜皆有寵於虎 邃疾之如讎. 虎荒
耽酒色 喜怒無常. 使邃省可尙書事 每有所關白 虎恚曰"此小
事 何足白也！"時或不聞 又恚曰"何以不白！"詬責笞捶 月
至再三. 邃私謂中庶子李顔等曰"官家難稱 吾欲行冒頓之事
卿從我乎？"顔等伏不敢對. 秋 七月 邃稱疾不視事 潛帥宮臣
文武五百餘騎飮於李顔別舍 因謂顔等曰"我欲至冀州殺河間
公 有不從者斬！"行數里 騎皆逃散. 顔叩頭固諫 邃亦昏醉而
歸. 其母鄭氏聞之 私遣中人誚讓邃 邃怒 殺之. 佛圖澄謂虎曰
"陛下不宜數往東宮."虎將視邃疾 思澄言而還 既而瞋目大言
曰"我爲天下主 父子不相信乎！"乃命所親信女尙書往察之.
邃呼前與語 因抽劍擊之. 虎怒 收李顔等詰問 顔具言其狀 殺
顔等三十餘人. 幽邃于東宮 既而赦之 引見太武東堂 邃朝而不
謝 俄頃卽出. 虎使謂之曰"太子應朝中宮 豈可遽去！"邃徑
出 不顧. 虎大怒 廢邃爲庶人. 其夜 殺邃及其妃張氏 幷男女

二十六人同埋於一棺 誅其宮臣支黨二百餘人 廢鄭后爲東海太
妃. 立其子宣爲天王皇太子 宣母杜昭儀爲天王皇后.

5 安定侯子光 自稱佛太子 云從大秦國來 當王小秦國 聚衆
數千人於杜南山 自稱大黃帝 改元龍興 石廣討斬之.

6 九月 鎭軍左長史封奕等勸慕容皝稱燕王 皝從之. 於是備
置羣司 以封奕爲國相 韓壽爲司馬 裴開爲奉常 陽鶩爲司隸 王
寓爲太僕 李洪爲大理 杜羣爲納言令 宋該·劉睦·石琮爲常
伯 皇甫眞·陽協爲冗騎常侍 宋晃·平熙·張泓爲將軍 封裕
爲記室監. 洪 臻之孫 晃 奭之子也. 冬 十月 丁卯 皝卽燕王位
大赦. 十一月 甲寅 追尊武宣公曰武宣王 夫人段氏曰武宣后
立夫人段氏爲王后 世子儁爲王太子 如魏武·晉文輔政故事.

7 段遼數侵趙邊 燕王皝遣揚烈將軍宋回稱藩於趙 乞師以討
遼 自請盡帥國中之衆以會之 幷以其弟寧遠將軍汗爲質. 趙王
虎大悅 厚加慰答 辭其質 遣還 密期以明年.

8 是歲 趙將李穆納拓跋翳槐於大甯 其故部落多歸之. 代王
紇那奔燕 國人復奉翳槐爲代王 翳槐城盛樂而居之.

9 仇池氏王楊毅族兄初 襲殺毅 幷有其衆 自立爲仇池公 稱
臣於趙.✽

資治通鑑 卷096

【晉紀十八】

起著雍淹茂(戊戌) 盡重光赤奮若(辛丑) 凡四年.

❖ 顯宗成皇帝中之下 咸康 4年(戊戌, 338年)

1　　春 正月 燕王皝遣都尉趙槃如趙 聽師期. 趙王虎將擊段遼 募驍勇者三萬人 悉拜龍騰中郎. 會遼遣段屈雲襲趙幽州 幽州 刺史李孟退保易京. 虎乃以桃豹爲橫海將軍 王華爲渡遼將軍 帥舟師十萬出漂渝津 支雄爲龍驤大將軍 姚弋仲爲冠軍將軍 帥步騎七萬前鋒以伐遼.

　　三月 趙槃還至棘城. 燕王皝引兵攻掠令支以北諸城. 段遼將 追之. 慕容翰曰"今趙兵在南 當幷力禦之 而更與燕鬭 燕王自 將而來 其士卒精銳 若萬一失利 將何以禦南敵乎!" 段蘭怒 曰"吾前爲卿所誤 以成今日之患 吾不復墮卿計中矣!" 乃悉 將見衆追之. 皝設伏以待之 大破蘭兵 斬首數千級 掠五千戶及 畜產萬計以歸.

　　趙王虎進屯金臺. 支雄長驅入薊 段遼所署漁陽・上谷・代

郡守相皆降 取四十餘城. 北平相陽裕帥其民數千家登燕山以
自固 諸將恐其爲後患 欲攻之. 虎曰"裕儒生 矜惜名節 恥於
迎降耳 無能爲也."遂過之 至徐無. 段遼以弟蘭旣敗 不必復
戰 帥妻子・宗族・豪大千餘家 棄令支 奔密雲山. 將行 執慕
容翰手泣曰"不用卿言 自取敗亡. 我固苦心 令卿失所 深以爲
愧."翰北奔宇文氏.

遼左右長史劉羣・盧諶・崔悅等封府庫請降. 虎遣將軍郭
太・麻秋帥輕騎二萬追遼 至密雲山 獲其母妻 斬首三千級. 遼
單騎走險 遣其子乞特眞奉表及獻名馬於趙 虎受之.

虎入令支官 論功封賞各有差. 徙段國民二萬餘戶於 司・
雍・兗・豫四州 士大夫之有才行 皆擢敍之. 陽裕詣軍門降.
虎讓之曰"卿昔爲奴虜走 今爲士人來 豈識知天命 將逃匿無
地邪?"對曰"臣昔事王公 不能匡濟 逃于段氏 復不能全. 今
陛下天網高張 籠絡四海 幽・冀豪傑莫不風從 如臣比肩 無所
獨愧. 生死之命 惟陛下制之!"虎悅 卽拜北平太守.

2　　夏 四月 癸丑 以慕容皝爲征北大將軍・幽州牧 領平州刺
史.

3　　成主期驕虐日甚 多所誅殺 而籍沒其資財・婦女 由是大
臣多不自安. 漢王壽素貴重 有威名 期及建寧王越等皆忌之.
壽懼不免 每當入朝 常詐爲邊書 辭以警急.

初 巴西處士龔壯 父・叔皆爲李特所殺. 壯欲報仇 積年不除

喪. 壽數以禮辟之 壯不應 而往見壽 壽密問壯以自安之策. 壯曰"巴·蜀之民本皆晉臣 節下若能發兵西取成都 稱藩於晉 誰不爭爲節下奮臂前驅者! 如此則福流子孫 名垂不朽 豈徒脫今日之禍而已！"壽然之 陰與長史略陽羅恒·巴西解思明謀攻成都.

期頗聞之 數遣許涪至壽所 伺其動靜 又鴆殺壽養弟安北將軍攸. 壽乃詐爲妹夫任調書 云期當取壽 其衆信之 遂帥步騎萬餘人自涪襲成都 許賞以城中財物 以其將李奕爲前鋒. 期不意其至 初不設備. 壽世子勢爲翊軍校尉 開門納之 遂克成都 屯兵宮門. 期遣侍中勞壽. 壽奏建寧王越·景騫·田褒·姚華·許涪及征西將軍李遐·將軍李西等懷姦亂政 皆收殺之. 縱兵大掠 數日乃定. 壽矯以太后任氏令廢期爲邛都縣公 幽之別宮. 追諡戾太子曰哀皇帝.

羅恒·解思明·李奕等勸壽稱鎮西將軍·益州牧·成都王 稱藩于晉 送邛都公於建康 任調及司馬蔡興·侍中李豔等勸壽自稱帝. 壽命筮之 占者曰"可數年天子." 調喜曰"一日尚足 況數年乎！"思明曰"數年天子 孰與百世諸侯？"壽曰"朝聞道 夕死可矣." 遂卽皇帝位. 改國號曰漢 大赦 改元漢興. 以安車束帛徵龔壯爲太師 壯誓不仕 壽所贈遺 一無所受.

壽改立宗廟 追尊父驤曰獻皇帝 母昝氏曰皇太后. 立妃閻氏爲皇后 世子勢爲皇太子. 更以舊廟爲大成廟 凡諸制度 多所更易. 以董皎爲相國 羅恒爲尚書令 解思明爲廣漢太守 任調爲鎮北將軍·梁州刺史 李奕爲西夷校尉 從子權爲寧州刺史. 公·

卿·州·郡 悉用其僚佐代之 成氏舊臣·近親及六郡士人 皆見疏斥.

邛都公期歎曰"天下主乃爲小縣公 不如死！"五月 縊而卒. 壽謚曰幽公 葬以王禮.

4 趙王虎以燕王皝不會趙兵攻段遼而自專其利 欲伐之. 太史令趙攬諫曰"歲星守燕分 師必無功."虎怒 鞭之.

皝聞之 嚴兵設備 罷六卿 納言 常伯 冗騎常侍官. 趙戎卒數十萬 燕人震恐. 皝謂內史高詡曰"將若之何？"對曰"趙兵雖强 然不足憂 但堅守以拒之 無能爲也."

虎遣使四出 招誘民夷 燕成周內史崔燾·居就令游泓·武原令常霸·東夷校尉封抽·護軍宋晃等皆應之 凡得三十六城. 泓 邃之兄子也. 冀陽流寓之士共殺太守宋燭以降於趙. 燭 晃之從兄也. 營丘內史鮮于屈亦遣使降趙 武寧令廣平孫興曉諭吏民共收屈 數其罪而殺之 閉城拒守. 朝鮮令昌黎孫泳帥衆拒趙. 大姓王淸等密謀應趙 泳收斬之 同謀數百人惶怖請罪 泳皆釋之 與同拒守. 樂浪太守鞠彭以境內皆叛 選鄕里壯士二百餘人共還棘城.

戊子 趙兵進逼棘城. 燕王皝欲出亡 帳下將慕輿根諫曰"趙强我弱 大王一舉足則趙之氣勢遂成 使趙人收略國民 兵强穀足 不可復敵. 竊意趙人正欲大王如此耳 奈何入其計中乎？今固守堅城 其勢百倍 縱其急攻 猶足枝持 觀形察變 間出求利 如事之不濟 不失於走 奈何望風委去 爲必亡之理乎！"皝

乃止 然猶懼形於色. 玄菟太守河間劉佩曰"今強寇在外 衆心
恟懼 事之安危 繫於一人. 大王此際無所推委 當自強以厲將
士 不宜示弱. 事急矣 臣請出擊之 縱無大捷 足以安衆." 乃將
敢死數百騎出衝趙兵 所向披靡 斬獲而還 於是士氣百倍. 皝問
計於封奕 對曰"石虎凶虐已甚 民神共疾 禍敗之至 其何日之
有! 今空國遠來 攻守勢異 戎馬雖強 無能爲患 頓兵積日 釁
隙自生 但堅守以俟之耳." 皝意乃安. 或說皝降 皝曰"孤方取
天下 何謂降也!"

趙兵四面蟻附緣城 慕輿根等晝夜力戰 凡十餘日 趙兵不能
克 壬辰 引退. 皝遣其子恪帥二千騎追擊之 趙兵大敗 斬獲三
萬餘級. 趙諸軍皆棄甲逃潰 惟游擊將軍石閔一軍獨全. 閔名瞻
內黃人 本姓冉 趙主勒破陳午 獲之 命虎養以爲子. 閔驍勇善
戰 多策略. 虎愛之 比於諸孫.

虎還鄴 以劉羣爲中書令 盧諶爲中書侍郎. 蒲洪以功拜使持
節·都督六夷諸軍事·冠軍大將軍 封西平郡公. 石閔言於虎
曰"蒲洪雄儁 得將士死力 諸子皆有非常之才 且握強兵五萬
屯據近畿 宜密除之 以安社稷."虎曰"吾方倚其父子以取吳·
蜀 奈何殺之!"待之愈厚.

燕王皝分兵討諸叛城 皆下之. 拓境至凡城. 崔燾·常霸奔鄴
封抽·宋晃·游泓奔高句麗. 皝賞鞠彭·慕輿根等而治諸叛者
誅滅甚衆 功曹劉翔爲之申理 多所全活.

趙之攻棘城也 燕右司李洪之弟普以爲棘城必敗 勸洪出避
禍. 洪曰"天道幽遠 人事難知. 且當委任 勿輕動取悔."普固

請不已. 洪曰"卿意見明審者 當自行之. 吾受慕容氏大恩 義無去就 當效死于於此耳."與普流涕而訣. 普遂降趙 從趙軍南歸 死於喪亂 洪由是以忠篤著名.

趙王虎遣渡遼將軍曹伏將青州之眾戍海島 運穀三百萬斛以給之 又以船三百艘運穀三十萬斛詣高句麗 使典農中郎將王典帥眾萬餘屯田海濱 又令青州造船千艘 以謀擊燕.

5 　趙太子宣帥步騎二萬擊朔方鮮卑斛摩頭 破之 斬首四萬餘級.

6 　冀州八郡大蝗 趙司隸請坐守宰. 趙王虎曰"此朕失敗所致 而欲委咎守宰 豈罪己之意邪！司隸不進讜言 佐朕不逮 而欲妄陷無辜 可白衣領職！"

虎使襄城公涉歸 · 上庸公日歸帥眾戍長安. 二歸告鎮西將軍石廣私樹恩澤 潛謀不軌 虎追廣至鄴 殺之.

7 　乙未 以司徒導爲太傅 都督中外諸軍事 郗鑒爲太尉 庾亮爲司空. 六月 以尋爲丞相 罷司徒官以幷丞相府.

導性寬厚 委任諸將趙胤 · 賈寧等 多不奉法 大臣患之. 庾亮與郗鑒牋曰"主上自八九歲以及成人 入則在宮人之手 出則唯武官 · 小人 讀書無從受音句 顧問未嘗遇君子. 秦政欲愚其黔首 天下猶知不可 況欲愚其主哉！人主春秋既盛 宜復子明辟. 不稽首歸政 甫居師傅之尊 多養無賴之士 公與下官並荷託付

之重 大姦不掃 何以見先帝於地下乎！"欲共起兵廢導 鑒不
聽. 南蠻校尉陶稱 侃之子也 以亮謀語導. 或勸導密爲之備 導
曰"吾與元規休戚是同 悠悠之談 宜絕智者之口. 則如君言 元
規若來 吾便角巾還第 復何懼哉！"又與稱書 以爲"庾公帝之
元舅 宜善事之！"征西參軍孫盛密諫亮曰"王公常有世外之
懷 豈肯爲凡人事邪！ 此必佞邪之徒欲間內外耳."亮乃止. 盛
楚之孫也. 是時亮雖居外鎮 而遙執朝廷之權 既據上流 擁強兵
趣勢者多歸之. 導內不能平 常遇西風塵起 舉扇自蔽 徐曰"元
規塵汚人！"

　導以江夏李充爲丞相掾. 充以時俗崇尙浮虛 乃著《學箴》. 以
爲老子云"絕仁棄義 民復孝慈"豈仁義之道絕 然後孝慈乃生
哉？蓋患乎情仁義者寡 而利仁義者衆 將寄責於聖人而遣累
乎陳迹也. 凡人見形者衆 及道者鮮 逐迹逾篤 離本逾遠. 故作
《學箴》以袪其蔽曰"名之攸彰 道之攸廢 及損所隆 乃崇所替.
非仁無以長物 非義無以齊恥 仁義固不可遠 去其害仁義者而
已."

8　　漢李奕從兄廣漢太守乾告大臣謀廢立. 秋 七月 漢主壽使
其子廣與大臣盟于前殿 徙乾爲漢嘉太守 以李閎爲荊州刺史
鎭巴郡. 閎 恭之子也.

　八月 蜀中久雨 百姓饑疫. 壽命羣臣極言得失. 龔壯上封事
稱"陛下起兵之初 上指星辰 昭告天地 歃血盟衆 舉國稱藩 天
應人悅 大功克集 而論者未諭 權宜稱制. 今淫雨百日 饑疫並

臻 天其或者將以監示陛下故也. 愚謂宜遵前盟 推奉建康 彼必不愛高爵重位以報大功 雖降階一等 而子孫無窮 永保福祚 不亦休哉! 論者或言二州附晉則榮 六郡人事之不便. 昔公孫述在蜀 羈客用事 劉備在蜀 楚士多貴. 及吳·鄧西伐 舉國屠滅 寧分客主! 論者不達安固之基 苟惜名位 以爲劉氏守令方仕州郡 曾不知彼乃國亡主易 豈同今日義舉 主榮臣顯哉! 論者又謂臣當爲法正. 臣蒙陛下大恩 恣臣所安 至於榮祿 無問漢·晉臣皆不處 復何爲效法正乎!"壽省書內慚 祕而不宣.

9　九月 漢僕射任顏謀反 誅. 顏 任太后之弟也. 漢主壽因盡誅成主雄諸子.

10　冬 十月 光祿勳顏含以老遜位. 論者以"王導帝之師傅 名位隆重 百僚宜爲降禮." 太常馮懷以問含. 含曰"王公雖貴重 理無偏敬. 降禮之言 或是諸君事宜 鄙人老矣 不識時務." 既而告人曰"吾聞伐國不問仁人 向馮祖思問佞於我 我豈有邪德乎!"郭璞嘗遇含 欲爲之筮. 含曰"年在天 位在人. 脩己而天不與者 命也 守道而人不知者 性也 自有性命 無勞蓍龜." 致仕二十餘年 年九十三而卒.

11　代王翳槐之弟什翼犍質於趙 翳槐疾病 命諸大人立之. 翳槐卒 諸大人梁蓋等以新有大故 什翼犍在遠 來未可必 比其至恐有變亂 謀更立君. 而翳槐次弟屈 剛猛多詐 不如屈弟孤仁厚

乃相與殺屈而立孤. 孤不可 自詣鄴迎什翼犍 請身留爲質 趙王
虎義而俱遣之. 十一月 什翼犍卽代王位於繁畤北 改元曰建國
分國之半以與孤.

初 代王猗盧旣卒 國多內難 部落離散 拓跋氏寢衰. 及什翼
犍立 雄勇有智略 能脩祖業 國人附之 始置百官 分掌衆務. 以
代人燕鳳爲長史 許謙爲郎中令. 始制反逆·殺人·姦盜之法
號令明白 政事淸簡 無繫訊連逮之煩 百姓安之. 於是東自濊貊
西及破落那 南距陰山 北盡沙漠 率皆歸服 有衆數十萬人.

12　　十二月 段遼自密雲山遣使求迎於趙 旣而中悔 復遣使求
迎於燕.

趙王虎遣征東將軍麻秋帥衆三萬迎之 敕秋曰"受降如受敵
不可輕也." 以尙書左丞陽裕 遼之故臣 使爲秋司馬.

燕王皝自帥諸將軍迎遼 遼密與燕謀覆趙軍. 皝遣慕容恪伏
精騎七千於密雲山 大敗麻秋於三藏口 死者什六七. 秋步走得
免 陽裕爲燕所執.

趙將軍范陽鮮于亮失馬 步緣山不能進 因止 端坐 燕兵環之
叱令起. 亮曰"身是貴人 義不爲小人所屈 汝曹能殺亟殺 不能
則去！"亮儀觀豐偉 聲氣雄厲 燕兵憚之 不敢殺 以白皝. 皝
以馬迎之 與語 大悅 用爲左常侍 以崔悆之女妻之.

皝盡得段遼之衆. 待遼以上賓之禮 以陽裕爲郎中令.

趙王虎聞麻秋敗 怒 削其官爵.

1   春 正月 辛丑 大赦.

2   三月 乙丑 廣州刺史鄧岳將兵擊漢寧州 漢建寧太守孟彦
執其刺史霍彪以降.

3   征西將軍庾亮欲開復中原 表桓宣爲都督沔北前鋒諸軍
事 · 司州刺史 鎭襄陽 又表其弟臨川太守懌爲監梁 · 雍二州諸
軍事 · 梁州刺史 鎭魏興 西陽太守翼爲南蠻校尉 領南郡太守
鎭江陵 皆假節. 又請解豫州 以授征虜將軍毛寶. 詔以寶監揚
州之江西諸軍事 · 豫州刺史 與西陽太守樊峻帥精兵萬人戍邾
城. 以建威將軍陶稱爲南中郎將 · 江夏相 入沔中. 稱將二百人
下見亮 亮素惡稱輕狡 數稱前後罪惡 收而斬之. 後以魏興險遠
命庾懌徙屯半洲 更以武昌太守陳囂爲梁州刺史 趣漢中. 遣參
軍李松攻漢巴郡 · 江陽. 夏 四月 執漢荊州刺史李閎 · 巴郡太
守黃植送建康. 漢主壽以李奕爲鎭東將軍 代閎守巴郡.

    庾亮上疏言"蜀甚弱而胡尙强 欲帥大衆十萬移鎭石城 遣諸
軍羅布江 · 沔爲伐趙之規."帝下其議. 丞相導請許之. 大尉鑒
議 以爲"資用未備 不可大擧."

    太常蔡謨議 以爲"時有否泰 道有屈伸 苟不計强弱而輕動
則亡不終日 何功之有! 爲今之計 莫若養威以俟時. 時之可否
繫胡之强弱 胡之强弱繫石虎之能否. 自石勒擧事 虎常爲爪牙

百戰百勝 遂定中原 所據之地 同於魏世. 勒死之後 虎挾嗣君 誅將相 內難旣平 剪削外寇 一舉而拔金墉 再戰而擒石生 誅石聰如拾遺 取郭權如振槁 四境之內 不失尺土. 以是觀之 虎爲能乎 將不能也？論者以胡前攻襄陽不能拔 謂之無能爲. 夫百戰百勝之强而以不拔一城爲劣 譬如射者百發百中而一失 可以謂之拙乎？

且石遇 偏師也 桓平北 邊將也 所爭者疆場之土 利則進 否則退 非所急也. 今征西以重鎮名賢 自將大軍欲席卷河南 虎必自帥一國之衆來決勝負 豈得以襄陽爲比哉！今征西欲與之戰 何如石生？ 若欲城守 何如金墉？ 欲阻沔水 何如大江？ 欲拒石虎 何如蘇峻？ 凡此數者 宜詳校之.

石生猛將 關中精兵 征西之戰殆不能勝也. 又當是時 洛陽·關中皆舉兵擊虎 今此三鎮反爲其用 方之於前 倍半之勢也. 石生不能敵其半 而征西欲當其倍 愚所疑也. 蘇峻之强不及石虎 沔水之險不及大江 大江不能禦蘇峻 而欲以沔水禦石虎 又所疑也. 昔祖士稚在譙 佃於城北界 胡來攻 豫置軍屯以禦其外. 穀將熟 胡果至 丁夫戰於外 老弱穫於內 多持炬火 急則燒穀而走. 如此數年 竟不得其利. 當是時 胡唯據河北 方之於今 四分之一耳 士稚不能捍其一 而征西欲以禦其四 又所疑也.

然此但論征西旣至之後耳 尚未論道路之慮也. 自沔以西 水急岸高 魚貫泝流 首尾百里. 若胡無宋襄之義 及我未陣而擊之 將若之何？今王土與胡 水陸異勢 便習不同 胡若送死 則敵之有餘 若棄江遠進 以我所短擊彼所長 懼非廟勝之算也."

朝議多與諶同. 乃詔亮不聽移鎮.

4　燕前軍師慕容評 · 廣威將軍慕容軍 · 折衝將軍慕輿根 · 蕩寇將軍慕輿泥襲趙遼西　俘獲千餘家而去. 趙鎮遠將軍石成 · 積弩將軍呼延晃 · 建威將軍張支等追之　評等與戰　斬晃 · 支首.

5　段遼謀反於燕　燕人殺遼及其黨與數十人　送遼首於趙.

6　五月　代王什翼犍會諸大人於參合陂　議都灅源川. 其母王氏曰"吾自先世以來　以遷徙爲業. 今國家多難　若城郭而居　一旦寇來　無所避之."乃止.
　　代人謂他國之民來附者皆爲烏桓　什翼犍分之爲二部　各置大人以監之. 弟孤監其北　子寔君監其南.
　　什翼犍求昏於燕　燕王皝以其妹妻之.

7　秋 七月　趙王虎以太子宣爲大單于　建天子旌旗.

8　庚申　始興文獻公王導薨　喪葬之禮視漢博陸候及安平獻王故事　參用天子之禮.
　　導簡素寡欲　善因事就功　雖無日用之益而歲計有餘. 輔相三世　倉無儲穀　衣不重帛.
　　初　導與庾亮共薦丹楊尹何充於帝　請以爲己副　且曰"臣死

之日 願引充内侍 則社稷無虞矣."由是加吏部尙書. 及導薨
微庾亮爲丞相·揚州刺史·錄尙書事 亮固辭. 辛酉 以充爲護
軍將軍 亮弟會稽内史冰爲中書監·揚州刺史 參錄尙書事.

冰旣當重任 經綸時務 不捨晝夜 賓禮朝賢 升擢後進 由是朝
野翕然稱之 以爲賢相. 初 王導輔政 每從寬恕 冰頗任威刑 丹
楊尹殷融諫之. 冰曰"前相之賢 猶不堪其弘 況如吾者哉！"
范汪謂冰曰"頃天文錯度 足下宜盡消禦之道."冰曰"玄象豈
吾所測 正當勤盡人事耳."又隱實戶口 料出無名萬餘人 以充
軍實. 冰好爲糾察 近於繁細 後益矯違 復存寬縱 疏密自由 律
令無用矣.

9   八月 壬午 復改丞相爲司徒.

10   南昌文成公郗鑒疾篤 以府事付長史劉遐 上疏乞骸骨 且
曰"臣所統錯雜 率多北人 或逼遷徙 或是新附 百姓懷土 皆有
歸本之心 臣宣國恩 示以好惡 處與田宅 漸得少安. 聞臣疾篤
衆情駭動 若當北渡 必啓寇心. 太常臣謨 平簡貞正 素望所歸
謂可以爲都督·徐州刺史."詔以蔡謨爲太尉軍司 加侍中. 辛
酉 鑒薨 卽以謨爲征北將軍·都督徐·兗·靑三州諸軍事·徐
州刺史 假節.

時左衛將軍陳光請伐趙 詔遣光攻壽陽 謨上疏曰"壽陽城小
而固. 自壽陽至琅邪 城壁相望 一城見攻 衆城必救. 又 王師在
路五十餘日 前驅未至 聲息久聞 賊之郵驛 一日千里 河北之

騎 足以來赴. 夫以白起 · 韓信 · 項籍之勇 猶發梁焚舟 背水而陣. 今欲停船水渚 引兵造城 前對堅敵 顧臨歸路 此兵法之所誡. 若進攻未拔 胡騎猝至 懼桓子不知所爲而舟中之指可掬也. 今光所將皆殿中精兵 宜令所向有征無戰. 而頓之堅城之下 以國之爪士擊寇之下邑 得之則利薄而不足損敵 失之則害重而足以益寇 懼非策之長者也." 乃止.

11　初 陶侃在武昌 議者以江北有邾城 宜分兵戌之. 侃每不答而言者不已. 侃乃渡水獵 引將佐語之曰 "我所以設險而禦寇者 正以長江耳. 邾城隔在江北 內無所倚 外接羣夷. 夷中利深 晉人貪利 夷不堪命 必引虜入寇. 此乃致禍之由 非禦寇也. 且吳時戌此城 用三萬兵 今縱有兵守 亦無益於江南 若羯虜有可乘之會 此又非所資也."

及庾亮鎮武昌 卒使毛寶 · 樊峻戌邾城. 趙王虎惡之 以夔安爲大都督 帥石鑒 · 石閔 · 李農 · 張貉 · 李菟等五將軍 · 兵五萬人寇荊 · 揚北鄙 二萬騎攻邾城. 毛寶求救於庾亮 亮以城固不時遣兵.

九月 石閔敗晉兵於沔陰 殺將軍蔡懷 夔安 · 李農陷沔南 朱保敗晉兵於白石 殺鄭豹等五將軍 張貉陷邾城 死者六千人 毛寶 · 樊峻突圍出走 赴江溺死. 夔安進據胡亭 寇江夏 義陽將軍黃沖 · 義陽太守鄭進皆降於趙. 安進圍石城 竟陵太守李陽拒戰 破之 斬首五千餘級 安乃退. 遂掠漢東 擁七千餘戶遷于幽 · 冀.

是時 庾亮猶上疏欲遷鎭石城 聞邾城陷 乃止. 上表陳謝 自
貶三等 行安西將軍 有詔復位. 以輔國將軍庾懌爲豫州刺史 監
宣城·廬江·歷陽·安豐四郡諸軍事 假節 鎭蕪湖.

12　趙王虎患貴戚豪恣 乃擢殿中御史李巨爲御史中丞 特加親
任 中外肅然. 虎曰"朕聞良臣如猛虎 高步曠野而豺狼避路 信
哉！"

虎以撫軍將軍李農爲使持節·監遼西·北平諸軍事·征東
將軍·營州牧 鎭令支. 農帥衆三萬與征北大將軍張擧攻燕凡
城. 燕王皝以楛盧城大悅綰爲禦難將軍 授兵一千 使守凡城.
及趙兵至 將吏皆恐 欲棄城走. 綰曰"受命禦寇 死生以之. 且
憑城堅守 一可敵百 敢有妄言惑衆者斬！"衆然後定. 綰身先
士卒 親冒矢石 擧等攻之經旬 不能克 乃退. 虎以遼西迫近燕
境 數遭攻襲 乃悉徙其民於冀州之南.

13　漢主壽疾病 羅恒·解思明復議奉晉 壽不從. 李演復上書
言之 壽怒 殺演.

壽常慕漢武·魏明之爲人 恥聞父兄時事 上書者不得言先世
政敎 自以爲勝之也. 舍人杜襲作詩十篇 託言應璩以諷諫. 壽
報曰"省詩知意. 若今人所作 乃賢哲之話言 若古人所作 則死
鬼之常辭耳."

14　燕王皝自以稱王未受晉命 冬 遣長史劉翔·參軍鞠運來獻

捷論功 且言權假之意 幷請刻期大擧 共平中原.

　皝擊高句麗 兵及新城 高句麗王釗乞盟 乃還. 又使其子恪‧
霸擊宇文別部. 霸年十三 勇冠三軍.

15　張駿立辟雍‧明堂以行禮. 十一月 以世子重華行涼州事.

16　十二月 丁丑 趙太保桃豹卒.

17　丙戌 以驃騎將軍琅邪王岳爲侍中‧司徒.

18　漢李奕寇巴東 守將勞楊敗死.

❖ 顯宗成皇帝中之下 咸康 6年(庚子, 340年)

1　春 正月 庚子朔 都亭文康侯庾亮薨. 以護軍將軍‧錄尙
書何充爲中書令. 庚戌 以南郡太守庾翼爲都督江‧荊‧司‧
雍‧梁‧益六州諸軍事‧安西將軍‧荊州刺史 假節 代亮鎭武
昌. 時人疑翼年少 不能繼其兄. 翼悉心爲治 戎政嚴明 數年之
間 公私充實 人皆稱其才.

2　辛亥 以左光祿大夫陸玩爲侍中‧司空.

3　宇文逸豆歸忌慕容翰才名. 翰乃陽狂酣飲 或臥自便利 或被髮歌呼 拜跪乞食. 宇文舉國賤之 不復省錄 以故得行來自遂 山川形便 皆默記之. 燕王皝以翰初非叛亂 以猜嫌出奔 雖在他國 常潛爲燕計 乃遣商人王車通市於宇文部以窺翰. 翰見車 無言 撫膺頷之而已. 皝曰"翰欲來也." 復使車迎之. 翰彎弓三石餘 矢尤長大 皝爲之造可手弓矢 使畫埋於道旁而密告之. 二月 翰竊逸豆歸名馬 攜其二子過取弓矢 逃歸. 逸豆歸使驍騎百餘追之. 翰曰"吾久客思歸 既得上馬 無復還理. 吾曏日陽愚以誑汝 吾之故藝猶在 無爲相逼 自取死了!" 追騎輕之 直突而前. 翰曰"吾居汝國久恨恨 不欲殺汝 汝去我百步立汝刀 吾射之 一發中者汝可還 不中者可來前." 追騎解刀立之 一發 正中其環 追騎散走. 皝聞翰至 大喜 恩遇甚厚.

4　庚辰 有星孛于太微.

5　三月 丁卯 大赦.

6　漢人攻拔丹川 守將孟彥 · 劉齊 · 李秋皆死.

7　代王什翼犍始都雲中之盛樂宮.

8　趙王虎遺漢主壽書 欲與之連兵入寇 約中分江南. 壽大喜 遣散騎常侍王騴 · 中常侍王廣使于趙 龔壯諫 不聽. 壽大脩船

艦 繕兵聚糧. 秋 九月 以尙書令馬當爲六軍都督 徵集士卒七
萬餘人爲舟師 大閱於成都 鼓噪盈江 壽登城觀之 有呑噬江南
之志. 解思明諫曰"我國小兵弱 吳 · 會險遠 圖之未易."壽乃
命羣臣大議利害. 龔壯曰"陛下與胡通 孰若與晉通？胡 豺狼
也 旣滅晉 不得不北面事之 若與之爭天下 則強弱不敵 危亡
之勢也 虞 · 虢之事 已然之戒 願陛下熟慮之."羣臣皆以壯言
爲然 壽乃止. 士卒咸稱萬歲.

　龔壯以爲人之行莫大於忠孝 旣報父 · 叔之仇 又欲使壽事晉
壽不從. 乃詐稱耳聾 手不制物 辭歸 以文籍自娛 終身不復至
成都.

9　　趙尙書令夔安卒.

10　趙王虎命司 · 冀 · 靑 · 徐 · 幽 · 幷 · 雍七州之民五丁取
三 四丁取二 合鄴城舊兵 滿五十萬 具船萬艘 自河通海 運穀
千一百萬斛于樂安城. 徙遼西 · 北平 · 漁陽萬餘戶於兗 · 豫 ·
雍 · 洛四川之地. 自幽州以東至白狼 大興屯田. 悉括取民馬
有敢私匿者腰斬 凡得四萬餘匹. 大閱於宛陽 欲以擊燕.

　燕王皝謂諸將曰"石虎自以樂安城防守重複 薊城南北必不
設備 今若詭路出其不意 可盡破也."冬 十月 皝帥諸軍入自蠮
螉塞襲趙 戍將當道者皆禽之 直抵薊城. 趙幽州刺史石光擁兵
數萬 閉城不敢出. 燕兵進破武遂津 入高陽 所至焚燒積聚 略
三萬餘家而去. 石光坐懦弱徵還.

11 　趙王虎以秦公韜爲太尉 與太子宣迭日省可尙書奏事 專決賞刑 不復啓白. 司徒申鍾諫曰"賞刑者 人君之大柄 不可以假人. 所以防微杜漸 消逆亂於未然也. 太子職在視膳 不當豫政庶人邃以豫政致敗 覆車未遠也. 且二政分權 鮮不階禍. 愛之不以道 適所以害之也."虎不聽.

　中謁者令申扁以慧悟辯給有寵於虎 宣亦昵之 使典機密. 虎既不省事 而宣・韜皆好酣飮・畋獵 由是除拜・生殺皆決於扁自九卿已下率皆望塵而拜.

　太子詹事孫珍病目 求方於侍中崔約 約戲之曰"溺中則愈."珍曰"目何可溺?"約曰"卿目晼晼 正耐溺中."珍恨之 以白宣. 宣於兄弟中最胡狀目深 聞之怒 誅約父子. 於是公卿以下畏珍側目.

　燕公斌督邊州 亦好畋獵 常懸管而入. 征北將軍張賀度每裁諫之 斌怒 辱賀度. 虎聞之 使主書禮儀持節監之. 斌殺儀 又欲殺賀度 賀度嚴衛馳白之. 虎遣尙書張離帥騎追斌 鞭之三百 免官歸第 誅其親信十餘人.

12 　張駿遣別駕馬詵入貢于趙 表辭蹇傲 虎怒 欲斬詵. 侍中石璞諫曰"今國家所當先除者 遺晉也. 河西僻陋 不足爲意. 今斬馬詵 必征張竣 則兵力分而爲二 建康復延數年之命矣."乃止. 璞 苞之曾孫也.

13 　初 漢將李閎爲晉所獲 逃奔于趙 漢主壽致書於趙王虎以

請之 署曰"趙王石君." 虎不悅 付外議之. 中書監王波曰"今李閎以死自誓曰'苟得歸骨於蜀 當糾帥宗族 混同王化.'若其信也 則不煩一旅 坐定梁·益 若有前·卻 不過失一亡命之人 於趙何損！李壽旣僭大號 今以制詔與之 彼必酬返 不若復爲書與之." 會挹婁國獻楛矢石砮於趙 波因請以遺漢 曰"使其知我能服遠方也." 虎從之 遣李閎歸 厚爲之禮. 閎至成都 壽下詔曰"羯使來庭 貢其楛矢." 虎聞之 怒 黜王波 以白衣領職.

1   春 正月 燕王皝使唐國內史陽裕等築城於柳城之北 龍山之西 立宗廟·宮闕 命曰龍城.

2   二月 甲子朔 日有食之.

3   劉翔至建康 帝引見 問慕容鎭軍平安. 對曰"臣受遣之日 朝服拜章."

翔爲燕王皝求大將軍·燕五章璽. 朝議以爲"故事 大將軍不處邊 自漢·魏以來 不封異姓爲王. 所求不可許." 翔曰"自劉·石構亂 長江以北 翦爲戎藪 未聞中華公卿之冑有一人能攘臂揮戈 摧破凶逆者也. 獨慕容鎭軍父子竭力 心存本朝 以寡擊衆 屢殄强敵 使石虎畏懼 悉徙邊陲之民散居三魏 蹙國千里

以薊城爲北境. 功烈如此 而惜海北之地不以爲封邑 何哉！昔
漢高祖不愛王爵於韓·彭 故能成其帝業 項羽刓印不忍授 卒
用危亡. 吾之至心 非敬欲尊其所事 竊惜聖朝疏忠義之國 使四
海無所勸慕耳."

尙書諸葛恢 翔之姊夫也 獨主異議 以爲"夷狄相攻 中國之
利. 惟器與名 不可輕許." 乃謂翔曰"借使慕容鎭軍能除石虎
乃是復得一石虎也 朝廷何賴焉！"翔曰"嫠婦猶知恤宗周之
隕. 今晉室阽危 君位侔元·豈 曾無憂國之心邪？嚮使靡·鬲
之功不立 則少康何以祀夏！桓·文之戰不捷 則同人皆爲左袒
矣. 慕容鎭軍枕戈待旦 志殄凶逆 而君更唱邪惑之言 忌間忠
臣. 四海所以未壹 良由君輩耳！"翔留建康歲餘 衆議終不決.

翔乃說中常侍彧弘曰"石虎苞八州之地 帶甲百萬 志吞江·
漢 自索頭·宇文曁諸小國 無不臣服 惟慕容鎭軍翼戴天子 精
貫白日 而更不獲禮之命 竊恐天下移心解體 無復南向者矣. 公
孫淵無尺寸之益於吳 吳主封爲燕王 加以九錫. 今慕容鎭軍屢
摧賊鋒 威振秦·隴 虎比遣重使 甘言厚幣 欲授以曜威大將
軍·遼西王 慕容鎭軍惡其非正 卻而不受. 今朝廷乃矜惜虛名
沮抑忠順 豈社稷之長計乎！後雖悔之 恐無及己."弘爲之入言
於帝 帝意亦欲許之. 會皝上表稱"庾氏兄弟擅權召亂 宜加斥
退 以安社稷."又與庾冰書 責其當國秉權 不能爲國雪恥. 冰甚
懼 以其絶遠 非所能制 乃與何充奏從其請. 乙卯 以慕容皝爲
使持節·大將軍·都督河北諸軍事·幽州牧·大單于·燕王
備物·典策 皆從殊禮. 又以其世子儁爲假節·安北將軍·東

夷校尉 · 左賢王 賜軍資器械以千萬計. 又封諸功臣百餘人. 以
劉翔爲代郡太守 封臨泉鄉侯 加員外散騎常侍 翔固辭不受.

翔疾江南士大夫以驕奢酣縱相尚 嘗因朝貴宴集 謂何充等曰
"四海板蕩 奄踰三紀 宗社爲墟 黎民塗炭 斯乃廟堂焦慮之時
忠臣畢命之秋也. 而諸君宴安江沱 肆情縱欲 以奢靡爲榮 以
傲誕爲賢 謇諤之言不聞 征伐之功不立 將何以尊主濟民乎!"
充等甚慚.

詔遣兼大鴻臚郭悕持節詣棘城冊命燕王 與翔等偕北. 公卿
餞于江上 翔謂諸公曰"昔少康資一旅以滅有窮 勾踐憑會稽以
報強吳 蔓草猶宜早除 況寇讎乎! 今石虎 · 李壽 志相吞噬 王
師縱未能澄清北方 且當從事巴 · 蜀. 一旦石虎先入舉事 併壽
而有之 據形便之地以臨東南 雖有智者 不能善其後矣." 中護
軍謝廣曰"是吾心也!"

4　三月 戊戌 皇后杜氏崩. 夏 四月 丁卯 葬恭皇后于興平陵.

5　詔實王公以下至庶人皆正土斷 · 白籍.

6　秋 七月 郭悕 · 劉翔等至燕 燕王皝以翔爲東夷護軍 · 領
大將軍長史 以唐國內史陽裕爲左司馬 典書令李洪爲右司馬
中尉鄭林爲軍諮祭酒.

7　八月 辛酉 東海哀王沖薨.

8   九月 代王什翼犍築盛樂城於故城南八里.

9   代王妃慕容氏卒.

10   冬 十月 匈奴劉虎寇代西部 代王什翼犍遣軍逆擊 大破之. 虎卒 子務桓立 遣使求和於代 什翼犍以女妻之. 務桓又朝貢於趙 趙以務桓爲平北將軍 · 左賢王.

11   趙橫海將軍王華帥舟師自海道襲燕安平 破之.

12   燕王皝以慕容恪爲渡遼將軍 鎮平郭. 自慕容翰 · 慕容仁之後 諸將無能繼者. 及恪至平郭 撫舊懷新 屢破高句麗兵 高句麗畏之 不敢入境.

13   十二月 興平康伯陸玩薨.

14   漢主壽以其太子勢領大將軍 · 錄尙書事. 初 成主雄以儉約寬惠得蜀人心. 及李閎 · 王嘏還自鄴 盛稱鄴中繁庶 宮殿壯麗 且言趙王虎以刑殺御下 故能控制境內. 壽慕之 徙旁郡民三丁以上者以實成都 大脩宮室 治器玩 人有小過 輒殺以立威. 左僕射蔡興 · 右僕射李嶷皆坐直諫死. 民疲於賦役 吁嗟滿道 思亂者衆矣. ✱